Monique & Jürgen Solis-Robineau

dreamly living

Dein Reiseführer ins Traumleben

Monique & Jürgen Solis-Robineau

dreamly living

Dein Reiseführer ins Traumleben

Ergänzendes Material wie Arbeitsblätter,
Meditationen und weiterführende Links findest Du auf
www.dreamly-living.com

1. Auflage
Originalausgabe Juli 2024
Copyright © 2024 Monique & Jürgen Solis-Robineau
Illustrationen & Covergestaltung:
MonJue, AI

Herstellung und Verlag: BoD – Books on Demand, Norderstedt

ISBN: 978-3-75975-859-0

www.dreamly-living.com

Dieses Buch widmen wir unseren Eltern
Christine, Ferdinand, Sylvia und François.
Ihr habt uns ermöglicht, das Leben zu leben,
welches wir jetzt leben dürfen.

DANKE von Herzen für alles,
was wir durch Euch lernen durften
und immer noch dürfen.

Inhalt

Vorwort

Dr. Joe Dispenza würde sagen:

Schon das Buch zu lesen, wird Dich verändern. Es wird Deine Energie verändern. Denn Deine Gehirnwellen verlassen das bekannte Muster und feuern in andere Richtungen. Dadurch entstehen neue Wellen. Der Moment, in dem Du Dich veränderst.

„Verändere deine Energie, dann veränderst du dein Leben."

Du bist also auf der Reise und am Wegesrand stehen Monique und Jürgen. Sie erzählen ihre Geschichte durch Berg und Tal, durch dunkle, gewittrige Zeiten und helle Sonnenaufgang Momente.

Aber das ist nur der Beginn der Reise. Danach gibt es ein Rüstzeug nach dem anderen. Geschichten über Kugelmenschen, Bauern und jene, wie Monique mit dem Kaffee trinken aufgehört hat. Und noch wichtiger: Jene, wie sie es geschafft hat, nicht wieder damit anzufangen.

Du bekommst konkrete Anleitungen samt Erklärung. Also wirklich eine Schatzkarte auf dem Weg in dein Traumleben: So wirst Du erfahren, warum es 21 Tage sein sollten, um auf Internet, Social Media & Co. zu verzichten.

Egal an welcher Kurve, Weggabelung oder Anhöhe Du vorbeikommst. Auf deiner Reise in dein Traumleben - Monique, Jürgen, oder beide, werden da sein. Jürgen erkennst Du an seinen weißen Klamotten. Und Monique an ihren wunderschönen langen Haaren. Und beide werden dich umarmen, wenn Du das möchtest. Vor allem werden sie genau das dabei haben, was du gerade an Rüstzeug benötigst.

Ich durfte die letzten Schritte der Entstehung des Buches „dreamly living" begleiten: Sie leben tatsächlich, was sie erzählen: Wie zum Beispiel aus jeder vermeintlich schlechten Situation das Gute zu erkennen. Das Geschenk, das sich dahinter versteckt. Ich war kritisch, streng und direkt. Aus jedem *"das kannst Du so nicht schreiben"* wurde etwas Neues, Gutes, Bemerkenswertes, Helles: Nämlich noch eine viel bessere Geschichte. Oder ein Bild, das eine übertrieben dramatische Situation mit einem Steuerberater zeigt.

Es war eine schöne Reise und ich wünsche Dir, dass Dich, liebe Leserin, lieber Leser, das Buch so verändert, wie es mich verändert hat.

Agnes Andersen
heldenhafte Reisen in Zahlen und Worten
www.agnesandersen.com

Fußnote:
Dr. Joe Dispenza hatte im Alter von 23 Jahren einen schweren Unfall, als er an einem Triathlon teilnahm. Statt sich operieren zu lassen, entschied er sich, auf seine Kraft zu vertrauen. Jene Kraft, die ihn erschaffen hat. Und diese Kraft heilte ihn.
(https://drjoedispenza.com/)

Zur Einstimmung

Fragst Du Dich auch, warum andere Menschen so erfolgreich sind? Bei denen scheint alles zu funktionieren, alles läuft perfekt. Du siehst im Gegenüber genau das, was Dir selbst fehlt: Du möchtest mehr Geld, mehr Zeit, den richtigen Partner, den perfekten Job und die Traumwohnung. Aktuell ist nichts so, wie Du es Dir vorstellst? Oder hast Du schon den perfekten Job und den perfekten Partner, nur dies fehlt noch und das auch noch? Dann bist Du auf jeden Fall in bester Gesellschaft, denn die meisten Menschen sind irgendwie unzufrieden und streben nach der Erfüllung der Träume.

Genauso geht es uns auch - es liegt aber in unserer Natur, nach etwas zu streben, zu wachsen, sich zu entwickeln. Im Rückblick ist unser Leben dann aufregend, abenteuerlich und wir hätten niemals gedacht, dass es so verläuft wie es war.

Dieses Buch war anfangs genauso unglaublich und unwirklich wie unsere Leben selbst. Es hat über drei Jahre gedauert, bis es von der ersten Idee tatsächlich geboren wurde. Und jetzt hat es zu Dir gefunden! Du hast Dich auf den Weg zu Deinem Traumleben gemacht. Etwas in Dir ist dem inneren Ruf gefolgt. Entweder bist Du selbst davon überzeugt, dass Dir dieses Buch dabei helfen wird - oder jemand in Deinem Umfeld möchte, dass Du Deinem Traum folgst. So oder so: Wir begleiten Dich gerne dabei.

Wir sind unserem großen inneren Bedürfnis gefolgt, unsere Erfahrungen und das angesammelte Wissen zu einem Werk zusammenzufassen und es an Dich weiterzugeben. Wir selbst hätten gerne schon viel früher, am liebsten bereits in der Jugend, so eine Hilfestellung oder ein Standardwerk für ein traumhaftes Leben zur Verfügung gehabt. Vieles wäre einfacher gewesen. Wir durften viele Hindernisse und Ausreden aus dem Weg räumen, um dieses Buch wirklich zu schreiben. Während des Schreibens gab es immer noch Widerstände in uns, das Buch tatsächlich fertig zu bringen. Da waren auch viele Zweifel, ob wir das überhaupt könnten, ob **wir** dazu überhaupt "befugt" sind, so ein umfassendes Buch zu schreiben. Schließlich ist das kein Fantasy-Abenteuer, sondern etwas Essenzielles, das Dein Leben betrifft und Dich auf Deiner Reise begleitet. Das Fantasy-Abenteuer wird zum Real-Abenteuer. Sonst wäre es langweilig. Wir können Dir versprechen: Diese Reise ist abenteuerlich. Nicht gefährlich, aber aufregend. Jede Menge Adrenalin ist garantiert, wenn Du Dich auf den Weg Deiner Träume machst.

Es gibt wundervolle Bücher über alle möglichen Techniken. Die meisten der Techniken funktionieren für sich alleine nicht, zB wenn Du täglich nur Affirmationen aufsagst oder Dich à la "The Secret" in Dein Traumleben hinein fühlst und dann aber nichts weiter unternimmst. Das sind alles wunderbare einzelne Techniken. Es ist so wie eine einzelne Säule. Zum **dreamly living** gehören doch mehr dazu als nur eine einzige Säule. Wie soll denn ein massives Haus auf nur einer einzigen Säule lange und stabil stehen? Genau deswegen haben wir dieses Buch geschrieben.

Was wäre das für eine Welt, wenn wir rundherum nur zufriedene und glückliche Menschen treffen, die das tun, was ihnen große Freude bereitet? Und sie können es nicht erwarten, diese Freude mit Dir zu teilen. Sie laden Dich ein, schenken Dir ein Lachen, freuen sich mit Dir und fühlen mit, sie nehmen Dich ehrlich und authentisch wahr.

Vielleicht denkst Du, dass wir komplett verrückt sind und es das nicht geben kann. Ja, es war anfangs auch ein wenig schwierig, als Aliens angesehen zu werden. Aber mittlerweile kommen auch die, die uns als verrückt angesehen haben, darauf, dass unsere Leben doch gar nicht so außerirdisch sind. Wir konnten schon so viel bewegen, zunächst bei uns, dann auch bei anderen. Und wir sind immer noch am Arbeiten und entwickeln uns täglich weiter. Wir sehen das nicht als lästige Aufgabe, sondern als Prüfungen, die es noch zu bestehen gilt. Wenn Du möchtest, wird sich auch bei Dir viel bewegen. Uns ist es wichtig, dass Du dieses Buch mit Freude, aber auch gerne kritisch liest und die Dinge für Dich umsetzen kannst. Vielleicht ist für Dich viel Neues dabei, oder vielleicht kannst Du Bekanntes aus einem neuen Blickwinkel erleben. Wie auch immer, wir stehen für Authentizität und Ehrlichkeit. Manches wird Dich vielleicht hart treffen. Wir möchten mit unseren Aussagen keinem zu nahe treten, keine Branchen ins schlechte Licht rücken oder andere Sichtweisen schlechtreden. Wir sprechen hier über **unsere** Einstellung zum Leben, **unsere** Erfahrungen und Perspektiven. Wenn Du nicht mit allem übereinstimmst, dann ist das vollkommen okay und wir akzeptieren und respektieren das. So oder so - wirst Du in diesem Buch viel über Dich erfahren und gestärkt in Dein Traumleben starten.

Wir möchten Dich mit dem Buch ermutigen, Dein Leben selbst in die Hand zu nehmen und für Dich selbst zu entscheiden, was **Dir** guttut und was nicht. Es gibt kein Universalrezept, das für alle gleich ist. Gehe **Deinen** Weg, mach **Dein** Ding! Das Wichtigste daran ist, dass Du damit glücklich bist und im besten Fall mit Deinem Weg auch andere inspirierst. Wir sind gerne für Dich da und wir helfen Dir gerne weiter und sind gerne Deine Reiseführer auf Deinem Weg in Dein persönliches **dreamly living**.

Deine Monique & Dein Jürgen

Dein Reiseführer

Liebe Leserin, lieber Leser!

Herzlich willkommen zu Deinem Reiseführer ins Traumleben. Vielleicht befindest Du Dich gerade an einem Punkt Deines Lebens, an dem Situationen und Umstände nur noch schwer oder fast gar nicht mehr auszuhalten sind, so unangenehm und schmerzlich sind sie schon. Oder hast Du Dich schon so sehr an diese unangenehmen Umstände gewöhnt und Dich damit abgefunden, dass Du Dich gar nicht mehr richtig fühlen kannst? Du spürst, wie weh das tut und weißt nicht mehr, wie schön es auch anders sein könnte?

Du steckst vielleicht gerade in einem Job, der Dir keinen Spaß mehr macht, aber Du brauchst das Geld. Du bist in einer Beziehung, die Dir nicht mehr guttut, aber Du möchtest nicht alleine sein. Deine Wohnsituation ist auch alles andere als zufriedenstellend. Aber etwas ändern möchtest Du auch nicht. Wenn Du jetzt am liebsten voller Schmerz das Buch weglegen möchtest, dann gehst Du genau wieder zum alten Zustand zurück und nichts wird sich ändern. Entscheide Dich daher hier und jetzt dazu, eine Änderung zu erlauben und sogar aktiv herbeizuführen. Wie? Lies einfach weiter.

Tief in Dir spürst Du, dass Du es verdient hättest, so richtig glücklich zu sein. Du sehnst Dich nach Veränderung? Nicht nur nach einer kleinen Richtungsänderung, sondern "ka-wumm", alles auf Anfang, alles neu. Oder vielleicht dann doch nicht, weil Du ja nicht genau wissen kannst, wie das dann alles wird?

Lass Dir sagen: Du bist nicht alleine! Du befindest Dich in bester Gesellschaft! Du hast bereits erkannt, **dass** Du etwas ändern möchtest. Du bist bereit dazu, Deine Reise neu auszurichten. Du weißt nur nicht, **wie** Du das machen sollst?

Herzlichen Glückwunsch! Du hast den ersten Schritt gemacht und begonnen, Deinen **dreamly living** Reiseführer zu lesen. In diesem Reiseführer findest Du weder Pseudo-Hokus-Pokus noch Räucherstäbchen-Magie. Wir folgen einfachen und grundsätzlichen Naturgesetzen, die leider (noch) in keiner Schule gelehrt werden, und die auch viele unserer Freunde, Kollegen, Mitmenschen bis jetzt nicht kennen. Vertraue einfach darauf, dass es für Dich möglich ist. Wir möchten Dir von unseren Erfahrungen erzählen. Das, was Du hier findest, sind erprobte Techniken, die wir selbst angewendet haben und immer wieder anwenden und die bei uns wunderbar funktionieren. Das Beste daran: Wir geben sie genau **Dir** gesammelt und komprimiert weiter. Warum machen wir das? Weil wir möchten, dass **Du** Dein **dreamly living** lebst und dadurch auch andere Menschen dazu inspirierst, es ebenfalls zu tun - so wie wir das machen. Wenn das immer mehr Menschen machen, erschaffen wir das Paradies, in dem wir alle respektvoll und friedlich miteinander leben und uns gemeinsam inspirieren.

Bist Du bereit? **Dann entscheide Dich jetzt aus ganzem Herzen dazu:**

JA, ich, _______________________________________

bin ab sofort bereit, ab heute und für mein ganzes weiteres Leben,
- mich meinem Traumleben zu öffnen
- täglich mindestens einen Schritt dafür zu tun
- kompromisslos den Weg meines Herzens zu gehen

Datum, Unterschrift

Das klingt sehr nach einem Abenteuer und einem Spiel? Ja, natürlich! Aber so ganz ohne Anleitung und ohne Reiseführer kann das ziemlich gefährlich werden.

Moment... Reiseführer? Ist das nicht etwas für den Urlaub?

Wir kommen als Gast auf diesen Planeten und verlassen ihn auch irgendwann wieder. Zwischen diesen Zeitpunkten oder während unseres Aufenthalts befinden wir uns alle auf Reisen, wir erkunden also neue Felder. Wir bekommen einige grundlegende Dinge gezeigt oder besser gesagt einprogrammiert. Wir wenden dies alles automatisiert und wie auf Autopilot an, ohne lange darüber nachzudenken, warum wir es so und nicht anders machen.

Das Leben ist eine Reise: Wir lernen in der Schule zwar sehr viel über alle (un)möglichen Dinge wie Mathematik, Geografie, Geschichte usw., von denen wir das Wenigste leider **wirklich** brauchen können. Autsch, das tut weh. Wissen wir. Du weißt es auch, Deine Lehrer wissen es auch, aber die wenigsten geben es zu. Die wirklich wichtigen Themen dürfen wir uns meist selbst sehr hart erarbeiten. Unsere Eltern geben uns ihre Erfahrungen weiter, die sie selbst gemacht haben. Aber wir wollen natürlich unsere eigenen Erfahrungen machen, die "guten Tipps" der Eltern möchten wir schon gar nicht hören. Stimmt's?

Als Kinder gehen wir höchst motiviert in die Welt. Aber es ist in vielen Bereichen so, als würden wir in der Großstadt zum ersten Mal Auto fahren - und zwar ohne Kenntnisse der Verkehrsregeln und ohne zu wissen, wie Autofahren wirklich funktioniert. Geht es Dir heute noch immer so in Deinem Leben? Wir möchten Dir mit diesem Reiseführer Wege in Dein Traumleben zeigen, ohne dass es für Dich unangenehm oder sogar gefährlich wird.

Warum ist es wichtig, einen Reiseführer, einen Mentor zu haben? Lass uns ein Beispiel nennen: Paul ist Hobbyfotograf und tritt seine Reise nach Nordaustralien an, er möchte dort Meerestiere fotografieren. Ohne sich vorher umfassend informiert zu haben und ohne Reiseführer, freut er sich sehr, als er im flachen Gewässer ein faszinierendes kleines Tier mit blauen Ringen sieht. Er nimmt diese süße Krake auf seine Hand und macht die ersten Fotos. Sensationell! Noch weitere Fotos, Paul geht mit ganz nahe dran. Eine Welle bringt Paul leicht ins Wanken und er berührt das süße Tier mit dem Objektiv. Im nächsten Moment ist Paul dem Tode nahe, denn die kleine Blauringkrake fühlt sich bedroht und beißt zu. Sie gilt als eines der giftigsten Tiere der Welt. Paul wird zum Glück im Krankenhaus behandelt und kann noch im letzten Moment vor dem Tod gerettet werden.

So ähnlich - vielleicht nicht ganz so dramatisch - fühlt es sich mit unserem Leben an: Wir laufen in Situationen, ohne zu wissen, wie wir in diese hinein gekommen sind, und ebenfalls ohne Ahnung, wie wir da wieder (lebend) herauskommen sollen.

Ist das nicht interessant? Du weißt ganz genau, dass das alles sch**** ist, änderst aber nichts daran. Kein Wunder, denn wir Menschen sind Gewohnheitstiere und ändern nur kaum etwas.

Später wunderst Du Dich dann, warum Du in genau diesem Job steckst, der Dir schon so lange keinen Spaß mehr macht, aber Du bleibst des Geldes wegen. Warum wohnst Du immer noch in derselben Wohnung, obwohl Du Dich nicht wirklich wohlfühlst? Du steckst immer noch in einer toxischen Beziehung, nur um nicht alleine zu sein. Kurz zusammengefasst: Du weißt genau, dass alles irgendwie sch**** ist, aber Du hast Dich zu sehr daran gewöhnt.

Die meisten Menschen leben in diesem Hamsterrad weiter, Du bist aber anders. Du hast auf Deine innere Stimme gehört. Du hast auf Deinen Ruf gehört und bist ihm gefolgt. Du hältst Deinen Reiseführer ins Traumleben in den Händen.

Was wird Dich auf dieser Reise erwarten?

- praktische Beispiele und Erfahrungsberichte, um Dir zu zeigen, wie es sein kann
- wertvolle Tipps und Tricks, um Dich bestmöglich zu unterstützen
- Metaphern und Erzählungen, um Dir das Wissen besser zu vermitteln
- geballtes Wissen an jahrelanger Erfahrung - zusammengefasst in diesem Buch
- Hinweise und Wegweiser für Deine perfekte Reise

Zusätzlich bieten wir Dir mit diesem Buch noch Folgendes:

- ein Journal zum täglichen Reflektieren, persönlichen Wachsen und Lernen als PDF zum Ausdrucken
- viele weitere Arbeitsblätter zum Ausdrucken und Bearbeiten, um direkt loszulegen
- zahlreiche Meditationen zum Entspannen und tiefer Eintauchen

Das alles findest Du kostenlos auf www.dreamly-living.com

Kannst Du es auch kaum noch erwarten? Perfekt! Du hast das richtige Werkzeug in der Hand. Mit **dreamly living** schaffst Du Dir Dein Traumleben - ohne Kompromisse - genau so wie es sich für Dich richtig anfühlt.

Erfolgreich zu sein, bedeutet, Hilfe zuzulassen. Um wirklich wachsen zu können, braucht es (mindestens) einen Mentor, helfende Hände und viel Unterstützung auf allen Ebenen. In diesem Fall hältst Du geballtes, gesammeltes Wissen in Deinen Händen.

Jetzt liegt es an Dir, dass Du Deinen Weg gehst - wir unterstützen Dich dabei. Seite an Seite sind wir für Dich da, denn wir glauben an Dich und Deine Träume. Glaubst auch Du daran?

Eines wissen wir: Du bist bereit für **DREAMLY LIVING**.

Unsere (Um) Wege

"Wer ständig glücklich sein möchte,
muss sich oft verändern."

Konfuzius

Bevor es so richtig losgeht, möchten wir Dir unser Herz öffnen und Dir schildern, wie wir dorthin gekommen sind, wo wir jetzt sind. Der Titel verrät es Dir bereits: Es waren definitiv nicht die geraden Wege, wir nennen sie Umwege, auch wenn das negativ klingen mag. Aber wie wir später sehen werden, hat alles Negative auch immer etwas Positives. Bist Du bereit? Dann geht's los!

Jürgens Umweg

Nun gut, ich, Jürgen, darf mit meinen Umwegen beginnen: Musik begleitet mich seit meiner Kindheit: Als Dreijähriger hielt ich bereits voller Freude Liedtexte und Noten in Händen und habe darauf los gesungen - meine Eltern hatten scheinbar damit Freude. Seitdem ich mich erinnern kann, ist die Bühne mein zweites Zuhause. Ich liebe es, auf kleinen und großen Bühnen zu stehen und Menschen zu sehen, wie sie strahlen und begeistert sind.

Im Alter von sieben Jahren durfte ich Klavier lernen und in den 80er-Jahren die Entwicklung der elektronischen Musik in allen Facetten mitbekommen. Mein damaliger Musiklehrer im Gymnasium, Prof. Julius Koller, hat uns Schülern mit unermüdlichem Einsatz die Liebe zur Musik vermittelt. Dafür bin ich ihm heute noch sehr dankbar. Mit zwölf Jahren durfte ich an der Musikuniversität Wien einen kleinen Auftritt absolvieren - das war ganz schön aufregend für mich. Schulaufführungen und sogar eine Musical-Tournee haben mir damals schon vermittelt, wie viel Freude in Musik steckt. Ich wusste damals: Genau das möchte ich später auch machen! Es macht so unglaublich viel Spaß!

Dann kam die Realität, der sprichwörtliche "Ernst des Lebens": Die Berufsberatung in der Schule und meine Eltern waren damals überzeugt: *"Mit Musik kannst Du entweder Konzertpianist werden, aber da gibt es schon so viele davon, oder Du wirst Musiklehrer. Das ist aber auch nicht so einfach, und viel Geld verdienst Du damit auch nicht."*

Meine Eltern wollten mich ohnehin in eine technische Schule stecken, weil dadurch viele Berufe und gute Verdienstmöglichkeiten in Aussicht standen. Musik wäre also am besten als Hobby zu betreiben, aber niemals beruflich. Der Berater in der Schule fragte mich, was mich denn sonst noch so interessieren würde. Ich antwortete: *"Mich interessiert alles, was mit Computern und Musik zusammenhängt."* Er antwortete: *"Super! Das ist gerade eine aufsteigende Branche. Gehe in diese Richtung, Musik kannst Du ja immer nebenbei als Hobby machen."*

Studium und Arbeit

Nach dem Gymnasium begann das weitere Leben nach Plan: Studium der Informatik an der TU Wien, Musik nebenbei als Hobby. Seit meinem 14. Lebensjahr spielte ich schon bei verschiedenen Bands mit, deswegen war das nichts Neues für mich.

So hatte ich am Wochenende meine Bandauftritte und versuchte mich in der Freizeit mit Musikproduktion. Die Auftritte finanzierten mein Studium ganz gut, und ich hatte somit die Bestätigung, dass das der richtige Weg war.

Mit 19 Jahren, als ich gerade im dritten Semester war, spielte meine damalige Band für eine große Versicherung auf dem Frühlingsfest. In der Pause sprach mich ein Mann in dunklem Anzug an: *"Was machen Sie mit dem Computer da auf der Bühne?"* Damals, im Jahre 1990, war der Einsatz von Computern auf der Bühne eine Sensation. Abgesehen von den großen Shows der internationalen Superstars war so etwas definitiv nicht bei kleineren Bands zu sehen. Ich war in Österreich wohl einer der Ersten, der dies mit großem Aufwand auf der Bühne betrieben hatte.

Ich erklärte ihm, dass ich damit die elektronischen Instrumente und Effektgeräte auf der Bühne steuern würde, um den typischen Sound der Songs zu produzieren, den man damals aus Radio und Clubs kannte. Er war total begeistert und fragte mich, ob ich denn schon einen Sommerjob hätte. Ich verneinte. Er gab er mir seine Visitenkarte und sagte: *"Rufen Sie mich morgen an."* Ich sagte zu und steckte die Karte weg, ohne sie genauer anzuschauen. Im Studentenheim sah ich dann auf die Karte und kam aus dem Staunen nicht hinaus: Sein sicheres Auftreten und die Bezeichnung "Vorstandsdirektor" auf der Karte sagten mir, dass es wichtig für mein Leben sein könnte. Also rief ich an und hatte damit einen "Sommerjob", der aber schon zwei Wochen später, nämlich am zweiten Mai, begann. Ich sollte ein Seminar über Textverarbeitung halten. Ohne große Vorbereitung wurde ich "ins kalte Wasser" geworfen: Fünf erfahrene Sekretärinnen sollten von mir auf das neue Textverarbeitungsprogramm geschult werden. Gleich in der Vorstellungsrunde sagte die erste Dame sehr ernst, dass sie nicht wissen möchte, wie ein Computer funktioniert, das interessiert sie nicht. Die anderen vier Damen waren ähnlich gestimmt. Was für ein sensationeller Einstieg!

Mein Puls stieg an und es wurde mir heiß. Ich konnte den Großteil der ohnehin kargen Vorbereitung getrost kübeln. Fünf verzweifelte Sekretärinnen, die keine Lust hatten, von der gewohnten Schreibmaschine auf den Computer umzusteigen, sahen mich mit großen Erwartungen an. Die firmeneigene IT-Abteilung bot keine Seminare an, weil zu dieser Zeit die Meinung vertreten wurde, dass die Programme doch selbsterklärend seien. Ich hatte große Angst, keine Antworten und Lösungen geben zu können. Dennoch fragte ich mutig in die Runde, woran sie aktuell arbeiten und was sie für ihre Arbeit genau brauchen. Das war für mich gleich ein super Opener und die perfekte Gelegenheit: Ich konnte hervorragend mit dem Programm umgehen und auch schnell Lösungen anbieten. Dazu fielen mir auch lustige und "merk-würdige" Übungen ein, die die fünf Damen oft zum Lachen brachten. Genau dadurch blieben die Funktionen bei den Damen leicht in Erinnerung. Wow. Was für ein Gefühl, bald glückliche Gesichter zu sehen. Ich war am Ende des Tages zwar geistig "durchgeschwitzt", weil ich ständig improvisieren und ad hoc Übungen und Erklärungen erfinden musste, aber es hat sehr gut funktioniert.

Nach diesem ersten zweitägigen Probeseminar wurde ich in die Generaldirektion im Zentrum Wiens gerufen. Am Telefon wollte man mir keine weitere Auskunft geben, und ich wagte es auch nicht, weiter nachzufragen. Auch wenn es super gelaufen war, war mir etwas mulmig. Der Vorstandsdirektor persönlich erklärte mir, dass die fünf Damen begeistert waren. Ich war erleichtert. Und einige Momente später war ich für die nächsten Monate voll gebucht mit Seminaren. Ich dachte damals nicht im Traum daran, dass dieses allererste Seminardesign der ersten Stunden für weitere über tausend Kurse auch von anderen Trainern verwendet werden sollte. Es wurde ein echt guter Stundenlohn vereinbart und so konnte ich damals als Student ein kleines Vermögen verdienen.

Bald darauf durfte ich Seminare in Didaktik und Pädagogik besuchen, und da ich freiberuflich tätig war, wurde ich auch von anderen Firmen und Bildungsinstituten gebucht. Ich bekam zwar mehrfach das Angebot einer Fixanstellung, mein Gefühl sagte mir aber ganz klar "Nein" zu einer Anstellung. Ich habe mich damals wie ein kleiner Gott gefühlt. Mit dem Studium ging es naturgemäß nur langsam weiter. Meine Aufmerksamkeit richtete sich mehr und mehr auf die Arbeit und auf das Geld scheffeln. Ich durfte in ganz Österreich Seminare halten und in den feinsten Businesshotels wohnen, das fand ich ganz toll, mein Konto auch.

Brav und wie empfohlen, machte ich auch "nebenbei" noch Auftritte mit meiner Band. Mir war klar: *"DAS ist es jetzt! Das ist das Leben, das ist wahres Glück!"* Ich verdiente während des Studiums mittlerweile schon mehr als mein Vater und ich hatte meine Auftritte am Wochenende. Alles lief also perfekt und wie geplant.

Ich hielt mittlerweile mehrere Seminare zu verschiedenen Themen. Bald wurde ich von verschiedenen Instituten und Firmen auch für Rhetorik und Präsentationstechnik gebucht.

Nach hunderten Seminaren und über 6.000 Seminarteilnehmern in Kleingruppen empfand ich aber keinen Spaß mehr daran. Es war immer das Gleiche, ich kannte schon jeden Gag, jeden Witz und jede mögliche Frage der Teilnehmer. Und ich hatte natürlich auch auf alles bereits eine passende Antwort, ohne wirklich nachdenken zu müssen.

Ich zog mich etwas zurück und ließ die Seminare sein, ich wollte mich mehr meinem Studium widmen. Hier fehlte mir allerdings mittlerweile das "Warum", denn wie sich herausstellte, brauchte ich in der Praxis etwas ganz Anderes als das, was ich im Studium tatsächlich lernte.

Schon bald kam die nächste, sehr interessante Aufgabe zu mir: Ich wurde für eine spezielle Datenbank-Schulung für eine IT-Abteilung einer Handelskette mit mehreren Filialen angefragt. Ziel war es, für das Unternehmen ein eigenes Warenwirtschaftsprogramm in MS Access zu erstellen. Das gefiel mir, also sagte ich zu.

Nach einer Woche Intensivschulung fragte mich der IT-Leiter, ob ich das Projekt auch begleiten und selbst mit programmieren möchte. Es wäre ihnen doch zu komplex, alles nur intern zu programmieren. Das klang für mich sehr spannend, das war mal etwas Neues und sehr Komplexes: Ein komplett eigenes Warenwirtschaftssystem, wie man es sich vorstellt: Kunden, Artikel, Lager, Kassen, Bestellvorgänge, Reparaturen, Garantien usw. Eine fertige Standardlösung wollten sie nicht einsetzen, es sollte speziell für sie programmiert werden. Nachdem mir damals kein Projekt zu groß war und ich aber auch absolut keine Ahnung hatte, was auf mich zukommen würde, sagte ich zu. Wir hatten auch einen wirklich sehr guten Stundensatz vereinbart, und schon war ich mittendrin in der Software-Entwicklung.

Die ersten Wochen waren wirklich spannend: Ich durfte live miterleben, wie der Betrieb funktioniert. Ich wanderte durch alle Abteilungen und es wurden mir alle Abläufe erklärt. Daraus entwickelte ich, so wie ich es gelernt hatte, ein Pflichtenheft und arbeitete gleich Optimierungen hinein. Und hier ging es schon mit dem ersten Frust los: Man wollte von Optimierung gar nichts wissen. Es wurde bis jetzt immer so gemacht und das war gut so, auch wenn es völlig ineffizient war. Es war schwierig, das Prinzip einer zentralen Datenverarbeitung durchzusetzen. So fand ich mich in einem extrem chaotischen Projekt wieder, das mir zwar sehr viel Geld, aber auch sehr viel Frust brachte: Ich versuchte, innovative Wege zu finden, aber anstatt nur wie anfangs geplant drei Monate zu begleiten, war bereits das dritte Jahr angebrochen. Viele meiner Ideen, betriebliche Abläufe zu optimieren und somit dem Unternehmen Zeit, Ressourcen und Geld zu sparen, kamen nicht gut an. Da waren viele Egos im Spiel, ich konnte mich in diesem Umfeld als junger Student gegenüber der eingesessenen Führungsetage kaum durchsetzen. Ein klares *"Machen*

Sie das bitte so, wie wir es wollen, wir bezahlen Sie schließlich auch!" raubte mir schließlich jegliche Energie für innovative Lösungen.

Bei den Seminaren fiel es mir sehr leicht, Lösungen für die Probleme der Teilnehmer zu finden und es gab immer direkte und lobende Rückmeldungen aus der Praxis, auch noch Wochen und Monate später. Bei dem Warenwirtschafts-Projekt wurde mein Frust immer größer. Ich wurde zwar wirklich sehr gut für meine Arbeit bezahlt, aber es machte für mich überhaupt keinen Sinn mehr. So durfte ich schnell lernen, dass Geld alleine für mich nicht der Hauptgrund sein kann, wofür ich gerne arbeiten würde.

Mit der Band ging es auch langsam zu Ende. Wir hatten unterschiedliche Ziele: Ich wollte gerne eigene Songs spielen und mehr in Richtung Show und Musical gehen, meine Bandkollegen wollten nur nebenbei Spaß haben und etwas Geld verdienen. Beide waren Instrumentallehrer und wollten ihre Sicherheit der fixen Anstellung nicht aufgeben. Ich hatte bereits zu der Zeit erste Auftritte mit Musical Shows, was mir ohnehin mehr Spaß machte, als in der Band zu spielen.

Das Fieber

In der Programmierzeit zwang mich immer wieder hohes Fieber zur Ruhe. Es war wohl einfach zu viel, also gönnte ich mir ein paar Tage Auszeit. Endlich hatte ich auch wieder Zeit für meine geliebte Musik, wenn auch nur für ein paar Tage. Die Fieberschübe wiederholten sich allerdings nach einiger Zeit. Ich lief von Arzt zu Arzt, weil ich natürlich wissen wollte, was mir fehlt. Keiner der Ärzte konnte es mir wirklich sagen, stattdessen bekam ich Rezepte für verschiedene Medikamente. Die Beipacktexte samt Nebenwirkungen waren für mich wie eine Mischung aus Horrorgeschichten und Kriminalromanen. Mir war klar: Ich würde keine einzige dieser Chemiebomben zu mir nehmen. Es musste doch irgendwie anders gehen.

So machte ich also munter weiter, denn das Fieber verging ja nach einigen Tagen wieder von selbst. In der Zwischenzeit hatte ich noch weniger Zeit für meine Musik, denn das Projekt musste ja bald fertig werden. Der nächste Fieberschub ließ aber nicht lange auf sich warten: Schon wieder waren da diese Symptome von "ich kann nicht mehr" - und am nächsten Tag war alles wieder weg. Ich wollte nicht mehr zum Arzt. Ich saß in meinem damals ganz einfach eingerichteten Musikstudio und spielte einfach wieder Klavier. Einfach so, aus Spaß und Freude. Ich spielte vor mich hin, einfach so aus mir heraus - die sanften Klaviertöne streichelten meine Seele. Ich war verzweifelt. Warum bekam ich immer wieder Fieber? Waaaarum??? In meiner Verzweiflung schrie ich hinaus: *"Lieber Gott, waaaas fehlt mir?"* Tränen liefen über mein verzweifeltes und fiebriges Gesicht. Ich legte mich hin und versuchte zu schlafen. Kurz darauf kam auch die Antwort: Ganz leise sprach eine Stimme aus meinem Inneren: *"Dir fehlt die Musik."*

Auf einmal war ich hellwach. Es war mir in dem Moment so klar: Es gab viel Arbeit und sehr wenig Musik. Musik ist mein Hobby, es wird also in der Freizeit gemacht. Freizeit gab es nicht, deswegen musste ein Zwischenzustand her: Fieber! Mir fehlte tatsächlich die Musik! Ich hatte das aber komplett verdrängt. Sollte ich also mehr Musik machen? Aber wie? Und wie sollte ich damit Geld verdienen? Musik kann doch nur ein Hobby sein.

Mein Gefühl war ganz klar: *"Ich mache ab jetzt hauptsächlich Musik!"* Kurz darauf meldete sich mein Verstand, denn zu dieser Zeit beschäftigte ich auch noch ein paar freie Mitarbeiter, die für mich Seminare hielten oder Programmierarbeiten erledigten. Mir war aber völlig klar: So kann es nicht mehr weitergehen. Ich werde das Programmierprojekt beenden und Musik bekommt jetzt einen großen Stellenwert in meinem Leben.

Ich tat mein Vorhaben meinen Eltern und einigen engen Freunden kund: *"Ich werde mich ab jetzt nur mehr der Musik widmen."* Familie und Freunde waren sich einig: *"Bist Du verrückt? Gerade jetzt? Das kannst Du doch nicht machen! Ruh Dich ein paar Tage aus, dann geht es Dir wieder besser."* Jetzt wäre auch noch der große IT-Boom, es sei so viel zu tun in der Branche. So etwas würde man nicht einfach so hinschmeißen.

Ich hörte die Einwände, aber mein Herz hatte den Entschluss gefasst: Ich nahm keine weiteren Aufträge mehr an und übergab das Warenwirtschaftsprojekt an jemand anderen. Ab diesem Moment der Entscheidung gab es keinen einzigen Fieberschub mehr. Es fühlte sich an, als hätte ich einen Schalter umgelegt.

Es dauerte noch einige Monate, bis das Projekt übergeben war, aber das war für mich in Ordnung. Ich wusste, dass der Tag kommen wird.

Dienstag, der 29. Februar 2000. Ich kann mich noch so gut daran erinnern, als wäre es gestern gewesen. Ich hatte das Projekt in der Früh offiziell übergeben und freute mich, endlich Musik machen zu können. Also fuhr ich von Wien zu meinen Eltern, wo ich damals im hinteren Bereich ihres Hauses mein Studio eingerichtet hatte.

Ich war einerseits voller Freude, endlich Zeit für die Musik zu haben, andererseits wusste ich überhaupt nicht, wie es **wirklich** weitergehen sollte. Ich hatte keinen einzigen Termin in den nächsten Tagen, Wochen und Monaten. Ich musste mir plötzlich nicht mehr die Zeit für Musik abzwacken oder schnell mal ein paar Minuten am Klavier spielen, sondern ich hatte plötzlich Zeit dafür. Und zwar so viel Zeit, wie ich nur wollte. System Overflow.

Diesen Zustand kannte ich bislang nicht. Ich hatte bisher immer etwas zu tun. So saß ich in meinem Studio und hatte jetzt alle Zeit der Welt, ich konnte endlich Musik machen! Kein Stress, keine Termine. Aber ich konnte nicht. Ich saß einfach völlig paralysiert da und starrte nur auf die Tastatur des Klaviers. Nach einiger Zeit wusste ich, dass ich jetzt irgendetwas Anderes tun müsste, denn Musik konnte ich jetzt scheinbar nicht machen. Also buchte ich mir spontan ein Zimmer in Salzburg zum Skifahren. Ich beherzigte den Tipp der anderen. Scheinbar brauchte ich doch ein paar Tage Auszeit für mich.

Auf dem Weg nach Salzburg rief mich Sascha, eine liebe Musicaldarstellerin, die ich vor einiger Zeit kennengelernt hatte, an. Sie sagte: *"Jürgen, ich probe gerade für eine neue Show. Da ist jemand ausgefallen, der durch den Abend führt, Du könntest das sicher machen! Darf ich Deine Nummer weitergeben?"* Ich sagte zu. Bald darauf meldete sich ein gestresst klingender Manager, der gleich auf den Punkt kam: *"Sascha hat mir Deine Nummer gegeben und gesagt, Du könntest durch den Abend der Show führen. Wir brauchen noch jemanden für den 15. April. Hast Du Zeit? Dann komm so schnell wie möglich zum Casting."*

Damals war es üblich, schicke Termin-Organizer aus Leder zu verwenden, und so sagte ich: *"Einen Moment bitte, ich sehe nach."* Ich wusste zwar, dass ich so rein gar nichts geplant hatte, aber das konnte ich ja nicht zugeben. Also blätterte ich geräuschvoll im Kalender herum und sagte dann etwas zurückhaltend: *"Jaaa... das geht noch, da bin ich frei."*

Wir vereinbarten einen Termin zum Vorsprechen. Da es dringend schien, blieb ich nur zwei Tage zum Skifahren und fuhr dann zurück. Ich kam in eine Halle, in der sehr viel Bühnentechnik aufgebaut war. An die 40 Tänzer und Musicaldarsteller probten. Der Produktionsleiter war kühl, etwas abweisend und wollte verschiedene Anmoderationen über das Mikrofon von mir hören. Auch wollte er sehen, ob ich das Publikum animieren könnte. Es war aber kein Publikum da. Also tat ich das, was ich ja bereits auf der Bühne oft gemacht hatte: Ich brachte mein virtuelles Publikum in Stimmung und animierte zum Mitsingen. Partytime. Er sah gelangweilt zu, unterbrach mich mehrmals, wollte noch kurz ein Lied von mir gesungen hören, brach aber dann auch kurz darauf ab und sagte das für Castings typische: *"Danke, wir melden uns bei Dir."*

Ich verabschiedete mich von Sascha, die mitten in den Proben war. Sie zwinkerte mir zu und sagte leise: *"Das war gut, Jürgen!"* So ging ich nach ein paar Minuten wieder aus der Halle. Ich wusste zwar nicht, was daran gut gewesen sein sollte, ich wollte Sascha aber glauben, sie war schon einige Zeit im Showbusiness. Der Produktionsleiter meldete sich tatsächlich kurz darauf bei mir. Aber anstatt zu sagen, ob ich jetzt engagiert wäre, fragte er nach einem weiteren Termin. Ich wusste bis jetzt nicht einmal, ob der erste Termin jetzt noch aktuell war. Und ich wusste ja bereits, was ich zu tun hatte und blätterte also wieder geräuschvoll im leeren Kalender und sagte: *"Jaaa, das passt auch."*

Der Rest ist Geschichte: Es wurden daraus insgesamt 30 Shows plus Reisetage bis Ende Juni. Ich erfuhr erst beim nächsten Treffen, als ich meine Texte bekommen hatte, dass es sich um eine Tournee der Vereinigten Bühnen Wiens handelte und eine Show mit ABBA-Songs geplant war. Also der Vorläufer der heutigen Mamma-Mia-Show.

Und so begann das echte Leben auf der Bühne. Dabei durfte ich erfahren, wie viel Aufwand im Hintergrund notwendig ist, um so eine Show auf die Bühne zu bringen.

Die Tour war sensationell: Ausverkaufte Hallen quer durch Deutschland und Österreich. Es ist einfach ein mega geiles Gefühl, auf die Bühne zu gehen und so viele Gäste mit einem "Schönen guten Abend, geht es Euch gut?" zu begrüßen. Tausende Menschen flippen aus und beginnen zu kreischen. Hier durfte ich ebenfalls lernen, dass nicht alles, was im Vordergrund glänzt und blinkt, auch im Hintergrund so schön sein muss. Da wurde viel diskutiert, Techniker waren überlastet und bekamen kaum Schlaf, auch Darsteller wurden teilweise beschimpft und sogar niedergemacht, weil irgendeine Kleinigkeit nicht genau passte.

Trotz vertraglicher Vereinbarungen erhielten wir zuerst nur einen Teil der Gage, denn irgendetwas lief dann trotz ausverkaufter Hallen schief und das Geld fehlte. Aber diese dunkle Wolke konnte meine Liebe zur Musik und Show nicht trüben. Ich wusste nun, dass man eben etwas vorsichtig sein müsste. Somit war der Weg frei für Musik und Bühne. Doch es sollte noch ein paar weitere Umwege geben.

Auf ging's also in die Welt der Shows und Events - es sprach sich schnell herum, dass ich gut Stimmung machen kann und bald durfte ich ein Team an Musicaldarstellern, Technikern und Backstage-Personal zusammenstellen. Mit mittlerweile über 150 Personen im Darsteller- und Techniker-Pool gab es viele Shows im In- und Ausland sowie auf Kreuzfahrtschiffen. Für verschiedene Veranstaltungen durfte ich auch durch den Abend führen. Es machte richtig Spaß und brachte auch einigermaßen gutes Geld. Auch das Thema Eventmanagement kam über diese Schiene auf mich zu - hier durfte ich viel über die Organisation und Hintergründe lernen. Ebenfalls wurde ich von einer lieben Veranstalterin, die mich damals schon einige Jahre gebucht hatte und ich meine kreativen Ideen liefern durfte, für ein Teambuilding engagiert. Ich wusste damals nicht, wie so etwas funktioniert, doch die Vorgabe war: Es soll etwas Neues sein, die Teilnehmer hätten langsam keine Freude mehr an den alten Teambuildings. Also durfte ich mir einige dieser Veranstaltungen ansehen. Schnell war mir klar, dass da etwas Besonderes fehlte. Mir schien der Schritt zunächst doch etwas gewagt, gleich so ein Programm anzubieten und durchzuführen. So hatte ich zwar ein Konzept erstellt, denn ich wollte die Veranstalterin nicht enttäuschen. Insgeheim hoffte ich, dass es zu gewagt war und es nicht zum Auftrag kommen würde. Außerdem war das vorgegebene

Budget um über 30 % überstiegen. Das Thema des Grobkonzepts lautete: "Top Gun - sie fürchten weder Tod noch Teufel". Das Teambuilding war rund um das Thema Fliegen mit einem Rundflug in einmotorigen Kleinflugzeugen konzipiert. Kurz nach der Abgabe kam der Anruf: *"Hallo Jürgen, danke! Genau das machen wir! Das Budget werden wir aufstellen."* Ich war sprachlos - mein Herz klopfte wie wild! Ich hatte zwar die Idee im Kopf, wie die 100 Personen einen ganzen Tag lang zu einem Team geformt werden könnten, aber in der Praxis nur erlebt, dass die anderen Veranstaltungen ein wenig langweilig waren. Also lud ich an den folgenden Wochenenden Freunde und Bekannte ein, um die von mir ausgedachten Übungen rund um das Thema auszuprobieren. Der Rest ist wieder einmal Geschichte. Das erste Event war ein voller Erfolg - und am Ende des Events wurde ich von den Teilnehmern und auch der Veranstalterin gefragt: *"Und was machen wir im nächsten Jahr?"* Somit war auch der Stein für diese Schiene gelegt. Weitere Programme folgten mit unglaublichem Vertrauen aller Mitwirkenden und der Veranstalter. Das Meisterwerk des Teambuildings war für 290 Teilnehmer einer namhaften Zentralbank, deren Bereiche zusammengelegt wurden. Durch die wirtschaftliche Situation war auch eine gewisse Dringlichkeit angesagt, also fand das Teambuilding bei -9 °C im Freien statt. Hier sei angemerkt: Alle Teilnehmer haben es überlebt, sie haben das Ereignis noch in guter Erinnerung.

Lernbeziehungen

Wie Du Dir vielleicht vorstellen kannst, war für ernsthafte Partnerschaften nicht wirklich Platz. Ich hatte auch keine Vorstellung, wie genau Beziehung funktionieren sollte. Ich wusste tief drin, dass ich gerne Kinder haben wollte, denn Kinder und Familie gehören für mich schon immer zum Leben. Doch wie sich zeigte, sollte das Leben für mich noch einige Überraschungen parat haben. Nach einigen missglückten Versuchen war ich damals der Meinung, dass es eine Partnerin aus dem Event- oder Showbereich sein müsste. So bekam ich prompt als Antwort auf meinen Wunsch eine Frau aus diesem Bereich "geliefert" und sie wurde dann auch gleich nach drei Wochen ungeplant schwanger. Also zumindest von meiner Seite war es nicht geplant. Ich wusste damals noch nicht, wie Manifestieren genau funktioniert, deswegen war diese Beziehung von Anfang an eine mittlere Naturkatastrophe, so eine schöne Kombination aus Erdbeben, Hagel und Überflutung. Ich meine das nicht böse, es war meine persönliche Erfahrung. Sie ist bestimmt eine tolle Frau, aber unsere Leben waren und sind so gar nicht kompatibel. Trotzdem erfüllt mich tiefe Dankbarkeit, eine so wundervolle Tochter haben zu dürfen, die mittlerweile auch aus freien Stücken zu uns gezogen ist. Außerdem hatte diese Beziehung, wie sich erst später herausgestellt hat, einen wichtigen Aspekt der Beziehung zu meiner Mutter repräsentiert, den es zu heilen gab.

Ich war damals kurz nach der Geburt meiner ersten Tochter der Überzeugung, dass es jetzt unmöglich so weitergehen könnte. Richtig tiefe Verzweiflung machte sich breit, auch wenn doch jetzt endlich die gewünschte Partnerin aus dem Eventbereich da war. Ich kam schnell zur Einsicht, dass das nur ein Randparameter sein kann, denn unsere unterschiedlichen Werte und Vorstellungen vom Leben passen auch nach 500 Gesprächstherapien und Paar-Seminaren einfach nicht zusammen. Wirklich gemeinsame Ziele außer dem Eventbereich gab es in unserer Beziehung auch keine. Für mich war das sehr schlimm, ich sehnte mich so sehr nach Gemeinsamkeit, nach Austausch, nach gemeinsamen Zielen. Ich hatte gekämpft, ich war wütend, verbittert, traurig und schließlich am Rande des Abgrundes. Trennung kam für mich damals nicht infrage, weil ich von meinen Eltern vorgelebt bekommen hatte, dass man einfach zusammenhält, egal was ist. Meine Eltern waren 59 Jahre verheiratet und sind gemeinsam durch dick und dünn gegangen. Damals hatte man eben noch repariert, statt weggeworfen und neu bestellt.

Ich sah keine einzige Möglichkeit, dass dies noch eine halbwegs harmonische und sich ergänzende Beziehung werden könnte. Und ich sah keinen Ausweg. Ich war damals so weit, dass ich meinem Leben ein Ende setzen wollte, weil die Umstände aussichtslos waren und ich nicht die geringste Ahnung hatte, wie ich da jemals wieder herauskommen sollte. Ich überlegte ernsthaft, wie es am schnellsten gehen würde.

Ich konnte und wollte lange Zeit nicht darüber sprechen. Schon gar nicht hätte ich mir damals vorstellen können, dass ich dies einmal in einem Buch schreiben würde. Heute sehe ich diese sehr prägende Situation als Geschenk an und kann offen darüber sprechen. Auch habe ich dadurch höchsten Respekt vor Menschen bekommen, die in ähnlichen Situationen sind oder waren. Und solltest Du gerade denken: *"Oh mein Gott, ich habe auch schon mal überlegt, meinem Leben ein Ende zu setzen…"*, dann kann ich Dich beruhigen: Du bist in bester Gesellschaft: Wir kennen mittlerweile viele Menschen, denen es so ging oder sogar aktuell so geht - egal ob Freunde oder Klienten - viele geben zu, am Rande des Abgrunds gestanden zu sein oder zu stehen und überlegt zu haben, dem eigenen Leben ein Ende zu setzen, weil es für sie "keinen Sinn" mehr ergab, macht oder sie keinen Ausweg sehen.

Das klingt sehr schlimm. Aber genau so eine Situation hat absolut ihren Sinn und birgt eine unglaubliche Kraft in sich, die es zu nutzen gilt. Ich hatte das Glück, aus meiner Situation wieder selbst herauszukommen: Zu diesem Zeitpunkt war meine Tochter gerade vier Monate alt und ein Zusammenleben mit ihrer Mutter war für mich ein Ding der Unmöglichkeit. Ich gehe hier auf keine weiteren Details ein.

Jetzt wirst Du möglicherweise sagen, dass Eltern sich heute häufig trennen und Kinder alleine aufwachsen. Ja, das ist leider so. Wenn Du selbst nicht betroffen bist, wirken alle Situationen einfach. Aber steckst Du einmal selbst in einer Situation, die für Dich ausweglos ist, weißt Du ganz genau, wovon ich spreche.

Was hat mir damals die Kraft gegeben, mir nicht das Leben zu nehmen? Ich wollte nicht zulassen, dass meine Tochter später über ihren Vater denkt, dass er nicht in der Lage war, sich der Situation zu stellen, sondern einfach geflüchtet ist. Was muss das für ein Gefühl sein, wenn man nach dem Vater fragt und erfahren muss: „Er ist einfach mit der Situation nicht fertig geworden, er hat sich das Leben genommen." Das muss dem Kind unglaublich weh tun, schließlich stecken 50 % des Erbgutes auch in ihm. 50 % des eigenen Erbgutes haben sich das Leben genommen - und im Kind leben sie jetzt weiter… Das muss ein richtig furchtbares Gefühl sein, und es wird das Kind das ganze Leben begleiten und wahrscheinlich sehr an seinem Selbstbewusstsein nagen. Genau diese Vorstellung hat mir so viel Kraft gegeben und mir in dem tiefsten Moment meines Lebens Mut gemacht. Dieser kleine Funken Lebenswille, der immer noch da war, hat mir einfach zugeflüstert: *„Du schaffst das!*

Sei einfach für Deine Tochter da, sie wird es später verstehen." Unter Tränen konnte ich diese Kraft nutzen und habe mir gesagt: „*Jetzt erst recht! Für meine Tochter!*" und konnte damit das Feuer des Lebens wieder entfachen.

Die zweite Beziehung (mit der Mutter meines ersten Sohnes) brachte mich an einen anderen Punkt des Abgrundes: Meine Großmutter war damals überhaupt nicht mehr in meiner bewussten Erinnerung, doch durch meinen Sohn gab es ein Erlebnis, das mich komplett wütend auf sie machte. Ich wusste zwar zunächst nicht, warum meine Großmutter plötzlich so präsent war, denn sie war 25 Jahre zuvor gestorben. Die Gefühle von Wut und Schmerz waren aber so heftig, als wäre mir erst jetzt etwas ganz Schlimmes passiert. Ich konnte das zunächst überhaupt nicht verstehen. So begab ich mich in einige Meditationen zu diesem Thema und erhielt immer wieder das gleiche Datum: 3. Juni 1973. Da war ich knapp drei Jahre alt. Ich wusste zunächst damit überhaupt nichts anzufangen, also befragte ich dazu meine Mutter. Sie wich aber aus und wollte zunächst nicht darüber sprechen. Jetzt wollte ich es erst recht wissen, und ich ließ nicht locker. Nach langem und intensivem Nachbohren durfte ich erfahren, dass meine Großmutter mich damals offensichtlich mehrmals misshandelt haben musste, als meine Mutter zur Arbeit ging und mich alleine bei ihr gelassen hatte. Ich durfte zu diesem Zeitpunkt weiters erfahren, dass meine Mutter mich bis zum sechsten Schwangerschaftsmonat "versteckt" gehalten hatte, damit sie von ihrer Mutter nicht gezwungen werden konnte, abzutreiben. Die Antwort meiner Großmutter an meine Mutter, als sie von der Schwangerschaft erfahren hatte, war auch noch im sechsten Monat: *"Mach es weg!"* Meine Mutter konnte sich allerdings durchsetzen, sonst würdest Du dieses Buch jetzt nicht lesen können. Meine Großmutter hatte es dann offensichtlich auch nicht gewagt, mich als Kleinkind zu töten, aber sie hat mir in der Kindheit einige schöne "Geschenke" mitgegeben: Körperliche Misshandlungen, ständige Abweisungen und das Gefühl, nichts wert zu sein. Meinem Bruder hat sie immer sehr liebevoll gesagt: *"Du bist mein Augenstern"* und hat ihn mit Geschenken überhäuft, während ich dabei nur zusehen durfte. Einige Male hatte ich all meinen Mut zusammen genommen und sie gefragt, ob ich nicht auch etwas bekommen würde. Darauf meinte sie nur höhnisch und abwertend grinsend: *"Du bekommst dann etwas, wenn Du so alt bist wie Dein Bruder".* Nachdem mein Bruder acht Jahre älter ist, war das unvorstellbar weit weg und ich spürte, dass das wohl nie der Fall sein wird ...

Ich konnte meiner Großmutter lange nicht verzeihen. Es sind viele Tränen geflossen, um diese tief sitzenden Verletzungen aufzuarbeiten, viele Tränen sind geflossen. Aber heute bin ich so weit, dass ich mit meiner Großmutter gerne über ihre ehrlichen Gründe sprechen würde. Das Leben muss für sie als Kind des 1. und 2. Weltkrieges schwierig gewesen sein. Letztendlich bin ich sehr froh, dass ich mit ihr - wenn auch nicht zu Lebzeiten - Frieden schließen konnte und ihr restlos verziehen habe. Diese Beziehung war dann scheinbar nur für diesen Zweck da. Ich bin ebenfalls von Herzen dankbar für meinen Sohn und für das Geschenk, endlich dieses so tief sitzende Thema aufgezeigt bekommen zu haben und es dadurch aufarbeiten zu können.

Ich wollte zunächst keine weitere Beziehung mehr eingehen. Doch einige Zeit später war klar, dass alle guten Dinge nun mal drei sind. Dieser dritten Beziehung verdanke ich mein drittes Kind, meine zweite Tochter. Hier durfte ich einen weiteren Aspekt der Beziehung mit meiner Mutter aufarbeiten. Dieser war sehr subtil und heftig zugleich. Zum Glück hat die Mutter meiner zweiten Tochter diese Beziehung beendet und gemeint, sie könnte so mit mir nicht mehr weitermachen. Ich hätte es wahrscheinlich nicht oder erst sehr spät geschafft, mich zu trennen - ich wollte um jeden Preis durchhalten. Wir waren auch verheiratet. Damals war ich wieder einmal am Rande eines Abgrundes. Ich sah mich vollkommen gescheitert, nutzlos und bombardiert mit mittlerweile dreifachen Vorwürfen, dass ich so ein schlechter Vater und unmöglicher Mensch sei. Auch der Mutter meines dritten Kindes bin ich von Herzen dankbar für diese Beziehung.

Eine kurze Auszeit in Indien brachte mir einen sehr spannenden Hinweis: *"Hast Du Probleme in Partnerschaften, kläre zuerst die Beziehung zu Deiner Mutter."* Die Beziehung zu meiner Mutter war zu dieser Zeit alles andere als herzlich, auch wenn ich mich in Wirklichkeit nach genau nach einer Herzensverbindung zu meiner Mutter sehnte. Ich hielt diese indische Aussage damals für einen völligen Schwachsinn, denn was sollte meine Mutter mit meinen aktuellen Beziehungen zu tun haben? Vor allem, wenn man nahezu keinen Kontakt zur eigenen Mutter hat? Nachdem ich schon immer sehr viel von indischen Lehren gehalten habe, bin ich diesem Thema, wenn auch noch mit innerem Widerstand, nachgegangen. Und siehe da: Es steckt so viel Wahrheit darin. Ich konnte nach jahrelanger Arbeit meiner Mutter endlich verzeihen, habe mit allen Müttern meiner Kinder Frieden geschlossen und hege keinerlei negative Gedanken oder Gefühle mehr. Seither haben auch die Beschimpfungen so gut wie aufgehört. Und es stimmt wirklich: Schließe Frieden mit der Mutter Deiner Kindheit, wenn Du Frieden, Freiheit und Harmonie in Deiner Partnerschaft haben möchtest.

Ich möchte an dieser Stelle nochmals betonen, dass alle drei Mütter meiner Kinder wunderbare Frauen sind. Sie haben sich in Liebe zur Verfügung gestellt, mir meine Beziehungsthemen aufzuzeigen und mir geholfen, diese aufzulösen. Ich bin sehr, sehr dankbar für all diese Erlebnisse, auch wenn ich das damals nicht wusste und zeigen konnte.

Mittlerweile war das Jahr 2020 angebrochen, und für mich war spätestens jetzt klar, dass mein Leben nun endgültig ohne eine ernst zu nehmende Beziehung weitergehen würde. Ich wollte mich auf meine neu entdeckte Berufung, mittlerweile Musik auch für heilende Zwecke und den Coachingbereich, konzentrieren.

Familie und Freunde sagten mir, dass ich doch sehr wohl ein Familienmensch wäre, aber für mich war dieses Thema so etwas von erledigt. Ich hatte noch breit herausposaunt: *"Wenn ich jemals wieder eine Beziehung eingehen sollte, dann ist diese Frau unter 30 Jahre alt ist, mindestens 175 cm groß, sie hat drei abgeschlossene Studien, sie war bereits in der ganzen Welt unterwegs, sie ist auch karitativ tätig, bodenständig, naturverbunden, kinderlieb, kurz gesagt, eine Powerfrau mit Herz und Seele - und sie liebt mich einfach genau so, wie ich bin."*

So überzeugt ich diese Parameter deklariert hatte, so überzeugt war ich, dass es diese Frau auf der Welt nicht gibt. Und wenn, dann sicher nicht für mich, denn sie ist sicher schon verheiratet und lebt ihr Traumleben. Ich war zu dem Zeitpunkt gerade 50 Jahre alt, was bedeuten würde, dass es einen Altersunterschied von mindestens 20 Jahren gibt. Welche Frau, die so im Leben steht und so jung ist, möchte das? Bestimmt keine. Also konnte ich ja beruhigt weiter leben. Ich würde also alleine bleiben und mir maximal, wie man aktuell sagt, "Situationships" oder "Freundschaft plus" geben, also fix nichts Ernstes. Und mein Herz würde ich sowieso niemals mehr einer Frau öffnen.

Es folgte der 19. Juni 2020: Bei einem Treffen mit Projektpartnern öffnete mir ein wohlklingendes *"Hallo!"* die Türe. Ich war so fasziniert von der Herzenswärme der Frau, die die Tür öffnete, dass ich sie gleich mal umarmen musste. Und das mitten in der Coronazeit. Es war jetzt kein Treffen unter Freunden, es war ein Geschäftstermin. Ich hatte damals überhaupt nicht nachgedacht, es ist einfach passiert. Es war wie ein Wiedersehen nach sehr langer Zeit. Wie sich später herausstellte, hatten wir tatsächlich ein intensives Miteinander in einem Vorleben. Es folgten beruflich mehrere Telefonate, dann wieder ein Treffen bei einem Event von Agnes, unserer Lektorin. Hier unterhielten wir uns sehr intensiv. Ich war fasziniert von ihrem Kleid. Nein, es war überhaupt kein super sexy red-carpet-Hollywood-Kleid, das ein Dekolleté bis zum Bauchnabel hatte. Es hatte einfach etwas Besonderes aus weißem und schwarzem, speziellem Stoff. Dazu trug Monique Sportschuhe. Coole Kombination und mein Herz hüpfte vor Freude. Im Kopf dachte es sofort: *"NEIN! Vergiss es! Zu jung, sie ist wahrscheinlich mit Deinem Projektpartner zusammen. Und für eine Beziehung bin ich nicht bereit. Also NEIN, NEIN, NEIN. Nicht einmal daran denken!"* So, wunderbar, das hätten wir also geklärt. Moniques Kleid wurde, wie sie mir später erzählte, speziell für sie in Uganda angefertigt. Wir verstanden uns sehr gut, nicht mehr und nicht weniger. Dann konnte ja alles wieder locker sein. Es war Weihnachten und schon gab es wieder den nächsten Lockdown. Mittlerweile war es März 2021: Im Zoom-Meeting erzählte ich so nebenbei von meiner geplanten Reise nach Italien und Spanien. Mein Verstand hatte kurz nachgedacht, ob das jetzt wirklich erzählt werden musste. Diese Nachdenkpause nutzte mein Herz schamlos (oder doch strategisch?) aus. Weil das Herz ja schon längst wusste, was los war, fragte es Monique, ob sie denn nicht einfach mitfahren möchte. Ich könnte ja Hilfe gebrauchen. Der Verstand war sprachlos, aber kurz darauf begann mein Gedankenkarussell: *"Habe ich jetzt ernsthaft gefragt, ob sie mitfahren möchte? Bin ich jetzt komplett übergeschnappt? Was mache ich jetzt, wenn sie wirklich ja sagt?"*- und Monique sagte einfach "JA!". Einige Tage später saßen wir gemeinsam im Wohnmobil auf dem Weg nach Italien und Spanien. Nichts sollte seit dem Zeitpunkt mehr so sein wie zuvor. Bevor es so ganz spannend wird, noch zu meiner Herz-Dame im weiß-schwarzen Kleid:

Moniques Umweg

Hier kommt meine, Moniques Geschichte, die bis jetzt in dieser Form kaum jemand gelesen oder gehört hat.

Kennst Du das auch? Du wirst älter geschätzt, als Du tatsächlich bist und jedes Mal bist Du verärgert oder enttäuscht, denkst über Deine Falten rund um die Augen nach und was Du tun könntest, um jünger auszusehen? Vor allem, wenn man für die Mutter einer 20-Jährigen geschätzt wird, was rein biologisch doch gar nicht möglich ist. Ein Schlag ins Gesicht.

Mein lieber Mann sagt dann immer wohlwollend, dass ich dafür dankbar sein soll. Man sieht mir die Erfahrungen an, die ich bereits machen durfte und dadurch wirke ich älter. In diesen Momenten denke ich mir immer nur *"ja ja"* und bestelle in Gedanken schon eine Anti-Falten-Creme. Im Grunde aber weiß ich, dass er recht hat. (Und das mit der Creme wird dann wieder nichts.)

Ich habe schon viel erlebt, mein Leben ist rückwirkend betrachtet wie mit einem Actionfilm zu vergleichen. Alles passierte so schnell, zehntausend Sachen auf einmal und in einer solchen Geschwindigkeit, dass man mehrmals zurückspulen muss. Noch dazu mit so vielen Kehrtwendungen und Veränderungen, dass es schwierig ist, der Geschichte überhaupt noch zu folgen.

Kindheit und Jugend

Fangen wir also von vorn an: Aufgewachsen in einem kleinen Dorf zwischen St. Pölten und Melk habe ich mich schon immer für alles interessiert, sei es in der Natur ein Baumhaus bauen, Kästen zusammenschrauben, Gitarre spielen, lesen... ja vor allem lesen, Bücher waren meine Leidenschaft. (Wie sich später herausstellte, spiegelt das Tiroler Zahlenrad genau das wider, was ich damals schon unbewusst erkannte: Ich interessiere mich für alles und habe auch in vielen Bereichen Fähigkeiten bzw. Talente.)

Am liebsten alles mit dem Papa, denn ich war und bin ein Papakind. Verkaufen ist seine Stärke und mit zwölf Jahren durfte auch ich die ersten Erfahrungen damit machen. Mit seiner Hilfe lagerte ich zu Spitzenzeiten über 1.000 Bücher in seiner Werkstatt ein. Gekauft zu Spottpreisen in Kartongrößen, sortiert, fotografiert und über eBay zu sensationellen Einzelstückpreisen wieder verkauft. Ich verdiente damit knapp 500 Euro, was in diesem Alter eine Menge Geld war. Noch heute erinnert er mich an die Zeiten, als seine Werkstatt voll mit Büchern war. Ich muss jedes Mal dabei schmunzeln. Dafür bin ich ihm sehr dankbar. Ich bin meiner Mama dankbar, dass sie mich motivierte, Gitarre zu lernen, mich zu den Proben brachte, bei jeder Aufführung dabei war, sie hat immer an mich geglaubt. Ich bin auch meinem Bruder dankbar - klar, wir hatten unsere kindlichen Raufereien, das gehört nun mal dazu - aber ich würde mir keinen anderen Bruder wünschen, wir hatten eine wunderschöne Kindheit.

Mit 15 Jahren durfte ich dann im "richtigen" Berufsleben Fuß fassen und meine Karriere als Kellnerin starten. Anfangs noch sehr schüchtern. Ja, das glaubt mir jetzt keiner mehr, dass ich damals kaum den Mund öffnete, mich versteckte und selbst für Partys nicht zu haben war. (Was ja nicht unbedingt schlecht ist, also das mit den Partys.) Die Arbeit als Kellnerin hat mir sehr dabei geholfen, aus mir rauszugehen und mich der Welt zu zeigen. Ich habe es mit jedem Wochenende und in den Ferien, wo ich ausgeholfen habe, jeden Tag mit mehr Freude und Engagement gemacht. Das haben die Gäste gemerkt, mein Chef und meine Familie. Ich war oft mehr im Gasthaus als zu Hause, vor allem an den Wochenenden, an denen ich vom Studieren in Wien zurück nach Hause gekommen bin. Es war kein leichter Job, aber ich habe es geliebt. Es war mein Ausgleich zur Uni und zu den Bürojobs, die ich in Wien zusätzlich noch nebenberuflich machte. Das Kellnern war mehr als nur ein Beruf, es war mein Hobby, mein Ausgleich, meine Leidenschaft.

Studienzeit

Das "typische" Studentenleben hatte ich nie. Jeden Tag Party machen war nicht meins. Ich lernte leicht, es machte mir Spaß und so absolvierte ich in kürzester Zeit insgesamt drei Studien, die ich mit meinem damaligen jungen Alter von 24 Jahren erfolgreich abgeschlossen habe. Notendurchschnitt 1,5 oder darunter. Alle drei Studien im Bereich Wirtschaft, vom Bachelor über den Master bis zum internationalen MBA mit Abschluss in Kalifornien. Du fragst Dich jetzt vielleicht, warum das Ganze? Weil mir das Studieren Spaß machte und es eine tolle Selbsterfahrung war. Mir waren und sind die Titel egal, ich wusste schon damals, dass ich einen "alternativen" Weg einschlagen und nicht dem Wunsch anderer folgen und bei einem internationalen Konzern Karriere machen würde.

Die absoluten Highlights meiner Studienzeit und sicherlich ein Grund, warum ich jetzt "älter" aussehe, waren die beiden Auslandssemester. Zuerst ein halbes Jahr in Moskau und zwei Jahre später im tropischen Indonesien. Was für eine Zeit - geprägt von Abenteuern, neuen Erfahrungen, Veränderungen und einer großen Portion Mut.

Das Reisefieber

Durch diese Erfahrungen gestärkt, stieg auch meine Reiselust ins Unermessliche. Ich war mit meinen derzeit 30 Jahren in knapp 70 Ländern und auf allen Kontinenten unterwegs. (Okay, offen gestanden, die Antarktis fehlt noch.) Noch dazu zu 90 % als Solo Traveler, ja als Frau alleine, selbst in den Tiefen Afrikas. Wie das war? Eine der mit Abstand besten Erfahrungen meines Lebens. Diese Zeit hat mich sehr geprägt und zu dem Menschen gemacht, der ich jetzt bin. Geschätzt für 35 oder älter, aufgrund all der Erfahrungen, die ich sammeln durfte. Es war mir kein Abenteuer zu groß, kein Land zu gefährlich und nichts schien mir unmöglich. Nichts konnte mich aufhalten. Die Welt war mein Zuhause.

Dachte ich, und dann kam Corona - und meine Welt stand plötzlich still. Lockdown, nicht hinausgehen und vor allem nicht das Land verlassen dürfen. Für jemanden wie mich unvorstellbar. Auf eine solche Veränderung war ich nicht vorbereitet. Was tun? Wer bin ich, ohne zu reisen? Was möchte ich wirklich in meinem Leben machen und erreichen? Was sind meine Träume? So viele Fragen, keine Antworten.

Genau in dieser Zeit lernte ich den Mann meines Lebens kennen, in einer Form und Geschwindigkeit, die einschlug wie ein Meteorit auf der Erde. Veränderung hoch 1.000 und ich mittendrin.

Meine Erfahrungen mit Männern waren bis zu diesem Zeitpunkt - wie soll man sagen - flüchtig und zum Schluss eher rar. Ich konnte meine Beziehungen an einer Hand abzählen. Zugegebenermaßen, war es genau eine mit 16 Jahren, die mich sehr prägte und meine Einstellung zur Männerwelt komplett veränderte. Damals habe ich mich verschlossen und keine Gefühle mehr zugelassen. Nichts Ernstes mehr. Kein Mann sollte mich je wieder so verletzen können. Das habe ich mir geschworen. Bis der Eine in mein Leben gekommen ist.

Esssucht

Doch das war nicht alles, mein Leben war abseits der Erfolge, abseits der Reisen, die mir die Kraft gaben, weiterzumachen, ein komplettes Chaos und teilweise sehr nahe am Abgrund. Ich habe durchs Kellnern gelernt, zu lächeln, auch wenn ich mich innen drinnen sch**** fühlte. Diese Taktik hat mir über die Jahre hinweg sehr geholfen. Ich war alleine in meiner Bubble, wollte oftmals keinen sehen, nur alleine sein und essen, vor allem ganz viel Zucker. Es fällt mir schwer, darüber zu schreiben, da die Geschichte noch keiner weiß (bis auf meinen Mann, aber da wir beide Eins sind, zähle ich ihn nicht als eine "andere" Person). Aber damit ist jetzt Schluss, also los geht's - Augen zu und durch.

Kennst Du den Begriff "Binge Eating"? Nein? Ich kannte ihn anfangs auch nicht. Also, was genau ist Binge Eating? Vielleicht kennst Du den Begriff "Binge Watching"? Diejenigen, die Netflix haben, kennen das vielleicht. "Binge Watching" ist ein Serienmarathon, viele Folgen einer Serie am Stück schauen, oft stundenlang. Vielleicht kommt Dir das bekannt vor? Am Wochenende gemütlich auf dem Sofa chillen, dabei eine Folge nach der anderen schauen, die Zeit vergeht und Du kannst gar nicht mehr damit aufhören. Genau das gibt es auch beim Essen, genannt "Binge Eating". Es ist eine Essstörung, bei der man die bewusste Kontrolle über sein

Essverhalten verliert und regelmäßige Heißhungerattacken hat. Man wirft das Essen, meistens Zucker bzw. schnelle Kohlenhydrate, unkontrolliert in sich hinein - viel zu schnell und viel zu viel. Man kann erst aufhören, wenn einem so richtig schlecht ist oder die Süßigkeiten ausgehen. Im Vergleich zu anderen Essstörungen, wie etwa Bulimie, erbricht man das Gegessene nicht, was langfristig zu Übergewicht führt.

Als ich das gelesen habe, war ich perplex. Das beschreibt zu 100 % meine damalige Essgewohnheit, besser gesagt Esssucht. Wie? Ich war esssüchtig? Kommt für viele überraschend, aber diese Sucht hat mich über zehn Jahre lang begleitet. Angefangen mit einer Magersucht. Noch mal: wie, hä? Glaubst Du mir nicht? Also zurück an den Anfang, als alles begann.

Ich hatte damals mit 15 Jahren gerade einmal 42 Kilo. Meine Menstruation hatte ich bis zu dem Zeitpunkt bislang nicht bekommen, weil mein Körper in dem eines Mädchens feststeckte. Ich redete mir trotzdem immer noch ein, ich müsste noch mehr abnehmen, um schöner zu sein und anderen zu gefallen. Ich log, wenn es darum ging, ob ich in der Schule zu Mittag gegessen habe, nur um Kalorien zu sparen. Auf meinem Speiseplan standen vorwiegend Salatblätter, bis fast nichts mehr von mir übrig war.

Ich habe den Weg rausgeschafft, ohne klinische Hilfe. Wie? Da war einerseits meine Liebe zum Volleyballspielen. Ich habe bei den Bundesmeisterschaften mitgespielt, war mehr als dreimal die Woche am Trainieren, am Wochenende auf Turnieren und in den Ferien auf Volleyball Camps. Volleyball war meine Leidenschaft und damit aufzuhören, nur weil ich zu dünn war, kam für mich nicht infrage. Daher musste ich etwas ändern.

Der zweite Grund war meine Liebe zu Büchern. Ich verschlang damals bereits alle Ratgeber meiner Eltern, kein Thema war mir zu groß - saugte die Inhalte auf, wie ein Staubsauger den Staub. Ich wusste daher tief im Inneren, dass diese Magersucht nicht gesund für mich ist. Es war an der Zeit, dieses Wissen für mich zu nutzen. Ich wusste, ich konnte es schaffen.

Genau das tat ich auch. Ich überwand die Magersucht, mit einem kleinen Haken an der ganzen Sache. Wenn mir damals jemand gesagt hätte, wie man "gesund zunehmen" kann oder es einen Ratgeber dafür gegeben hätte, ich hätte diese

Person umarmt, geküsst und auf Händen getragen. Ich musste es aber auf meine Weise probieren, und die ist nun mal: schnelle Veränderung erzielen. Wie schafft man es, schnell zuzunehmen? Mit ganz viel Schokolade. Du denkst Dir jetzt vielleicht, *"Wow, das möchte ich auch, so viel Schokolade essen zu können, wie ich möchte"*. Aber ich kann Dir verraten, das war überhaupt nicht so märchenhaft, wie es sich anhört. Im ersten Moment schon, aber dann kam die Gefahr: die Zuckersucht. In die bin ich blindlings hineingestolpert. Ohne Vorahnung, ohne Wissen, es hat mich vollgas erwischt.

Idealgewicht erreicht, was jetzt? Mein Körper sah nach einigen Wochen mehr und mehr nach einer jungen Frau aus. Die Sorgen und Ängste meiner Familie sowie Lehrer legten sich. Doch was sie nicht wussten, dass mich die Zuckersucht bereits voll im Griff hatte. Ich konnte nicht aufhören, Zucker zu konsumieren. Mein Idealgewicht war erreicht, aber meine Sucht nach Zucker hatte gerade erst begonnen. Von einer Sucht in die nächste.

Es fing langsam an, ich nahm heimlich Kekse aus dem Vorratsschrank. Immer schön noch einen letzten Keks in der Verpackung gelassen, dass es nicht gleich auffiel. Als ich dann nach Wien gezogen bin, war es für mich leichter. Ich musste es nicht mehr heimlich tun, keiner hat mich beobachtet. Ich ernährte mich hauptsächlich von Zucker und mutete meinem Körper damit so einiges zu. Wenn da nicht die Reisen gewesen wären, wo ich buchstäblich nichts oder fast nichts gegessen habe. Dadurch habe ich in schnellster Zeit schnelle Veränderungen (kommt Dir das in meiner Geschichte schon langsam bekannt vor?) erzielen und so bei meiner Rückkehr alle ins Staunen versetzen können. Ich hätte sonst 100 Kilo oder mehr gehabt.

Doch es war nicht nur der Zucker: Meine Einsamkeit, meine Gefühle, meine Freunde, die ich im Stich gelassen habe, weil ich Termine kurzfristig absagen musste, um meiner Sucht nachzukommen. Ich habe mich zurückgezogen, keinen an mich herangelassen, wollte damit selbst klarkommen. Darüber sprechen zu können, war damals ein Ding der Unmöglichkeit. So in mich gekehrt, konnte ich nicht einmal erkennen, dass Familie und Freunde immer für mich da gewesen wären. Täglich habe ich mir geschworen, dass damit Schluss ist. Ich habe vieles ausprobiert, aber der

Zucker hatte mich voll im Griff. Da Zucker in so vielen "normalen" Lebensmitteln enthalten ist, ist Zuckersucht meines Erachtens die mit Abstand schlimmste Sucht, die man haben kann.

Heute kann ich sagen, ich habe diese Sucht überwunden, ich habe mein Leben zurück, ich habe meine Freude zurück, ich kann selbst bestimmen, wann und vor allem, was ich esse. Ich habe mein natürliches Hungergefühl zurück. Ich kann in Worten nicht ausdrücken, wie dankbar ich dafür bin: Ich habe ein komplett neues Lebensgefühl.

Was ist meine **Wunderpille? Mein Geheimrezept?**

Ich habe mir immer gesagt, wenn ich es einmal geschafft und die Zuckersucht überwunden habe, werde ich mein "Geheimrezept" an andere weitergeben. Aber was soll ich sagen, ich teile meinen Mann nun mal nicht mit anderen und daher ist das etwas schwierig. Unsere Geschichte, unsere Beziehung, seine unendliche Liebe für mich und für mein damaliges Aussehen - all das hat mir geholfen, meine Esssucht abzulegen. Mein Geheimrezept hat also fünf Buchstaben: **LIEBE**.

Unser gemeinsamer Weg

"Ich liebe Liebesgeschichten,
aber unsere ist mir die liebste."

Es war im Jahre 2020. Unsere gemeinsame Reise hatte den ersten Schritt zueinander gemacht. Es war ein Baby-Schritt, unklar, wie die Zukunft aussehen wird, aber unsere Wege haben sich gekreuzt. Dafür sind wir allen dankbar, die uns die Wegweiser gegeben und es ermöglicht haben, dass wir uns an dieser Kreuzung endlich treffen. All unsere einzelnen (Um-) Wege haben uns zu dieser Kreuzung gebracht. Es passierte am 19. Juni 2020. Ein Blick, eine Umarmung und es war klar, es war für die Ewigkeit.

Wie es das Leben so wollte, musste auch unsere gemeinsame Reise zuerst ein paar Umwege machen. Missverständnisse aus dem Weg räumen. Platz machen für etwas Neues. Etwas Neues, das für die Ewigkeit ist.

So richtig begonnen hat alles am 3. März 2021. Bei einem Zoom-Meeting, das Jürgen gemeinsam mit Moniques ehemaligen Chef führte. Er erzählte von der bevorstehenden Reise nach Italien und Spanien. Monique konnte ihren Ohren nicht trauen, Italien, Spanien - wie schön! Scherzhaft sagte sie noch, er solle ihr doch einen Limoncello mitnehmen, dass sie einen Kuchen damit backen könnte. (Auch wenn sie nie zuvor einen Limoncello Kuchen gebacken hat.) Daraufhin meinte er, sie solle doch mitkommen und in Italien einen Kuchen backen. Drei Wochen mit einem "wildfremden" Mann auf engstem Raum auf Reisen zu sein? Klingt schon sehr nach Abenteuer, für Monique genau richtig. Nach kurzem Überlegen und Absagen einiger Termine war sie dabei - nichts ahnend, dass diese drei Wochen ihre beiden Leben so richtig auf den Kopf stellen würde.

Die drei Wochen waren der Beginn einer lebenslangen Reise, ein Leben ohne den anderen war nicht mehr denkbar. Es begann bereits nach einigen Stunden Autofahrt, dass wir unsere Gedanken lesen konnten. Das war uns anfangs etwas unheimlich und wir hielten es für Zufall. Aber es wurde sogar noch intensiver. Es war von Anfang an so, als hätten wir beide eine ständige Direktleitung zueinander. Wir haben unseren anderen Teil, unsere zweite Hälfte gefunden, und den geben wir jetzt nicht mehr her.

Von diesem Moment an haben wir so gut wie alles gemeinsam gemacht. Angefangen von einer Hybridveranstaltung der Wirtschaftskammer, über Videoprojekte, bis hin zu unserer Yogalehrer Ausbildung. Wir teilen sowohl das private als auch das berufliche Leben, ergänzen und bereichern uns. Gemeinsam sind wir entspannter, inspirierter und kraftvoller. Wir gleichen unsere Stärken und Schwächen aus. Wir werden als "Power Couple" und als "The Couple" gesehen und angesprochen. Wir sind Eins, werden als Eins wahrgenommen und sind immer miteinander verbunden, sollten wir einmal nicht in der Nähe des anderen sein. Das beflügelt uns, wie auch unsere Mitmenschen. Wir stecken andere mit unserer Energie, unserem Leben und unserem Umgang miteinander an. Das hat uns dazu gebracht, nachzuforschen, warum wir so stark miteinander verbunden sind. Und wir sind tatsächlich fündig geworden:

Die Kugelmenschen

Im Paradies hatten die Menschen eine andere Beschaffenheit: Sie waren kugelförmig, mit zwei Gesichtern, jeweils vier Armen und vier Beinen. Sie waren von so großer Kraft und Stärke, sie waren einfach vollkommen: Sie waren die glücklichsten und freundlichsten Lebewesen der Erde, ähnlich den Göttern.

Doch naturgemäß fanden nicht alle überall daran Gefallen. Bei den Dämonen auf der Schattenseite erregte es Neid und Wut, weil diese Menschen einfach perfekt waren, freundlich, voller Liebe und in Ruhe in sich selbst. Es gelang der Schattenseite auch lange Zeit nicht, die Kugelmenschen auch nur irgendwie abzulenken.

Die Dämonen berieten sich sehr lange. Man konnte diese wunderbaren Geschöpfe nicht so offensichtlich töten, das wäre zu auffällig und das entspräche auch gar nicht dem Stil der Dämonen. Aber schon bald hatten sie eine Idee: Sie wollten die Menschen schwächen und die Ähnlichkeit zu den Göttern verhindern. So wurden die Kugelmenschen zu einer "alles cool"-Party gelockt. Unter dem Einfluss des "all-cool" Zaubertranks, den die Dämonen auf dieser Party verteilten, versprachen diese den Kugelmenschen ein großes Abenteuer. Sie müssten sich dafür entscheiden, den männlichen und weiblichen Anteil zu spalten, um danach die tiefe Verbundenheit noch besser erleben zu können. Benebelt von dem Mittel der Dämonen ließen es die Kugelmenschen zu, sich zu trennen.

Gesagt, getan: Die Menschen wurden in männlich und weiblich aufgeteilt - und jede Hälfte sehnte sich so sehr nach der anderen Hälfte. Somit wurde großes Leid unter die Menschen gebracht. Doch die Dämonen waren schon immer gut im Marketing. So propagierten sie, dass die einzelnen Teile so sogar noch viel mehr wert seien: Sie seien ZWEI - weiblich **und** männlich. Und dadurch könnten sie auch viel stärker sein. Sie sollten ab jetzt getrennt voneinander agieren. Männer- und Frauenbewegungen wurden inszeniert, sehr viel Aufwand wurde in Propaganda und

Manipulation gesteckt. Bald wurden alle wunderbaren Kugelmenschen in weiblich und in männlich getrennt.

Somit wurde die Trennung der Menschheit erschaffen. Es wurde künftig gelehrt, dass Frau und Mann komplett eigenständig zu sein hätten. Die Frau müsse doch auch selbst "ihren Mann" stehen können, sie müsse auch kämpfen und jagen, denn sie wolle doch nicht vom Mann abhängig sein. Den Männern wurde vorgehalten, dass ihr Verhalten viel zu aggressiv sei. Es wurde ebenfalls gezeigt, dass Männer plötzlich Frauen bedrohen und schlagen würden, was vorher nie vorgekommen ist, denn die Anteile waren im Ausgleich. So wurden die Männer nach und nach verweichlicht und verweiblicht. Es wurden überall, wo es nur ging, harte Frauen und weiche Männer für toll erklärt. Somit nahmen die Frauen mehr und mehr die männlichen Anteile an und wurden härter, die Männer fingen an, mehr weiblich zu werden und verdrängten ihre Kraft.

Tief drin sehnen sich die Frauen bis heute danach, wieder urweiblich sein zu können, auch die Männer sehnen sich danach, ihre urmännliches Wesen auszuleben. Beide Seiten sehnten sich nach der echten Verbindung zum jeweils anderen Teil.

Somit war nach vielen gut inszenierten Aktionen gegen die Ur-Frau und den Ur-Mann das einst so vollkommene Paradies praktisch zerfallen. Die Dämonen bereiteten schon ihre große Feier über den Sieg der Einheit der Menschen vor. Somit hatten sie es geschafft, die Menschen zu spalten. Und damit war es auch leicht, beide Seiten zu führen und zu manipulieren.

Die Dämonen hatten auf allen möglichen Ebenen, durch Religion, Kirchen, Könige und Regentschaft, lange Zeit mit Erfolg verhindert, dass sich Frau und Mann wieder vereinen. Sämtliche Aufzeichnungen und Schriften über diese wunderbare Verbindung konnten vernichtet werden, und jeder Versuch einer Wiedervereinigung wurde im Keim erstickt. Doch die große Sehnsucht nach dieser tiefen Liebe und Verbundenheit steckt noch heute tief in allen Menschen. Dieses ursprüngliche Wissen um die Einheit von Frau und Mann ist so tief in unseren Genen angelegt. Es kann zwar kurzfristig benebelt und betäubt werden, aber es ist nicht möglich, diese fundamental angelegte Weisheit zu löschen.

Und somit begaben sich die Menschen wieder auf die Suche nach der ursprünglichen Einheit von Frau und Mann. Immer wieder wurde nach mündlichen Überlieferungen und in geheimen Treffen dieses Wissen aufrechterhalten. Viele Schriften wurden verteilt und lange geheim gehalten. Und genau so eine Schrift hältst Du selbst in der Hand: das Buch **"dreamly living"**.

Okay, zugegeben: Der Schluss wurde von uns zugefügt. Wir fühlen diese unglaubliche Kraft dieser Ur-Verbindung so sehr in uns, dass wir dies im ganzen Universum verteilen möchten, denn das ist für uns das Paradies. Wir fühlen, dass wir jetzt zusammen Eins sind, dass wir gemeinsam ein Kugelmensch sind, genauso wie damals. Diese Kraft ist so stark und ungeheuer wundervoll.

Wir sind so mächtig, wenn wir beide Teile in Einklang bringen: Wir beide, Monique und Jürgen, sind das beste Beispiel dafür. Wir beleuchten zB jede wichtige Frage von beiden Seiten. Erst wenn unsere beiden Seiten zum gleichen Ergebnis kommen, dann handeln wir. Es passiert natürlich auch, dass wir uns zunächst nicht einig sind - dann besprechen wir beide Lösungen und Wege, und wir kommen **immer** zu einem Ergebnis, welches **beide** Teile für gut und richtig halten. Manchmal "gewinnt" die weibliche Seite, manchmal die männliche, manchmal einzelne Aspekte und wir finden eine neue gemeinsame Lösung. Und das Schöne ist: Es ist für uns kein Gewinnen oder kein Kompromiss, keiner von uns beiden muss nachgeben oder zurückstecken, sondern wir beide stehen zu 100 % hinter unseren Entscheidungen. Das ist einfach nur genial.

Hast **Du** schon Deine zweite Hälfte gefunden? Bist Du schon wieder ein vollständiger Kugelmensch? Wir möchten Dir mit diesem Buch auch die Kraft geben, nicht aufzuhören, nach Deiner zweiten Hälfte zu suchen. Es gibt sie für uns alle! So auch für Dich!

Teil 1

Bevor es auf die Reise geht, möchten wir Dir möglichst viele Aspekte aufzeigen, dass Deine Reise zur Traumreise wird. Wir möchten mit diesem Buch ein Standardwerk für ein Traumleben schaffen und wünschen uns, dass möglichst viele Menschen auf diesem Planeten zu ihrem Glück finden. Wir selbst hätten uns mit so einem Reiseführer viel Zeit, viele Irrwege und so manchen Schmerz erspart. Damit soll nicht gesagt sein, dass wir etwas bereuen oder etwas anders machen würden, denn genau unser Weg hat uns dazu geführt, durch die Erfahrungen anderer Menschen authentisch helfen zu können. Wir wissen ganz genau, wovon wir schreiben, und Du wirst es in den folgenden Kapiteln fühlen und mitleben. So kannst Du in komprimierter Form die Essenz aus vielen Lebensjahren für Dich als Vorteil nutzen.

Wir laden Dich ein, einzutauchen und Dich für Deinen Weg zu öffnen. Es wird sich so manches zeigen, welches Dir gar nicht gefallen wird. Lass es zu, lade all das ein und umarme es liebevoll, es hat alles seinen Sinn. Je mehr Du Dinge wegdrückst und verdrängst, desto heftiger werden sie mit Schwung und Anlauf zurückkommen.

Bist Du bereit?

Jaaaaaaaaa!

Ängste, Krisen und Geschenke

"Was man zu verstehen gelernt hat, fürchtet man nicht mehr."

Marie Curie

Nimm Dir einen Moment Zeit und notiere bitte ganz spontan auf einem Blatt Papier, welche Ängste Du aktuell hast.

Beschäftigen wir uns einmal näher mit dem Thema Angst: Es gibt einerseits die akute, aktuelle Angst. Damit ist gemeint, wenn wir uns umdrehen und plötzlich ein Löwe vor uns steht. Wenn Du nicht gerade ein Löwen-Hypnotherapeut oder Löwenpfleger bist, ist die Angst durchaus verständlich und begründet, und Dein System meldet Dir: Umdrehen und laufen, und zwar schnell! Am besten auf einen hohen Baum flüchten.

Ein weiteres Beispiel: Du stehst auf einem Berg an einem Hang und hörst ein dumpfes Geräusch. Du siehst Dich um und bemerkst, wie eine Felslawine auf Dich zurollt. Dann gilt es ebenfalls, Dich schnellstens in Sicherheit zu bringen.

Diese Art von Angst ist ein Schutzmechanismus - sie ist im Stammhirn, in unserer ältesten Gehirnhälfte angelegt, und das ist auch gut so. Erkennen wir eine Gefahr, müssen wir sofort entscheiden, je nachdem, was für das Überleben besser geeignet ist. Das ist die sogenannte Kampf-oder-Flucht-Reaktion. Das Stammhirn kennt bei Gefahr nur diese beiden Aktionen: kämpfen oder weglaufen. Beim Löwen macht es wenig Sinn, über einen Kampf nachzudenken, deswegen wird das Weglaufen sofort aktiviert.

Die zweite Art von Angst ist eine psychologische Angst und wird fast immer künstlich erzeugt: Angst vor der Zukunft, Angst, dass wir irgendwann krank werden könnten, unser Partner uns irgendwann mal verlassen könnte - also Ängste, die im Moment keine Relevanz haben. Was passiert, wenn Du die Prüfung nicht bestehst? Was passiert, wenn Du ein Projekt verbockst? Ehrlich jetzt, ist Dein Leben dabei in

Gefahr? NEIN! Du wirst nicht gefressen! Ok, vielleicht verbal, von Deinen Eltern oder Vorgesetzten. Aber Du überlebst es - ganz bestimmt. ☺

Ängste werden heute ganz bewusst in die Welt gesetzt: über Nachrichten, Zeitungen, Berichterstattung, Filme und so weiter. Viele Unternehmen arbeiten mit Angst. Und es funktioniert hervorragend.

Ein Beispiel: Welchen Wert hat für Dich die folgende Nachricht: *"In der Nacht auf heute wurde in der Stadt xy eine 27-jährige Frau überfallen und ausgeraubt. Der Täter wurde später gefasst."* Kennst Du die Person? Lebst Du in dieser Stadt? Selbst wenn: Es gibt voraussichtlich keinerlei Bezug zu der Situation, aber die Nachricht bewirkt, dass Du beginnst, nachzudenken, vielleicht in der Art: *"Oh, Kati ist 27, sie hat sich heute noch gar nicht gemeldet, ich muss sie gleich anrufen, ob es ihr gut geht!"* oder *"Ob das bei mir in der Gegend auch passiert?"* oder *"Hier in xy wird es auch immer gefährlicher"*

Vielleicht bist Du ja schon etwas abgestumpft: Wenn Du solche Meldungen hörst, macht das etwas mit Dir, wenn auch nur unbewusst. Solche Dinge passieren zwar, aber es passieren genauso viele schöne Dinge: Ein Tier wurde gerettet, jemand hat eine schwierige Operation gut überstanden, und so weiter. Wenn wir ständig negative und Angst-Meldungen hören und zu uns nehmen, werden diese für uns normal und wir erwarten schon, dass wieder etwas passiert. Wäre es nicht sinnvoll, für normal zu erachten, dass schöne und positive Dinge passieren? Ein Kind kam glücklich und gesund auf die Welt. Jemand hat eine schwere OP überlebt, obwohl es kaum mehr Chancen gab. Bei einem schweren Autounfall wurde wie durch ein Wunder niemand verletzt. Ein korrupter Regierungsbeamter wurde zu lebenslanger Haft und sozialen Diensten in verurteilt.

Horrorfilme: Wir kennen einen Jugendlichen, der aufgrund einer "Mutprobe" im Alter von zwölf Jahren einen Horrorfilm angesehen hat. Darin kommt eine Nonne vor, die Menschen umgebracht hat. Das Ergebnis ist ein tiefsitzendes Trauma. Sobald dieser Jugendliche eine Nonne sieht, schlägt sein Nervensystem Alarm, es kommt zu Schweißausbrüchen und Nervosität, auch noch Jahre später.

Die Massenmedien haben es also wirklich drauf mit der Angst-Saat. Warum das gemacht wird, ist ganz einfach. Ein in Angst versetzter Mensch kann nicht logisch denken. Im Kampf-oder-Flucht-Modus geht es nur um das blanke Überleben, da können wir nicht überlegen. Man kann natürlich trainieren, aus dem Kampf-oder-Flucht-Modus wieder herauszukommen, indem Du Dich immer wieder in solche Angst-Situationen begibst, aber wer macht das schon freiwillig? Und solche Trainings gibt es nicht, schon gar nicht an Schulen oder Bildungseinrichtungen. Ein sehr spannendes Beispiel aus eigener Erfahrung: Bei einem Tauchkurs mit Pressluft übt man zuerst einmal das Atmen unter Wasser im Schwimmbad. Obwohl wir ganz genau wissen und es auch bei anderen sehen, dass wir mit dem Mundstück unter Wasser atmen können, entsteht beim ersten Mal Atmen unter Wasser eine Angst und ein komisches Gefühl. Weil unser Stammhirn signalisiert: Achtung, Du kannst unter Wasser nicht atmen, Du ertrinkst. Erst nach einigen Versuchen und der Bewusstmachung ist diese Angst nicht mehr präsent. Probiere es gerne aus!

> Nimm Deine Liste der Ängste und frage Dich: Welche von diesen Ängsten sind gerade JETZT akut? Da sind vielleicht Ängste finanzieller Art, Angst, ein Projekt, eine Prüfung nicht zu schaffen, Angst, den Partner zu verlieren usw.
>
> Wahrscheinlich betreffen keine dieser Ängste den jetzigen Moment. Stimmt's?

Und bei den Ängsten geht's jetzt munter weiter, mit Freunden, Familie, Lehrern. Du hast sicher auch schon mal voller Freude eine neue Idee geteilt und gehofft, dass Du Zustimmung und Unterstützung bekommst. Du möchtest unter anderem Urlaub in einem Dschungel machen. Was passiert? Du bekommst wahrscheinlich Antworten wie: *"Das ist viel zu gefährlich! Du könntest Dich verletzen! Bist Du verrückt? Möchtest Du sterben?"* zurück. Sie teilen ihre Ängste mit Dir und erklären Dir, dass es ohnehin zum Scheitern verurteilt ist.

Bitte nicht falsch verstehen: Vorsicht und Vorbereitung sind wundervoll und absolut notwendig. Es gibt Menschen, die das ständig machen oder gemacht haben und die genau wissen, worauf man aufpassen muss. Hier sind wir wieder beim Thema Reiseführer oder Mentor. Frage am besten Menschen, die bereits Erfahrung in diesem Bereich haben und Du wirst ehrliche und passende Antworten erhalten. An dieser Stelle möchten wir auch darauf hinweisen, wie wichtig unser Umfeld für uns ist. Dazu aber später noch genauer.

Viele unserer Ängste haben nichts, absolut NICHTS mit dem JETZT zu tun. Das heißt nicht, dass uns die Zukunft egal sein sollte, aber es geht um die Einstellung dazu. Es könnte ja auch einfach gut für uns werden.

Die häufigste Angst ist vor dem Scheitern. Auch das Schreiben dieses Buches war mit Angst verbunden: Angst, es könnte Kritiker geben und das Buch könnte nicht gut genug sein. (Liebe Grüße an dieser Stelle an alle Kritiker! ☺) Für viele ist Scheitern eine Katastrophe. Für die Erfolgreichen bedeutet das Scheitern ein Daraus-Lernen.

> *"In jeder noch so schlimmen Situation*
> *findet sich ein Geschenk."*
>
> *Monique & Jürgen Solis-Robineau*

Jürgen hatte nach der Scheidung und Corona nicht gerade volle Power für sein Business übrig. Es lief nur mehr halbwegs dahin. Corona hatte dann alles so richtig lahmgelegt. Bravo! Zweimal Volltreffer, nichts geht mehr. Weder beruflich noch in der Liebe. Er hat andere immer wieder motiviert, nach einem Geschenk zu suchen. Jetzt sollte er selbst ein Geschenk finden? Wo sollte es da bitte ein Geschenk geben? Heute wissen wir es: Es waren sogar viele Geschenke: die komplette Neuausrichtung im Beruf, die Partnerschaft und eine tolle Lösung für das Haus: Ferienwohnung statt Verkaufen. Das sind die Mega-Geschenke aus dieser Chaos-Krisen-Situation.

Krisen sind der Wendepunkt. Das Wort "Krise" bedeutet aber auch "Chance, gute Gelegenheit". Jede Krise ist also eine Chance, eine Möglichkeit für einen neuen Beginn, eine neue Richtung. Weil die alte Richtung für Dich nicht mehr gepasst hat.

> Wir laden Dich ein, Deine Krisen und Dein Scheitern zu UMARMEN. Erkenne, wo darin Deine Geschenke liegen und nimm sie dankend und lächelnd entgegen.

Ein paar Beispiele dazu: Unsere Hausfinanzierung war durch Corona nicht mehr tragbar, es gab keine Einkünfte und die Corona-Hilfen waren auch mehr Schein als echte Hilfe. Eine große Angst machte sich breit, das Haus mitsamt Studio und Büroräumen zu verlieren. Es ging um die Existenz, privat und auch beruflich: Wie sollte das ohne Haus funktionieren? Studio? Büro? Die finanzielle Unterstützung, die nur mithilfe eines Steuerberaters möglich war, ging zu fast 100 % wieder als Honorar an den Steuerberater zurück. Zusätzlich verlangte er noch ein unverschämtes Honorar für nicht getätigte Arbeiten. Super, was? Wo sollten hier nun die Geschenke sein?

1. Geschenk: Das Haus war nicht zu verkaufen. Wir hatten es fast vier Jahre einem der besten Makler zum Verkauf überlassen. Es kamen zwar viele Interessenten, um das Haus zu besichtigen - ernsthaft kaufen wollte es aber niemand. Es kamen Rückmeldungen wie: Es sei zu groß, es hätte zu viele Räume, es hätte zu wenige Räume, die Terrasse wäre zu groß. All diese Angaben standen explizit im Exposé, auch die Fotos zeigten alles realistisch. Das Haus wurde laut Makler sogar etwas unter dem Marktpreis angeboten, damit es schnell verkauft werden könnte. Uns kam das alles sehr seltsam vor, denn die genannten Gründe waren für uns keine **wirklichen** Gründe, sondern Ausreden.

Wir bekamen die Eingebung, einfach das Haus selbst zu fragen, was es denn möchte. Das mag jetzt vielleicht komisch klingen. Einige unserer Freunde sahen uns auch mit weit aufgerissenen Augen an, als würden wir gerade von einem Raumschiff aussteigen. Dabei haben wir einfach eine Technik angewendet, die wir im Kapitel "Intuition" noch genauer vorstellen werden. Und es funktionierte super: Das Haus äußerte ganz klar den Wunsch, dass wir weiterhin darin wohnen sollen und auch Platz für andere zum Treffen, Wohlfühlen und Austauschen schaffen. So verstanden wir, dass wir einen Teil vermieten sollten, um so einen Teil der Kosten tragen zu können. Wir hatten kurz darauf bei einer Geschäftsbesprechung bei uns im Haus diese Idee des Vermietens erwähnt. Bereits am **nächsten Tag** erhielten wir den alles verändernden Anruf: Ein Freund unseres Geschäftspartners brauchte dringend eine Wohnung. Noch am selben Tag kam dieser zur Besichtigung und ein paar Tage später hatten wir den ersten Mieter bei uns. Als dieser einige Monate später wieder auszog, überlegten wir uns, diesen Teil als Ferienwohnung über den Sommer zu vermieten. Es war gerade Ende Januar, also war genug Zeit für den Beginn der Feriensaison Anfang Juli. So machten wir einige Bilder und bereiteten ein Inserat bei Airbnb vor. Wir vermuteten die ersten Buchungen frühestens ab Mai, und zwar für die Ferienzeit Juli und August. Also war ja noch genug Zeit, um alles dafür vorzubereiten. Zwei Tage später hatten wir die erste Buchung von einer Gruppe von Arbeitern und einige Wochen später waren wir für den Frühling und Sommer fast ausgebucht. Damit hatten wir nicht einmal im Ansatz gerechnet. Damit war klar, wie es weitergehen sollte und auch die finanziellen Herausforderungen wurden somit (teils) Geschichte.

2. Geschenk: Wir haben aus lauter Frust und einer "so nicht mehr mit uns"-Haltung die komplette Buchhaltung und alle steuerlichen Aspekte selbst in die Hand genommen, eine tolle Software gefunden, die alles mit wenigen Schritten erledigt und brauchen (und möchten) auch gar keinen Steuerberater mehr haben. Wir haben die volle Kontrolle und viel weniger Arbeit. Beratungskosten fallen nur mehr bei Spezialfällen an, das ist aber überschaubar.

3. Geschenk: Hier müssen wir ein klein wenig ausholen. Damit Du das Geschenk in aller Tiefe verstehst, folgt jetzt eine kleine Inszenierung: **"Conseiller fiscal"** - das Steuerberatungs-Drama in fünf Akten. Der erste Akt war eigentlich nur ein Bilanzbuchhalter, nennen wir ihn Josef. Josef hat nebenbei für viele kleine Unternehmer die Steuererklärungen und Abschlüsse gemacht, hatte selbst auch eine Hobby-Band und galt als sehr genau. Er hatte damals für einen von Jürgens Mitarbeiter statt einer Halbtages-Anstellung eine Vollanstellung angegeben. Ups, kann ja mal passieren, ist ja zum Verwechseln ähnlich. Dieser fand das ziemlich toll und hat gleich mal auf das volle Gehalt geklagt. Vor Gericht hatten selbst die Zeitaufzeichnungen über eine Halbtagsanstellung nichts genutzt. Es wurde dem Mitarbeiter geglaubt. Kosten von über EUR 10.000, von denen Josef aber nichts wissen wollte: *"Ups, das habe ich wohl verwechselt..."*, meinte er nur achselzuckend.

Der zweite Akt, ein Büro mit knapp zehn Mitarbeitern, hatte durch nachweisliche Schlamperei Kosten von knapp EUR 8.000 verursacht. Auf den Kosten sind wir sitzen geblieben.

Es folgt Akt Drei: Jetzt kommt ein internationales Unternehmen ins Spiel. Die können es bestimmt besser, das sind die wahren Profis. Das war auch preislich zu merken, denn das Unternehmen aus Akt drei mit drei Buchstaben hatte bei einer Steuerprüfung gleich Kosten in Höhe von EUR 14.000 verursacht. Hoppla. Fahrlässigkeiten des Steuerberaters, das kann ja mal passieren. Jürgen hat aber aus Akt eins und zwei schon dazugelernt. Nach einer etwas erhitzten Diskussion meinte das große Unternehmen mit drei Buchstaben, dass das jetzt eben so sei, da sei nichts zu machen. Jetzt kommen Trommelwirbel und dramatische Musik, es folgt der Höhepunkt aus Akt drei: Die drei Buchstaben hatten übersehen, dass die Fahrlässigkeiten gut und nachvollziehbar mit E-Mails dokumentiert waren, sie hatten einfach Mist gebaut und Dinge "vergessen". Ein dezenter Auftritt beim Finanzamt und ein paar nicht ganz so freundliche Telefonate mit den drei Buchstaben folgten. Kaum Einsicht. Das überzeugende Argument im letzten Telefonat war die Androhung, den Vorfall in die Öffentlichkeit zu bringen. Finanzamt und die drei Buchstaben waren sich dann doch zügig einig, die Forderung rückgängig zu machen. Ja, es wäre für beide Seiten ziemlich peinlich gewesen. Keine weiteren Details hier. Es verschwanden die Vorschreibungen aus dem Akt des Finanzamts und auch Akt drei aus dem Leben. Wie genau die Vorschreibungen plötzlich löschbar waren, wissen wir nicht, es interessiert uns aber auch nicht mehr.

Akt vier war eine noch sehr junge und aufstrebende Steuerberaterin, nennen wir sie einfach "Frau Scherz". Diese hat Verständnis für die Vorgänger geäußert und vertröstet: *"Ach, das machen wir schon, vertrau uns. Deine Buchhaltung ist ja recht einfach."* Aus irgendeinem Grund dauerte es dann doch wieder über zwei Jahre, bis überhaupt etwas passiert ist. Hier gab es letztendlich keine Kosten und kein großes Drama, aber Frau Scherz hat es sich verscherzt.

Kommen wir zu Akt fünf: Herr "Künstlerversteher", wie er sich selbst bezeichnet hat. Dieser hatte die Corona-Ausfallshilfen beantragt, was auch tatsächlich funktionierte, danke! Seine Kosten waren aber so unverschämt hoch, dass alle erlangten Hilfen von seinem Honorar aufgefressen wurden. Du kannst Dir vorstellen, dass auch Akt fünf hiermit kurzerhand beendet wurde. Aber wie bei jeder guten Show gibt es auch hier - richtig - eine Zugabe: Über ein Jahr nach dem Beenden der Zusammenarbeit kam tatsächlich noch eine Rechnung für "laufende Arbeiten" zu uns. Wir fragten neugierig nach, um welche Arbeiten es sich genau handelte. Wir warten noch heute auf eine Antwort. Kein Scherz.

Diese fünf Akte des **"Conseiller fiscal"** Dramas haben beim Schreiben des Buches zu einer echten Transformation geführt. Es zeigte sich doch noch deutlich Ärger, der sich noch tapfer am Leben gehalten hatte. Beim Schreiben war das noch richtig gut fühlbar. Das ist übrigens ein typisches Zeichen, dass dieser Schmerz bislang nicht verheilt ist. Dies haben wir folgendermaßen verarbeitet: Mithilfe von künstlicher Intelligenz haben wir ihnen einfach kurz freien Lauf gegeben. Wir durchlebten die Szenerie eines Besuches beim Steuerberater so, dass wir in Begleitung von schwer bewaffneten Männern und mit Kampfhunden auftauchen. Damit sollte klar sein, dass mit uns nicht zu spaßen ist. Wir hoffen, dass Du dieses Bild auch sooo lustig findest wie wir. Natürlich würden wir das niemals wirklich tun, aber die Vorstellung brachte uns so sehr zum Lachen, und jeglicher Rest-Ärger war damit verflogen. Somit können wir bei jedem Besuch bei einem Steuerberater einfach nur lächeln. Das 3. Geschenk ist also:

"Lachen ist Gift für die Angst."
George R.R. Martin

Wichtig ist bei diesem Bild, dass es übertrieben ist und dazu animiert, es lächerlich zu finden. Du solltest Dich über Dich selbst lustig machen können. Es hilft tatsächlich, sich eine solche Situation vorzustellen, die Dich dann zum Lachen bringt. Es ist sehr heilsam, in den Schmerz nochmals abzutauchen: Fühle, wie schlimm das damals war, fühle, wie es für Dich damals war. Und dann mache Dir bewusst, dass es nur eine Erinnerung ist. HEUTE gehst Du anders mit gleichen oder ähnlichen Situationen um. Das ist echte Transformation und Heilung von alten Wunden.

> Welche Schmerzen trägst Du noch in Dir? Lade die alten Schmerzen ein, gehe nochmals durch sie durch. Vielleicht hilft es Dir, ein Bild oder sogar ein kleines Schauspiel zu gestalten. Lasse dann die Situation in Humor und Liebe los und sei dankbar für die Erfahrungen.

Umgang mit der Angst

Ängste zu verdrängen, bringt auf Dauer nichts. Natürlich funktioniert es prinzipiell, und es hat auch durchaus Sinn, das für **kurze** Zeit zu tun. Wir Menschen sind ausgezeichnet darin, Ängste tief zu verschütten und zu vergraben. Diese sind dann zwar nicht sichtbar, können aber ungestört aus dem Unterbewussten agieren. Es ist ungefähr so, als wenn Du versuchst, eine riesige Kiste einen steilen Berg hochzuschieben. Was wird passieren? Sobald Du sie loslässt, wird sie mit Schwung und Anlauf wieder zurückkommen.

Ebenso wenig bringt es etwas, die Ängste in Alkohol aufzulösen oder sie mit Drogen zu betäuben. Wir meinen hier nicht **ein** Glas Wein oder **ein** Bier, sondern regelmäßigen Alkoholkonsum. Aber schon ein winziger Schluck benebelt bereits und verhindert klare Gedanken. Wir beschäftigen uns noch mehr zu diesem Thema in weiteren Kapiteln.

- **Angst einladen**

  Es gibt keinen Ausweg, Du wirst Dich den angsteinflößenden Situationen stellen müssen. Mache es lieber freiwillig, denn dann kannst Du üben, damit umzugehen. Lade die Angst ein und erlebe die Situation im Geiste nur für Dich durch. Was wird passieren? Wie könnte es sein? Stelle es Dir so lebendig vor, wie es nur möglich ist.

Dein Körper wird darauf reagieren: Dein Herz beginnt wie wild zu schlagen, Dir wird heiß, vielleicht beginnst Du zu schwitzen, und vieles mehr kann passieren. Du bist in einem Stresszustand, den Du bewusst herbeigeführt hast. Mache Dir bewusst: Es ist **jetzt** nicht aktuell. Die Situation ist entweder bereits vergangen oder wird erst in der Zukunft kommen. Also, keine Panik. In diesem Zustand wirst Du allerdings keine vernünftigen Entscheidungen treffen können, deswegen ist der nächste Schritt:

- **Atmen**

  Sehr effektiv: So langsam und tief wie möglich einatmen und so lange wie möglich wieder ausatmen. Noch effektiver ist es, wenn Du möglichst geräuschvoll ein- und ausatmest. Wenn Dein System merkt, dass Du tief und langsam atmest, fährt der Stresspegel auch wieder herunter. Du kannst das noch toppen, indem Du für mindestens fünf Sekunden lang einatmest, dann für fünf Sekunden die Luft anhältst, wieder fünf Sekunden lang ausatmest, und dann nochmals für fünf Sekunden den Atem anhalten. Wiederhole das, solange Du möchtest und Du wirst merken, dass Du ruhiger wirst.

- **Vergangene Situation umprogrammieren**

  Wenn Du wieder etwas ruhiger bist, fällt es Dir leichter, die Situation zu beobachten. Mach Dir bewusst, dass es bereits der Vergangenheit angehört. Wie würdest Du in der Situation mit Deinem heutigen Wissen handeln? Was würde sich ändern? Mache Dir auch bewusst, dass Du bei einem nochmaligen Auftreten dieser Situation ganz anders handeln wirst und das Ergebnis ein ganz anderes sein wird.

- **Zukünftige Situation voraus erleben**

  Hast Du Angst vor einer Situation, die erst in naher oder ferner Zukunft eintreten könnte oder wird? Dann durchlebe diese Situation im Voraus. Sehe, fühle und erlebe mit allen Sinnen, wie Du ganz ruhig wirst. Souverän wirst Du diese Situation meistern. Es wird sich so gut anfühlen.

- **Wiederholung**

Mache diese Übung so oft und so lange, bis es sich nicht mehr stressig anfühlt. Mache Dir damit aber keinen Druck, lass Dir Zeit dabei. Das kann Stunden, Tage, Wochen oder auch Jahre dauern, je nachdem, wie schlimm oder vielleicht sogar traumatisch diese Situation war. Achtung bei tiefen Traumas: Hier ist es ratsam, dies mit professioneller Begleitung zu lösen.

Das Meer an Ausreden

*"Am Ende der Ausreden beginnt
Dein Traumleben."*

Monique & Jürgen Solis-Robineau

Wir können Dich beruhigen, uns geht es oft auch so. Wir finden für Projekte, die uns wirklich Spaß machen, trotzdem Ausreden. Warum? Weil wir Angst vor dem Scheitern haben. Weil wir nicht wissen, was auf uns zukommt. Weil wir in unserem gewohnten Umfeld bleiben wollen, weil es ja sonst viel schlechter sein könnte. Welche Ausreden hast Du noch, um nicht mit Deinem Traumleben zu beginnen?

Weil weil weil... so viele Ausreden, bevor man überhaupt erst den ersten Schritt gemacht hat.

Unser bestes Beispiel ist dieses Buch, das Du gerade in Deinen Händen hältst. Jürgen hat bereits 2021 die ersten 70 Seiten geschrieben, wollte es zu der damaligen Veranstaltung der Wirtschaftskammer als E-Book fertig haben, aber wie es das Schicksal so wollte, ist nichts daraus geworden. Enttäuscht hat er es erst mal als Dokument am Laptop liegen gelassen. Der Gedanke daran und auch das Ziel, das Buch fertigzustellen, waren jedoch immer im Hinterkopf. Warum aber hat es drei Jahre gedauert, bis Du dieses Buch in den Händen hältst? Da waren viele Ausreden, die in seinem Kopf vor sich gingen. Vieles, was ihn und später uns daran gehindert hat, das Buch zu schreiben.

Jetzt denken wir uns: Heute ist genau der richtige Moment, um damit zu beginnen. Warum noch warten? Wir haben den Ausreden ein Ende gesetzt und das Resultat hältst Du jetzt gerade in Deinen Händen. Du kannst es auch schaffen, Deine Träume in die Realität umzusetzen, den ersten Schritt zu machen. Denn genau das ist es, was zählt. Ein Schritt nach dem anderen, das Ziel vor Augen. Hab Vertrauen in Dich und Deine Fähigkeiten, Du musst nicht immer wissen, was der nächste Schritt ist, Du musst nur Vertrauen haben, dass der nächste Schritt genau der Richtige ist.

Was ist, wenn aber doch die Zweifel kommen und Du Dir in den kreativsten Momenten tausende Ausreden einfallen lässt, nur um nicht zu starten oder weiterzumachen? Dann lies weiter. Vielleicht findest Du Dich in einer der typischen Ausreden wieder, musst schmunzeln und denkst Dir, so jetzt ist Schluss damit. Schluss mit den Ausreden!

Ich habe keine Zeit

Stimmt das wirklich? Hast Du tatsächlich keine Zeit? Jeder von uns hat 24 Stunden am Tag zur Verfügung, 168 Stunden pro Woche, etwa 672 Stunden pro Monat und ca. 8064 Stunden pro Jahr. Das sind ja eine ganze Menge. Warum also haben wir "keine Zeit"?

Frag Dich lieber, warum willst oder kannst Du Dir keine Zeit nehmen, um Deine Träume umzusetzen?

Vielleicht hast Du Angst? Vielleicht ist Dir Dein Traum noch nicht wichtig genug oder es ist nicht "DER" Lebenstraum und Du zweifelst noch daran?

Wenn es Dir auch so geht, dann haben wir hier und jetzt eine Aufgabe für Dich, die Dein Leben verändern wird. Das magische Wort heißt: **Journaling**. Dabei geht es darum, dass Du jeden Morgen, jeden Abend, am Wochenende, am Ende des Monats - also ganz, wie Du es für Dich selbst möchtest und bestimmst - reflektierst und Deinen Tag, Deine Woche oder Dein Monat Revue passieren lässt. Das hilft sehr, um Ziele zu verfolgen, um sich über die eigenen Fortschritte bewusst zu werden und persönlich als auch beruflich zu wachsen und sich weiterzuentwickeln. Die Devise lautet: Einfach mal ausprobieren. ☺

> Traumwerkzeug: "Ich habe keine Zeit". Drucke Dir dieses Worksheet mehrmals aus und nimm Dir mindestens eine Woche lang Zeit, es jeden Tag auszufüllen. Notiere Dir, so gut es geht, alles, was Du in dieser Zeit gemacht hast.

Wie und womit verbringst Du Deine Zeit? Du wirst auf einen Blick Deine Zeitfresser erkennen und in Zukunft Zeit sparen und mehr Zeit für Deine Träume haben.

Mein innerer Schweinehund

Seien wir einmal ehrlich, wer hatte bisher noch nie mit unserem Schweinehund zu kämpfen? Wir sind uns sicher, jeder von uns kennt ihn.

Bei uns sieht der innere Schweinehund so aus: Er ist liebevoll, bisschen pummelig, macht sich gern auf der Couch breit und isst gern Chips.

Veränderungen sind für unseren inneren Schweinehund ein Tabuthema, das mag er so gar nicht. Schön in der Komfortzone bleiben, da fühlt er sich am wohlsten, streckt alle vier Pfoten hoch und lässt sich grunzend streicheln.

Das Gute daran ist, er kommt immer genau zur richtigen Zeit. Nämlich, wenn wir uns Ziele setzen, unsere Träume umsetzen wollen und etwas in Bewegung bringen, uns also verändern. Da kommt dann diese leise Stimme des Schweinehunds, die uns manipuliert und austrickst. Wir wollten ja eigentlich trainieren gehen, aber ausgerechnet heute müssen wir länger arbeiten? *So ein Pech aber auch"*, denkt sich unser Schweinehund und grunzt freudig vor sich hin. Wir wollten ja heute Abend kochen und nicht wieder etwas vom Chinesen um die Ecke bestellen, aber haben vergessen, einkaufen zu gehen. *"Tja, jetzt ist es schon zu spät, um nochmals rauszugehen. Du kannst Dir so leicht das Essen übers Handy bestellen"*, redet uns der Schweinehund gut zu. *"Morgen dann, okay"*, sagt er, um uns zu beschwichtigen.

Und weißt Du was, morgen lässt er sich wieder andere Ausreden einfallen, dass Du nichts an Deinem Leben änderst. Wenn Dir das bekannt vorkommt, dann hat Dich Dein Schweinehund voll im Griff. Er entscheidet über Dein Leben. Er hindert Dich daran, Deine Träume zu leben und "schützt" Dich vor Veränderungen. Veränderungen, die Dir aber gut tun würden, wenn Du es nur erlaubst. Doch stattdessen bleibst Du in Deiner Komfortzone, hörst auf Deinen inneren Schweinehund und entscheidest Dich für das bequeme Leben.

Ich fange morgen damit an

Kennst Du das auch? Du suchst immer nach dem Richtigen, dem einen perfekten Zeitpunkt, um zu starten. Die meisten suchen sich dafür einen Montag aus, den ersten Tag des Monats oder noch besser, für Vorsätze, die dann schlussendlich doch den Bach heruntergehen: den ersten Tag im neuen Jahr. Jedes Jahr werden zigtausende Vorsätze formuliert, mit voller Motivation am ersten, vielleicht auch noch am zweiten Tag umgesetzt und spätestens nach der ersten Woche war es das dann auch. Die guten Vorsätze sind passé.

Warum ist das so? Wenn wir etwas wirklich wollen, wenn wir wirklich dafür brennen und wirklich unseren Traum leben wollen, dann ist morgen schon zu spät. Wer weiß, was bis morgen passiert? Du könntest von einem herunterfallendem Klavier getroffen werden und das Leben könnte von einer Sekunde auf die andere zu Ende sein. Wäre es dann nicht schön, dass Du zumindest noch den heutigen Tag damit verbracht hättest, Deine Träume umzusetzen? Wie heißt es so schön? Lebe jeden Tag so, als wäre er der Letzte! Natürlich gehen wir nicht davon aus und die Wahrscheinlichkeit ist sehr gering, wir wollen Dich nur motivieren, keinen Tag zu verlieren, sondern genau **HEUTE** Dein Traumleben zu leben.

Wenn wir uns mit dieser Ausrede helfen, um noch Zeit zu schinden, dann beruhigen wir damit nur unser Gewissen. Morgen beginnen wir, uns gesund zu ernähren, das muss reichen. Heute kann ich noch so richtig zuschlagen bei der Nachspeisenkarte. Morgen ist auch noch ein Tag. Damit lässt Du aber wertvolle Zeit verstreichen. Denk einmal nach, was Du heute schon tun könntest, um Deinem Traum ein Stückchen näherzukommen? Was kannst Du in den kommenden 24 Stunden schon erreichen?

> Was würdest Du tun, wenn Dir jemand sagt,
> Du hättest nur noch drei Tage zu leben?

Ich könnte ja Fehler machen

Ja, bitte mach Fehler! Denn aus Fehlern kannst Du lernen.

*"Man sollte eigentlich im Leben niemals
die gleiche Dummheit zweimal machen,
denn die Auswahl ist so groß."*

Bertrand Russell

Ein kleiner Vergleich der Kulturen zum Thema Scheitern. Monique war für die letzten Wochen ihres MBA-Studiums in Kalifornien und durfte auch schon davor durch das Hybrid-Studium den amerikanischen Zugang zum Lernen kennenlernen. Die Kultur des Scheiterns und Fehler machen. Das haben sie echt drauf. So viele Amerikaner beginnen ein Start-up, beenden es wieder, optimieren es, ändern es, verbessern es. Kaum ein erfolgreiches Unternehmen war von Anfang an erfolgreich. Dahinter steckt viel Fleiß und Arbeit.

Kennst Du den bekannten **Eisberg des Erfolgs?** An der Oberfläche im Wasser ist ein riesiger Eisberg zu sehen - er ist gewaltig, groß und mächtig - so wie der Erfolg. Was man aber auf den ersten Blick nicht sieht, ist, dass der Eisberg in der Tiefe noch viel gewaltiger, größer und mächtiger ist. Das erkennt man erst, wenn man nach unten taucht. Dann kommen all die Misserfolge, Fehler, endlosen schlaflosen Nächte, die Ablehnung, die Zweifel und die Risiken sowie die Ausdauer, die Disziplin und der Mut zum Vorschein.

Was möchte uns dieses Bild zeigen? Dass es wichtig ist, Fehler zu machen, um daraus lernen zu können. Dass konstruktives Feedback essenziell ist, um sich zu verbessern. Dass Du nur erfolgreich sein kannst, wenn Du die Schattenseiten sowie die Rückschläge akzeptierst. Feiere Deine Fehler - sie machen Dich stark! Denn wie schon Thomas A. Edison sagte: *"Ich bin nicht gescheitert, ich habe nur 10.000 Wege entdeckt, die nicht funktionieren."*

Was könnte Dir auf Deinem Weg ins Traumleben an Fehlern passieren? Was könntest Du daraus lernen?

Mir fehlt die Energie und die Motivation

Willkommen im Club! Es mag zwar danach aussehen, als wären wir beide, Monique & Jürgen, an jedem einzelnen Tag im Jahr top motiviert, gut gelaunt und voller Energie. Ja, wir sind das auch zu 99,97 % - oder so. Aber auch uns treffen Motivationslöcher und Energieeinbrüche. Was wir dann tun? Uns hingeben, einfach mal einen Tag durchschlafen, wenn es unser System braucht oder nichts tun. Unser Körper leistet tagtäglich so viel, er weiß ganz genau, wie und wann er sich regenerieren soll, hören wir doch auf ihn.

Wie ist das mit unserer Motivation? Sie kommt und geht, aber wenn uns etwas so richtig Spaß macht, dann ist sie mehr präsent als abwesend. Genau diese Zeiten nutzen wir dann auch aus, selbst wenn es vielleicht nach acht Uhr abends ist. Wir planen unsere Tage nicht mehr, wir lassen die Motivation sie planen - das ist viel effektiver, zeitsparender und erfolgreicher.

Wenn Du noch nach der richtigen Motivation suchst, die Du brauchst, um Dein **dreamly living** zu leben, dann findest Du in dem Kapitel "M wie Motivation" wertvolle Tipps, um Deine Motivation wieder anzukurbeln. Damit wird alles viel leichter, versprochen.

Warum sollte gerade **ich** damit Erfolg haben?

Es gibt so viele, die das schon machen - und zwar sehr erfolgreich. Uiiiih, damit triffst Du es bei Monique genau auf den Punkt, Nagel auf den Kopf getroffen, oder wie sagt man so schön?

Wusstest Du, dass sie schon über zehn Jahre mit dem Gedanken spielt, einen Reiseblog zu schreiben? Nein? Wie auch, sie hat bisher noch nichts wirklich veröffentlicht. Zugegeben, ein kleiner persönlicher Blog entstand während ihres Auslandssemesters auf Indonesien, der durchaus auf Audienz traf. Aber dabei blieb es dann auch. Warum? Weil sie selbst so viele Reiseblogs gelesen hat und der Vergleich dazu führte, dass sie ständig dachte, so erfolgreich, so gut, so ausführlich, so ... wird der Blog ja ohnehin nicht. Es lohnt sich gar nicht erst, damit anzufangen.

Wie soll sie den anderen Blogs das Wasser reichen? Der Blog wird ja doch nie gut genug sein, wer wird ihn schon lesen?

Siehst Du, in welcher Abwärtsspirale sich das ganze Denken bewegt? Dabei handelt es sich nur um die eigenen Gedanken. Ohne es probiert zu haben, ohne wirkliche Rückmeldungen von außen bekommen zu haben. Aber nein, der Vergleich und die eigenen Ansprüche an sich selbst lassen uns zögern. Und in Moniques Fall gar nicht erst damit beginnen. Das hat sehr viel mit Selbstwert, Selbstbewusstsein und Glaubenssätzen zu tun, dazu später mehr.

Wir wollen damit sagen, dass Du Dich nicht von der Konkurrenz beeinflussen oder gar abhalten lassen sollst. Im Gegenteil: Nutze das, was die anderen machen, um daraus zu lernen. Und sieh es mal so: Wenn es viele anbieten, dann muss es eine hohe Nachfrage geben. Warum gibt es sonst an bekannten Urlaubsorten trotz der Vielzahl an Hotels noch immer viele, die noch ein weiteres zu der bereits hohen Anzahl bestehender Hotels dazu stellen?

Was brauchst Du, um erfolgreich zu sein? Hast Du Dir schon einmal aufgeschrieben, was Deine Stärken sind? Nein? Dann ist jetzt der richtige Augenblick dafür.

> Traumwerkzeug: "Stärken und Schwächen".
> Notiere Dir auf Deinem Worksheet alle Stärken und Schwächen, die Du besitzt. Frage auch gerne Deinen Partner, Deine Familie und Freunde. Sie können Dir sicher auch spannende Stärken und Schwächen über Dich sagen, die Dir bis dato vielleicht überhaupt nicht bewusst waren.

Ich möchte, dass es perfekt wird

Das verstehen wir nur allzu gut. Wir möchten auch immer alles perfekt machen, unser Bestes geben und haben sehr (oftmals zu) hohe Erwartungen an uns und unsere Vorhaben.

Sich hohe Erwartungen zu stecken ist gut und wichtig, dass Du die Sache auch mit Freude machst und schließlich alles gibst. Aber wenn die Erwartungen zu hoch sind oder sogar unrealistisch, dann demotiviert uns das und wir fangen im schlimmsten Fall gar nicht erst damit an. Der wundervolle Traum träumt weiter vor sich hin, wobei er sich doch so sehr wünscht, gelebt zu werden. Irgendwann landet dieser dann im Friedhof der Träume. Begraben, vergessen, tschüss. Ist das nicht traurig?

Es ist okay, wenn nicht alles nach Plan läuft. Jürgen pflegt dann immer zu sagen: *"Wenn Du Gott zum Lachen bringen magst, dann mach Pläne."*

Und wie recht er hat! Denn das Leben passiert, wenn Du zu beschäftigt damit bist, Pläne zu machen. Wir sagen damit nicht, Du sollst alle Pläne über Bord werfen oder keine Pläne machen. Nein, bitte nicht. Du sollst nur nicht die meiste Zeit damit beschäftigt sein, Pläne zu machen und vor lauter Pläne schmieden, nicht ins Tun kommen.

Perfektionismus ist an sich keine schlechte Sache, nichts ist nur gut oder böse. Alles hat seine zwei Seiten wie eine Münze. Wobei, sie hat sogar drei, wenn sie dann beim Münzen werfen an der Kante zum Stehen kommt. Bei Deinem **dreamly living** ist es wichtig, dass Du das für Dich Bestmögliche gibst und Dich nicht mit "gut genug" zufriedengibst. Aber in anderen Bereichen oder bei anderen Aufgaben reicht vorwiegend ein minimaler Aufwand für maximalen Erfolg. Die Kunst liegt darin, zu erkennen, welche Aufgaben unter welche Kategorie fallen.

Du hast bestimmt auch Seiten an Dir, die nicht perfekt sind? Wenn Du ganz ehrlich bist, gibt es da schon das Eine oder Andere. Vielleicht Deine Nase, Dein Bauch, Deine Haare, die sind für Dich - in Deinen Augen - nicht perfekt. Aber frag mal Deine Familie, Deinen Partner oder Deine Freunde, die sehen das wahrscheinlich ganz anders. Die finden genau das schön an Dir und perfekt. Es hilft also, sich mit anderen auszutauschen, um zu erkennen, dass auch andere nicht perfekt sind. **Nobody is perfect!**

Was denken wohl die Anderen?

Da fällt uns sofort das Lied von den Ärzten ein *"Lass die Leute reden..."* - ein wenig überspitzt, aber so wahr.

Seien wir einmal ehrlich, wie viel denkst Du selbst über andere nach? Wie oft redest Du über andere im Laufe des Tages? Es kommt schon einmal vor, dass wir andere in Gesprächen erwähnen oder über andere nachdenken, aber längst nicht in dem Ausmaß, von dem wir ausgehen, dass es andere über uns tun. Wenn Du also selbst nicht stundenlang damit beschäftigt bist, über andere zu reden, warum denkst Du dann, dass andere die Zeit haben, das über Dich zu tun?

Es kommt schon einmal vor, dass man auf den ersten Blick schief angeschaut wird, weil das Kleid in ihren Augen nicht passend ist oder man einen "Bad Hair Day" hat. Das mag schon sein. Aber das geht vorbei, in spätestens fünf Minuten kommt die nächste Person bei der Tür rein, die ein noch schrecklicheres Kleid trägt oder sogar eine noch schlimmere Frisur hat wie Du. So schnell kannst Du gar nicht schauen, bist Du schon nicht mehr interessant und die Leute reden über die andere Person. Was wir damit sagen wollen, ist, dass dieses Gerede vergeht. Was dabei hilft, den Menschen keine Aufmerksamkeit zu schenken. Denn die meisten, die sich über andere lustig machen, wollen damit nur bezwecken, dass man sich kränkt oder traurig ist. Wenn Du also nicht darauf reagierst, dann schaffst Du es, dass die anderen Dich in Ruhe lassen, weil sie ihr Ziel nicht erreicht haben. Klingt doch ganz simpel - und das ist es auch!

Unser Geheimrezept ist: In Deiner Mitte bleiben, Deinen Werten treu bleiben. Wenn das Kleid oder die Frisur für Dich so passen, dann passt das auch so! Schluss, Ende, Gelände! Da hat keiner was mitzureden, es ist Dein Leben und das bestimmst nur Du ganz alleine.

Du kannst Dir aber auch eine schlagfertige Antwort zurechtlegen. Etwas, mit dem die anderen so gar nicht rechnen. Das setzt natürlich voraus, dass die anderen ihren blöden Kommentar auch aussprechen, die meisten verdrehen ja nur die Augen und mustern Dich von oben bis unten. Auch dafür haben wir einen Spruch auf Lager. Falls sie Dich ohne Kommentare mit ihren Augen förmlich "ausziehen", kannst Du zB mit *"Gefällt Dir, was Du siehst? Und ja, nackt sehe ich noch viel besser aus. Das wirst Du leider nie sehen."* antworten. Das sitzt und glaube uns, sie werden nicht wissen, was sie antworten sollen und verschwinden wie von Zauberhand, so schnell kannst Du gar nicht schauen. Funktioniert bestimmt.

Falls sie es jedoch schaffen und Dir tatsächlich in Worte ausdrücken, was sie sich denken, auch wenn es keinen anderen interessiert, dann haben wir noch ein paar Ideen für Dich parat.

Beispiel A: Du kommst zu einem Business Meeting und hast als einzige Person keinen Anzug an. Dir fehlt sowohl die Krawatte als auch das Sakko, Du bist bloß mit einem Hemd und einer Jeans bekleidet. *"Also wir erwarten hier schon einen passenden Auftritt."* Was jetzt? Du könntest noch einmal hinausgehen, so tun, als ob Du Dich am Laufsteg befindest, selbstsicher stolzieren, die Tasche meisterhaft schwanken und zum Schluss mit einer Drehung nach links und rechts, mit den Worten zum Stillstand kommen: *"Das sollte reichen."* Die sind erstmals sprachlos, damit haben sie nicht gerechnet. Passender Auftritt erledigt.

Beispiel B: Du kommst in die Arbeit und Dein "Lieblingskollege" kommt zur gleichen Zeit bei der Tür herein wie Du. Du weißt schon, er ist sich keiner blöden Kommentare zu schade und schießt bereits darauf los: *"Na, heute wohl einen schlechten Haartag erwischt?"* Grinst blöd und kann sich selbst kaum vor Lachen über seinen eigenen, witzlosen Spruch einkriegen. Du aber, in voller Ruhe, konterst ihm sachlich und ohne mit der Wimper zu zucken: *"Umso besser war die Nacht."* Das sitzt, bestimmt. Ob der jemals wieder einen blöden Kommentar Dir gegenüber machen wird? Wahrscheinlich nicht.

Vielleicht fallen Dir noch viele andere Beispiele ein und Du überlegst schon eifrig, was Du beim nächsten Mal in einer solchen Situation antworten kannst.

Zu guter Letzt wollen wir Dir noch vom "Gefängnis des guten Rufs" erzählen, wie Rolf Dobelli es so schön formuliert. Denn Applaus soll niemals der Gradmesser für Erfolg sein, öffentliche Wertschätzung hat nichts mit der Qualität Deiner Arbeit zu tun. Wenn Du das erst verstanden und verinnerlicht hast, dann kannst Du Dich aus Deinem selbstgebauten Gefängnis befreien.

Was ist besser? Der beste Liebhaber zu sein und als der Schlechteste zu gelten? Oder der schlechteste Liebhaber zu sein, aber als der Beste zu gelten? Wofür entscheidest Du Dich? Oftmals eilt uns unser Ruf voraus, obwohl wir gar nichts dafür getan haben. Unser Ruf kommt und geht, so ist das einfach.

Warum wollen wir trotz allem von anderen akzeptiert und geschätzt werden? Das hat evolutionäre Hintergründe: Wurden wir früher nicht akzeptiert, dann hat man uns aus der Sippe ausgestoßen, sprich getötet, denn ohne Sippe war kein Überleben möglich. Jetzt leben wir in einer Zeit, wo das nicht mehr der Fall ist. Daher müssen wir uns von diesem Steinzeitalter-Denken befreien. Warum? Weil wir sonst ständig Achterbahn fahren würden und irgendwann wird selbst dem noch so begeisterten Achterbahnfahrer schlecht. Denn es ist mit der Zeit sehr anstrengend, anderen etwas vorzuspielen, nur um den Ruf zu bewahren. Wenn wir uns mehr auf unsere Reputation konzentrieren, dann verzehrt das unsere Wahrnehmung und Auffassung von wahrem Glück. Du solltest Dich nicht darum kümmern, wie viele Likes, Shitstorms in den Kommentaren oder Lob Du bekommst. Stattdessen ist es besser, etwas zu leisten und so zu leben, dass Du Dich selbst dabei noch in den Spiegel schauen kannst - jeden Tag, am besten mehrmals.

Ich brauche noch Zertifikate oder Ausbildungen

Was haben Bill Gates, Mark Zuckerberg und Steven Spielberg gemeinsam? Richtig! Sie alle haben keinen akademischen Abschluss. Das sind nur drei Beispiele all jener erfolgreichen Unternehmer oder Entrepreneure, die keinen Abschluss haben. Es gibt aber noch viel mehr.

Wir wollen damit auf keinen Fall sagen, dass ein akademischer Abschluss schlecht ist oder reine Zeitverschwendung. Das theoretische Wissen, das man dort lernt, ist bestimmt wichtig für den weiteren Weg. Die eigene Erfahrung, sich selbst zu organisieren und wertvolle Kontakte zu knüpfen, ist in unseren Augen sogar noch wichtiger. Du lernst mit jeder Ausbildung so viel über Dich selbst und integrierst genau die Aspekte in Dein Leben, die Dir in diesem Moment als wichtig erscheinen. Dafür lohnt es sich auf alle Fälle, zu studieren oder eine Ausbildung zu machen.

Wir haben im Februar auf Bali unsere 200-Stunden-Yogalehrer Ausbildung absolviert. Es ist unfassbar, was wir in kürzester Zeit über uns selbst lernen durften. Wir sind über uns hinausgewachsen und haben bereits einiges aus unserem Leben gestrichen, das uns nicht mehr guttut. Das Wichtigste dabei ist, wir haben es in erster Linie für unsere persönliche Entwicklung gemacht.

Wir können unser Leben lang studieren, uns ausbilden (also AUS mit der BILDUNG?) oder uns irgendwelche Onlinekurse hineinziehen. Ständige Weiterbildung ist wichtig, versteh uns bitte nicht falsch, aber sie sollte nie als Ausrede dafür verwendet werden, dass Du etwas nicht kannst oder noch etwas benötigst, um zu starten. Natürlich muss man gewisse Dinge lernen, wenn man selbstständig sein möchte oder sich andere Fähigkeiten aneignen, falls man sie bisher nicht besitzt. Aber es braucht dafür keinen offiziellen Abschluss, keinen Titel oder kein Zertifikat. Wenn Du es in Dir drinnen spürst und Deiner Leidenschaft nachgehst, dann wirst Du Dir mit Leichtigkeit diese Fähigkeiten aneignen oder das Wissen aufsaugen, das Du dafür benötigst.

Was also wirklich zählt, ist Deine Hingabe, Dein Wollen und Deine Leidenschaft. Alles andere kommt dann von selbst.

Ich kann und möchte es nicht alleine machen

Wir Menschen sind Rudeltiere, wir wollen und brauchen Gemeinschaft - Einsamkeit macht uns auf Dauer traurig und lässt uns verkümmern, sogar sterben. Ohne Nähe und Zuneigung würden wir in dieser Form nicht mehr weiterleben. Daher ist es sehr naheliegend, dass wir andere brauchen, um uns gut zu fühlen, auszutauschen und zu stärken. Das ist alles wichtig, keine Frage.

Das Problem besteht aber darin, dass wir uns mit Nähe und Zuneigung von anderen abhängig machen. Sprich, wenn wir die Präsenz anderer als Voraussetzung sehen, um in unser Traumleben zu starten. Wenn wir anderen die Entscheidung über uns Leben überlassen - und dadurch nicht ins Tun kommen.

Natürlich ist es schöner zu zweit, wenn man die tollen Momente und Erlebnisse sowie die Erfolge teilt. Vielleicht hast Du Deinen Kugelmenschen schon gefunden. Du teilst mit ihm Deine Träume und ihr beide startet gerade so richtig durch - gemeinsam? Falls nicht, dann lass Dir sagen: Diese Person, Dein Kugelmensch, wird in Dein Leben kommen. Mach Dir bewusst, was Deine Träume sind, was Du möchtest und wohin Dein Weg gehen soll. Es kann leicht sein, dass diese eine Person schon auf Dich wartet und es kaum erwarten kann, dass Du bei der nächsten Kreuzung die richtige Abzweigung wählst. Denn da, an dem Wegesrand, auf einer lieb geschmückten Bank, da wartet diese Person auf Dich und wird mit Dir den Rest Deines Lebens bestreiten. Halte Deine Augen offen, vielleicht ist die Bank ja schon ganz nahe.

Ich kann es mir nicht leisten

Na gut, so von heute auf morgen einen Privatjet zu kaufen, könnte etwas schwierig sein, es sei denn, Du hast gute Sponsoren oder eine vertrauenswürdige Bank, die Dir das Geld einfach mal so leiht.

Wir verwenden Geld oftmals als Ausrede, dass wir unsere Träume nicht leben können. Dass dieses oder jenes zu teuer ist, und wir uns das niemals leisten können. Niemals, wie das schon klingt. Wer weiß denn schon, ob Du nicht vielleicht im Lotto den Super-Jackpot knackst oder Dir eine reiche Urgroßtante, von deren Existenz Du nicht einmal wusstest, eine Menge Geld vererbt?

Geld sollte nie ein Hindernis sein, um Deine Träume zu leben, denn wenn Deine Träume wahre Herzensträume sind, dann wird sich ein Weg finden, wie sie sich erfüllen und Du zu dem notwendigen Budget kommst. Früher oder später - das gilt zu 100 %. Deine Absicht, Deine Intention dahinter muss stimmen, dann wird das Universum für Dich arbeiten. Du kannst Dir Dein Traumleben nämlich manifestieren bzw. bestellen, wie es auch so schön heißt, und somit ist Geld nur eine Form der Bezahlung, die unsere Träume limitiert. Die Möglichkeiten reichen weit darüber hinaus. Lass Dich also nicht von Geldthemen einschränken, es wird sich ein Weg finden und wenn Du Deinen Weg gehst, der für Dich bestimmt ist, dann werden Dir die Möglichkeiten zufließen.

> Falls Dir die Ausreden doch einmal zu viel werden und
> Du Dich einfach nach Ruhe sehnst,
> dann haben wir etwas für Dich:
> Für mindestens 20 Sekunden jemanden umarmen
> oder mindestens 6 Sekunden küssen.
> Das löst Oxytocin aus und macht Dich entspannt und
> glücklich. Nachmachen erwünscht!
> P.S. Bitte frage aber VORHER nach,
> ob die andere Person das auch möchte!

Vielleicht hast Du Dich bei der einen oder anderen Ausrede wiedergefunden. Vielleicht trifft sie ja genau auf Deine derzeitige Situation und Dein Leben zu. Dann ist es jetzt an der Zeit, diese Ausreden mal hinter Dir zu lassen und Dich auf ein Leben ohne Ausreden zu fokussieren.

Die anderen meinen es doch nur gut!

*"Jemanden zu beeinflussen bedeutet,
ihm eine fremde Seele zu geben."*

Oscar Wilde

In den letzten Kapiteln haben wir eigene Ängste und Ausreden beleuchtet. Es gibt aber nicht nur die eigenen Ängste, hurra! Die lieben Menschen unseres Umfeldes möchten uns oft gerne umstimmen, weil sie es ja nur gut meinen. Prinzipiell hat das schon Berechtigung, denn die Einwände, warum etwas nicht funktionieren könnte oder zu gefährlich scheint, machen durchaus Sinn. Es sind allerdings meistens die Ängste und Erfahrungen der *anderen* Personen. Und sie projizieren diese Ängste nun auf Dich.

Lass Dich von einer kurzen Geschichte, die wir beide sehr lieben, inspirieren:

Der Froschwettlauf

In einer Stadt wird ein Froschwettlauf veranstaltet. Es sollte darum gehen, auf eine Turmspitze zu gelangen. Alle Frösche der Umgebung versammeln sich, die teilnehmenden Frösche bekommen T-Shirts mit Startnummer, ein Nahrungspaket für unterwegs und schon geht es los.

Die Bedingungen sind extrem hart, es ist heiß und der Weg sehr beschwerlich. Viele der Frösche haben fleißig trainiert, doch von den zusehenden Fröschen glaubt kaum jemand daran, dass dies zu schaffen wäre. Sogar Frosch-TV International berichtete bereits im Vorfeld, dass dieses Unterfangen extrem froschgefährdend und die Teilnahmebedingungen unzumutbar wären.

Mit dem Startschuss laufen alle Frösche los. Die Zuseher-Frösche feuern die Teilnehmer-Frösche an, doch bald geben die ersten Frösche auf. Einige brechen zusammen, die Bedingungen sind wirklich sehr hart. Froschrettung und Froschnotärzte sind voll im Einsatz. Langsam wechselt auch die Stimmung im

Publikum, es sind Schreie zu hören wie: *"Hört auf, ihr bringt Euch doch alle um!"* oder *"Denkt doch an Eure Familien! Wollt ihr wirklich sterben?"* Immer mehr Frösche geben nach und nach auf oder brechen zusammen. Kaum jemand bemerkt den alten Frosch, der langsam dahin schleicht. Fast alle Frösche sind mittlerweile ausgeschieden. Aus dem Publikum hört man die Rufe: *"Hör auf! Du schaffst das nie! Hast Du nicht die ganzen anderen verletzten Frösche gesehen?"*

Doch Opa Frosch geht langsam weiter. Die Menge ist außer sich und ruft ihm zu: *"Du wirst sterben, wenn Du weiter machst! Hör auf!"* Der alte Frosch geht langsam und fast wie in Trance weiter. Schließlich erreicht er als Einziger die Turmspitze, denn alle anderen Frösche sind zu diesem Zeitpunkt bereits ausgeschieden. Frosch-TV ist natürlich sofort zur Stelle und der Reporter stellt ihm die typischen Sieger-Fragen: *"Wie hast Du trainiert? Wie geht es Dir jetzt?"*

Doch der alte Frosch schaut nur umher und antwortet nicht. Der Reporter drängt immer wieder: *"Nun sag schon, wie hast Du das gemacht? Verrate uns Dein Geheimnis!"* Keine Reaktion. Bis plötzlich ein anderer Frosch aus dem Publikum ruft: *"Hey, wisst ihr denn nicht? Der alte Frosch versteht Euch nicht - er ist taub!"*

Wir lieben diese Geschichte, weil sie so schön zeigt, wie sehr unser Umfeld Einfluss auf uns hat. Und dass Erfolg in diesem Falle nur dann passieren kann, wenn man NICHT auf sein negatives Umfeld hört. Das heißt jetzt natürlich nicht, dass Du **gar nicht** auf Dein Umfeld hören und alle kritischen Meinungen einfach ignorieren sollst.

> Wenn Dir jemand einen Rat gibt, höre genau hin:
> Ist es echtes Wissen oder ist es eine Vermutung?
> Widerspiegelt es gemachte Erfahrung oder Angst?

Es stellt sich die Frage, was richtig und was falsch für **Dich** ist. Ganz einfach gesagt: Das kannst nur **DU** selbst wissen. Es gibt richtig und falsch für jeden Einzelnen, aber es gibt kein richtig und falsch global. Mehr dazu auch noch im Kapitel "Dualität, Polarität, Gut & Böse". Weil wir Geschichten und Parabeln so lieben, gibt es gleich noch eine:

Die Reise auf dem Pferd

Ein Mann geht mit seiner schwangeren Frau auf Reisen. Ein Pferd begleitet die beiden. Beide gehen gemütlich zu Fuß neben dem Pferd. Im nächsten Dorf angelangt lachen die Menschen lauthals über sie, welch dumme Menschen sie doch wären: Sie haben ein Pferd, würden aber zu Fuß gehen und sich unnötig anstrengen. Na gut, denken sich die beiden, dann setzt sich wenigstens der Mann auf das Pferd, denn die schwangere Frau möchte noch etwas zu Fuß gehen. Im nächsten Dorf angelangt, wird der Mann beschimpft, welch rücksichtsloser Mann er doch sei, er lasse die Frau zu Fuß gehen, während er selbst auf dem Pferd sitzt. Gut, sie wechseln die Position, die Frau setzt sich auf das Pferd und der Mann geht zu Fuß weiter. Im nächsten Dorf wird wieder kritisiert, warum denn der Mann neben dem Pferd gehen müsste, das Pferd könnte doch beide tragen. So setzen sich beide auf das Pferd und kommen in das nächste Dorf. Dort ist man völlig entsetzt, wie denn nur beide auf dem Pferd sitzen und das Tier nur so quälen können.

Es ist egal, wie und was Du machst, es wird IMMER Menschen geben, die das nicht gut finden oder die Dich kritisieren werden für das, was Du machst und dafür, wer Du bist.

Was in manchen Kulturen als richtig gilt, ist in anderen Kulturen komplett abnormal - und umgekehrt. In Nepal beispielsweise ist es üblich, zwei oder mehr Ehemänner zu haben, im arabischen Bereich kann ein Mann auch mehr als eine Frau heiraten. Vielleicht wirst Du innerlich aufschreien, vielleicht überlegst Du schon, auszuwandern. Ja, wir haben auch nicht schlecht gestaunt. Aber wir haben es akzeptiert, dass es Teil einer Kultur ist und nicht global richtig oder falsch ist. Nur DU SELBST kannst für DICH entscheiden, was DEIN WEG ist.

> Du bist die Summe der fünf Menschen, mit denen Du am meisten Zeit verbringst. Also bitte überlege Dir, mit wem Du etwas unternimmst. Umgib Dich mit für Dich förderlichen Menschen.

Der FEN-Club

Du hast Dich bisher von Deinen eigenen Ausreden abhalten lassen, Dein Umfeld ist glücklich, weil Du Deinen Träumen nicht nachgehst. Ist das nicht toll? Trotzdem ist da noch dieser kleine Funke in Deinem Herzen, der immer wieder durchblitzt, wenn jemand über eine Reise, den Jobwechsel, die private Veränderung, den Umzug spricht. Bei Freunden, Arbeitskollegen oder anderen Menschen in Deinem Umfeld passieren gerade Dinge, die Dich förmlich anstoßen und fragen: "Na, was ist mit Dir? Wann veränderst Du endlich etwas in Deinem Leben?"

Du spürst die Sehnsucht, endlich zu kündigen, alles hinzuschmeißen und endlich das zu machen, was Du möchtest, anstatt Dich jeden Tag mit einer Arbeit zu beschäftigen, die Dir keinen Spaß macht. Dein Herz klopft, Deine Augen weiten sich, es zeigt sich ein Lächeln... und dann... sind da wieder die Antworten, warum etwas bei Dir nicht funktioniert oder es doch nicht so einfach sein kann. Du brauchst dazu ja doch noch eine Ausbildung, und... und... und... Wieder nichts. Wieder nur geträumt und nichts ist passiert. Nichts wird passieren. Nicht heute, nicht morgen. Vielleicht irgendwann. Vielleicht. Wahrscheinlich gar nicht.

Herzlich willkommen im FEN-Club! Hier wird gefeiert, wenn etwas nicht passiert, wenn Träume begraben werden. **Denn FEN steht für: "Funktioniert Eh Nicht".** Das Ziel des Clubs ist es, Ideen und Antworten zu finden, warum Dinge nicht funktionieren können. Die Mitglieder sind meistens Freunde und Arbeitskollegen, die Ehrenmitgliedschaft haben viele unserer Elterngeneration und die restlichen Familienmitglieder. Sie verwenden den wundervollen Zusatz: *"Wir meinen es ja nur gut für Dich!"*. Deutlichstes Kennzeichen von passionierten

FEN-Club-Mitgliedern: Sie sagen zwar, dass es nicht funktioniert, haben aber selbst gar nicht diese Erfahrung gemacht. Sie haben vielleicht nur selbst die Erfahrung gemacht, es nicht zu tun. Und jetzt würde es so schmerzhaft sein, wenn Du derjenige bist, bei dem es einfach funktioniert. Das geht auf keinen Fall! Lieber alle anderen Menschen abhalten, um ja nicht zuzugeben, dass man es selbst gerne gemacht hätte. Nochmals allerherzlichst willkommen im FEN-Club!

Hast Du schon Kinder erlebt, wie sie von ihren Wünschen, ihren Träumen erzählen? Sie tun dies so voller Überzeugung und voller strahlender Augen und würden am liebsten sofort losstarten. Fast alle Kinder haben von Geburt an den festen Glauben und die Überzeugung, dass sie alles erreichen können. Aber was hindert sie daran, das auch umzusetzen?

Du hast es erraten: FEN-Clubs sind gerade in Europa sehr verbreitet. Wir sind vielfach schon so geprägt von FENs und haben die Gründe, warum etwas nicht funktionieren kann, sofort abrufbar, weil wir sie seit Kindheit an immer hören und automatisch übernommen haben, ohne nachzudenken. Anstatt Lösungen und Möglichkeiten zu finden, wie es denn funktionieren könnte. Ja, genau: Es ist das Umfeld, die Prägung, die Programmierung. Mehr dazu kommt noch im Kapitel "Gewohnheiten". Dann wirst Du genau verstehen, warum es so schwerfällt, auszubrechen. Aber dieses Buch hilft Dir dabei, diese negativen Glaubenssätze zu erkennen und abzulegen!

Ein Beispiel direkt von uns: Jürgens jüngste Tochter war schon mit etwa vier Jahren der festen Überzeugung, dass sie so schön gezeichnete Animationsfilme produzieren möchte, im Disney-Stil. Jürgen wollte nicht, dass sie enttäuscht ist (weil das ja nicht so einfach geht - haha!!!) und hat automatisch gesagt: *"Mein Schatz, das geht nicht ganz so einfach, da sind sooo viele Menschen daran beteiligt und es dauert Jahre, bis so ein Film fertig ist."*. Das war noch vor der Zeit der Künstlichen Intelligenz, sprich KI. Kurz darauf hat sich Jürgen korrigiert und ihr gesagt: *"Wenn Du das wirklich machen möchtest, dann versuche es einfach. Ich helfe Dir dabei, so gut ich kann."* Heute ist es wirklich mit KI und anderen modernen Technologien möglich, einen Animationsfilm zu erstellen, und das ohne mehrere hundert Animationsfilm-Experten anzustellen. Es gibt heute so viele Tools, die mit entsprechender Zeit und Hingabe Animationsfilme erstellen können. Es ist also gar nicht mehr nötig, hunderte Experten zu haben, die eine Animation im Stil der "Eiskönigin" zaubern. Ist das nicht genial?

Gerne erwähnen wir in diesem Zusammenhang wieder die Geschichte der Erfindung der Glühlampe um Thomas Edison: Es wird erzählt, dass es über tausende Versuche gab, die alle nicht funktionierten. Und als einer seiner Mitarbeiter ihm sagte: *"Wir haben jetzt schon über zehntausend Versuche gemacht, es funktioniert nicht, wir sind gescheitert!"*, antwortet Edison überzeugt: *"Wir sind nicht gescheitert, wir haben nur zehntausend Wege gefunden, wie es **nicht** funktioniert."* Ist das nicht eine wundervolle Herangehensweise an neue Dinge?

Überleg Dir mal, wie oft ein Kind hinfällt, bevor es selbst gehen kann. Klar, es gibt Verzweiflung, Schmerzen, Tränen... aber letztendlich weiß das Baby, dass es funktioniert! Und es versucht und trainiert jeden Tag, bis es wirklich klappt. Und später denken wir nicht einmal mehr darüber nach! Wir MACHEN es einfach!

Wir laden Dich an dieser Stelle herzlichst ein, sofort aus allen FEN-Clubs auszutreten, falls Du das noch nicht gemacht hast. Das meinen wir genau so, wie wir es hier schreiben: **Trete jetzt sofort aus** diesen Clubs aus und sei dabei in der **dreamly living Community**. Wir möchten, dass Du erfolgreich bist! Wir möchten, dass Du Deinen Träumen nachgehst, jeden Tag voll motiviert aufstehst und das machst, was Dir Spaß und Freude bereitet. Umgib Dich mit Gleichgesinnten!

Fühlt sich das nicht gleich besser an? Auf unserer Webseite findest Du Deine **FEN-Club-AUStrittskarte** sowie die Eintrittskarte für die **dreamly living** Community. Gib sie gerne weiter und Du wirst Dir viele unnötige Antworten auf seltsame Fragen ersparen. Dich selbst wird diese Karte immer ermächtigen und daran erinnern, dass Du es schaffen kannst.

Also beim nächsten Mal, wenn jemand in Deinem Umfeld wieder mal sagt: *"Das geht doch nicht, das kann man doch nicht machen!"* - einfach die **FEN-Club-AUStrittskarte** lächelnd übergeben. Los geht's!

Dualität, Polarität, Gut & Böse

Unser Ziel ist es, für Dich ein Bewusstsein zu schaffen, wie Du es im Leben **leichter** haben kannst und Du endlich Deinem **dreamly living** näher kommst. Wir haben eine wundervolle Geschichte für Dich. Bitte entscheide beim Lesen und kreuze ohne Nachzudenken für Dich an, wie Du die geschilderte Situation empfindest:

Der Bauer und sein Pferd

Ein Bauer lebt mit seinem Vater alleine auf einem kleinen Hof im Grenzland zu den Barbaren. Mit einem einzigen Pferd bestellen sie die Felder. Eines Tages entläuft ihnen ihr Pferd - sie können somit nicht mehr wie sonst die Felder bearbeiten und verlieren einen bedeutenden Teil ihrer Lebensgrundlage.

--> o gut   o schlecht

Die umliegende Ortschaft ist außer sich: So ein Unglück, was sollen die beiden jetzt nur machen? Einige Tage später, während sie gerade versuchen, das Feld zu bearbeiten, hören sie ein Schnauben und Traben. Es ist ihr entlaufenes Pferd! Und es hat auch gleich acht weitere Pferde mitgebracht, die offensichtlich den Barbaren entlaufen sind, weil sie nicht gut behandelt wurden. Der Bauer und sein Vater können ihr Glück gar nicht fassen. Jetzt haben sie insgesamt neun Pferde, die ihnen die Arbeit erleichtern können.

--> o gut   o schlecht

Die Menschen in der Umgebung sind begeistert: so ein Glück! Sofort beginnt der Bauer mit dem Eingewöhnen und mit dem Bereiten der Pferde, um alles für die Arbeit am Hof vorzubereiten. Das funktioniert soweit einigermaßen gut. Eines Tages stürzt der Bauer sehr unglücklich von einem Pferd und bricht sich dabei die Schulter und das Bein. Mit dem Eingewöhnen der Pferde ist es jetzt vorbei, auch die

Arbeit ist nur noch sehr schwer möglich.

--> o gut   o schlecht

Der Vater ist am Boden zerstört - wie soll er die Arbeit jetzt ohne seinen Sohn schaffen? Sein Sohn kann jetzt als Krüppel keine Feldarbeit mehr verrichten. Auch die umliegende Ortschaft ist sich sicher: Es war ein großes Unglück, dass das Pferd zurückgekommen ist und weitere Pferde mitgebracht hat. Bald darauf bricht ein Krieg mit den Barbaren aus, es werden alle verfügbaren jungen Männer eingezogen. Als die Soldaten bei dem Bauern erscheinen, um ihn abzuholen, sehen sie den verletzten Mann. So jemand ist für den Krieg unbrauchbar. Sie ziehen wieder ab.

--> o gut   o schlecht

Der Krieg beginnt und fast alle eingezogenen Soldaten werden von den Barbaren getötet. Der Bauer konnte überleben, weil er als Krüppel nicht eingezogen wurde. Wie hast **Du** die Situationen bewertet? Hattest Du beim Lesen auch die gleiche Meinung der Menschen in der Geschichte? Hat sich die Meinung auch wieder geändert? Wie schnell bist Du beim (Be-)werten von Situationen?

Das Leben ist ein Wechselspiel zwischen Yin und Yang, Licht und Schatten, Tag und Nacht, weiblich und männlich, Glück und Unglück. Es gibt nicht nur "das Eine", egal ob im Großen oder im Kleinen.

> Traumwerkzeug: GUT/BÖSE-Übung:
> Notiere Dir alle Dinge, die Du gut oder böse findest.
> Hast Du Dir schon die Frage gestellt, woher "gut und böse" kommen und wer bestimmt, was gut und was böse ist?

Wir möchten Dir von ganzem Herzen die hermetischen Gesetze von Hermes Trismegistos ans Herz legen, vor allem das Gesetz der Gegensätze: ALLES hat zwei Pole, deswegen sagt man dazu auch Polarität oder Dualität. Wir sind allerdings daran gewöhnt, dass alles entweder das Eine oder das Andere ist, also alles ist entweder gut oder schlecht, so wie in dem Beispiel vorhin. In Wirklichkeit ist alles eins und weder gut noch schlecht. Die unterschiedlichen Enden repräsentieren nur die unterschiedlichen Qualitäten derselben Sache.

Dieses hermetische Gesetz ist für unseren auf Gegensätze und Trennung trainierten Verstand natürlich ein "No-Go", so etwas kann es in der Vorstellung natürlich nicht geben. Beispiel: Heiß und kalt sind Gegensätze, es sind die unterschiedlichen Enden der Temperatur. Sie gehören zusammen. Die Kälte ist aber nur die Abwesenheit von Wärme. Bei Licht und Dunkelheit ist es ähnlich: Dunkelheit als solche gibt es nicht. Es ist die Abwesenheit von Licht. Ohne Licht gibt es keinen Schatten. Aber dort, wo es Licht gibt, gibt es automatisch auch Schatten.

Yin und Yang: es sind die beiden unterschiedlichen Qualitäten, weiblich und männlich. Das Symbol ist schwarz-weiß, im weißen Teil gibt es einen schwarzen Punkt und umgekehrt. Es gehört einfach zusammen, denn zusammen ist es ein Kreis, ein Ganzes.

Ebenso sind Frau und Mann ein Ganzes, denn sie gehören zusammen, auch wenn sie archetypisch gegensätzlich sind. Denn überlege mal: Ohne diese Zusammengehörigkeit gibt es kein weiteres Leben.

Das teuflische Duell

Jürgen hatte ein sehr einschneidendes Erlebnis, das er eigentlich niemals veröffentlichen wollte. Mit diesem Buch ist dies jetzt allerdings anders: In der IT-Zeit war Jürgen sehr unzufrieden mit seinem Leben. Er hatte eine Opferhaltung eingenommen und äußeren Umständen sowie anderen Menschen, bösen Geistern und dem Teufel die Schuld an vielen Situationen gegeben. In dieser Zeit wurden für Jürgen Kampfsportarten und Waffen interessant. Wahrscheinlich war dies durch Nachrichten, Filme und die Beschäftigung mit Kriminalität in der Welt in den Fokus gerückt. Es spitzte sich also zu, dass es in einem Traum zu einem Duell zwischen Jürgen und dem Teufel kam. Es war damals ein so realistischer Traum, dass dieser noch heute sehr präsent ist. In dieser Szene gab es eine Auseinandersetzung, in der der Teufel seine Übermacht demonstrierte. *"Was willst Du, kleiner Junge, denn anstellen? Möchtest Du Dich wirklich mit mir anlegen?"* So begann der Dialog. Jürgen fühlte sich beleidigt von dieser Ansage und machte dem Teufel klar, dass er keine Chance habe. Er sei gewappnet mit allen Techniken des Kampfsportes. Der Teufel lachte höhnisch und zeigte auf einige Waffen, die er bei sich trug. Jürgen rüstete sich im Geiste sofort mit den modernsten Laser- und Plasmawaffen auf, die aus Science-Fiction-Filmen bekannt waren. Der Teufel rüstete im selben Moment ebenfalls noch mehr auf, und er schien dies zu genießen. Provokationen folgten: *"Jürgen, Du kleines Weichei - trau Dich doch, mich anzugreifen, Du wirst es bitter bereuen!"* Jürgen rüstete noch mehr auf, mit einem Heer im Rücken, mit allen Waffen, die man sich nur vorstellen kann. Das machte dem Teufel so richtig Spaß, er hatte richtig Freude daran. Er lachte, zischte und sabberte und wartete nur auf den Moment, dass Jürgen endlich den ersten Schritt machen würde. Es war schnell klar, dass nichts, aber auch gar nichts mehr übrig bleiben würde, wenn es zu einem Kampf kommen sollte - alles würde bis zur letzten Waffe zum Einsatz kommen, bis nur mehr Schutt und Asche übrig bleiben würde. Jürgen erkannte dies im Traum und hielt inne. Der Teufel holte gleich nochmals aus. Über die menschliche Psyche und deren Schwächen bestens im Bilde und ein Experte in Manipulation und Provokation: *"Na, was ist los mit Dir? Hast Du keine Eier? Bist Du jetzt ein echter Mann oder soll ich Dich zu Deiner Mama an die Brust zurückbringen?"* Solche Aussagen sind für jedes männliche Ego Killerphrasen, die sehr leicht zu einer Eskalation führen können, wenn Mann sich auf dieses animalische Niveau einlässt und sich davon manipulieren lässt. Jürgen war im Traum auch tatsächlich kurz davor und bereit, alles abzufeuern und diesem "bösen Teufel" endlich ein Ende zu setzen. Dieser wusste das natürlich und wartete nur auf diesen Moment. Doch in dieser Situation fühlte Jürgen (immer noch im Traum!), dass das nicht richtig sei und ein Kampf nichts bringen würde. Wenn es jetzt zu einem Waffen-Showdown kommt, gibt es keine Gewinner oder Verlierer: Alles wird zerstört und das Duell kommt auf anderer Ebene nochmals. Jürgen tat also genau das Gegenteil: Er legte langsam die Waffen weg, schickte sein bewaffnetes Heer wieder zurück und rüstete nach und nach alle Waffen wieder ab. Der Teufel legte eine verbale Provokation nach der anderen nach. Jürgen wurde aber ruhiger und ruhiger, sah dem Teufel direkt in die Augen und rüstete langsam weiter ab. Das verunsicherte den Teufel, weil seine Strategie nicht aufging. Er wurde wild, schrie herum und bestand darauf, endlich das lang ersehnte Duell zu bestreiten. Doch Jürgen öffnete stattdessen sein Herz, breitete seine Arme aus und machte ein Zeichen, der Teufel solle zu ihm kommen und sich umarmen lassen. *"Nein!"* schrie der Teufel, *"das machst Du nicht! Kämpfe mit mir wie ein Mann!"* Jürgen hörte dies zwar, aber ging nicht darauf ein und sah den Teufel liebevoll an. Der Teufel schien zu wissen, was gleich passieren würde und schrie: *"Nein! Das machst Du nicht! Kämpfe endlich mit mir!"* Jürgen sah den Teufel in die Augen und antwortete: *"Ich liebe Dich!"* Der Teufel wurde zurückgeschleudert und wurde ein winziger Junge, sein Arsenal an Waffen zerfiel mehr und mehr. Jürgen wiederholte immer wieder: *"Ich liebe Dich!"* Der Teufel schrie, zischte und verschwand schließlich in einer Wolke. Mit wild klopfendem Herzen wachte Jürgen an dieser Stelle auf und realisierte, dass dies nur ein Traum war. Aber es war so realistisch, dass er noch jedes Detail wusste. Damit war klar, dass Kampf niemals eine Lösung sein kann. Das ist im Kleinen wie im Großen so. Das sieht man ja auch in der Weltgeschichte: Kampf und Krieg sind niemals Lösungen.

Kämpfen für den Frieden?

Gut oder positiv wird heute gerne als das Gegenteil des Bösen gesehen. Anders als im vorigen Beispiel wird uns heute in Nachrichten und Co. präsentiert, wie das mit Gut und Böse zu laufen hat: Irgendetwas (oder irgendjemand) passt vermeintlich nicht in die Welt, dann werden ein paar Drohungen ausgesprochen, am besten noch medial wirksam. Und wenn die bedrohte Seite nicht das tut, was man von ihr will, wird der Konflikt mit Gewalt "gelöst": Bewaffnete Truppen oder Bomber werden losgeschickt, um für den Frieden zu kämpfen. Alleine dieser Gegensatz ist einfach nur unglaublich. Es ist nicht möglich, für den Frieden zu kämpfen. Es scheint, als hätte es von den Regierungen tatsächlich noch niemand verstanden. Wenn man also meint, das "Böse" mit dem Guten bekämpfen zu können, liegt man grundlegend falsch. Schon Jesus sagte: *"Wer mit dem Schwert kämpft, wird durch das Schwert umkommen!"*

Weitaus sinnvoller erscheint es uns, den Sinn in der Schöpfung zu erkennen und nicht einfach nur so zu kämpfen. In dieser ganzen "Kämpfen für den Frieden"-Politik erkennen wir allerdings schon etwas Gutes: Mehr und mehr Menschen erwachen und erkennen das inszenierte Spiel. Kein körperlich und psychisch gesundes Lebewesen wünscht sich Kampf oder Krieg. Fakt ist, dass es trotzdem immer wieder Kriege gibt bzw. inszeniert werden. Was steckt denn da dahinter?

Die Psychologie böswilligen Verhaltens

Wir beide durften bereits, wie Du sicherlich auch, durch andere Menschen einige Böswilligkeit erleben. Und ja, wir haben daraus gelernt, dass immer etwas Gutes dabei sein muss. Hast Du Dir schon mal die Frage gestellt, **warum** Menschen so handeln, wie sie handeln? Zu diesem Thema zitieren wir gerne Thomas d'Ansembourg, er hat es sehr treffend formuliert:

"Im Grunde genommen ist böswilliges Verhalten der Ausdruck der Verbitterung von Menschen, die ihr Leid nicht aufgearbeitet haben oder keine Gelegenheit dazu hatten. Wenn wir unsere Verbitterung und unsere Ängste ausdrücken können, auch die tief verborgenen und tabuisierten, unsere Enttäuschungen - auch die, die wir nicht zugeben wollen - mitteilen oder daran arbeiten, meinen Sie dann nicht, dass wir dann mit Kraft und Phantasie miteinander leben können, ohne einander anzugreifen? So viele Überreaktionen beruhen darauf, dass Frustrationen nicht bewusst sind und schon gar nicht einem aufmerksamen Zuhörer gegenüber ausgedrückt oder mitgeteilt werden. Gewalt ist nicht Ausdruck unseres Wesens. Gewalt dient dazu, unsere Bedürfnisse auszudrücken, wenn sie nicht anerkannt oder auch gestillt werden. Wenn unsere Bedürfnisse anerkannt oder auch gestillt werden, wozu brauchen wir dann Gewalt?"

Wir stehen vollinhaltlich zu dieser Meinung. Niemand drückt einfach nur so auf einen Knopf, um Menschen zu töten oder eine Bombe abzuwerfen. Kein gesunder Mensch fügt einem anderen etwas Gewaltsames zu. Ein solches Verhalten ist krank, nicht natürlich und da gibt es für uns keine Entschuldigungen oder Ausreden.

Gut und Böse in der Literatur

Die biblische Erzählung vom Baum der Erkenntnis aus dem Alten Testament (Genesis, Kapitel 2 und 3) ist unserer Meinung nach ein fundamentales und aussagekräftiges Gleichnis. Im Paradies, im Garten Eden, steht der "Baum der Erkenntnis über Gut und Böse". Es ist verboten, von dessen Früchten zu essen, dies würde zum Tod führen. Eine Schlange verführt Eva dazu, von den Früchten zu probieren und verspricht, dass es bestimmt nicht tödlich enden würde. Eva und Adam essen also von den Früchten. Die Deutungen sind sehr verschieden, es wird in sexuelle, intellektuelle, ethische, entwicklungspsychologische und emanzipatorische Richtung interpretiert. Man muss aber gar nicht so weit oder zu kompliziert denken und alles Mögliche interpretieren. Lassen wir den Sinn doch bei dem, wie es gemeint ist: Sobald wir anfangen, über Gut und Böse zu urteilen, fallen wir aus dem Paradies. Was meinst Du dazu?

Vielleicht kennst Du Johann Wolfgang von Goethes "Faust", eines der bedeutendsten und meistzitierten Werke der deutschsprachigen Literatur. Faust ist ein Gelehrter, der mit seinem Leben unzufrieden ist. Deswegen schließt er einen Pakt mit Mephisto, dem Teufel. Dieser soll Faust zu allen Freuden der Welt verhelfen, dafür muss Faust ihm seine Seele geben. Mephisto hatte mit Gott gewettet, dass er Faust vom "rechten Weg" abbringen könne, und er tut auch alles dafür. Mephisto führt Faust an verschiedene magische und irdische Orte der Zerstreuung. Eine der Kernaussagen Mephistos ist die Folgende:

*"Ich bin ein Teil von jener Kraft,
die stets das Böse will und stets das Gute schafft."*

Ist das nicht interessant? Der Teufel möchte das Böse und schafft dabei immer Gutes. Kehren wir zurück zur Geschichte mit dem Bauern und dem Pferd. Offensichtlich passiert "Böses", das aber dann immer eine gute Wendung nimmt. Bitte überlege an dieser Stelle: Was ist Dir bereits in Deinem Leben passiert, was Du in diesem Moment als böse, schlimm oder negativ erlebt hast und sich später als das genaue Gegenteil herausgestellt hat? Vielleicht war auch gerade das der Impuls dazu, etwas zu verändern, etwas ins Gute zu wandeln.

Es ist, wie es ist

So eine Aussage "Es ist, wie es ist" kann schon ganz ordentlich nerven, wenn man selbst noch emotional voll in einem Thema steckt. Es fällt uns beiden auch nicht immer leicht, alles so zu akzeptieren, wie es gerade ist. Gerade beim Buchschreiben ist uns selbst etwas passiert, was dieses Thema perfekt beschreibt: Wir sind gerade ein paar Tage von Bali zurück, noch voll in der anderen Zeitzone - Jürgens Laptop-Tasche mit dem Produktions-MacBook, einem externen 4TB SSD-Laufwerk wurde auf einem Parkplatz am helllichten Tag gestohlen. Ja, genau. Auf diesem war all das Material von unseren zwei Monaten auf Bali, inklusive atemberaubender Luftaufnahmen und Fotos von wundervollen Stränden, Wasserfällen, Reisfeldern und Yoga, zwei Live-Mitschnitte von Yoga-Sessions und Meditationen sowie ein meditatives Konzert. Wir hofften noch ein paar Tage, dass sich wenigstens das Laufwerk mit den Aufnahmen irgendwo finden lassen würde, denn wir haben zur Sicherheit **noch keine** Sicherung davon gemacht. Wir hätten ja auch leicht bereits von Bali aus die Daten auf unseren Server übertragen können. Hätten wir, haben wir aber nicht. Das tut richtig weh. Vor allem, weil wir uns durchaus bewusst sind, dass Datensicherung so einen Sinn hat. Autsch, autsch, autsch. Aber ehrlich? Was sollten wir jetzt daran ändern? In die Welt hinausschreien, wie ungerecht alles ist? Die "Ausländer" beschuldigen, denn die haben die Tasche bestimmt gestohlen? (Wir sind übrigens ALLE in 99 % der Länder Ausländer. ☺) Klar ist das bitter. Neben dem materiellen Wert von einigen tausend Euro sind für uns wertvolle Aufnahmen einfach nicht mehr verfügbar. Aber: Es ist eben gerade so, wie es ist. Punkt. Nachdem wir auch selbst das vorleben, was wir predigen, beginnen wir kurz darauf, das Geschenk zu suchen. Wir haben gleich mehrere gefunden: Als Erstes haben wir uns geschworen, dass wir ab sofort unser produziertes Material jeden Abend auf unserem Server sichern. Und das zweite Geschenk war auch klar: Wir müssen dann "leider" nochmals nach Bali, um Aufnahmen zu machen. Diesmal gleich mit einem Multimedia-Team. Und wir hatten ohnehin viel zu wenig Zeit für all unsere Vorhaben. Und ein Drittes gibt es auch noch, das verraten wir hier aber noch nicht.

Sind wir jetzt gleichgültig? Lässt uns das tatsächlich kalt? Zwei Monate Material verloren und alles ist egal? Wir beide sind sehr emotionale und mitfühlende Menschen, in all unseren Gesprächen fühlen wir mit unserem Gegenüber mit. Wir sind alles andere als gleichgültig oder apathisch, denn Apathie ist das Gegenteil von Empathie. Laut medizinischer Definition ist Apathie eine Teilnahmslosigkeit und eine mangelnde Erregbarkeit gegenüber äußeren Reizen. Dies tritt vor allem bei fortgeschrittener Demenz auf.

Wir beide müssen uns oft eher zurücknehmen und aufpassen, dass wir nicht mit jedem und allem mitfühlen, denn das kann ganz schön anstrengend sein. Vielleicht kennst Du das auch. Aus eigener Erfahrung können wir Dir sagen, dass es in den meisten Fällen im täglichen Leben **nicht** empfehlenswert ist, auf äußere Reize sofort zu reagieren, und schon gar nicht, wenn wir emotional getriggert sind. Wenn ein wunder Punkt in uns getroffen wird, der uns an alte Verletzungen erinnert, dann tut das einfach weh, und das ist auch in Ordnung so. Und das passiert auch uns immer wieder. Das ist ein entscheidender Punkt im Leben und wir können es nicht oft genug wiederholen: In den meisten Fällen möchte unser Gegenüber uns gar nicht verletzen - durch eine Aussage oder eine Aktion legt unser Gegenüber nur den Finger in unsere eigene Wunde und erinnert uns, dass diese da ist. Unser Gegenüber fügt uns diese aber nicht zu, die Wunde war schon vorher da! Wir möchten Dir eine

Haltung nahelegen, dass wir alle selbst entscheiden können, **wie** wir mit der Emotion umgehen. Damit sind wir den Weg der Meisterschaft angetreten.

Empfehlenswert ist eine interessierte Haltung gegenüber externen Reizen. Du könntest beim nächsten Mal, wenn jemand etwas zu Dir sagt und Du wütend wirst, anstatt gleich loszuschimpfen oder anzugreifen, mit einem inneren *"aha, das ist aber interessant"* reagieren und mal nachfühlen, was die Situation gerade mit Dir macht. Um das jetzt nicht komplett falsch zu verstehen: Es ist völlig in Ordnung, dass wir traurig, wütend, enttäuscht usw. sind. Doch ist es extrem wichtig, dass unsere Emotionen nicht unsere Aktionen kontrollieren. Und wenn Du gerade emotional bist, dann kannst Du nicht logisch denken. Das ist übrigens eine der klassischen Verhörtaktiken: Man versucht, das Gegenüber auf die emotionale Ebene zu bringen. Wenn ein Übeltäter auch noch so perfekt sein Statement einstudiert hat, wird er auf der emotionalen Ebene sehr wahrscheinlich einen Fehler begehen und Hinweise von sich geben, die Tat gemacht zu haben.

Kommen wir zu der Geschichte mit dem Bauern und dem Pferd zurück: Natürlich ist es im ersten Moment schlimm, wenn das Pferd wegläuft und somit die Existenz bedroht ist. Natürlich ist es wundervoll, wenn viele Pferde da sind. Isoliert betrachtet, können wir alles gut oder schlecht bewerten. Es geht darum, sich darüber hinauszustellen und die Dinge von einer höheren Perspektive aus zu betrachten. Es geht uns um ein "Wu wei", das ist ein Begriff aus dem Daoismus und bedeutet "nicht eingreifen" oder "nicht handeln". Daoismus (oder Taoismus) bezeichnet eine der traditionellen Religionen/Philosophien Chinas und bedeutet "Lehre des Weges", entstanden im 4. Jahrhundert vor Christus. Hierzu gehören verschiedene Übungen zur Kultivierung von Körper und Geist und Begriffe wie "Qi" und "Yin und Yang". Es geht im Prinzip darum, das Leben mit Achtsamkeit und heiterer Gelassenheit zu leben und alle Entscheidungen aus einem ruhigen und selbstlosen Geist zu machen.

Hätten wir beide dieses Wissen bereits vor vielen Jahren gehabt, hätten wir uns auch so einiges an Ärger, Streit und Energie erspart. Wir möchten Dich ermutigen, das nächste Mal, bevor Du automatisch reagierst und eine verbale Atombombe zündest, zunächst mal ruhig mehrmals tief ein- und auszuatmen. Das sorgt erstens dafür, dass Dein Stresspegel weniger wird, und zweitens wird auch Dein Gegenüber oft stutzig, wenn Du nicht gleich re-agierst. Denn auch so eine Re-Aktion ist wieder eine Aktion, die wahrscheinlich beim Gegenüber erneut eine Re-Aktion auslösen wird. Merkst Du gerade etwas? Du hast die Situation damit total in der Hand, indem Du nicht automatisch re-agierst. Jemand, der Dich ganz bewusst aushebeln oder beleidigen möchte, **erwartet**, dass Du re-agierst.

> Wenn wir es schaffen, Ereignisse in Ruhe anzunehmen und nicht sofort zu handeln, dann schaffen wir damit für uns selbst Glück und sparen viel Zeit und Energie.

Verbale Angriffe funktionieren übrigens genau so: Dein Gegenüber versucht, Dich mit einem verbalen Trigger in einen Stresszustand zu versetzen, damit Du eben im Erfolgsfall emotional re-agierst und die Kontrolle verlierst. Wenn Du dann aus der Verstandesebene "ausgehebelt" bist, freut sich Dein Angreifer auch meistens, dass der Angriff funktioniert hat. Falls Du hier übrigens tiefer eintauchen möchtest, empfehlen wir Dir unseren Kurs "Umgang mit verbalen Angriffen". Wir sprechen hier aus jahrelanger eigener Erfahrung

PRAXIS-TIPP:
Wenn Dich das nächste Mal jemand verbal attackiert oder offensichtlich beleidigen möchte, wende die folgende Strategie an:

1. Siehe Deinem Gegenüber freundlich in die Augen
2. Atme ruhig weiter
3. Frage nach: *"Wie meinst Du das?"*

In der Regel ist es so, dass der Angreifer dann völlig verwirrt ist und die Beleidigung nicht mehr genau so formulieren kann. Wenn dann eine andere Variante kommt, die keine sachliche oder fachliche Kritik ist, frage gerne nochmals nach: *"Ich verstehe nicht, was Du genau damit meinst."* Sollte dann wiederholt die Beleidigung kommen, kannst Du nachlegen: *"Aha, das ist interessant. Ist das ein Versuch, mich zu beleidigen?"*
Dein Gegenüber wird dann sicher kurz sprachlos sein. Wenn Du noch eines drauf setzen magst: *"Netter Versuch. Funktioniert bei mir aber nicht."*
Lass uns gerne Deine Erfahrungen wissen.

Wachstum

Im Leben geht es grundsätzlich immer um Wachstum und Erweiterung. Dazu ist es gut, dass wir uns die Pflanzenwelt ansehen: Bäume, Sträucher, Blumen und Gräser, (fast) alle Pflanzen wachsen prinzipiell in Richtung Sonnenlicht. In der Biologie sagt man dazu Phototrophie, das Licht ist also Energiespender für das Wachstum. Was im Allgemeinen aber nicht so sehr beachtet wird, ist das gravitropische oder geotropische Wachstum: Gleichermaßen wachsen Pflanzen auch in die Tiefe in

Richtung Erdmittelpunkt. Es ist völlig natürlich, dass Pflanzen auch Wurzeln haben müssen, aber was hat denn das jetzt mit Gut und Böse zu tun?

Wenn ein Same in die Erde gesetzt wird, dann verwurzelt sich dieser zunächst, die Pflanze gräbt sich also tiefer in die Erde und lässt Wurzeln entstehen, bevor das Wachstum nach oben ins Licht stattfindet. Vollkommen verständlich, oder? In der Erde ist es dunkel, vielleicht matschig und auch sehr hart. Das Wurzelsystem muss zunächst den richtigen Widerstand überwinden und sich durch sehr harte und dunkle Erde einen Weg nach unten bahnen. Erst dadurch bekommt die Pflanze mehr Halt und Stabilität. Bricht die Pflanze erst einmal durch die Erde, ist das Wachstum an der Oberfläche in Richtung Licht leicht, denn hier gibt es nicht den Widerstand der dunklen Erde. Sehr interessant ist es auch, dass das Wurzelsystem ähnlich wie das System der Äste und Zweige aussieht.

Einen weiteren interessanten Aspekt lernen wir durch die Pflanzenwelt: Pflanzen droht Gefahr, wenn sie sich nicht gut und fest verwurzeln. Fichten beispielsweise haben nur flache Wurzeln, die bei entsprechend losem Boden und bei Sturm dann leicht umfallen und entwurzelt werden.

Wir möchten uns nicht mit den Wurzeln beschäftigen. Wir möchten zwar alle gerne erfolgreich sein und im Licht stehen, aber wir möchten nicht zuvor in die notwendige Tiefe gehen. Wir scheuen den Widerstand, es muss am besten alles einfach und schnell gehen, so wird es uns heute auch gerne verkauft. Durch diese Analogie sollte jetzt allerdings klar sein, dass Sicherheit und ein gutes Fundament die Basis für ein hohes Wachstum darstellen.

Lichtarbeiter

Wir meinen hier nicht die Elektriker, die Lampen installieren, obwohl der Vergleich schon etwas an sich hat. Der Ausdruck Lichtarbeiter wurde in den letzten Jahren sehr populär, viele bezeichnen sich als solche oder möchten Lichtarbeit ausführen. Vielen ist allerdings nicht bewusst, was das wirklich bedeutet. Auch uns selbst wurde erst spät bewusst, was wir damit anziehen, wenn wir Licht in Situationen hinein bringen möchten. Ja, Du hast es erraten: Es ist nur möglich, Licht in

Situationen zu bringen, wenn es dort kein Licht gibt, also Dunkelheit herrscht. Wenn Du Dich bewusst dafür entscheidest, Lichtarbeiter zu sein, wirst Du automatisch mit der Dunkelheit konfrontiert werden - das ist ein Naturgesetz. Bitte überlege Dir also gut, ob Du das wirklich möchtest. Du wirst mit Deinem eigenen Schatten, Deinen ungelösten Themen konfrontiert werden. Sorge dafür, dass Deine Wurzeln stark und tief genug sind. Sonst hat der Wind ein leichtes Spiel, Dich zu Fall zu bringen.

Gewohnheiten, Traditionen, Kultur und Natur

*„Von Natur aus sind die Menschen fast gleich;
erst die Gewohnheiten entfernen sie voneinander."*

Konfuzius

Wie kommt es dazu, dass manche Dinge "so sind", wie sie sind? Wir sind dem auf den Grund gegangen:

Eine optische Täuschung

Dieses Beispiel hat etwas Wundervolles: Sieh Dir die beiden Kreise an: Sie wirken zwar gleich groß, sind es aber nicht. Je nachdem, zu welcher Gruppe von Menschen Du gehörst, wirst Du eher den linken oder den rechten Kreis wählen. Doch bevor wir Dir mehr dazu erklären, kreuze einfach spontan an, welcher Kreis für Dich größer ist.

Welcher der beiden Kreise ist größer?
o rot   o blau

Was bedeutet es nun, wenn Du links oder rechts gewählt hast? Was machen solche "Tests" mit Dir? Du möchtest wissen, ob Du "richtig" liegst und ob Deine Wahrnehmung "in Ordnung" ist. Was war Dein erster Impuls, als Du beide Kreise gesehen hast? Vielleicht sogar, dass beide Kreise gleich groß aussehen? Und hast Du dann trotzdem einen der beiden Kreise ausgewählt? Gratuliere! Wir haben Dich manipuliert: Beide Kreise sind tatsächlich gleich groß.

Was soll das Ganze? Wollen wir Dich ärgern? Nein, keineswegs. Wir möchten Dir damit nur zeigen, wie **leicht** wir manipuliert werden können. Wir **fühlen** bestimmt im ersten Moment, dass beide Kreise gleich sind, doch wenn schwarz auf weiß geschrieben steht oder wenn ein Experte sagt, dass einer der beiden Kreise größer sein muss, dann muss es doch richtig sein, oder? Dann kann unser Instinkt doch nicht stimmen.

So einfach ist es also, dass wir manipuliert werden. Wenn wir jetzt noch eine Behauptung aufstellen und diese noch wissenschaftlich untermauern, dann wird jeder aufkommende Zweifel sofort im Keim erstickt und wir neigen dazu, das "Wissen" zu übernehmen, welches uns aufgedrückt wird. Wir prüfen es nicht einmal mehr nach, meistens fehlt uns auch die Zeit dazu, das zu tun. Denn: Die Wissenschaft wird schon recht haben. Im nächsten Beispiel wird es noch krasser. Bereit?

Das Wartezimmer-Experiment

Dieses Beispiel ist so unglaublich, zeigt aber klar auf, wie soziale Normen und Gruppendynamik funktionieren: In einem Wartezimmer einer Arztpraxis ertönt von Zeit zu Zeit ein Signalton und alle Patienten stehen auf. Die ersten Menschen sind keine echten Patienten, sie sind Schauspieler, die angewiesen wurden, so zu handeln. Die erste wirkliche Patientin wundert sich zunächst, warum alle anderen aufstehen. Nachdem aber niemand etwas sagt und alle es für selbstverständlich nehmen, steht tatsächlich auch die erste "neue" Versuchsperson nach einigen Vorkommen auf, ohne dies zu hinterfragen. Das wirklich Bemerkenswerte kommt noch. Die Patienten kommen und gehen, und bald ist niemand der anfänglich eingeweihten Personen mehr im Wartezimmer, nur mehr echte neue Patienten. Diese wissen nicht, warum sie es tun - aber alle verhalten sich so, dass sie beim Signalton aufstehen. Aber niemand weiß, warum dies passiert, alle machen es einfach! Das ist ein wundervolles Beispiel, wie Traditionen und Kultur entstehen: Sobald etwas nur lange genug praktiziert wird, wird es zur Gewohnheit. Wenn dies viele Menschen immer wieder machen, wird es zu einer Tradition - und somit wird es Bestandteil der Kultur.

Rituale und Traditionen weltweit

Sehen wir uns unterschiedliche Begrüßungsrituale an:

- **Hände schütteln**
  findet man hauptsächlich in Europa und Amerika.

- **Sawaddee**
  In Thailand und Indonesien beispielsweise faltet man die Hände vor der Brust und verneigt sich leicht, um Respekt und Freundlichkeit auszudrücken.

- **Anjali Mudra**
  In Indien ist es ebenfalls eine traditionelle Grußgeste, die Hände vor der Brust zu falten und *"Namasté"* zu sagen.

- **Hongi**
  In Neuseeland drücken zwei Maori (Angehörige der indigenen Bevölkerung) Stirn und Nase aneinander und atmen dabei ein, um symbolisch den Atem des Lebens zu teilen. Es drückt Respekt und Verbundenheit aus.

Auch für Essen und Trinken gibt es unterschiedliche Traditionen und Rituale:

- **Schlürfen beim Essen**

  In Japan ist es erwünscht, beim Essen von Nudelsuppe zu schlürfen. Das drückt den besonderen Genuss aus. In der westlichen Welt gilt dies als schlechtes Benehmen.

- **Die linke Hand**

  In Indien und Indonesien gilt die linke Hand als "unrein" - somit sollte man mit der linken Hand weder essen noch damit einen Gegenstand reichen.

- **Kaffee, Tee**

  Neben den üblichen Varianten wie Espresso, Melange oder Cappuccino gibt es in Wien etwa eine große Anzahl verschiedener Kaffeegetränke - und an allen Ecken und Enden findest Du Cafés. In anderen Ländern wird die Teekultur gelebt, wie zB in England, Indien und mittlerweile auch Sri Lanka.

- **Alkoholische Getränke**

  In vielen Ländern ist es einfach Tradition, mit einem Glas Sekt oder Prosecco auf verschiedene Anlässe anzustoßen. In unserer Heimat ist Wein ein großer Bestandteil der Kultur, und nicht selten kommt es vor, dass bereits am Vormittag ein Gläschen Wein angeboten wird. In anderen Ländern ist Alkohol strengstens verboten oder wird streng reguliert.

Wahrscheinlich kannst Du aus Deiner Heimat ebenfalls viele Rituale nennen, die einfach seit Jahrzehnten, Jahrhunderten gepflegt werden, und niemand fragt mehr, warum das eigentlich so ist.

Wohnen hier und dort, damals und heute

Im vorherigen Kapitel haben wir schon kurz erläutert, dass es in anderen Ländern üblich ist, zum Beispiel mehrere Ehepartner zu haben. In Nepal hat eine Frau auch mehrere Ehemänner. In Ladakh in Indien ist es ebenfalls ganz normal, bei einer Hochzeit auch gleich den Bruder oder die Schwester zu heiraten. Wenn Du Dich jetzt fragst, wie das denn so "funktionieren" soll, dann gibt es auch hier eine Lösung: Wenn eine Frau mit einem Bruder gerade "das Kopfkissen teilt", dann stehen vor dem Schlafgemach zwei Paar Schuhe. Der andere Bruder geht dann in das andere Schlafgemach und niemand ist böse oder beleidigt. Am nächsten Tag ist es dann möglicherweise umgekehrt. Nochmals hier die Erläuterung, dass wir das weder gut noch schlecht finden. Es ist vollkommen okay, wenn Du entrüstet bist und Dir denkst, was das für komische Menschen sind, die das so machen. Wir fanden die Vorstellung anfangs auch seltsam. Wir, Monique & Jürgen, können uns diese Lebensweise für uns **nicht** vorstellen. In Ladakh haben sie definitiv praktische Gründe, warum das so ist. Die Familie will versorgt werden. Somit arbeiten auch alle gemeinsam an der Versorgung. Ebenfalls üblich war es in früheren Zeiten, ein Mehrgenerationenhaus zu haben. Auf einer Landwirtschaft ist das heute auch immer noch so üblich, doch die Zeit hat es mit sich gebracht, dass viele aus der Landwirtschaft den Weg in die Stadt finden und somit einen "Bürojob" annehmen, um es einfacher zu haben. Natürlich klingt das alles verlockend für den Moment. Aber wenn Du Dir überlegst, dass in einem Mehrgenerationenhaus automatisch eine gute Versorgung für alle Bereiche stattfindet, dann hat das schon Sinn. Die mittlere Generation kümmert sich um die meist schwere Arbeit auf dem Feld, während die Großeltern sich um den Haushalt und um die Kinder kümmern. Wenn die Großeltern nicht mehr können, haben sie Kinder, die sie unterstützen. In der heutigen Zeit ist es üblich, dass alle schön getrennt wohnen. Oft wird auch ein Kindermädchen oder eine Haushaltshilfe beschäftigt, damit Frau und Mann sich um das Geldverdienen kümmern können. Und die ältere Generation wird in ein Altenheim gesteckt, was natürlich auch wieder Geld kostet. Im Familienverbund ist automatisch für Vieles gesorgt, ohne dass Geld erwirtschaftet und ausgegeben werden muss. Und für alle ist es im Grunde einfacher. Natürlich muss man sich abstimmen und gegenseitigen Respekt leben, denn diese Konstellation ist natürlich Nährboden und ein ausgezeichnetes Übungsfeld für Konflikte und Reibereien.

Leben auf Autopilot

Ein wunderschöner Spruch, so treffend. Oder? Einfach mal ein neues Foto machen, wenn das alte nichts geworden ist. So einfach geht es? Ja klar! Wir haben es in der Hand, jeden Tag unseres Lebens neu zu bestimmen, neu auszurichten und uns neu zu verändern.

Das setzt jedoch voraus, dass

- wir das Ruder über unser Leben in der Hand haben.
- wir über unsere Handlungen und Erlebnisse reflektieren.
- wir aus Erfahrungen lernen können.
- wir uns dessen bewusst sind, dass wir es in der Hand haben, wie unser Leben aussieht und wie wir es gestalten.
- wir uns jeden Tag aufs Neue entscheiden können, welche Richtung wir unserem Leben geben.
- wir entscheiden, wohin die Reise gehen soll.

Klingt so, als wäre das alles ohnehin selbstverständlich? Das ist leider in vielen Fällen aber nicht so. Denn der Autopilot hat uns im Griff.

Wie, Autopilot? Ich lebe ja, ich weiß ja, was ich tue, ich entscheide ja. Tust Du das wirklich? Also so wirklich bewusst? Lass Dir eine Geschichte von uns erzählen, die erst kürzlich, sogar während des Buchschreibens, aufgekommen ist und gelöst werden wollte.

Wie Du ja schon weißt, hat Monique mit 15 Jahren zum Arbeiten begonnen, noch bevor sie auf Partys unterwegs war. Als dann später das Partyleben dazu kam, wurden die Nächte kürzer und kürzer. Dass sie dafür die Arbeit im Gasthaus sein lassen würde, kam nie infrage. Denn *"Wer feiern kann, kann auch arbeiten"* und es hat einfach so viel Spaß gemacht. Wie sollte sich also beides kombinieren lassen, wenn manchmal nur Zeit für einen 2-Stunden-Power-Schlaf war?

Die Lösung kam in den Genen, sozusagen gleich gratis mitgeliefert, durch den Vater vorgelebt seit der Kindheit. Dieses Lösungswort bestand aus sechs Buchstaben: KAFFEE. Das Wundermittel schlechthin gegen Müdigkeit. Die Möglichkeit, bei beidem wach zu bleiben und sich nicht für das Eine oder Andere entscheiden zu müssen. Jackpot!

Noch dazu soll Kaffee ja gesund sein. Bis zu vier Tassen am Tag wären okay. In Wien ist Kaffee ein wichtiger Teil der Kultur. Kaffee ist ein täglicher Bestandteil unseres Lebens, es gibt so viele moderne Coffeeshops, traditionelle Kaffeehäuser und in jedem noch so kleinen Gasthaus kannst Du Kaffee bekommen. Bestimmt sind 99 % der Haushalte mit zumindest einer Kaffeemaschine ausgestattet, wenn nicht sogar mit mehreren. Man möchte ja auch beim Kaffee variieren können. Nichts ist so fest verankert in unserem Leben wie der Kaffee. Also zumindest in Österreich. Wir treffen uns mit Freunden, um Kaffee zu trinken. Der erste Schritt am Morgen im Büro ist der Weg in die Kaffeeküche, richtig? Sich dort mit den Kollegen austauschen oder einfach in Ruhe den Kaffee zubereiten, der dann natürlich mit auf den Arbeitsplatz kommt. Wir brauchen ja für die nächsten Stunden auch einen Energiekick und wollen von der köstlichen Droge durchgehend etwas bekommen. Noch einmal aufstehen ist nicht drinnen, daher lieber eine große Kaffeetasse vollmachen. Die Größe der Tasse bestimmt die Länge des Arbeitstages.

Was möchten wir Dir mit diesem Beispiel sagen? Es ist Gewohnheit, Standard, fast eine Sucht, dass wir beim Arbeiten einen Kaffee trinken. Gut, auf der klassischen Baustelle ist es dann doch noch die Flasche Bier. Es ist einfach so, oder?

Wir hinterfragen es nicht, aber wenn der Kaffee beim Arbeiten erst einmal fehlt, dann...

Genau das passierte Monique beim Schreiben auf Lembongan. Sie war es seit dem 15. Lebensjahr daran gewöhnt, dass Kaffee zur Arbeit dazu gehört, ohne geht's einfach nicht. Tja, damit sollte jetzt Schluss sein.

Bis zu diesem Zeitpunkt hatte sie bereits seit knapp vier Wochen keinen Kaffee mehr getrunken. Während der Yogalehrer Ausbildung war es ihr wichtig, richtig einzutauchen ohne jegliche äußere Ablenkung und Benebelung, und daher musste der Kaffeekonsum dran glauben. *"Den kann ich nachher auch noch trinken"*, dachte sie, ohne zu ahnen, wie lebensverändernd die Yogalehrer Ausbildung sein wird und Kaffee bald der Vergangenheit angehören würde. Gut, so eine Ausbildung ist etwas Neues, etwas Aufregendes, da passieren so viele andere Sachen, dass man sogar auf den geliebten Kaffee vergessen könnte. Eine Zeit, wie keine andere, wo keine Gewohnheiten zutage kommen, wo alles neu ist. Da ist es ja relativ leicht, sich auch gleich alte Gewohnheiten abzuschaffen. Oder? Das stimmt, aber wie sieht es dann mit dem Weg zurück in die "Realität" aus?

Eines war klar: So wie es davor war, wird es nicht mehr sein. Das wusste sie bereits vor der Yogalehrer Ausbildung. Dass ihr geliebter Kaffee "dran glauben musste", das hätte sie sich nicht in den kühnsten Träumen ausgemalt. Doch sie merkte einfach, er tat nicht gut. Kaffee benebelt unsere Gedanken, entfernt uns von dem Hier und Jetzt und beeinträchtigt unsere Gesundheit.

Die große Challenge kam, als sie mit Jürgen an dem gemeinsamen Buch zu schreiben begann. Ohne sich des Lebens auf Autopilot bewusst zu sein, hat sie am ersten Tag des Buchschreibens vorgeschlagen, in ein Kaffeehaus zu gehen. Es würde ja auch ein Bananenmilchshake mit Hafermilch ausreichen, statt des gewohnten Kaffees. Dass Kaffee ihr nicht mehr schmeckt, das hat sie schon eingesehen - aber trotzdem blieb da noch die unbewusste Gewohnheit, die sich an diesem Tag zeigen sollte. Überredet ging auch Jürgen mit und so machten sie sich auf den Weg zum Kaffeehaus, um dort an dem Buchprojekt zu arbeiten. Die Musik, die dort zu hören war, wurde auf Wunsch etwas leiser gedreht, um genauer arbeiten zu können. Die Stunden vergingen, aber der Output war nicht wie gewünscht. Liegt wohl an der

Musik, ab morgen bleiben wir im Frühstücksraum, dort ist es ruhig und angenehm. Das reicht ja, oder? Leichter gesagt als getan. Am nächsten Tag dort sitzend, erlebte Monique innerliche Streiks wie selten zuvor und innere Gewohnheiten kamen zutage: *"Ich brauche meinen Kaffee oder zumindest einen Kaffee-Ersatz"*, *"Ich kann nicht arbeiten ohne eines solchen Getränkes, mir fehlt mein Häferl Kaffee, von mir aus koffeinfrei"*, *"Es fehlt einfach etwas, so geht das nicht"* - *"Halt, Stopp"*. Schon rebellierte der Kopf, der Verstand sandte Signale an den Körper, um zu energielos und müde für das Schreiben zu sein. Was ist da bitte los?

An diesem Tag wurde uns so richtig bewusst, was Leben auf Autopilot wirklich heißt. Wir denken zwar, wir würden unser Leben in jeder Hinsicht selbst bestimmen, aber das ist selten der Fall. Wir lassen uns von unbewussten Gewohnheiten leiten, die wir selten hinterfragen. Damit ist jetzt Schluss. Aber wie?

Wie erkennst Du, dass Dein Leben auf Autopilot läuft?

Um das besser zu verstehen, schauen wir uns den Begriff Autopilot einmal näher an. Autopilot besteht aus den Wörtern Auto und Pilot. Das Wort Auto kommt vom französischen "automate", was so viel heißt wie aus eigenem Antrieb bewegen. Denken wir an ein Flugzeug, da gibt es auch die Möglichkeit, den Autopiloten einzuschalten. Was macht der dann? Das Flugzeug fliegt fast wie von selbst an den Ort, den man vorher eingegeben hat - man muss so gut wie nichts mehr machen. Der Autopilot übernimmt die Kontrolle über den Flug. Somit beschreibt Autopilot jene Aktivitäten, wo man, ohne selbst aktiv etwas beisteuern zu müssen, wie von selbst bestimmte Abläufe durchgeführt werden.

Auf den Alltag umgewälzt sind damit alle Dinge gemeint, die ganz automatisch passieren: in der Früh Zähne putzen, immer den gleichen Weg mit dem Auto oder dem Zug zur Arbeit fahren. Eben der besagte Weg in die Kaffeeküche, um sich Kaffee zu holen und diesen am Arbeitsplatz in Sichtweite zu platzieren, den Computer einzuschalten und E-Mails zu lesen. Das können typische Handlungen im Autopiloten sein.

Solche Routinen sind nicht grundsätzlich schlecht, denn sie entlasten unser Gehirn, da wir nicht jeden Tag wieder und wieder neue Entscheidungen treffen müssen. Es läuft schon von allein und das erspart uns natürlich auch einiges an Energie und Zeit. Das Leben auf Autopilot bringt somit eine Arbeitsentlastung mit sich, macht gewisse routinierte Arbeitsschritte effizienter und gibt uns Sicherheit, da wir Dinge besser planen können.

So weit, so gut. Wo ist aber jetzt der Haken beim Leben auf Autopilot?

Schattenseiten von Routinen

- **Verlust an Flexibilität und Innovation**

  Wenn wir jeden Tag das Gleiche tun, ohne nachzudenken, eben weil wir es schon immer so gewohnt waren, dann vergeben wir tolle Chancen: Zum einen, dass wir uns weiterentwickeln und verändern können und zum anderen etwas Neues hervorbringen. Die einzige Konstante im Leben ist die Veränderung und daher ist es wichtig, dass wir uns flexibel an neue Situationen anpassen können. Hier hilft etwa ein Jobwechsel, wenn Du im aktuellen Job nicht mehr glücklich bist, eine Reise in ein abenteuerliches Land oder der Umzug in eine Stadt, die Du schon seit Längerem toll findest.

- **Verlust unserer Spontanität**

  Wir wissen genau, was morgen, übermorgen, nächste Woche und in fünf Jahren passiert. Tagein, tagaus erleben wir das Gleiche, wir stehen in der Früh auf, gehen in die Arbeit, die Aufgaben sind die gleichen, variieren nur graduell. Wir kommen zur gleichen Zeit nach Hause, vorausgesetzt, es gibt keinen Stau, kochen zu Abend und essen auf der Couch mit eingeschaltetem Fernseher, bis wir schlussendlich am Sofa einschlafen. Klingt das nicht total langweilig? Ein solches Leben beraubt uns unserer Energie und den besonderen Erlebnissen, die so viel Schönes mit sich bringen. Wir wollen bei einem solchen routinierten Leben keine neuen, besonderen Erfahrungen sammeln, sondern lieber in der gewohnten Blase bleiben. Wir vermeiden oder fürchten jegliches Abenteuer und vertun uns damit die Chance auf unser Traumleben.

- **Das Leben vergeht wie im Flug**

Wir kommen nicht zum Verschnaufen. Auf Autopilot funktionieren wir gut, um die Dinge abzuarbeiten, aber das Problem dabei ist, dass wir von einer To-do zur nächsten hasten. Wir nehmen uns kaum Zeit, um dazwischen einmal einfach in Stille zu sitzen und zur Ruhe zu kommen. Stattdessen schauen wir lieber gewohnheitsmäßig auf Instagram, um solchen leisen Momenten zu entkommen. Es könnte sich ja sonst vielleicht der Lebenstraum zeigen, der unser Leben vollkommen auf den Kopf stellen würde. Wir verbringen unsere Zeit mit Belanglosen, anstatt mit wertvollen Aktivitäten, die uns erfüllen. Dadurch fühlt sich die Zeit an, als würde sie wie im Flug vergehen. Jeder Tag ist der Gleiche, wir verlieren den Überblick. Die Tage, Wochen und Monate scheinen nur so dahin zu laufen. Wir wissen oftmals nicht, welcher Tag heute ist und wundern uns dann, dass schon wieder eine Woche so schnell verstrichen ist. Ein eindeutiges Zeichen, dass unser Leben auf Autopilot rennt.

- **Das Leben lebt an Dir vorbei**

Du bist in Gedanken nie wirklich da. Wenn Du Dir jedes Jahr am 31.12. erneut denkst: *"Was habe ich heuer wirklich erlebt oder gemacht? Was waren meine Erfolge und Misserfolge? Worauf bin ich stolz, worüber dankbar?"* und darauf keine Antwort weißt, das ist das auch ein Zeichen, dass Du auf Autopilot bist. Du bist entweder vermehrt in der Vergangenheit oder in der Zukunft, aber kaum im gegenwärtigen Moment. Oder noch schlimmer: Du beschäftigst Dich mehr mit dem Weltgeschehen als mit Dir selbst. Ehrlich, wie wichtig ist es für Dich jetzt gerade, dass in Dschibuti eine Ameise gerade einen Furz gelassen hat?

- **Dir fehlt die Motivation, um morgens überhaupt erst aus dem Bett zu kommen**

  Du siehst keinen Grund mehr, aufzustehen. Wenn das bei Dir bereits der Fall ist, dann bitte, bitte ruf uns an, wir helfen Dir! Wir möchten nicht, dass Du Dir jeden Morgen denkst: *"Ach nein, schon wieder ein neuer Tag"* und Du gar keine Lust mehr am Leben hast. Das soll so nicht sein! Wir möchten Dir helfen, dass Du motiviert in den Tag startest. Muss nicht an jedem einzelnen Tag sein, aber in 99,97 % der Fälle schon.

Es ist wichtig, dass wir uns über unseren Autopiloten bewusst werden. Denn wenn wir weiterhin nur auf Autopilot "funktionieren" - wir möchten jetzt gar nicht "leben" hinschreiben, denn das trifft es so nicht - dann entgehen uns wertvolle Chancen und Geschenke. Es kann sein, dass sich das berufliche Umfeld so stark ändert, dass wir früher oder später völlig unerwartet gekündigt werden, weil wir es verabsäumt haben, uns anzupassen. Oder unsere Beziehung läuft nur auf Autopilot und irgendwann wird der Moment kommen, dass uns der Partner verlässt, weil wir nicht wirklich präsent waren. Mit dem Autopiloten gehen auch Überschreitungen der eigenen Bedürfnisse einher, festgefahrene Denkweisen und verankerte Ansichten und Verhalten. Denn wir hinterfragen diese nie, machen einfach so weiter wie bisher. Der Weg raus vom Autopiloten heißt: **Achtsamkeit und Selbstreflexion**.

> Traumwerkzeug: das dreamly living Transformationsjournal. Nimm Dir bewusst die kommenden sechs Monate Zeit und sieh Deine Selbstreflexion als Priorität.

Die tägliche Reflexion hilft uns, dass wir unser eigenes Verhalten besser verstehen, unsere Gewohnheiten und Handlungen hinterfragen und auch ändern können. Damit können wir Routinen erkennen und durchbrechen, denn sie sind nur Programmierungen unserer individuellen Persönlichkeit, Erfahrungen und Umfeldes. Genauso wie sie programmiert worden sind, können wir auch unser **dreamly living** programmieren.

> Wie groß ist der Anteil Deiner Routinen in Deinem Leben? Wie spontan bist Du?
> Bist Du Dir Deiner Handlungen vollkommen bewusst oder passiert der Großteil auf Autopilot?
> Gehe abends im Geiste für Dich durch, was Du heute alles erlebt hast und vergleiche mit Deinem Journal.
> Welche der Tätigkeiten kamen Dir sofort in Erinnerung, an welche hat Dich Dein Journal erinnert?

Money Money Money

*"Geld ist der härteste Prüfstein
für menschliche Charaktere"*

Elfriede Hablé

Wir waren beide in einem vernünftig bezahlten Job bzw. einer Selbstständigkeit, die super viel abgeworfen hat. Beide in der IT tätig (Zufall oder Schicksal?), bevor wir uns dazu entschlossen haben, alles hinzuschmeißen und uns neu zu orientieren, unseren Träumen zu folgen. Dazwischen liegen rund 20 Jahre. Zwei Geschichten, die anders sind und doch so gleich. Bei uns beiden war damals die Überlegung, ob es denn wirklich der richtige Schritt sei. Das ach so tolle Gehalt war sehr verlockend, um im Hamsterrad zu bleiben. Doch was würde es bringen?

Drehen wir die Uhr zurück und nochmals vor, tun wir so, als hätten wir niemals den Schritt gewagt: Wir wären also in der IT geblieben, hätten dort super Geld verdient, uns einen Ferrari leisten können, eine schicke Villa, das neueste MacBook und vieles mehr. Wir wären tief unglücklich gewesen, da uns diese Dinge nur kurzfristig Spaß machten, das Glück nur kurzweilig war, und wir uns nach immer mehr sehnten. Unsere Körper hätten uns Warnsignale geschickt, zuerst Fieber, dann Magengeschwüre und zum Schluss Krebs, um endlich zu erkennen, dass wir am falschen Weg und einfach nicht glücklich sind. Wir hätten ein kurzes, nach außen hin vielleicht glückliches Leben geführt. Hätten uns um Geld keine Sorgen machen müssen, aber zu welchem Preis? Ungesund und unglücklich, jung sterben. Ist das wirklich das Ideal, nach dem wir streben? Ist das Gehalt und Geld wirklich so wichtig, dass wir dafür unsere Leben opfern?

Stell Dir Dein Hamsterrad vor, in dem Du Dich tagein und tagaus vorwärts bewegst, immer im gleichen Rad, im gleichen Tempo, denn Du kommst hier nicht raus. Du steckst in dem Job fest, der Dir keinen Spaß macht. Jeden Tag kostet es Dich mehr Überwindung, aus dem Bett zu steigen, um in die Arbeit zu gehen. Und wofür das Ganze? Um Dir ein Haus oder eine tolle Wohnung leisten zu können, um damit Menschen zu beeindrucken, die Du wahrscheinlich gar nicht wirklich magst. Um ausreichend Platz für all die Dinge zu haben, die Du kaufen musst, um Menschen zu beeindrucken, die Du nicht ausstehen kannst, nur damit Du zeigen kannst, dass Du es "geschafft" hast und anscheinend glücklich bist. Aber in Wirklichkeit hast Du gar keine Zeit, all die Dinge zu genießen, die Du gekauft hast, weil Du so viel arbeitest und glücklich bist Du schon lange nicht mehr. Möchtest Du so Dein Leben leben?

Endlich Freitag

TGIF - das bedeutet so viel wie: Thank god it's Friday - Gott sei Dank ist es Freitag. Endlich Wochenende! Jetzt ist endlich Zeit, den Hobbys nachzugehen. Jetzt kann das Leben beginnen. So leben ganz viele Menschen: von Wochenende zu Wochenende und von Urlaub zu Urlaub. Es gibt tatsächlich Lokale, die "TGI Fridays" heißen. Was soll denn an Wochenenden schlecht sein? Prinzipiell ist gar nichts schlecht an Wochenenden. Aber das Bewusstsein, dass Montagmorgen die dunkle Zeit beginnt, Freitagmittag aufhört und dann endlich Wochenende ist, ist leider weit verbreitet. Wir beide hören kaum mehr Radio, aber oft machen wir uns den Spaß und machen das dann doch ab und zu. Immer wieder hören wir Radiomoderatoren sagen: *"Schönen Montagmorgen, halten Sie durch, bald ist Freitag!"* oder *"Endlich Freitag, nur noch ein paar Stunden, dann ist Wochenende."* Natürlich greifen die Radiosender nur die Stimmung auf und geben sie weiter, viele gehen damit jedoch in Resonanz. Aber jetzt mal ehrlich: Das soll das Leben sein? Sollen wir die längste Zeit unseres Lebens damit verbringen, auf das Wochenende und auf den Urlaub hinzuarbeiten? Wir sind der festen Überzeugung, dass das nicht das Leben ist, das wir uns wünschen, wenn wir nur für das Wochenende oder für den Urlaub existieren. Es darf, soll und muss anders möglich sein!

Eine Überlegung dazu: Du kennst bereits die "optische Täuschung" aus dem Kapitel Gewohnheiten. Wir haben ja 24 Stunden pro Tag Zeit - zumindest wird uns das immer so vorgerechnet. BULLSHIT! Ein Tag hat 24 Stunden, das ist richtig. Aber wir haben diese 24 Stunden nicht als Freizeit! Im Downloadbereich findest Du einen Tagesplaner, den Du wundervoll als Dokumentation verwenden kannst. Dann erkennst Du, wie viel bzw. wie wenig Zeit Dir am Tag wirklich zur Verfügung steht.

Da haben wir gleich eine Idee dazu: Wie wäre es, einfach **täglich** seinen Hobbys nachzugehen?

Jürgen wurde als Kind oft erklärt: *"Das geht doch nicht, dass Du immer nur das machst, was Dir Spaß macht. Stell Dir vor, wenn das alle machen würden - wo kämen wir denn dahin?"* Was er auch oft gehört hat: *"Du möchtest immer nur das Beste haben. Das geht nicht!"*

Als Kind war Jürgen nicht in der Lage, darauf zu antworten. Aber lass Dir sagen: Es geht! Wir machen es bereits! Und wir möchten Dich ebenfalls dazu inspirieren, es auch zu tun. Und wo würden wir da hinkommen, wenn es alle machen würden? Unsere Antwort dazu: *"Ins Paradies!"*

"Das Beste ist gerade gut genug."

Monique & Jürgen Solis-Robineau

Was auch immer das Beste für Dich ist: Du hast es verdient! Strebe danach, für Dich das Beste aus Deinem Leben herauszuholen. Es geht, und zwar Schritt für Schritt. Ach ja, wenn Du gerade meinst: *"Na ja, so einfach ist das doch nicht!"* und Du findest KEINE Begründungen dafür, dann nimm doch einfach Deine **FEN-Club-AUStrittskarte** zur Hand und erinnere Dich daran, dass es möglich ist.

Die legale Droge

Wenn Du angestellt bist und nicht mindestens 80 % der Arbeitszeit mit einem Hochgefühl verbringst, bist Du in bester Gesellschaft: Laut einer Studie von Ernst & Young (2023) sank der Anteil der hoch motivierten Arbeitnehmer in den letzten Jahren von 28 % auf nur 17 %! Das ist der mit Abstand niedrigste Wert seit Untersuchungsbeginn 2015. Und fast jeder Dritte (29 %) gibt an, "nur seinen Job zu machen" oder bei der Arbeit sogar demotiviert zu sein.

Nur 17 von 100 Angestellten sind in ihrer Arbeit hoch motiviert!!! Es stellt sich natürlich die Frage, ob **alle** auch wirklich den Mut haben, anzugeben, dass sie nicht zufrieden sind. Und es ist auch interessant, dass den Menschen das Geld gar nicht das Wichtigste an ihrem Job ist - es sind vielmehr interessante Aufgaben, das Umfeld und schließlich das Gefühl, etwas Sinnvolles zu schaffen. Obwohl der Großteil der Angestellten also unzufrieden ist, ändern sie nichts daran. Ist das nicht komisch? Woran liegt das? Du ahnst schon, worum es geht: Es ist eine der am größten verbreiteten und legalen Droge: das Gehalt! Wir hören bereits kritische Stimmen: *"Ihr habt ja leicht reden, bei Euch läuft es ja gut."*

Betrachten wir das mal losgelöst, ob es jetzt leicht oder nicht leicht ist und mache Dir selbst Dein Bild: Als Angestellter hast Du die Verpflichtung, gewisse Dienste zu erbringen, meistens an eine Zeit gekoppelt. Natürlich hast Du (meistens) Vorgaben, was, wie und wie viel zu erledigen ist, und wenn Du mal krank bist oder einen Unfall hast, bekommst Du Dein Geld weiter regelmäßig auf Dein Konto überwiesen. Und Du kannst sogar - je nach Vertrag und Tätigkeit - bis zu acht Wochen im Jahr Urlaub machen und bekommst diesen auch noch bezahlt. In Österreich gibt es sogar ein 13. und 14. Gehalt, das nennt sich Urlaubs- und Weihnachtsgeld und wird vor dem Sommer und vor Weihnachten bezahlt. Das ist schon ziemlich cool, oder?

Wir sagen: Genau das ist die Droge, die Dich davon abhält, Deiner Berufung nachzugehen. Um fair zu sein, es gibt sie tatsächlich, die Menschen, die angestellt sind und rundherum super zufrieden sind, mit allem. Wunderbar. Die meisten Menschen sind aber nicht zufrieden, das ist Fakt. Die Droge entfaltet dann die beste Wirkung, wenn man sich etwas aufgebaut hat, eine Eigentumswohnung oder ein Haus auf Kredit gekauft oder gebaut hat und die Rückzahlung auf das Gehalt angewiesen ist. Dann wird es schwierig, einfach so zu kündigen, wenn man nicht einen finanziellen Rückhalt oder Reserven aufgebaut hat. Wer kündigt schon wirklich, wenn der Job fix ist, das Gehalt regelmäßig auf dem Konto eintrudelt und man sich einen gewissen "Luxus" aufgebaut hat und leisten kann, als auch möchte? Man lebt ja nur jetzt einmal für das Wochenende, für den Urlaub, um **später** das

Leben genießen zu können. Okay, abends kann man ja mit TV, Alkohol oder Sport den Stress abschalten. Oder sollen wir lieber sagen: die Sehnsucht betäuben?

Du hast Dich wahrscheinlich schon so daran gewöhnt, dass Du Dir gar nicht mehr vorstellen kannst, wie es anders sein könnte. Erst, wenn der Unfall, eine Krankheit, die Scheidung in unser Leben tritt, fragen wir uns: wozu überhaupt das Ganze? Dann sind die Menschen bereit, sich von vielem Materiellem zu trennen und wirklich auf ihr Herz zu hören.

Macht Geld wirklich glücklich?

Das Gehalt ist für viele der Hauptgrund, warum sie in ihrem Job bleiben, der sie nicht erfüllt und unglücklich macht. Das monatliche Geld am Konto ist die Belohnung für die vielen Stunden, die wir aufgeopfert haben. Doch macht uns Geld wirklich glücklich?

Was ist Glück? Wir Menschen sind geboren, um glücklich zu sein. Schon in der Kindheit wissen wir, was bedingungsloses und wahres Glück bedeutet. Ohne es lernen zu müssen, wir wissen es einfach. In Wirklichkeit wollen wir auch im Erwachsenenalter nur eines: Glücklich sein. Viele jedoch wissen nicht mehr, was wahres Glück ist. Glück ist Freude, Zufriedenheit und Frieden. Glück ist unabhängig von Gegenständen, Personen, einem tollen Haus oder dem Sportauto in der Garage. Glück ist nicht Komfort, Geld, Berühmtheit, Kontrolle oder Vergnügen.

Wir selbst sind für unser wahres Glück verantwortlich. Glück, das von innen kommt und immer da ist. Doch warum verlernen wir es im Alter, glücklich zu sein? Was passiert, wenn wir älter werden? Die Antwort ist einfach: Wir sind zu beschäftigt. Unser Geist, unsere Gedanken, unser Sein sind zu beschäftigt:

Zu beschäftigt, um Geld zu verdienen.

Zu beschäftigt, es anderen recht zu machen.

Zu beschäftigt, anderen zu gefallen.

Zu beschäftigt, unsere Komfortzone ja nicht zu verlassen.

Zu beschäftigt, besser zu sein als andere.

Zu beschäftigt, uns mit anderen zu vergleichen.

Wenn wir es also selbst in der Hand haben, dann können wir jetzt sofort entscheiden, glücklich zu sein. Klingt doch ganz einfach. Warum ist es das dann nicht? Weil unsere Gedanken und unser Geist trotzdem weiterhin beschäftigt sind. Wir müssen erst unsere Gedanken reinigen, unseren Geist leeren, um tiefes Glück zu empfinden. Du kannst Dir das wie mit einem Spiegel vorstellen. Der Spiegel ist von Natur aus rein und sauber, Du kannst Dich darin wieder entdecken. Wenn er jedoch verstaubt ist, dann erkennst Du nichts mehr. So ist es auch mit unseren Gedanken: Um das Reine und Wahre sehen zu können, müssen wir erst zur Ruhe kommen.

Wenn Du Dir immer noch denkst, dass das alles Blödsinn ist und Du felsenfest davon überzeugt bist, dass einzig die Schokolade alleine Dich soooo glücklich macht, dann haben wir für Dich folgende Überlegung:

Es stimmt doch, dass man vom Glück nie genug haben kann, oder? Wahres Glück zu haben und davon immer mehr, am besten jeden Tag, ohne Pause. Wahres Glück schadet uns nicht, es kann nie zu viel sein, jede Dosis tut uns gut. Denn das ist wahres Glück. Wie ist es aber mit Schokolade? Wenn uns Schokolade wirklich glücklich macht und wahres Glück bedeutet, dann müssten wir auch von Schokolade immer mehr essen können, ohne dass es uns schadet? Stell Dir also vor, vor Dir liegt eine Tafel Schokolade, Deine Lieblingsschokolade und Du beißt genüsslich davon ab. Die Schokolade zergeht auf Deiner Zunge und Du möchtest am liebsten schon das nächste Stück essen. Nur zu, wenn Schokolade wahres Glück bedeutet, dann kannst Du ja so viel davon haben, wie Du möchtest, es schadet ja nicht. Du hast also die Tafel Schokolade aufgegessen und möchtest eine weitere und noch eine. Was passiert dann? Es wird selbst für den größten Schokoladentiger unter uns der Moment kommen, wo wir nicht mehr weiter essen können, weil uns schlecht ist. Das ist der Moment, in dem wir keine Schokolade mehr sehen, riechen oder schmecken können, weil es einfach zu viel ist. Ist Schokolade daher wahres Glück? Nein!

Glück macht uns nicht abhängig, Schokolade oder andere Gegenstände, die wir aus Lust kaufen, um angeblich glücklich zu sein, jedoch schon. Das mit der Schokolade ist einfach zu erklären, sie enthält in den meisten Fällen sehr viel Zucker und die Zuckersucht ist eine sehr gefährliche Sucht, das können wir Dir aus eigener Erfahrung bestätigen. Wie ist es mit dem Ferrari? Der enthält ja keinen Zucker! Aber auch hier machen wir uns abhängig, machen unser Glück von Dingen abhängig und sind nur ein Sklave unseres Glücks. Denn wir wollen immer mehr, es bleibt nicht beim Ferrari. Als Nächstes kommt der Helikopter oder die Yacht. Wir wollen und brauchen immer mehr, um unseren Wunsch nach Glück zu stillen. Somit arbeiten wir härter und länger, nur um den nächsten Gegenstand kaufen zu können, der uns angeblich glücklich macht. Somit sind wir gefangen, gefangen im Hamsterrad. Gefangen und abhängig von der Droge namens Gehalt.

Doch lass Dir gesagt sein, einen Ferrari kann man nicht mit ins Grab nehmen. Was wirklich zählt, sind die Erfahrungen, die Du machst - das persönliche und spirituelle Wachstum, das Du erfahren darfst in diesem Leben. Die wertvollen Momente, die Du mit anderen teilst und erlebst. Nicht Gegenstände, die auf Dauer unglücklich machen.

Wir haben es selbst am eigenen Leib erfahren. Daher haben wir dem ein Ende gesetzt und ein neues Kapitel gestartet. Bist Du auch bereit, frei zu sein? Frei von Materialismus? Frei von dieser Droge? Frei von den Zwängen, die das Gehalt mit sich bringt?

Es ist Zeit, hier jetzt endgültig einen Schlussstrich darunter zu setzen. Bereit?

> Traumwerkzeug: Dein Monats-Budget-Planer. Er hilft Dir, einen Überblick über Deine Einnahmen zu erhalten. Vor allem aber über Deine Ausgaben. So siehst Du, welche und wie viele Anteile Deines Gehalts für welche Bereiche draufgehen.

Kleine Hinweise zum Ausfüllen des Monats-Budget-Planers:

Schritt 1: Schreibe in der ersten Tabelle Dein Gehalt hinein: Wann Du es bekommen hast, wie viel es ausmacht. Wenn Du noch weitere Einnahmequellen hast, dann notiere hier alle Summen, die Du im Monat als Plus am Konto siehst. Zähle alles zusammen und vermerke die Summe entsprechend.

Schritt 2: Jetzt wird es spannend. In die nächste Tabelle kommen alle Deine Ausgaben, die Du diesen Monat hattest. Hier findest Du als Richtlinie und Hilfe einige Kategorien, um Dir zu helfen, alle Ausgaben aufzuschreiben und Dich an alle zu erinnern. Manchmal vergisst man die eine oder andere Zahlung, da sie automatisch vom Konto abgebucht wird. Also am besten das Handy oder den E-Banking-Zugang parat haben, dann siehst Du alles auf einen Blick. Barzahlungen kannst Du in etwa schätzen, wenn Du nicht mehr weißt, wie viel Du wirklich ausgegeben hast. Schreibe jeweils die Gesamtsumme der Ausgaben in die jeweiligen Zeilen.

Symbol Haus: Miete, Betriebskosten, Strom, Wasser, Gas, Rauchfangkehrergebühren sowie Gemeindeabgaben.

Symbol Lebensmittel: Alles, was Du für Lebensmittel ausgegeben hast, vielleicht hast Du auch online Lebensmittel bestellt?

Symbol Telefon: Handygebühren, Telefongebühren, Internet.

Symbol Auto: Transportmittel, wie etwa öffentliche Verkehrsmittel (Bus, Bahn) oder Tankgebühren bzw. Reparaturen beim Auto.

Symbol Papier und Stift: Versicherungen aller Art, zB für das Haus oder die Wohnung, Auto, persönliche Zusatzversicherungen oder eine private Krankenversicherung.

Symbol Herz: alles rund um das Thema Gesundheit, zB Nahrungsergänzungsmittel, diverse Behandlungen wie Kinesiologie, Massagen, Mundhygiene.

Symbol Smiley: Urlaub, Hobby, auswärts essen gehen, einen Kaffee trinken, Museumsbesuche, Kino oder andere Freizeitaktivitäten.

Symbol Karte: Kreditrückzahlungen für das Haus, Konsum, private Darlehen.

Symbol Sparschwein: Die Summe, die Du diesen Monat bewusst zum Sparen auf die Seite gelegt hast.

Symbol Puzzle: Diverse Ausgaben, die unter keine andere Kategorie fallen, wie zB auch Ausbildungen und Kurse.

Schritt 3: Jetzt wollen wir die Ausgaben kategorisieren. Du hast sicher schon einmal von der 50/30/20 Regel gehört? Sie besagt, dass wir 50 % unseres Gehaltes bzw. Einkommens für Grundbedürfnisse ausgeben, 30 % für unsere Freizeit und 20 % fürs Sparen und Investieren verwenden sollen.

Unter Grundbedürfnisse oder Grundausgaben fallen alle Ausgaben rund um das Wohnen, Lebensmittel, Telefonie, Versicherungen, Auto und Mobilität, Gesundheit sowie Kreditrückzahlungen und diverse Ausgaben, wenn sie den Grundausgaben entsprechen. Die Freizeitausgaben entsprechen dem Symbol des Smileys und eventuell den diversen Ausgaben, wenn sie zum Thema Freizeit gehören. Die Ausgaben rund um das Thema Sparen und Investieren findest Du in der Spalte des Sparschweins.

So, jetzt haben wir alle Ausgaben summiert und kategorisiert, jetzt machen wir uns an die Aufteilung. Wir wollen wissen, wie viel Prozent unserer Ausgaben in die Grundausgaben, in die Freizeit und in die Kategorie Sparen und Investieren fallen. Wenn Du das ausgerechnet hast, dann kannst Du Deine Ergebnisse mit den "Zielwerten" vergleichen, der 50/30/20 Regel. Bist Du im goldenen Rahmen? Wo kannst Du Dich verbessern?

Das ist natürlich nur der Überblick eines Monats, am besten ist es, wenn Du den Monats-Budget-Planer für ein Jahr lang ausfüllst.

Wie geht es Dir mit dieser Aufgabe? Hattest Du vorher schon einen guten Überblick über Deine Finanzen? Oder bist Du überrascht oder sogar schockiert über diese Übersicht?

Es hilft sehr, uns diese Zahlen schwarz auf weiß vor Augen zu halten. Wir können dadurch leichter "Geldfresser" identifizieren und unsere monatlichen Ausgaben besser im Griff behalten. Vielleicht magst Du Dir für den nächsten Monat Ziele setzen, um der 50/30/20 Regel ein Stückchen näherzukommen? Wir wünschen Dir viel Glück dabei und stehen Dir natürlich gerne zur Seite, wenn Du unsere Hilfe brauchst.

P.S. Der Monats-Budget-Planer ist eine optimale Vorbereitung für Deine Steuererklärung. Am besten alle Belege aufheben, in eine jeweils sortierte

Monatsübersicht bringen - für das ganze Jahr - und voilà, dann hast Du es am Jahresende viel leichter.

(Anmerkung der Autoren: Geld ist weder böse noch gut! Das Gefährliche ist die Einstellung zum Geld und wie wir damit umgehen bzw. umgehen lassen. Wenn wir Geld nutzen, um für uns zu arbeiten und wir so unsere Träume leben zu können, dann spricht nichts dagegen. Wenn jedoch das Geld, das meistens durch das Gehalt kommt, unser Leben bestimmt, dann leuchten für uns alle Alarmglocken auf und es ist Zeit, etwas zu ändern.)

Mit Geld kannst Du vieles kaufen:

Ein Haus, aber kein Zuhause.
Eine Uhr, aber keine Zeit.
Ein Bett, aber keinen Schlaf.
Ein Buch, aber kein Wissen.
Einen Arzt, aber keine Gesundheit.
Einen Status, aber keine Achtung.
Blut, aber kein Leben.
Sex, aber keine Liebe.

Vorsicht: Motivationsfalle

Dieses Kapitel betrifft vor allem jene, die sich in einem Angestelltenverhältnis befinden und von Ihrem Vorgesetzten, zB dem Abteilungsleiter oder dem direkten Chef, ständig motiviert werden. Wie aber können sie Dich wirklich motivieren? Warum geben Firmen jährlich Zigtausende Euro für Motivierungsseminare aus?

Reinhard Sprenger schreibt in seinem Buch, als ihm öfter die Frage seitens der Führungskräfte gestellt wurde, Folgendes: *"Was kann ich tun, um die Angestellten zu motivieren?"*, die er mit einer Gegenfrage beantwortet: *"Was haben Sie getan, um sie de-zu motivieren?"*

Bingo! Auf den Punkt getroffen. Denn mal ehrlich, wenn wir einen neuen Job anfangen, dann sind wir in 99 % der Fälle von Anfang an motiviert. Warum würden wir sonst zu dieser Firma wechseln oder dort arbeiten wollen? Das würde ja keinen Sinn machen. Es ist vor allem unsere innere Einstellung und die bewusste Entscheidung, die uns dazu bewegt, dort anzufangen. Auch wenn Belohnungen und gutes Gehalt sehr verlockend sind und ach so tolle Firmen uns damit locken wollen, so ist die wahre Motivation stets von innen. Nur die bleibt erhalten, sofern nichts passiert, das uns demotiviert.

Wieso passiert es dann aber doch, dass in Firmen die Zahl der innerlich gekündigten Mitarbeiter stetig wächst? Sich ausbreitet wie ein Lauffeuer und für jede Organisation eine große Gefahr ist?

Fangen wir mal von vorn an: Was genau ist eigentlich Motivierung bzw. Motivation? Das Wort Motivation heißt laut Definition: Beweggründe als eine Antwort auf das Warum des Verhaltens. Sprich, warum wir etwas tun, also warum wir uns für diese Firma und diese Position entschieden haben, warum wir täglich aufstehen und zur Arbeit gehen, warum wir diese oder jene Projekte ausführen. Im Lateinischen kommt Motivation von "in movitum ire", das bedeutet, in das einzusteigen, was die Menschen bewegt. Das kommt diesem Kapitel schon etwas näher. Menschen dazu bewegen, etwas zu tun, was sie motiviert. Den Grund für das Handeln definieren und sie somit manipulieren können.

Motivation ist von außen kaum veränderbar. Unsere Lebensmotive und inneren Bedürfnisse sind zeitstabil, durch Genetik und zum Teil auch durch die frühkindliche Prägung festgelegt. Unsere grundlegende Persönlichkeit, unsere Motivation, kann daher nur schwer verändert werden. Wohingegen Motivierung der gezielte Versuch von außen ist, durch bestimmte Reize Verhaltensänderungen zu erzeugen.

Wieso aber lassen wir uns manipulieren? Wieso schaffen es Führungskräfte, dass sie uns durch Motivierung ausnutzen?

Packen wir das Problem an der Wurzel, das Problem liegt bei den Belohnungen - bei der intrinsischen versus extrinsischen Motivation. Wie ist es bei Dir? Bist Du in Deinem Job intrinsisch motiviert, etwas zu tun? Sprich, möchtest Du es machen, von Dir heraus, und würdest Du die Arbeit auch machen, ohne dafür bezahlt zu werden oder sonstige Goodies zu erhalten? Denn nicht die äußeren Reize, sogenannte Incentive-Programme oder wie auch immer sie heißen mögen, können uns auf Dauer wirklich motivieren. Die innere Bewegung ist das, was zählt. Das Warum zum Handeln, muss also von uns selbst kommen. Extrinsische Motivation, Belohnungen, Geld und andere externe Anreize motivieren uns nur für kurze Zeit.

Sprenger schreibt in seinem Buch über Manipulation über Motivierung. Manipulation kommt vom Lateinischen und bedeutet "mit der Hand ziehen". Das beschreibt die Manipulation in Firmen ausgezeichnet. Hier wird durch heimliche Verhaltensbeeinflussung ein Mensch dazu gebracht, das zu tun, was die Führungskräfte wollen, vor allem wann sie es wollen und wie sie es wollen. Und der Gipfel der Gefühle: Weil wir es selbst wollen. Wie können wir es selbst wollen? Wie schaffen sie es, dass sie uns die Motivierung aufzwingen?

Dwight Eisenhower nennt das die vollmundige Manipulationsverherrlichung. Ein kompliziertes und hartes Wort heißt aber nichts anderes, als dass der andere zur Bedürfnisbefriedigung des einen benutzt wird, dass Mitarbeiter zum eigenen Nutzen der Führungskräfte beeinflusst werden. Was diesen Nutzen ausmacht, das entscheidet der Manipulator. Wie kann das gehen? Wir bestimmen doch selbst, was uns motiviert! Das glauben wir, das lassen sie uns glauben, aber in Wahrheit werden wir mit psychologischen Tricks tagtäglich manipuliert.

Wie kommt es dann trotzdem zu der hohen Anzahl der innerlich gekündigten Mitarbeiter, wenn uns Führungskräfte manipulieren, um zu motivieren? Tja, sie haben die Rechnung eben nicht richtig durchgerechnet. Denn äußere Anreize, extrinsische Motivation und all die schönen Incentive-Programme werden nach einiger Zeit langweilig. Es wird der Punkt kommen, wo Mitarbeiter nicht mehr durch solche Anreize motiviert werden können und wenn das geschieht, dann bereiten sie sich bereits auf den Vorruhestand vor, haben also innerlich schon gekündigt. Wie gefährlich das sein kann und wird, ist vielen Führungskräften nicht bewusst.

Gehörst Du auch zur Sorte der bereits innerlich gekündigten Mitarbeiter? Träumst Du am Schreibtisch von Hawaii, bist also weder am Schreibtisch noch in Hawaii, sondern in Deiner Tagträumerei?

Innerliche gekündigte Mitarbeiter erkennt man an folgenden Merkmalen:

- Sie meiden Auseinandersetzungen und setzen auf Bequemlichkeit.
- Sie werden zum ständigen Ja-Sager.
- Sie bringen kaum noch Vorschläge ein, verhalten sich eher passiv.
- Sie nehmen die Entscheidungen des Chefs mit wohl dosiertem Widerstand hin, selbst wenn es gegen ihren Willen sein könnte.
- Sie stimmen ihren Führungskräften selbst dann zu, wenn diese behaupten, das Wasser fließe den Berg hinauf.
- Sie sind abwesend und in ihren Tagträumen versunken.
- Sie warten insgeheim nur noch auf den Dienstschluss, Tag für Tag, um dann alles um Punkt fünf Uhr nachmittags liegen und stehenzulassen.
- Sie versuchen, Fehler zu vermeiden, um ja nicht aufzufallen.
- Sie sind öfter krank und regenerieren langsamer, um nicht so schnell wieder zur Arbeit kommen zu müssen.

Wenn Du das liest, wirst Du Dir denken: *"Oh mein Gott!"* So eine Person muss gekündigt oder schnellstmöglich wieder motiviert werden. Aber wie motiviert man eine solche Person, die schon demotiviert ist? Warum arbeiten so viele innerlich gekündigte Mitarbeiter noch immer in den Unternehmen?

Ganz einfach, weil sie nach außen nicht den Anschein danach machen. Im Gegenteil, die Führungskräfte freuen sich bei einem solchen Mitarbeiter, weil sie glauben, sie haben ihn gezähmt. Sie feiern ihren eigenen Erfolg und befördern ihn. Andere Mitarbeiter tun es ihm nach, denn sie sehen, mit halber Kraft nur das Nötigste zu machen, wird sogar belohnt. Doch der innerlich gekündigte Mitarbeiter ist eine gefährliche Krankheit, die das Unternehmen von innen heraus auffrisst.

Die vermeintliche Lösung: Motivierung einsetzen oder erhöhen. Doch mit falscher Motivierung stürzen die Unternehmen schneller ins Unglück, als ihnen lieb ist. Denn wenn erstmals die Demotivierung Überhand gewonnen hat, dann sind andere Techniken gefragt, um die Motivation wieder siegen zu lassen. Und genau hier passieren die meisten Fehler. Die wirkliche Lösung lautet daher: eine Arbeit, die

Freude macht, die Sinn macht, das "Warum" verstehen anstatt des "Wie". Das Hobby zum Beruf oder zur Berufung machen, die Arbeitswelt mit der Freizeitkultur vereinen. Doch was machen die Führungskräfte? Sie locken die Familien mit Incentive Programmen, versprechen teure Reisen in ferne Länder, nur um die Familie auch an Bord zu bekommen. Denn die Chefs wissen, dass Schwierigkeiten mit dem Partner eine Produktivitätsbremse sind und die Wertschätzung seitens des Partners entscheidend für den Erfolg eines Unternehmens ist.

Belohnungen sind kurzfristiger Natur. Denn Belohnung motiviert nicht. Das zeigt das Beispiel eines alten Mannes, der ständig von den Jugendlichen gehänselt wurde. Der alte Mann saß jeden Tag auf einer Parkbank und genoss die Sonne, bis zu dem Zeitpunkt, als eine Schar Jugendlicher zu ihm kam und ihn beschimpfte. Eines Tages hatte er eine Idee. Er versprach den Jugendlichen, dass sie je einen Euro bekommen, wenn sie am nächsten Tag wiederkommen und ihn beleidigen. Sie kamen wieder, beleidigten ihn, nahmen sich das verdiente Geld und verschwanden wieder. Am nächsten Tag versprach er jedem von ihnen 50 Cent. Am darauffolgenden Tag 20 Cent. Dann sagten die Jugendlichen, dass sie für so wenig Geld nicht wiederkommen würden, um ihn zu beleidigen. Das wäre ihnen das Geld nicht wert. Und somit hatte der alte Mann seine wohlverdiente Ruhe.

Trotzdem oder vielleicht deswegen halten Führungskräfte an ihrer 5-B-Regel fest. Ihre 5-B der Motivierungs-Strategien, die lauten: Belohnen, Belobigen, Bestechen, Bedrohen und Bestrafen. Die Strategien dazu sind Zwang (*Funktioniere, dann bleibst Du ungeschoren*), Ködern (Incentives, vor allem ohne Zutun der Führungskräfte), Verführung (*Sei mein, dann fühlst Du Dich großartig, Du bist auch die Nummer Eins, wenn Du Dich uns anschließt*) oder Visionen.

Doch spätestens am Beispiel des alten Mannes sollte klar sein, dass Belohnungen oder auch die anderen B's nicht mehr zeitgerecht sind und nicht funktionieren. Warum aber versuchen noch immer so viele Führungskräfte uns mit dieser Strategie zu motivieren? Warum gibt es noch immer so viele Motivierungs- oder besser gesagt Manipulationsseminare?

Weil sie von unseren Grundbedürfnissen Bescheid wissen. Weil sie ganz genau wissen, dass wir uns nach Zuwendung und Lob sehnen. Denn Anerkennung ist für uns Menschen unverzichtbar, wir nehmen selbst negative Anerkennung in Kauf, da sie besser ist als keine Anerkennung. Wenn wir jedoch zu viel Lob bekommen, dann wird das als selbstverständlich angesehen. Der Grad der Anerkennung und des Lobens ist ein schmaler, aber dennoch halten sich viele Mitarbeiter an dem fest. Führungskräften wird vorgeschrieben, ihre Mitarbeiter mindestens einmal täglich zu loben.

Wohin das führen wird? In eine Abhängigkeit, die einseitig ist und ausgenutzt wird. Wenn dies nicht erkannt wird, dann bleibt der Mitarbeiter in diesem Hamsterrad aus Anerkennung und Lob-Gelüsten stecken. Monique hatte dies in ihrem letzten Job vor der Selbstständigkeit - unter anderem mit Jürgens Hilfe - frühzeitig erkannt und konnte dem entkommen. Die fehlende Anerkennung war ein Hauptgrund für die damalige Kündigung, auch wenn das Gehalt sowie die Flexibilität ausschlaggebend gewesen wären, den Job niemals aufzugeben. Doch Anerkennung ist das A und O. Ohne Anerkennung verlieren wir die Lust, den Mut und das Selbstvertrauen.

Gefährlich wird es beim Belobigen und von oben herabloben. Hier werden die Machtgefälle der Chefs ausgenutzt und bewahre Gott, dass Du Deinen Chef lobst, das ist despektierlich und anmaßend, entspricht nicht unserer Kultur des Lobens. Warum eigentlich? Wenn Mitarbeiter vom Lob abhängig sind, dann sind es ja die Führungskräfte auch, oder? Die Mitarbeiter jedenfalls strengen sich so lange an, bis sie es bekommen und verbiegen sich, um zu gefallen und das Lob schlussendlich einzukassieren. Das Lob des Chefs wird zum Maßstab unserer Exzellenz und wir sind davon abhängig. Wir verlieren unser Gleichgewicht und sind in diesem Moment unser inneres Kind, das nach Lob und Anerkennung schreit, das es in der Kindheit nicht oder zu wenig erhalten hat. Die Tatsache, in dieser Form von Menschen abhängig zu sein, um glücklich zu sein, ist schlimmer als von Heroin abhängig zu sein. Und genau das machen sich psychologisch gut trainierte Führungskräfte zu Nutzen. Ein bitterböses Spiel, das jetzt sein Ende nimmt!

Wie schafft man den Weg der Demotivierung zur Motivierung? Warum sind wir eigentlich demotiviert, was bringt uns dazu? Wenn wir zB eine erwartete Leistung nicht erbringen, dann kann uns das demotivieren. Es mangelt häufig an

Leistungsfähigkeit oder Leistungsmöglichkeiten, was vielen nicht bewusst ist. Wenn zB ein guter Verkäufer, der verkaufen möchte, nicht vom Produkt begeistert ist, dann wird er nicht viel verkaufen. Es mangelt daher nicht an seiner Fähigkeit als Verkäufer, sondern schlicht und einfach an dem passenden Produkt. Das entscheidende Geheimnis heißt: Demotivierungsgespräche führen sowie erkennen, was uns Energie raubt und demotiviert. Wenn wir das selbst erkennen, dann sind wir schon einen wichtigen Schritt weiter. Nehmen wir unser Leben selbst in die Hand, erkennen wir die Fallen von Motivierung, Manipulation, "falschem" Lob und Anerkennung.

Möchtest Du auch wieder **frei und selbstbestimmt** leben?

Fakt ist, dass richtige Motivierung eine gute zwischenmenschliche Beziehung als Basis voraussetzt. Jeder Mensch ist unterschiedlich und reagiert verschieden auf Motivierungsmaßnahmen. Externe Motivierung kann in manchen Fällen und in vernünftiger Dosierung erfolgreich sein, aber es muss nicht sein. Eine einheitliche Strategie funktioniert nicht mehr.

Du entscheidest also für Dich, welche Strategien, welche Motivierungsmaßnahmen für Dich passen. Du weißt für Dich, was Dich von innen heraus motiviert und kannst auf dem aufbauen und mit dem arbeiten.

Meine Sicherheit geb ich nicht auf

Wie sicher ist unser Leben wirklich? Wie sicher ist es, dass wir morgen noch leben? Soll jetzt nicht pessimistisch klingen und Dir Angst einjagen, das auf keinen Fall. Wir möchten Dir damit nur sagen, dass nichts im Leben zu 100 % sicher ist, außer dem Tod.

Somit ist auch kein Arbeitsplatz ein Leben lang zu 100 % sicher. Es kann viel passieren - vor allem ohne Dein Zutun und obwohl Du stets das Beste tust und Du alles für Deinen Job machst:

- Der Arbeitgeber geht in Konkurs, somit verlieren wir unseren Job, obwohl wir immer stets den größten Einsatz gezeigt und tolle Arbeit geleistet haben.

- Das Bürogebäude steht in Flammen und bricht zusammen, wir verlieren über kurz oder lang vielleicht unseren Job, es gibt einen neuen Arbeitsplatz.

- Die Chefetage unseres Unternehmens wird zB von Chinesen übernommen, die ihre eigenen Ideen und Mitarbeiter haben und mitnehmen. Doch der Wind muss nicht immer vom Osten kommen - es können auch unsere deutschen Nachbarn sein. Schauen wir uns den Fall Austrian Airlines an: Nach dem Verkauf an Lufthansa wurde rund die Hälfte der damaligen österreichischen Besetzung nach und nach gekündigt. So schnell kannst Du gar nicht schauen, bist Du der nächste in der Kündigungswelle - ersetzt durch einen deutschen Kollegen.

Es gibt noch viele andere Szenarien und Möglichkeiten, die Dir jetzt vielleicht in den Kopf schießen, was alles passieren könnte.

Wir möchten damit auf keinen Fall den Teufel an die Wand malen, alles schwarzsehen oder wild durch die Gegend laufen, aus Angst, es könnte irgendwas passieren. Bitte nicht! Wir möchten Dich nur auf den Fall der Fälle vorbereiten, dass

Du nicht vollkommen überrascht bist, falls ein solches Szenario eintritt - sondern die Chance nutzen kannst, was Neues zu beginnen. Wenn Dir das Leben so ein Geschenk bietet, dann mach was draus.

Alles leichter gesagt als getan und wenn der Fall der Fälle wirklich eintritt, sind wir trotzdem erstmals sprachlos. Denn wir Menschen wollen die Sicherheit, wir brauchen das Gefühl, dass nichts passieren kann und wird.

Kennst Du **Maslows Pyramide**? Sie baut auf den verschiedenen Bedürfnissen auf und zeigt, dass wir zuerst das unterste Bedürfnis befriedigen müssen, um uns um die darüberliegenden zu kümmern. Ganz unten sind die physiologischen Bedürfnisse. Die Erfüllung dieser ist die Voraussetzung dafür, dass unser Körper funktioniert, dass wir gesund sind und bleiben. Sie sind die Basis der Pyramide und inkludieren Essen, Trinken, Hygiene sowie einen Schlafplatz. Erst dann kommt das Sicherheitsbedürfnis, das zutage kommt, wenn die physiologischen Bedürfnisse abgedeckt sind. Diese Bedürfnisse sind dann erfüllt, wenn Du das Gefühl hast, dass die gewohnten Strukturen und Umstände erhalten bleiben, dass sich nichts abrupt oder spontan ändert, ohne es vorherzusehen und zu wünschen. Sicherheit kann unterschiedlich empfunden werden, darunter fallen zB die Sicherheit der Wohnung, materielle Absicherung sowie die Beständigkeit des Arbeitsplatzes.

Genau um letzteres geht es vor allem: die Beständigkeit des Arbeitsplatzes. Kein Wunder also, dass wir auf keinen Fall unseren Arbeitsplatz verlieren wollen - das würde unsere geschätzte Sicherheit komplett in Gefahr bringen.

Was aber, wenn wir unseren Traum endlich umsetzen und wir trotzdem das Gefühl der Sicherheit nicht verlieren wollen? Natürlich ist eine Kündigung, der Weg in die Selbstständigkeit, ein Sprung ins kalte Wasser. Du weißt nie, was Dich erwartet. Aber ist nicht gerade das auch aufregend? Endlich das machen zu können, was Du so wirklich gerne tust und liebst?

Wir geben Dir in den weiteren Kapiteln ein paar Werkzeuge, Tipps und Tricks an die Hand, mit denen es Dir leichter fallen wird, Deine Träume umzusetzen und genau dabei die Sicherheit zu gewinnen, die Du für Stabilität im Leben brauchst.

Abschließend haben wir eine **Parabel** für Dich:

Drei alte Männer saßen auf einer Bank vor einem Haus. Das Ehepaar im Inneren bemerkte die Männer nach einer Weile. Sie dachten sich: *"Sie müssten wohl schon lange vor dem Haus gesessen haben"*, und so öffneten sie die Türe und fragten sie, ob sie in das Haus kommen möchten. Darauf antwortete einer der Männer: *"Das ist sehr gütig von Euch, aber es kann nur einer von uns mit in das Haus kommen. Ihr müsst eine Entscheidung treffen."* Das Ehepaar fragte nach, warum das so sei. Die drei Männer stellten sich vor: *"Ich bin Wohlstand."*, sagte der erste, *"Ich bin Erfolg"*, der zweite und der Dritte sagte: *"Ich bin Liebe."* Das Ehepaar beriet sich kurz. Sie hatten sich schon etwas Wohlstand erarbeitet und waren auch soweit erfolgreich mit ihren Tätigkeiten. Ihre Liebe war auch groß zueinander, trotzdem entschieden sie sich für die Liebe. So luden sie die Liebe in ihr Haus ein. Sie staunten, als auch Wohlstand und Erfolg mit in das Haus kamen. *"Wir dachten, dass wir nur einen von Euch in das Haus bitten können..."* sagte das Paar. Darauf antworteten Erfolg und Wohlstand: *"Das wäre so, wenn ihr einen von uns beiden gewählt hättet. Ihr habt aber Liebe gewählt. Wir folgen der Liebe, egal, wohin sie eingeladen wird."*

Friedhof der Träume

„Die Möglichkeit, dass ein Traum in Erfüllung geht,
ist, was das Leben interessant macht.“

Paulo Coelho

Wie viele Träume hast Du bereits begraben, weil es "funktioniert eh nicht?" Und wie viele Deiner Träume, Ideen und Inspirationen hast Du, ohne dass jemand anders geholfen hat, freiwillig dort begraben?

> Traumwerkzeug: Notiere Dir auf einem Blatt Papier, wovon Du als Kind, Jugendlicher oder auch Erwachsener geträumt hast, ganz begeistert davon erzählt hast und Dir jemand erklärt hat, warum das ja nicht geht.

Wenn jetzt Gefühle von Trauer, Ärger und Wut hochkommen, dann verstehen wir das. Es ist natürlich auch in Ordnung, dass Du Träume und Möglichkeiten begraben hast. Nicht alle Träume sollen, wollen oder können verwirklicht werden, nicht alle Träume sollen, wollen und können von Dir umgesetzt und gelebt werden. Und klar gibt es auch Träume, die sich jetzt nicht mehr in dieser Form verwirklichen lassen können. Manchmal ist auch der Zeitpunkt einfach nicht der richtige. Aber sei Dir bewusst: Wenn Dein Herz wild zu klopfen beginnt, wenn Du an den einen oder anderen Traum denkst, dann ist da noch ein Funke Leben!

Wir laden Dich ein, jetzt diesen Friedhof zu besuchen. Schließe einfach die Augen und gehe auf Deinen persönlichen Träume-Friedhof. Halte dort kurz inne, sieh Dich um. Es wird Dich zu einem Grabstein oder zu einer Gruft hinziehen. Gehe dorthin und schaue auf die Inschrift. Lass es einfach nur wirken. Vielleicht siehst Du das Datum, wann der Traum geboren wurde und wann er zu Grabe getragen wurde. Nimm nun mit dem Traum, der hier begraben ist, Kontakt auf und lass Dir Zeit. Fühle Dich in diesen Traum hinein. Warum liegt dieser Traum hier begraben? War es Deine eigene Entscheidung? War es die von Eltern, Vorgesetzten oder der eigenen Familie?

Würdest Du jetzt gerne diesen Traum wieder zum Leben erwecken? Siehst Du eine Möglichkeit? Ist der Traum überhaupt noch am Leben? Gibt es da einen Funken Leben, der aufblitzt?

Wenn Du diesen Impuls fühlst und der Traum es auch möchte, dann zahlt es sich aus, den Funken dafür zu nutzen, das Feuer wieder zu entzünden, das Dir den Weg zur Verwirklichung zeigt.

Es ist selbstverständlich in Ordnung, wenn das nicht mehr möglich ist, weil die Umstände andere sind oder wenn Du vielleicht selbst gar nicht mehr möchtest. Es ist wichtig, im Frieden mit dem begrabenen Traum zu sein und leben.

Berufung

Martin Buber

Alle sprechen von Berufung, den Traum leben - wie findest Du nun die "richtige" Aufgabe, Deine Berufung?

Manche Kinder wissen von klein auf ganz genau, welchen Beruf sie ergreifen möchten: sie werden Tierarzt, Doktor, Prinzessin, Fußballer, Sänger und so weiter. Das ändert sich aber auch schnell, wenn die Kinder erst einmal in diesen Beruf eintauchen oder mitbekommen, was dazu alles an Vorbereitung nötig ist. Manche wissen es später immer noch nicht so genau. Bitte mach Dir keinen Druck, wenn Du das nicht so auf Abruf bereit hast. Sehr oft führt Dich das Leben direkt zu Deiner Berufung - so wie es auch bei uns beiden der Fall war.

Der Weg zur Berufung - Theorie und Praxis

Jürgen hat zum Beispiel anfangs davon geträumt, Rockstar zu sein - auf großer Bühne fette Konzerte und eine Show abzuziehen. Na gut, bis ins Stadion mit 60.000 Menschen hat er es bis jetzt noch nicht geschafft, es waren bisher "nur" maximal 5.000. Ihm wurde auch klar, dass Shows dieser Art nicht seine Berufung sind. Er wollte bereits bei den ersten Shows immer schon einen roten Faden und das Warum herausarbeiten, nicht nur einfach so für gute und ausgelassene Stimmung sorgen. Wenn Du ihm damals gesagt hättest, dass er einmal mit seiner Partnerin Menschen dabei helfen wird, das Traumleben zu finden, und die Musik einen wichtigen Teil dazu beitragen würde, hätte er wahrscheinlich lachend verneint und alles verwettet, dass dies niemals der Fall sein würde. Tja...

Und wie Du schon im Kapitel "Unsere (Um) Wege" lesen konntest, laufen Wege eben nicht immer linear und ganz gerade aus. Also bitte mach Dir keinen

Druck, dass Du jetzt schon ganz genau wissen musst, was Deine Berufung ist. Lass Dir auch sagen, dass Theorie und Praxis meist ganz, ganz weit auseinander liegen. Jürgen hat schon früh in die Welt der Musicals hineingeschnuppert, das fand er toll. Später lernte er sehr viele Musicaldarsteller kennen: Diese Arbeit ist nicht wirklich kreativ, sie ist oft harte Knochenarbeit. Es klingt super, jeden Tag auf der Bühne zu stehen - aber der Preis dafür? Sehen wir mal in den Alltag eines Musicaldarstellers: Nach monatelangen Proben ist es dann endlich so weit, die Premiere des Stücks wird gespielt, ein unglaubliches Gefühl der Erleichterung - ab jetzt ist es einfacher. Zunächst wird ausgiebig gefeiert. Ab spätestens der zweiten Woche ist es meist nur mehr Routine, weil es jeden Tag das exakt gleiche ist. Ob Du Dich jetzt gut oder schlecht fühlst, zählt nicht. Du musst exakt das abliefern, was Du geprobt hast, egal ob in Tanz, Gesang, Schauspiel. Die Menschen sollen das Stück sehen, wie die Produktion vorgibt, keine Varianten davon. Also gehst Du mittags zum Theater, vielleicht gibt es noch etwas auszubessern und zu proben, dann gibt es da und dort kleine Änderungen, eine Besprechung. Du bereitest Dich dann schön langsam für Deinen Auftritt vor: Alles nochmals durchgehen, in die Maske, Kostüm checken und los geht's. Nach einiger Zeit ist das Routine.. Es kommt oft vor, dass Musicaldarsteller in den Auftrittspausen ein Buch lesen, E-Mails beantworten, Telefonate führen, viele andere Tätigkeiten machen. Jürgen hat einige Male mit Darstellern abends in deren Pausen telefoniert und dabei bekam er einige Male zu hören: *"Jürgen, bleib kurz dran, ich muss gleich auf die Bühne, bin gleich wieder da!"* Dann konnte er der kurzen Gesangseinlage lauschen, kurze Zeit später war da ein: *"So, bin wieder da!"* Wir sprechen hier eher von Ensemble-Rollen, aber auch von Hauptrollen. Aber viele richtig gute Darsteller bekommen aus verschiedensten Gründen gar nicht die Möglichkeit, eine Hauptrolle zu spielen.

Und schon klingt das Ganze nicht mehr nach einem Traumjob, wenn man das nicht vorher beachtet. Es ist ein Knochenjob. Es gibt verschiedene Verträge an den Spielstätten, meist für Monate der ganzen Spielsaison oder gleich für mehrere Saisonen. Tag für Tag dasselbe Stück, bis zu 15 Shows pro Woche, mit vielleicht nur einem Tag Pause. Jürgen durfte in Hamburg das weltbekannte Stück "König der Löwen" miterleben, Du kennst bestimmt den Film oder zumindest ein paar Songs daraus. Ein wirklich geniales Stück mit super Handlung und tollen Kostümen. Es war Sonntag und die achte Vorstellung der Woche. Die Darsteller gaben sich beste Mühe, aber sie waren sichtlich bereits müde, weil das Stück schon einige Monate lief. Der Funke sprang bei dieser Vorstellung nicht wirklich über - natürlich wurde applaudiert und es hat dem Publikum gefallen. Aber im Vergleich zu den ersten Monaten war es ganz anders - die Stimmung war bei dieser Vorführung nur mittelmäßig.

Wir laden Dich ein, die Dinge erst einmal auszuprobieren und auch die Kehrseite zu erleben (siehe Kapitel "Dualität, Polarität, Gut & Böse"). Es hat jeder Beruf und jede Berufung zwei Seiten. Auch die Außenwahrnehmung ist sehr oft eine ganz andere: Von Jürgen glaubten auch fast alle in seinem weiteren Umfeld, die ihn nicht näher kannten, dass das ja super einfach ist, mal eben für 20 Minuten auf die Bühne zu springen, bisschen zu singen und eine kleine Show abzuziehen und dafür ein fette Gage kassieren, die andere im ganzen Monat nicht für 40 Stunden Arbeit pro Woche bekommen. Das klingt alles richtig toll, aber die Stunden, Tage und Jahre davor, die notwendig waren, um diese 20 Minuten genau so abliefern zu können, die hat niemand bezahlt. Auch nicht die Vorbereitung, die trotz der langen Jahre immer noch notwendig ist - die sieht niemand.

Deswegen ist es super wichtig, seine Fähigkeiten auszuprobieren. Leider fördert das normale Schulwesen es (bisher und meistens) nicht wirklich, dass Talente gefördert werden. Dazu gibt es einen super Zitat:

> *"Jeder von uns hat ein unglaubliches Potenzial.*
> *Aber wenn ein Fisch daran gemessen wird,*
> *wie gut er auf einen Baum klettern kann,*
> *wird er immer denken, er wäre dumm."*
>
> *Albert Einstein*

Zum Glück sind wir alle unterschiedlich, auch wenn das unser modernes Bildungssystem nicht gerne sieht, denn wir sollen alle "normiert" werden, alle sollten das gleiche Wissen angelernt bekommen, oder sollten wir sagen: Einprogrammiert bekommen?

Oft sind die Talente und Gaben sehr versteckt, weil sie schon in der Kindheit erstickt wurden. Jürgens Vater beispielsweise musste als Kind die Lehre des Automechanikers antreten. Er war bis zu seiner Pensionierung in der Autobranche und hat sich vom Lehrling bis zum Meister und sogar Betriebsleiter heraufgearbeitet. Aber was wir erst in der Pension erfahren durften: Er hätte am liebsten die Lehre des Zimmermanns angetreten, denn er liebte es, mit Holz zu arbeiten! Auf die Frage, warum er das nicht als Beruf gemacht hat, antwortete er: *"Es war damals nicht möglich - es wurde bestimmt, dass ich das machen sollte, also habe ich es gemacht!"*

Wir kennen viele, die nicht recht wissen, was sie im Leben machen sollen. Viele unserer Freunde und Geschäftspartner sagen auch immer: *"Ja, Jürgen hat ganz klar seine Berufung gefunden."* Und sie wissen aber gar nicht im Detail, welche Wege er überhaupt gegangen ist und dass dieser Weg auch jetzt noch ständig im Wachstum und somit in Veränderung ist.

So einfach es ist, die eigene Berufung zu finden, so schwierig ist es gleichzeitig auch. Da gibt es Ängste, unser Umfeld und Situationen, die so gar nicht dafür sprechen, unsere Berufung auszuleben. Wir haben dies ja in den vorigen Kapiteln erläutert. Ja, genau das alles erleichtert es nicht, die eigene Berufung zu finden. Deswegen gibt es auch dieses Buch, das Dir hilft, Deine Berufung und Dein Traumleben zu leben.

Der Adler unter den Hühnern

Es war einmal ein Adler, der sein Nest in der Nähe eines Bauernhofes hatte. Eines Tages fiel bei einem Sturm ein Ei aus dem Nest. So kam es, dass eine sorgsame Hühnermama das Ei fand, es zurück zum Hof rollte und dort mit den anderen Eiern ausbrütete.

Ein Adlerbaby wuchs nun gemeinsam mit den Hühnern auf, und es tat alles, was die anderen Hühner auch tun: Körner picken, gackern und ein wenig herumfliegen. Im heranwachsenden Adler wuchs die Sehnsucht, hoch in die Lüfte zu fliegen. Doch alle Hühner waren sich einig, dass das nicht möglich sei. Ein wenig fliegen funktioniert schon, aber hoch hinaus, nein, das ginge nicht. Eines Tages sah der Adlerjunge hoch oben in den Lüften einen Adler fliegen und die Sehnsucht entflammte erneut. Der Adler sah ebenfalls von weit oben den jungen Adler und flog direkt zu ihm. Die Hühner hatten Angst und flatterten in den Hühnerstall, aber der junge Adler war so fasziniert, dass er darauf völlig vergaß. Er blieb einfach ruhig und beobachtete den Adler. Dieser landete direkt nebenan und fragte den jungen Adler, was er denn hier bei den Hühnern mache, das sei doch nicht sein Zuhause. Dieser war zunächst etwas verwirrt und erklärte, dass er ein Huhn wie die anderen sei. Der Adler gab aber nicht nach und forderte den jungen Adler auf, seine Flügel auszubreiten und loszufliegen. Da entflammte die tiefe Sehnsucht im jungen Adler erneut. Er breitete die Flügel aus und flog in die Lüfte. Er hatte sein wahres Wesen erkannt.

> Was sind "Deine Flügel"? Wo liegt Deine Besonderheit? Frage dazu einmal Menschen aus Deinem Umfeld, wie sie Dich sehen. Es macht auch durchaus Spaß, völlig unbekannte Menschen zu fragen, was sie in Dir sehen oder welchen Beruf sie Dir geben würden. Es sind wunderbare Hinweise auf das, was Du selbst nicht siehst.

Wie vielen Menschen geht es so ähnlich? Tief im Inneren spüren sie die Sehnsucht und das Verlangen, ihre wahre Berufung zu leben, können es aber nicht tun, weil ihr Umfeld sie davon abhält. Es muss erst die tiefe Sehnsucht entfacht werden - und auch da ist es den Menschen oft bisher nicht möglich, einfach die Flügel auszubreiten und dem Verlangen nachzugeben. Dieses Buch hilft Dir dabei, Deine Flügel zu erkennen und sie auszubreiten. Vertraue darauf.

Achtung vor Vergleichen: Das Zitat von Albert Einstein sagt, dass es unmöglich ist, Vergleiche anzustellen, wenn eine Aufgabe unterschiedlichen Tieren gestellt wird. Ein Pinguin ist an Land eher tollpatschig und süß, während er ein super effizienter Schwimmer ist. Kann ein Elefant fliegen? Kann ein Adler tauchen? Genau so ist das auch mit Dir: Du bist einzigartig!

Tools

Wir wissen nun also, dass Wünsche und Träume bereits in Dir angelegt sind. Jeder von uns hat auch den Friedhof der Träume, aber wir gehen normalerweise nicht gerne dorthin. Dort findest Du nämlich einige der Wünsche. Es gibt auch weitere wunderbare Hilfsmittel, um Deine Talente auf andere Art zu entdecken. Eine erwähnte Möglichkeit besteht darin, andere Menschen in Deinem Umfeld zu fragen, welche Talente sie in Dir sehen. Es ist auch super interessant, komplett unbekannte Menschen zu fragen, was sie in Dir sehen. Mach doch einfach ein "Beruferaten-Spiel" daraus und Du wirst staunen, was dabei herauskommt.

Wenn Du jetzt nicht so der kontaktfreudige Typ bist, der alle gleich anspricht, dann gibt es natürlich auch andere wunderschöne Möglichkeiten, seine Talente zu entdecken: Astrologie, Human Design bzw. PentaDesign, 64 Keys, Gene Keys, Kabbala, um nur einige zu nennen. Sie alle geben Dir viele wertvolle Hinweise, was Dir leicht fallen müsste bzw. was Du an Gaben bereits angelegt hast.

Es zahlt sich auf jeden Fall aus, hier professionelle Beratung einzuholen und verschiedene Tools auszuprobieren. Es heißt natürlich nicht, dass alles immer zu 100 % so stimmen muss. Diese Tools sind Wegweiser zu den eigenen bereits angelegten Fähigkeiten und Hinweisgeber darauf, welche es zu entwickeln gilt. Nimm dies einfach als interessanten Tipp, etwas Eigenes daraus zu machen.

Deine Auf-Gabe

Was macht Dir Spaß, was würdest Du tun, ohne Geld zu verdienen (wo hast Du die Erfüllung?)

Es war 2014, Jürgen hatte das Bedürfnis nach einer kleinen Auszeit und so fand ihn eine Ankündigung eines vier Wochen-Retreats in Südindien. In Indien prägte ihn eine Aussage eines Lehrers, den er niemals mehr vergessen wird: Mit einem breiten Grinsen tönte es fröhlich lächelnd durch den Raum: *"You know, life keeps throwing challenges at you, every single day."* Also übersetzt heißt das: *"Ihr wisst, das Leben wirft euch immer Herausforderungen zu, jeden einzelnen Tag."* In dem Raum waren etwa 400 Teilnehmer, es wurde unruhig: Wolken voll Frust und Ärger formten sich in dem Saal. Niemand der Anwesenden hatte wohl das geringste Bedürfnis nach noch mehr Herausforderung. Nicht nur Jürgen fand diesen

Ausspruch äußerst ätzend! Wie kann der Typ da vorn so eine Aussage machen und dabei noch so ätzend lächeln? Nachdem sich die Stimmung wieder ein wenig beruhigt hatte, legte der grinsende Vortragende noch einen zweiten Satz nach: *"So, if life stops throwing challenges at you, you know: you are dead!"* Das heißt übersetzt: *"Also wenn das Leben mal aufhören sollte, Dir Herausforderungen hinzuwerfen, dann weißt Du, dass Du tot bist."* Da mussten alle im Saal lachen. Heute lieben wir diese Aussage so sehr, dass wir meistens lachen müssen, wenn das Leben uns eine neue Herausforderung gibt. Zugegeben, nicht immer schaffen wir das im ersten Moment, aber es gelingt uns fast immer. Mit dieser Haltung ist es viel einfacher.

Die Aufgaben des Lebens haben tatsächlich mit unserer Gabe, mit unserem angelegten Talent zu tun. Wir werden täglich gefordert und damit auch gefördert, unsere Gabe zum Einsatz zu bringen. Wir sind einfach auf diesen Planeten gekommen, um unsere Gabe zu entwickeln und einzusetzen. Auch wenn dort meist eine große Angst liegt, ist das der richtige Weg. Wie findest Du nun Deine eigene, persönliche Auf-Gabe?

So einfach es erscheint, so schwierig kann es sich gestalten, die eigene Auf-Gabe zu finden. Unser Leitsatz lautet: Finde das, was Dir am meisten Spaß macht, stelle es in den Dienst der Menschen - damit kannst Du dann Dein Geld ver-**dienen**. Klingt doch ganz einfach, oder?

Bist Du wieder bei dem Glaubenssatz angelangt, dass es nicht funktionieren kann? Kommen Dir wieder die Ausreden? Dann blättere nochmals zurück zu den jeweiligen Kapiteln und nimm Deine **FEN-Club-AUStrittskarte** zur Hand, um Dich eines Besseren zu belehren. Denn diese Glaubenssätze hast Du meistens nicht selbst erfahren, Du hast sie Dir angelernt und unbewusst abgeschaut.

Ein Beispiel dazu: In Hamburg kennen wir ein kleines italienisches Restaurant, das ständig ausgebucht ist. Warum ist das so? Du musst einen Tisch reservieren, sonst bekommst Du keinen Platz. Gleich in unmittelbarer Nähe gibt es auch italienische Restaurants, die aber nicht voll sind. Was denkt es in Dir? Na ja, der Platz ist besser, die haben bestimmt besseres Marketing usw. Der Grund: Gleich beim Eingang wirst Du herzlichst und offen persönlich begrüßt und Du hast nicht nur das Gefühl, dass sich das Personal um Dich und Deine Wünsche kümmert, es wird dort tatsächlich auch so gelebt. Die Familie hat so viel Freude daran, Gäste zu bewirten, und das merkst Du auch sofort. Da wird noch ein extra Schluck zum Probieren gebracht, Du möchtest noch mehr Käse? Kein Problem, schon ist er damit Freude serviert. Kinder werden dort vom Servicepersonal unterhalten, dass es einfach eine Freude ist, nur zuzusehen. Und das Beste ist: Sie machen das freiwillig, nicht weil sie es müssen. Das spürt man im gesamten Restaurant, es fühlt sich an, als wäre man bei guten Freunden eingeladen. Da geht man einfach gerne hin und lässt auch gerne ein gutes Trinkgeld da.

Verstehst Du? Es geht nicht nur um die Pizza oder die Pasta. Die muss einfach gut sein, klar. Es geht um viel mehr: Es geht um das Erlebnis rundherum.

Kommen wir gleich zu einem anderen, ähnlichen Beispiel (Restaurant, Pizza): In Norditalien haben wir ebenfalls eine Lieblingspizzeria. Die Schlange auf der Straße ist abends sehr lang, auch in der Nebensaison. Es gibt natürlich viele Alternativen in nächster Nähe, die viele Tische frei haben. Wir können Dir das Geheimnis verraten, warum wir gerne bis zu 40 Minuten auf der Straße warten, um einen Tisch zu bekommen: Nach einigen Minuten kommt der Manager des Restaurants zu jedem neuen wartenden Gast und fragt nach, für wie viele Personen man einen Tisch möchte. Kurz darauf sagt er Dir in etwa die Wartezeit. Alleine das ist schon eine wunderschöne Geste. Bekommst Du dann einen Tisch, wird Dir einige Momente später frisches Pizzabrot serviert, um den ersten Hunger zu stillen. Kurz darauf wird Deine Bestellung entgegengenommen und sehr schnell ist sie auch frisch zubereitet am Tisch. Eine gastronomische Meisterleistung bei der Menge an Gästen. Alles dort schmeckt sensationell. Anschließend wird Dir noch eine große Schüssel mit allen möglichen Gummibärchen und Süßzeugs auf den Tisch gestellt, das ist natürlich ein Highlight für Kinder. Na gut, auch für Erwachsene. Und dann gibt es noch einen Digestif zum Abschluss. Das alles ist im Gedeckpreis inkludiert, das Preis- Leistungsverhältnis ist echt sehr gut.

Was wir Dir damit sagen möchten: Was immer Du auch tust, kümmere Dich nicht um das Geld oder um die Konkurrenz, sondern mache es auf Deine Art und Weise - und Du wirst Deine Kunden finden und die Kunden werden Dich finden.

Gleich noch ein Beispiel dazu: Du weißt ja bereits, dass wir einen Teil unseres Hauses vermieten. Das Spannendste daran ist, dass wir die Einzigen in der ganzen Umgebung sind, die bis zu zehn Personen auf einmal mit einem gemeinsamen Wohn- und Essbereich unterbringen können und die auch noch dazu Buchungen mit nur einer Nacht akzeptieren. Natürlich ist es angenehmer, praktischer, wenn Gäste eine ganze Woche bleiben - man hat viel weniger Aufwand mit Reinigung und bei der Vorbereitung. Aber so wie wir selbst gerne Off-Peak reisen und individuelle Lösungen haben möchten, so bieten wir eben auch das an, was wir selbst gerne hätten - und wir waren bereits im zweiten Jahr auch in der Nebensaison zu 80 % mit Gästen aus aller Welt ausgebucht. Wir hätten uns niemals gedacht, dass das auf so große Resonanz trifft.

Wir haben es mit unserem ganzen Einsatz gemacht und machen es noch immer. Wir fragen jeden einzelnen Gast, was wir verbessern können - und tun dies auch, wenn es in unsere Möglichkeiten passt. Wir haben bei der Ferienwohnung den Leitspruch: Wir werden mit jedem Gast besser. Und daran halten wir uns auch. Manchmal schaffen wir es sogar, dass wir auf Rückmeldung noch während des Aufenthaltes reagieren können. Eine Gruppe von Radfahrern merkte an, dass große Müslischüsseln für das tägliche Frühstück super wären. Nichts einfacher als das: Noch am selben Tag besorgten wir große Müslischüsseln, die Gäste waren überglücklich.

Mittlerweile haben wir die Gästenachrichten, das Zugangsmanagement, die Kommunikation mit den Putzfirmen und vieles mehr automatisiert und kümmern uns "nur" noch um Verbesserungen und Optimierungen. Wir bauen aktuell auch gerade um, um den Gästen einen noch besseren Komfort bieten zu können. Wir haben unter anderem selbst immer das Thema mit kurzen Betten. Jürgen ist 190 cm groß und bei Betten, die nur 200 cm lang sind, ragen die Füße meist über die Matratze, wenn man am Kopfende noch ein wenig Luft haben möchte. Also statten wir ein neues Zimmer aus, in dem ein super XXL Bett mit 220 x 200 cm stehen wird. Für große Menschen, damit sie sich wie zu Hause fühlen. Und dazu kommen auch, wie bei allen Betten, ergonomische Matratzen für einen perfekten Schlaf. Das soll jetzt keine Werbung sein, wie toll wir ausgestattet sind. Wir sind selbst froh, Gäste glücklich zu machen. Erholung und guter Schlaf sind einfach extrem wichtig.

Wir möchten Dich dazu inspirieren, Deinen eigenen Bereich zu finden, in dem Du selbst und aus vollem Herzen gerne gibst und dienst, weil es Dich freut, dass Deine Kunden strahlen und zufrieden sind. Dann hast Du Deine Berufung gefunden.

Das heißt nicht, dass das, was Du gefunden hast, sofort Dein finales Ziel sein muss. Natürlich darf, soll und wird es sich auch verändern! Es geht um Dein persönliches Wachstum. Nutze also Deine Gaben für Deine Auf-Gaben.

Auszeit nehmen aka Sabbatical

Das ist eine sehr effektive Möglichkeit, um von den Ablenkungen des Alltags und von den Aufgaben, die Dich von Deiner wahren Berufung abhalten könnten, Abstand zu nehmen. Der Begriff Sabbatical ist abgeleitet vom hebräischen Wort "schabbat" und bedeutet so viel wie aufhören oder ruhen. Meistens geht es dabei um ein ganzes Jahr. Es scheint für die meisten wahrscheinlich schwierig, sich eine längere Auszeit zu nehmen. Laut Umfragen setzt es nur ca. ein Drittel der Menschen um, die sich für eine längere Auszeit interessieren. Aber ist es nicht interessant, dass die Auszeit oft mit einem Unfall oder einer Krankheit wie von selbst kommt? Es gibt so viele Menschen, die genau in so einer Situation das Leben ändern und einen neuen Weg einschlagen, nachdem sie einige Wochen außer Gefecht waren. Sie können nachdenken, weil sie dadurch aus dem Alltag gefallen sind. Das geht natürlich auch ohne Unfall oder Krankheit. Empfehlenswert ist es, auf Handy, Social Media und weitere Ablenkungen in dieser Zeit zu verzichten. Raus in die Natur, an den Strand, in die Berge oder sonst irgendwo hin, wo Du normalerweise nicht hingehen würdest.

Jetzt kommt gleich die Frage: Wie soll man sich denn so eine lange Auszeit gönnen können? Das kostet ja unendlich viel Geld. Es gibt hier so viele schöne Möglichkeiten, wie etwa die Plattformen "Workaway" oder "Wwoofing". Hier kannst Du kostenfrei in einem anderen Land wohnen, wirst verpflegt und musst als

Gegenleistung - je nach Vereinbarung - etwa vier bis fünf Stunden an Wochentagen arbeiten, auf einer Farm mithelfen, auf Kinder aufpassen oder andere Aufgaben erledigen, die gerade an der Tagesordnung stehen. So hast Du kostenfrei die Möglichkeit, in einem anderen Land, an einem anderen Platz zu leben und für Dich zu sein. Wir haben seit einigen Jahren immer wieder Gäste bei uns, und viele davon befinden sich auf einer Reise zur Selbstfindung. Wir können es daher sehr empfehlen.

Wundervoll empfiehlt sich auch der Jakobsweg als tolle Möglichkeit, für sich zu wandern, Gleichgesinnte zu treffen und auf ganz andere Gedanken zu kommen. Dies haben wir selbst zwar (noch) nicht gemacht, steht aber auch definitiv auf unserer Liste.

Wenn Du Dir tatsächlich eine Auszeit von mehr als neun oder zehn Wochen nimmst oder sogar ein ganzes Jahr, dann wird Dein Denken, Dein Mindset ein komplett anderes sein. Die Frage, die Du Dir immer wieder stellen kannst, lautet: Was würdest Du tun, wenn es nicht vom Geld abhängig wäre?

Teil 2

Jetzt geht's loooooooos! Bist Du startklar? Im nächsten Abschnitt machen wir uns auf die Reise, wir lassen die Vorbereitungen hinter uns, haben viel aus den vorherigen Kapiteln mitgenommen und sind mehr als bereit, so richtig ins Traumleben zu starten. Ab durch die Mitte, vollgas voraus! Wir scheren schon in den Startlöchern und können es kaum noch erwarten. Bist Du auch so aufgeregt wie wir?

Du kennst das vielleicht noch von der Schule: "3, 2, 1, los geht's" und alle stürmen los, um schnellstmöglich als Erster in der Zielgeraden zu sein. Ein Wettbewerb, den es so bei dem Weg zu Deinem Traumleben allerdings nicht gibt. Es ist kein Wettlauf, es ist nur wichtig, dass Du den ersten Schritt machst und Du Dir einzig und allein das Ziel setzt, besser zu sein als Dein gestriges Ich. Du hast es mit der Kraft Deiner Gedanken und Deinem Willen und unserem **dreamly living** Traumwerkzeugen in der Hand, heute in Richtung Traumleben abzuheben.

Stell Dir dazu am besten folgende Szene vor: Du sitzt in einem Flugzeug und bist auf dem Weg in Dein Traumland. In ein Land, von dem Du schon seit Jahren träumst, einmal dort zu sein - und weißt Du was, Du bist nicht nur auf Besuch dort. Nein, Du wirst dort Dein Leben verbringen, in Deinem Traumland. Denn es wird Dein Traumleben! Wir können es kaum erwarten, mit Dir abzuheben und so richtig in Dein Traumleben zu starten.

Also, worauf wartest Du noch? Die weiteren Kapitel und Dein **dreamly living** warten auf Dich!

Wovon träumst Du?

„Es ist nicht wahr, dass Menschen aufhören,
Träume zu verfolgen, weil sie alt werden.
Sie werden alt, weil sie aufhören,
Träume zu verfolgen.“

Gabriel García Márquez

Du kennst das bestimmt: Du erlebst, dass Du wegläufst oder irgendetwas Anstrengendes machst - und dann plötzlich wirst Du wach und weißt, dass es nur ein Traum war. Du bist komplett durchgeschwitzt, weil Du diese Anstrengung im Traum tatsächlich erlebt hast. Es muss ja nicht immer gleich so heftig sein, doch diese Form des Träumens passiert meist unbewusst und bedeutet eine Verarbeitung der letzten Stunden, des Tages oder nicht aufgearbeiteter Traumata. Häufig passiert es, dass wir uns nach einem Traum nicht mehr genau an den Inhalt erinnern können. Das ist ein klares Zeichen der Verarbeitung einer nicht gelösten oder nicht geklärten Situation. Wir erleben dies oder etwas Ähnliches im Traum noch einmal, damit diese Situation dann abgelegt werden kann. Zu Traumdeutungen gibt es sehr viel Literatur. Darauf möchten wir hier aber nicht näher eingehen. Wir möchten Dich hier zu Deinem inneren Traum und zu Deinem persönlichen Lebensweg hinführen und Schritt für Schritt bewusst machen, was Dich davon abhält. Wenn Du nämlich im Heißluftballon sitzt und richtig Feuer gibst, um abzuheben, wird doch nichts passieren, wenn dieser noch am Boden an den Seilen fest hängt.

> Schließe Deine Augen und stelle Dir vor, Du bist in
> einem Heißluftballon. Du bist bereit, abzuheben und
> Deine Reise zu beginnen - aber bevor es in die Lüfte
> geht, musst Du jedes einzelne Seil, das den Korb noch
> am Boden hält, loslassen oder sogar abschneiden.
> Mache dazu gerne auch eine der Meditationen, die
> wir online für Dich zusammengestellt haben.

Das Lebenskonzept von Vergangenheit und Zukunft

Die Vergangenheit: Sie ist, wie der Name schon sagt, bereits vergangen. Trotzdem hängen wir sehr oft in der Vergangenheit. Und die Zukunft: Sie kommt erst! Wir sehnen uns dies und das herbei, später wird es besser werden, wenn wir...

Warum ist das so? Sehen wir uns einmal so einen typischen Verlauf eines Lebens an: In der Kindheit wünschen wir uns so sehr, möglichst schnell 18 Jahre alt zu sein, den Führerschein zu machen und endlich frei zu sein. Vor allem am Land ist das sehr verbreitet. Ging oder geht es Dir auch so? Danach folgt bald der Einstieg ins Berufsleben, vielleicht noch eine weitere Ausbildung oder ein Studium, um möglichst schnell einen guten Job zu bekommen, um viel Geld zu verdienen. Im Job wünscht man sich dann die freie Zeit in der Schulzeit, Uni oder Ausbildung zurück. Denn jetzt hätte man die finanziellen Mittel, um die Träume aus der Jugend zu leben. Aber jetzt gibt es keine Zeit, denn man möchte ja in der Karriereleiter weiterkommen. Dann möchte man meistens möglichst schnell den Partner fürs Leben finden. Bei Frauen tickt dann die biologische Uhr und meistens möchte sie auch Kinder in die Welt setzen. Das ist völlig natürlich. Hat man dann aber Kinder, wünscht man sich oft, sie mögen doch bitte schnell älter und selbstständig werden. Die Zeit ist doch schon sehr anstrengend, zeit-, kräfte- und schlafraubend. Dann, wenn die Kinder älter sind und ihr eigenes Leben leben, wünscht man sich wieder die kuschelige Zeit zurück. Ja, es war schon etwas anstrengend, aber doch auch schön. In der Rente hätte man dann die Zeit und das Geld, um all die Dinge zu machen, auf die man so lange hingearbeitet hat. Dann macht sich aber der Körper bemerkbar. Jetzt gilt es, die Sünden, die man dem Körper in der Karriere-Zeit angetan hat, wiedergutzumachen. Ist das wirklich der Sinn des Lebens?

Viele Menschen leben also in der Zukunft und grübeln als Ausgleich dazu in der Vergangenheit. Das ist immer ein Sprung hin und her. Wir träumen davon, was sein könnte, wie wir es gerne hätten. Und dann holt uns die Vergangenheit wieder ein, wir erinnern uns, was alles passiert ist, welche Schmerzen wir erfahren und welche Schwierigkeiten wir erlebt haben. Das fühlt sich richtig toll an, was? Einerseits hoffen wir, dass unser Leben besser wird, wir träumen von finanzieller Freiheit, dem gesunden und durchtrainierten Körper, beschweren uns, dass es uns nicht gut geht, was alles so schlimm ist. Um uns dann mit diversen Rausch- und Suchtmitteln (Alkohol, Nikotin, Pornos, Netflix, usw.) aus diesem Zustand herauszuholen. Dann träumen wir von unserem Wunschpartner, vom nächsten Urlaub, wie es im Ruhestand sein wird. Um dann nach dem Ende der Netflix-Folge schon viel zu spät vom Ultra-HD-TV, umringt mit den letzten Resten von Chips, Schokolade, Bier, Prosecco oder Wein ins Bett zu fallen. Was glaubst Du, wird in der Nacht passieren? Du wunderst Dich dann, dass Du am nächsten Morgen nicht gerade freudig aus dem Bett springst, sondern mehrmals "schlummern" drückst, um noch mal fünf Minuten weiter zu schlafen. Na gut, jetzt musst Du dann doch aus dem Bett kriechen und Dich zur Arbeit schleppen. Vielleicht hast Du ja Glück und hast Home-Office, das geht dann ja. Das Leben kann schon mühsam sein, was? Aber heute Abend werden die nächsten Folgen auf Netflix gesucht. Binge Watching lässt grüßen.

So schleppen sich viele von der Sucht nach Urlaub zum Feiern am Wochenende, zwischendurch unterbrochen von Arbeit und Geld verdienen. Dann erinnern wir uns an die letzte berauschte Party und träumen untertags von der nächsten Einladung oder der übernächsten Chipspackung am Abend am Sofa. Ach so, vorher muss man schon noch schnell ins Fitnessstudio, weil man ja auf Social Media posten muss, wie gesund und glücklich man sich fühlt und aussieht. Und mit einem gestylten Body liegt es sich auch definitiv leichter auf der Couch bei der Lieblingsserie.

Es scheint, dass kaum jemand im Hier und Jetzt lebt! Dabei passiert das Leben genau in diesem Moment, nicht gestern, nicht morgen! JETZT! Wie sehr kannst Du wirklich den jetzigen Moment genießen?

> Wie viele Gedanken pro Tag verwendest Du für die Vergangenheit oder für die Zukunft?
> Grübeln, Nachdenken an schmerzvolle Zeiten, aber auch an schöne vergangene Momente…
> Der nächste Urlaub, die Party am Wochenende?
> In wie vielen Momenten bist Du wirklich im JETZT?

Kannst Du Dich beim Aufwachen an Deine Träume erinnern? Weißt Du noch, was Du letzte Nacht geträumt hast? Oftmals träumen wir von unseren unterbewussten Träumen, oder wir verarbeiten unsere Aufgabenliste in den Träumen oder finden Lösungen zu den Problemen, die uns beschäftigen.

Was wir aber mit unseren Träumen meinen, sind jene Träume, die auch tagsüber kommen. In der U-Bahn, im Büro, wenn der Chef einmal wieder laut wird, im Verkehrsstau auf der Wiener Südosttangente oder der A3 bei Köln oder beim Mittagessen, das uns nur so lala schmeckt. Egal, wo wir träumen, diese Tagträume sagen viel über unsere tatsächlichen Träume aus. Wovon träumst Du untertags? Ist es der nächste Urlaub an der Südsee? Unter Palmen am weißen Sandstrand barfuß entlang laufen? Oder ist es das Lieblingslokal, wo Dir schon beim Gedanken daran das Wasser im Mund zusammenläuft? Welche großen Träume stecken da dahinter? Was möchte uns das sagen?

Wohin lenkst Du Deine Energie?

All das sind Sehnsuchtsträume und meistens Ablenkungen des Verstandes, die Dich von Deinem wahren Weg abhalten wollen. Puh, das trifft es jetzt hart, was? Aber sei mal ganz ehrlich zu Dir selbst: Welchen von den vielen Dingen, die Du im Laufe des Tages so vor Dir her träumst, gehst Du wirklich nach? Was davon ist Dir wirklich ernst und wichtig? Und was davon ist einfach nur schön, aber Du weißt ganz genau, dass es nur bei einem Luftschloss bleibt? Hier bitte wieder nicht missverstehen: Es ist prinzipiell nichts falsch daran, sich einem Luftschloss hinzugeben. Aber was bringt es Dir so ganz realistisch, dem Energie zugeben, wenn Du in Wirklichkeit genau weißt, dass Du das gar nicht möchtest? Wäre es nicht effizienter, gleich die Energie dorthin zu lenken, wonach Du Dich wirklich sehnst? Wir selbst haben uns auch dabei ertappt, dass wir so lauwarm von etwas träumen, aber es dann doch nicht so wirklich angehen. Das bringt nichts, außer, dass Du wundervolle Zeit und Energie vergeudest.

Energie folgt Aufmerksamkeit

Es wird zwar sehr viel darüber geschrieben oder gesprochen, aber so richtig kommt das scheinbar nicht in unserem Bewusstsein an - oder viele sind einfach so zugedröhnt, dass es überhaupt nicht bewusst wird. Worauf Du Deine Aufmerksamkeit lenkst, genau dorthin geht auch Deine Energie. Und Du entscheidest das (noch) selbst. Obwohl es uns manchmal so vorkommt, dass das viele Menschen nicht mehr selbst entscheiden, sondern dem Smartphone überlassen. Und genau diese Menschen wundern sich dann, warum sie im Leben nicht weiterkommen, sondern immer noch im gleichen Job festsitzen, der sie unglücklich macht. Nur durch Wischen am Smartphone passiert eben nicht so wirklich viel - außer, dass Du Deine wertvolle Zeit und Energie dem Smartphone schenkst, anstatt diese in Deinen Traum zu investieren.

Was willst du wirklich im Leben?

Wovon träumst Du wirklich - so tief im Inneren? Welches Thema lässt Dein Herz klopfen, Deine Augen größer werden und macht Dich plötzlich hellwach? Was würdest Du tun, wenn das Geld egal wäre, wenn es Dir vollkommen gleichgültig wäre, was Deine Eltern, Dein Umfeld dazu sagt? Was macht Dich so richtig glücklich?

Wir haben bei den ersten Musical-Veranstaltungen im Vorfeld die Gäste gefragt, wovon sie träumen oder was sie gerne erleben möchten. Wir haben auch angekündigt, dass wir versuchen, mindestens einen Traum zu erfüllen. Wir befürchteten zunächst, dass viele materielle Träume dabei sein würden, wie ein Sportwagen, die Yacht usw. Wir waren allerdings überrascht, dass wir sogar mehrere Träume sofort und unkompliziert erfüllen konnten. Jemand wollte mit Jürgen auf der Bühne gemeinsam ein Lied singen: nichts leichter als das. Der junge Mann konnte es nicht fassen. Jürgen rief ihn auf die Bühne und sagte: *"Komm, das machen wir jetzt gleich!"*. Ein weiterer Wunsch war eine persönlich signierte CD, das war auch sofort erledigt. Andere Wünsche konnten wir durch Kontakte zu einem Hubschrauberunternehmen für einen Rundflug erfüllen, wir konnten eine Fahrt in einem alten VW Käfer organisieren oder Jürgen hat auch noch eine private Gesangsstunde mit Aufnahme in seinem Studio hergeschenkt. Es sind die einfachen Dinge im Leben, die uns wirklich glücklich machen. Wir müssen nur ganz ehrlich zu uns selbst sein und den Mut haben, aus Werbe- und Verkaufsmanipulationen auszusteigen. Es ist nicht die neueste Louis Vuitton-Tasche oder der super teure Sportwagen, der uns glücklich macht. Diese künstlichen Glücksmomente sind nur ein Tropfen auf einem Stein, der schnell verdampft. Der Nachteil dabei: Du brauchst davon immer mehr. Wir kennen einige Menschen, die über 100 Paar Schuhe im Schrank stehen haben. Sie sind der überzeugt, sie hätten kein einziges passendes Paar, das ihnen passt und müssen daher noch weitere Schuhe kaufen. Andere wiederum besitzen einen Kleiderschrank, der locker mit einer kleinen Boutique mithalten könnte - und sind auch der Meinung, sie hätten nichts Passendes anzuziehen.

> Wer bist Du, wenn Du alles, was Du an materiellen Dingen besitzt, einfach weglässt? Diese Übung ist - so komisch und absurd sie klingen mag - sehr kraftvoll.
> Und holt Dein wahres SEIN hervor.
> DU bist weder Deine Klamotten noch Dein Handy noch Dein teures Spielzeug wie Sportwagen oder Yacht. Frage Dich ernsthaft, wer Du OHNE den ganzen Dingen bist, die Dich umgeben.

Wo siehst Du Dich in den nächsten drei oder fünf Jahren? Das ist eine Frage, die gerne bei einer Bewerbung gestellt wird. Wir meinen diese aber ganz einfach auf Dein Leben bezogen. Oder anders gefragt: Wo kommst Du in den nächsten drei bis fünf Jahren hin, wenn Du so weiter machst wie bisher?

Dein inneres Navigationssystem

Es klingt fast zu schön, um wahr zu sein: Einfach den Traum in **dreamly maps** eingeben und den Anweisungen folgen? Fast! Noch gibt es keine App, die das für Dich persönlich so machen würde. Wir geben Dir mit diesem Buch Hinweise für Deinen Weg. Oder noch besser, wie Du Dein Navi so einstellen kannst, dass es Dich automatisch dorthin führt, ohne dass Du exakt das Ziel eingeben musst.

Wir beide lieben das Segeln, egal ob am See oder am Meer. Was gefällt uns daran so? Das Anlegen in Buchten, direkt vom Boot ins Meer springen, danach das exklusive Dinner direkt im Hafenrestaurant oder Grillen an Bord in der einsamen Bucht? Zugegeben, das sind wundervolle Momente. Das wirklich Faszinierende am Segeln sind für uns das Fortbewegen mithilfe des Windes, die Verbindung zwischen Wasser und Luft, die unglaubliche Macht der Elemente zu fühlen und in Achtsamkeit damit umzugehen. Es kann sehr gefährlich sein, wenn man gewisse Gesetzmäßigkeiten nicht beachtet oder meint, sich darüber hinaus stellen zu müssen. Segeln ist eines der ältesten Fortbewegungsmittel und birgt fundamentale Wahrheiten in sich: Um an einen bestimmten Punkt zu kommen, musst Du zuerst wissen, wo Du genau bist, um danach den richtigen Kurs einzuschlagen. Vielleicht wirst Du sagen: *"Na ja, das ist doch ganz einfach: Ziel im Navi eingeben und los geht's!"* Ja, prinzipiell könnte man das natürlich so machen. Was aber, wenn mitten auf dem Weg das Navi ausfällt? Falls Du Segeln noch nie ohne GPS-Navigationsgerät oder Google Maps gemacht hast, bitte beschäftige Dich einmal ein wenig näher mit der Navigation beim Segeln (ohne GPS), das ist nämlich mega spannend! Hier geht es ganz viel um das Beobachten von Umgebung, Sonnenstand, dem Stand der Gestirne. Damit kannst Du sehr genau bestimmen, wo Du gerade bist.

Erst wenn Du genau weißt, wo Du bist und wohin Du möchtest, kannst Du eine Richtung einschlagen, also Segel und Ruder setzen, um einen Kurs auf das Ziel zu haben. Das war's aber noch nicht, denn auf dem Weg gibt es verschiedene Strömungen, Hindernisse und viele Faktoren, die Dich vom Kurs abbringen können. Der Wind kann drehen, ein Sturm kann aufkommen oder auch Flaute. Nicht nur beim Segeln gibt es ganz schön viel zu tun, wenn Du wirklich zu einem bestimmten Punkt kommen möchtest. Es ist mit unseren Träumen auch so: Es gilt, das innere Navigationssystem zu kennen und auch zu befolgen.

Wenn Du Dein inneres Navi noch nicht kennst, kannst Du Dich jetzt freuen, Du wirst es gleich kennenlernen! Bist Du schon aufgeregt?

Wie funktioniert unser inneres Navi also? Wunschtraum einstellen und losleben? Prinzipiell ja, wenn Du alles verstanden und richtig eingestellt hast. Meistens funktioniert das aber nicht ganz so leicht. Unser inneres Navi ist eher ein Aufregungs- oder Energie-Navigationssystem. Das, was uns innerlich eine wohltuende Aufregung, ein angenehmes Gefühl und gleichzeitig mehr Energie zurückgibt, als wir investieren, dem sollten wir bedingungslos folgen. Es sind sehr oft kleine und einfache Tätigkeiten und Situationen, es sind meistens nicht die "ganz großen Dinge". Es ist vielmehr die Summe der vielen kleinen Glücksmomente - diese sind der perfekte Wegweiser in Dein Traumleben.

> Folge Deiner Aufregung!
> Was gibt Dir am meisten Energie? Wenn Du etwas tust, was Dir richtig Spaß macht, fällt es Dir normalerweise sehr leicht! Mach das, was Dir Freude bereitet, sooft es Dir möglich ist.
>
> Achtung: Alkohol und Drogen begünstigen zwar Zustände von Freude, dies sind aber definitiv Suchtmittel! Lass die Finger davon!

Ziel- und Wegklarheit

Wenn Du jetzt schon ansatzweise ein Gefühl dafür hast, was Du im Leben tun und erreichen möchtest, wenn es sich gut anfühlt und für Dich auch absolut richtig ist, dann ist es vielleicht an der Zeit, sich ein wenig über den Weg Gedanken zu machen, oder zumindest ein wenig Klarheit darüber zu bekommen, in welche Richtung Du losstarten kannst. Denn "auf das Pferd springen und in alle Richtungen davonreiten" bringt meistens nichts - außer Du bist gerade auf der Flucht.

Frage Dein "Ich in zehn Jahren", wie Du selbst dahin gekommen bist. Sehe Dich also selbst in zehn Jahren: Wo bist Du gerade, wie fühlst Du Dich, was machst Du gerade? Und frage genau dieses Ich, was es vor zehn Jahren gemacht hat, um dorthin zu kommen. Das ist eine sehr kraftvolle Übung. Dazu haben wir auch eine entsprechende Traumreise für Dich vorbereitet. Mehr dazu im Kapitel "Intuition".

Warum hoch 5

Eine super Technik zur Ergründung, warum Du etwas möchtest, ist die 5-fach-Warum-Technik, sie funktioniert so: Du formulierst Deinen Traum, Dein Ziel. Danach fragst Du Dich, warum Du das erreichen möchtest. Wenn Du einen Grund genannt hast, frage nochmals nach dem Warum des Grundes. Wiederhole das Ganze mindestens fünfmal und Du wirst staunen, welche Gründe hinter Deinen Wünschen stehen. Natürlich musst Du ehrlich zu Dir selbst sein, sonst bringt das Ganze gar nichts - aber davon gehen wir jetzt einmal aus.

Prioritäten setzen!

Wie leicht fällt es Dir, "Nein" zu sagen? Nein zu allen Ablenkungen, die Dir entgegenkommen. Nein zum neuen Job-Angebot, wenn Du Dich gerade selbstständig machen möchtest. Nein zu dem Projekt, das Dir zwar Geld bringt, aber Deine Zeit raubt, und Du Dich wieder nicht auf DEIN DING konzentrieren kannst. Wir wissen ganz genau, dass das oft schwierig ist, ja. Aber lass Dir eines sagen: Sobald Du einmal den Duft geschnuppert hast, wie es ist, dass Du Deinem Leben wirklich Priorität gibst und einfach mal "Nein" zu Einladungen sagst, wirst Du sehen, was das mit Dir macht - Du wirst plötzlich eine unglaubliche Energie spüren, die frei wird, die sich endlich in Dir entfalten möchte und die Dich antreibt, weiterzumachen. Auch wenn da noch so ein Fünkchen schlechtes Gewissen ist, weil *"man kann das ja jetzt nicht so einfach absagen"* oder *"ja, die Einladung steht schon lange an"* usw., dann lass Dir eines sagen: Wahre Freunde verstehen das und unterstützen Dich in Deinem Vorhaben, wenn sie echte Freunde sind - alle anderen sind Neider oder gönnen Dir den Erfolg später nicht - auf die kannst Du aber getrost verzichten.

Was ist Dein Lebenstraum?

So oft reden wir vom "Lebenstraum", daher möchten wir Dir **unsere Geschichte von unserem Lebenstraum** erzählen.

Weißt Du, was unser großer Traum ist? Natürlich, das Buch zu schreiben. Natürlich, auf ewig gesund zu bleiben. Natürlich, finanziell frei zu sein. Das ist schon klar, davon träumt doch jeder, oder? Na gut, das mit dem Buch schreiben vielleicht nicht, aber da kannst Du ja ein berufliches Ziel Deiner Wahl einfügen. Was ist jedoch mit den wirklich großen Lebensträumen? Wo siehst Du Dich in drei Jahren? Wer bist Du in zehn Jahren?

Wir sehen uns in Meeresnähe in einem großen Haus, gefüllt mit Liebe und voller Energie. Wir sehen Menschen, die strahlend das Haus betreten und noch strahlender das Haus verlassen. Wir sehen Menschen, die wir mit unserem Wissen und unserer Geschichte unterstützen. Wir sehen Menschen, die sich frei fühlen, selbstbewusst und energiegeladen. Wir sehen einen großen Garten, wo man sich entspannen kann und genug Platz ist für den Anbau von Obst und Gemüse. Wir sehen Avocadobäume, Olivenbäume, Orangenbäume und noch viele mehr. Wir sehen Fülle und Vielfalt. Wir sehen das Leben und die Liebe.

Klingt zu schön, um wahr zu sein? Für uns nicht! Wir wissen, dass es möglich ist. Sind wir schon in diesem Haus? Noch nicht. Wir dürfen noch ein paar Erfahrungen sammeln, bevor wir dann dort einziehen können. Aber lass Dir sagen, es ist bereits sehr präsent und nur noch eine Frage der Zeit, bis wir dort leben. Wir freuen uns schon jetzt darauf und visualisieren uns dieses Haus jeden Tag. **Das ist unser Lebenstraum.**

Wovon träumst Du also? Hast Du Deinen Lebenstraum schon gefunden? Lebst Du ihn vielleicht schon? (Na gut, vielleicht nicht, sonst würdest Du jetzt nicht das Buch in den Händen halten)

Wir hoffen, wir konnten Dir mit diesem Kapitel einen Hinweis, Stupser, Wegweiser für den Weg zu Deinem Lebenstraum geben. Denn egal wie groß der ist, egal wie fern er scheint, egal wie viele Hindernisse Du noch überwinden darfst, der Lebenstraum ist da, um gelebt zu werden. Glaub an ihn, er glaubt auch an Dich!

> Du darfst Dich ein wenig grafisch austoben. Schließe für einen Moment Deine Augen und stell Dir Deinen Lebenstraum vor. Was kommt Dir in den Sinn? Welche Farben, Symbole, Menschen etc. zeigen sich? Zeichne alles auf einen Zettel und lass Deiner Kreativität freien Lauf. Du kannst auch eine Liste Deiner Träume anfertigen, wenn Du lieber schreibst als zeichnest.

Unser Traumleben

Auch wir verändern uns täglich: unsere Projekte, unsere Lebensweise, wir reisen und entwickeln uns weiter. Wir beenden Beziehungen, die uns nicht guttun, wir schließen neue wunderbare Freundschaften. Das alles gehört zum Leben dazu, kein Tag ist wie der andere und das macht es wunderbar.

Auch wir setzen uns manchmal Dinge in den Kopf und denken, sie müssten genauso sein. Und dann stellt sich heraus, dass auf uns ein anderer, viel besserer Weg wartet, den wir nie für möglich gehalten hätten. Das passiert uns öfters, wir merken, dass wir "'richtig" liegen, wenn es einfach geht. Einfach so. Wenn es der richtige Weg ist, dann geht es eben leicht. Man hätte diese Dinge, die dann passieren, nie für möglich gehalten und von diesen Chancen nie erfahren. Dann zeigen sich plötzlich Wege auf, die zuvor nicht erkennbar waren, und Menschen treten in unser Leben, ohne die es dann nicht mehr geht.

Es ist daher so wichtig, auf die eigene Stimme zu hören, auf den Ruf oder einfach mal nachzufragen, wie es sein soll. Dann wird alles leichter und macht noch dazu so viel Spaß. Nicht der Kopf weiß die Antwort, das Herz entscheidet, und zwar immer genau so, wie es für uns in dem Moment sein soll.

Unsere Vision ist es, dass jeder Einzelne von uns seinen Traum lebt. Jeden Morgen aufwacht und sich auf den kommenden Tag freut. Nur noch glückliche Menschen auf den Straßen zu sehen, kein Streit regiert mehr die Welt und keine Kriege kommen mehr in den Nachrichten. Gier und Neid gehören der Vergangenheit an, die Liebe ist vorrangig, allgegenwärtig und die innere Zufriedenheit und das Glück, das alle ausstrahlen, ist vorherrschend. Wenn jeder mit sich selbst zufrieden ist, seinen Traum lebt, dann herrscht Frieden auf unserer Welt.

Du kannst einen wertvollen Beitrag dazu leisten, indem Du Deinem Ruf folgst, Deinen Traum zu leben. Bist Du bereit für **dreamly living**?

Denn wir alle sind ein Teil des großen Ozeans. Du kannst es Dir so vorstellen, dass das Wasser, das durch uns fließt, von diesem Ozean in Glasflaschen abgepackt wurde. Wir alle haben dieses Wasser in uns. Und jetzt ist es an der Zeit, dass wir das erkennen, die Glasflasche öffnen und uns alle wieder mit dem großen Ozean und dem gemeinsamen Wasser verbinden. So möchten wir einen Anstoß geben, wie es ist, in Fülle, mit anderen in Harmonie zu leben und miteinander zu wachsen.

Intuition

"Der Verstand kann uns sagen, was wir unterlassen sollen.
Aber das Herz kann uns sagen, was wir tun müssen."

Joseph Joubert

Im Wesentlichen bedeutet Intuition ein unmittelbares Erkennen oder Erfassen eines Sachverhaltes, ohne nachzudenken oder zu reflektieren. Gerne wird Intuition auch als innere Stimme, Bauchgefühl, Eingebung oder tiefere Wahrnehmung bezeichnet. Die lateinische Wortwurzel stammt von "intuere" und bedeutet "hineinsehen". Es geht also um etwas nicht logisches, nicht vom Verstand Erklärbares.

Du hast etwa morgens kurz nach dem Aufwachen die Eingebung, dass Dein heutiger 10:30 Uhr Termin nicht stattfinden wird, auch wenn es dafür keinen triftigen Grund gibt. Da ist einfach dieses Gefühl da, dass es so sein wird. Überrascht stellst Du dann fest, dass es tatsächlich so ist, wie Du es geahnt hast. Das ist eine typische Auswirkung von Intuition.

Für die kleinen und großen Wissenschaftler und Experten haben wir eine ganz einfache Erklärung: Wir sind buchstäblich alle - ob wir es wollen oder nicht - miteinander verbunden, also mehr oder weniger "online". Wie im Internet gibt es auch im menschlichen Vorbild verschiedene Frequenzen, Bereiche und Ebenen und nicht immer werden alle gesehen, gehört oder gefunden.

Wie soll das technisch gehen? Wir senden ständig elektromagnetische Wellen unterschiedlicher Frequenz und Energie aus. Jeder Gedanke und jedes Gefühl ist eine Welle. Wenn Du tiefer in diese Materie eintauchen möchtest, empfehlen wir Dir zB Literatur vom HeartMath Institute oder Dieter Broers.

Ein weiterer Hinweis ist unser Wasser. So wie unser Planet zum Großteil aus Wasser besteht, sind auch unsere Körper zu ca. 80 % Wasser. Und auch in der Luft, in der Erde, überall finden sich Anteile von Wasser. Wasser ist ein großes Mysterium, da es als einziges Element nicht nur die bekannten drei Aggregatzustände flüssig, gasförmig und fest (Eis) haben kann: Vor kurzer Zeit stellte man den **vierten** Zustand fest: Es kann auch plasmaförmig sein. Wasser gilt als der größte Informationsträger und -speicher. Wenn wir alle zu einem großen Teil aus Wasser bestehen, liegt es also nahe, dass wir uns darüber auch austauschen können. Kleine Kinder sind meistens noch viel sensibler in der Wahrnehmung als Erwachsene, erst später wird die Intuition mehr oder weniger abtrainiert. Wie war das mit dem Beispiel der Glasflasche und dem Ozean? Wir sind alle Eins, wir sind alle über das Wasser verbunden.

Intuition versus Logik

Die Regelschulen und der meiste Berufsalltag sind darauf abgestimmt, logisch zu denken und zu handeln. Logik ist deterministisch, also vorhersehbar und steuerbar. Intuition nimmt oft eine Abkürzung. So haben Forschungen ganz klar gezeigt, dass Intuition fast immer zu besseren bzw. stimmigeren Lösungen führt als eine logische Analyse.

Einige Beispiele dafür: Die Logik sagt uns, dass wir den Job annehmen sollten, der uns Sicherheit und viel Geld verspricht. Die Tätigkeit ist auch großteils interessant. Die Intuition sagt aber ganz klar: Finger weg!

Ein weiteres Beispiel ist die Partnerwahl: Richy oder Tom? Die Logik spricht ganz klar für Richy, denn er ist reich, hat eine Penthouse-Wohnung, ist angesehen, attraktiv und macht jedes Jahr vier Wochen Urlaub in der Karibik und hat eine Figur wie Arnold Schwarzenegger. Ein Traummann, nicht wahr? Im Vergleich dazu besitzt Tom nur eine kleine Wohnung, kommt finanziell gerade so über die Runden, ist also alles andere als reich und eher ruhig. In seiner Freizeit bastelt er an einem Holzhaus.

Welcher Partner für Dich der Richtige ist, kann Dir nur Dein Herz sagen. Der Verstand neigt wahrscheinlich zu Richy, es könnte aber sein, dass Du (als Frau) schnell wieder ausgetauscht wirst, wenn Du nicht mehr in sein Bild passt. Wählst Du den unscheinbaren Tom und bist ihm als Frau eine Inspiration, wird es sehr wahrscheinlich sein, dass ihr beide zu großem Wohlstand und Glück kommt.

Das sind nur Beispiele, wie es sein könnte. Was für Dich der richtige Weg oder die richtige Entscheidung ist, soll also Deiner Intuition überlassen bleiben.

Ebenso verhält es sich um einfache und komplexe Tätigkeiten bis hin zu den Lebenszielen: Wenn es sich gut anfühlt und Dein Herz *"JAAA"* sagt, dann sollte der Verstand nickend zustimmen und sich der Entscheidung fügen.

Wie kannst Du Deine Intuition trainieren? Wie kommst Du wieder zu Deiner natürlichen Intuition zurück?

Intuitions-Werkzeuge

Unser Körper ist ein zuverlässiges Werkzeug dafür, uns zu zeigen, was uns guttut und was nicht. Es ist ganz einfach: Ein wahrer Gedanke stärkt uns, während ein falscher Gedanke uns stresst.

Kinesiologie

Kinesiologie baut auf diesem Grundsatz auf, dass unser Körper weiß, was ihm guttut und was nicht. Mit einem einfachen Test kannst Du selbst oder eine erfahrene Person alles testen, was Deinem System guttut oder schadet, angefangen von Lebensmitteln und Medikamenten bis hin zu Situationen oder Tätigkeiten. Du selbst kannst es gerne mit einem Pendel, einer Rute oder dem Muskeltest versuchen: Du wirst überrascht sein, wie gut das funktioniert.

> Der Muskeltest:
> Ein wahrer Gedanke lässt Muskeln stark bleiben, eine Lüge oder ein falscher Gedanke schwächt Muskeln. Bilde mit beiden Daumen und Zeige- oder Mittelfinger zwei Kreise, verschließe beide Kreise ineinander und versuche dabei, die Kreise auseinanderzuziehen. Jetzt sage laut oder leise: Ich bin (Dein Name). Wenn Du Deinen wahren Namen nennst, wirst Du die Finger leichter halten können, als wenn Du einen falschen Namen nennst.

Einhandrute

Diese wird - wie der Name schon sagt - mit einer Hand gehalten und schlägt in horizontaler oder vertikaler Richtung aus, manchmal auch kreisend oder gerade. Du darfst hier experimentieren und für Dich herausfinden, was ja oder was nein bedeutet, hier gibt es keinen Standard.

Körperpendel

Eine sehr einfache Möglichkeit: Stelle Dich gerade hin, stelle Dir eine Frage und beobachte, ob der Körper sich nach vorne oder nach hinten bewegt. Vorn bedeutet normalerweise ja, nach hinten bedeutet nein. Auch hier gilt: Üben und darauf einstellen. Als Kontrolle kannst Du immer *"Ich bin (Dein Name)"* sagen, um zu testen, was für Dich ja und was nein bedeutet.

Schrift fühlen

Wenn Du mehrere Auswahlmöglichkeiten abchecken möchtest, könnte dies eine schnelle Möglichkeit für eine Entscheidung sein: Um das vorige Beispiel mit den Partnern noch einmal herzunehmen: Wenn zu Richy und Tom noch John, Georg und Zac dazukommen, braucht es eine andere Technik als eine binäre: Schreibe die möglichen Antworten auf jeweils ein Blatt Papier, falte jedes einzeln und lege diese so auf den Boden, dass Du nicht siehst, was darauf steht. Du kannst auch jemanden bitten, die Blätter für Dich auf den Boden zu legen. Jetzt stellst Du zB die Frage:

"Wer tut mir gut?" und Dich selbst unmittelbar vor oder auf das erste Blatt Papier. Wie fühlt es sich an? Gehe weiter, stelle Dir nochmals die gleiche Frage und Du wirst nach etwas Übung einen Unterschied merken. Du kannst das auch mehrfach wiederholen, um Sicherheit zu bekommen. Übe zunächst mit für Dich ganz klaren Aussagen, um das Gefühl zu bekommen, wie sich richtig und falsch für Dich anfühlen. Du kannst auch nach einem Auswahlverfahren vorgehen und das Gegenteil fragen: *"Wer scheidet aus?"*. Nimm dann das Blatt Papier aus der Auswahl und fahre so lange fort, bis ein Blatt übrig bleibt. Du wirst möglicherweise überrascht sein. Wenn Du mit dem Ergebnis nicht zufrieden bist, oder es nicht das Ergebnis ist, welches Du erwartet hast, kannst Du Dich ja fragen, was Du erwartet hättest. Das ist auch eine gute Möglichkeit, sich Zugang zu den verborgenen Gefühlen zu verschaffen.

Neben dem körperlichen Werkzeug gibt es eine Reihe geistiger Werkzeuge:

Die Intuitions-Ampel

Dieses Werkzeug stammt von Kurt Tepperwein, dem Urvater des Mentaltrainings hier im deutschsprachigen Raum. Es funktioniert so: Du stellst Dir eine Ampel mit Rot, Gelb und Grün vor und siehst diese vor Deinem geistigen Auge, während Du an eine bestimmte Situation denkst. Wenn alles in Ordnung ist, steht die Ampel auf Grün, Gelb bedeutet Vorsicht und Rot, klarerweise: *"Nein"* oder *"Stopp"*. Trainiere das zunächst mit einfachen Situationen, die für Dich vollkommen klar sind, beispielsweise stehst Du am Straßenrand einer befahrenen Straße und denkst daran, sie zu überqueren. Da sollte die Ampel Rot zeigen. Übe das und Du wirst sehen, wie Du Dich auf diese Ampel verlassen kannst.

Die gelehrte Eule

Du kannst in Deiner Vorstellung eine weise Eule besuchen und ihr eine Frage stellen und Du wirst staunen, wie schnell die Antwort kommt. Alternativ kannst Du Dir jedes Tier vorstellen, mit dem Du Dich gut verbinden kannst. Es sollte natürlich eine respektvolle und freundschaftliche Beziehung zu dem Tier sein. Vielleicht findest Du so auch Dein Krafttier. 🙂

Die innere Stimme

Oft meldet sich auch eine Stimme aus dem Inneren, ganz leise und vorsichtig. Der Verstand ist meistens laut und schreit, während das Gefühl und unsere Intuition sich meistens zurückhalten, außer es geht so gar nicht mehr, dann übernehmen sie das Ruder.

Die Weggabelung

Eine andere schöne Möglichkeit ist, dass Du Dir Deine beiden Möglichkeiten als Wege vorstellst. Du stehst gerade vor dieser Abzweigung, ein Weg geht nach links, der andere nach rechts. Es sind sogar Wegweiser vorhanden, auf denen der Weg beschrieben ist. Zu welchem Weg zieht es Dich hin? Was fühlt sich besser an?

Die Waage

Mit diesem Werkzeug kannst Du beide Möglichkeiten buchstäblich auf die Waage legen. Was ist schwerer, was leichter? Das hängt jetzt natürlich davon ab, wie Du die Frage formulierst. Wenn Du die Frage stellst: *"Was hat mehr Gewicht in meinem Leben?"*, dann sollte die für Dich richtige Antwort natürlich nach unten gehen. Lautet die Frage: *"Welche Möglichkeit ist für mich die leichtere?"* geht bei der Antwort die für Dich bessere Möglichkeit natürlich nach oben.

Der weise Mentor

Das ist eine Person Deines Vertrauens, die Du entweder wirklich kennst und der Du vertraust, oder es kann auch eine Dir persönlich, nicht bekannte Person sein. Du kannst hier auch gerne Engel, Heilige, Jesus, Buddha, spirituelle Meister usw. fragen - sei gerne kreativ. Das kannst auch Du selbst in zum Beispiel 20 Jahren sein, also Dein älteres, weiseres Selbst. Du könntest Dich selbst in Wohlstand, Gesundheit und in einer erfüllten Beziehung sehen, an dem Platz, auf dem Du Dich am wohlsten fühlst. Frage dieses ältere Selbst, welche Schritte notwendig waren, um dorthin zu gelangen. Das ist eine sehr kraftvolle Methode, die vielleicht etwas Übung braucht. Vertraue darauf, dass eine für Dich passende Antwort kommt und experimentiere hier auch gerne. Es ist durchaus möglich, dass Du für verschiedene Fragen verschiedene Techniken benutzen wirst.

Materie kontaktieren

Wir haben bereits darüber berichtet, dass es über einige Jahre nicht möglich war, unser Haus zu verkaufen. Wir haben einfach das Haus gefragt und es hat ganz klar geantwortet. Wie haben wir das gemacht? Du wirst vielleicht sagen, dass das nicht möglich ist, denn ein Haus kann ja nicht sprechen. Es stimmt, dass ein Haus nicht auf dieser Ebene sprechen kann, wie wir Menschen es tun. Aber jede Sache und überhaupt **alles** Materie ist Schwingung. Ein kurzer Exkurs dazu: Du siehst den Tisch oder die Mauer. Diese sind fest und undurchsichtig (außer es sind Löcher drin). Unter dem Elektronenmikroskop ist der Großteil jedoch frei, es ist nur eine dichte Ansammlung an Atomen, und alles schwingt und bewegt sich. Da steckt also viel mehr Leben drin, als wir vermuten würden. Warum glauben wir also, dass Dinge keine Seele haben dürfen?

Verbinde Dich also mit der Seele, mit der Schwingung des Hauses, des Computers oder der Materie, mit der Du arbeiten möchtest. Achtung: Ohne Respekt und Achtung geht hier gar nichts. Wenn Du respektlos mit der Materie umgehst, darfst Du nicht erwarten, dass Du Respekt von der Materie erhältst. Frage zuerst, ob Du Kontakt aufnehmen darfst, und wenn das gelingt, formuliere Deine Frage oder Deine Absicht. Wichtig ist, dass Deine Absicht eine reine ist. Dazu gleich mehr im nächsten Abschnitt.

Bei allen Tests gilt: Dein System weiß, was für Dich gut ist und was nicht und gibt Dir ehrliche und schonungslose Antworten.

Absicht und Echtheit

Der Verstand schleicht sich hier gerne in verschiedenster Form ein und gaukelt uns vor, die Intuition zu sein, und das aus verschiedensten Gründen. Du darfst also größte Vorsicht walten lassen.

Wir geben Dir einige Tipps, wie Du erkennen kannst, ob es sich wirklich um Deine innere Stimme oder um den lauten Verstand handelt. Frage Dich dabei ehrlich:

- Bist Du wirklich bereit, das "Ich" zurückzunehmen und das Gefühl in den Vordergrund zu stellen?
- Geht es Dir um die Sache oder möchtest Du Dir oder anderen etwas beweisen?
- Erzeugt eine Entscheidung in die eine oder andere Richtung schon im Vorfeld Freude oder Frust?
- Bist Du bereit, beide Seiten anzunehmen, egal was kommt? Oder weißt Du schon im Vorfeld, dass nur die eine Seite infrage kommt?
- Bist Du gerade klar und wach oder benebelt?
- Hast Du bereits Vorstellungen, wie die Lösung aussehen muss?
- Ist es ein Herzensanliegen oder geht es um eine Kopfsache?

Ergebnis Check

Wenn Du mit einem der vorhin genannten Tests ein Ergebnis bekommen hast und Zweifel hast, kannst Du Folgendes machen: Erlebe Deine Entscheidung in der Zukunft voraus. Wie fühlt es sich an, wenn Du diesen Weg gehst oder gegangen bist? Ist es stimmig für Dich? Welche Gedanken kommen auf? Wenn es passt, dann kannst Du es auch in der Realität umsetzen. Solltest Du bei diesem Vorauserleben ein schlechtes Gefühl haben, dann versuche doch die andere Möglichkeit. Fühlt sich diese besser an, dann hast Du Dein Ergebnis.

Skalarwellen und Quantenverschränkung

Ein wenig Physik darf hier nicht fehlen, vor allem, wenn Du Dich für Technik und das Wie dahinter interessierst. Nikola Tesla machte diese Entdeckung Anfang des 20. Jahrhunderts bei seinen Experimenten mit drahtloser Übertragung: Neben den üblichen Transversalwellen wie elektromagnetische Wellen, also Licht oder Radiowellen, die das elektrische oder magnetische Feld senkrecht zur Richtung haben, entdeckte Tesla Wellen, die das Feld in der gleichen Richtung aufweisen. Diese Wellen (auch Longitudinalwellen genannt) haben die grandiose Eigenschaft, dass sie Informationen über große Entfernung ohne zeitliche Differenz übermitteln können.

Unter Quantenverschränkung verstehen wir, dass der Zustand zweier Teilchen direkt miteinander verbunden ist, unabhängig vom Abstand zwischen ihnen. Eine Zustandsänderung eines Teilchens bewirkt also sofort eine Änderung eines anderen Teilchens. Also den Skalarwellen ist es egal, dass es so etwas wie die Lichtgeschwindigkeit gibt. Sie sind viel schneller. Ja, Du hast richtig gelesen: Diese Wellen haben die Eigenschaft, sich **ohne Zeitunterschied** von einem Ort zum nächsten zu bewegen, die Entfernung spielt keine Rolle. Es gibt diese Technologie bereits seit Anfang des 20. Jahrhunderts. Dagegen sehen die Glasfaser-Internet-Verbindungen sehr alt und langsam aus. Was das für unsere Kommunikation weltweit bedeutet, darfst Du gerne selbst überlegen. Aktuell haben wir ja gerade 4G, 5G, 6G, 7G, 8G... hier wird mittels extrem hohen Frequenzen versucht, das Gleiche herbeizuführen, das kann allerdings so nicht funktionieren, und außerdem ist es nachgewiesen gesundheitsschädlich. Es gibt bereits seit Jahren das (funktionierende) Experiment, ohne Zeitverzögerung auf die andere Seite der Erde zu telefonieren. Voraussichtlich wird dies nicht in kurzer Zeit marktreif sein, weil hier andere Interessen dahinter stehen.

Skalarwellen sind eine wunderbare wissenschaftliche Erklärung, dass Informationen über große Distanzen hinweg ohne Verzögerung übertragen werden können. Beispiele hierfür sind, dass eine Mutter genau in dem Moment fühlt, dass bei ihrem Kind etwas nicht stimmt, auch wenn es tausende Kilometer weit weg wohnt und die beiden schon einige Zeit keinen Kontakt hatten.

Achtsamkeit

Dieser Begriff wird in der heutigen Zeit vielfach verwendet. Und ja, wir finden, dass wir nie ausreichend Achtsamkeit haben können. Damit meinen wir Aufmerksamkeit, was im Außen, aber auch in unserem Inneren so passiert. Weg vom Leben auf Autopilot, hin zum bewussten Leben.

Dazu zwei Beispiele aus der Praxis: In Indonesien oder in Indien gibt es ganz eigene Regeln des Straßenverkehrs. Auf einer Straße, auf der in - sagen wir Europa - maximal zwei Motorräder nebeneinander fahren würden, fahren in Indonesien oder Indien mindestens vier oder sogar fünf nebeneinander. Und wenn es sich staut, wird eine weitere Spur geöffnet. Oder zwei, oder drei, gleich auf der Gegenfahrbahn und auf dem Gehsteig. Als wir zum ersten Mal auf Bali selbst auf dem Roller am Straßenverkehr teilgenommen hatten, dachten wir am ersten Tag, dass wir dort sehr wahrscheinlich einen Unfall bauen müssten, wenn wir länger als zwei Minuten in diesem Verkehrschaos fahren. Es ist aber genau das Gegenteil der Fall: Ja, es wirkt mega chaotisch, und das ist es auch - auf den ersten Blick. Das Faszinierende daran ist, dass alle in Wirklichkeit sehr achtsam fahren und aufeinander schauen. Wenn Du in Wien nur eine Sekunde lang etwas langsamer fährst oder nicht genau weißt, wo genau Du abbiegen musst, wirst Du wahrscheinlich angehupt oder bekommst lustige Handgesten gezeigt. Auf Bali auf dem Roller nimmt man Rücksicht aufeinander. Es wird auch ständig gehupt, aber als Warnung, dass jemand um die Ecke abbiegt und dort jemand gehen oder stehen könnte. Das war für uns einfach nur faszinierend. Ab dem zweiten Tag hatten wir auch so Spaß daran, dass wir manchmal eine siebte Reihe öffneten oder auf dem Gehsteig vorbeigefahren sind. Nicht, weil wir rasen wollten oder es eilig hatten, wir wollten, so wie die anderen Teilnehmen auch, den Stau so gering wie nur möglich halten. Und ja, es war auch sehr lustig, am Gehsteig zu fahren. 😀

Ein weiteres Beispiel passiert uns öfter, wenn wir bei unserem Haus abends oder nachts mit dem Auto unterwegs sind: In unserer ländlichen Umgebung gibt es viele Rehe, die dort ihre Runden ziehen. Es ist uns leider auch schon passiert, dass wir nicht mehr bremsen konnten und uns ein Reh direkt ins Auto gelaufen ist.

Es passiert aber zum Glück regelmäßig, dass wir intuitiv wissen, dass gleich ein Reh auf die Straße springen wird. Wir reduzieren dann unsere Geschwindigkeit und fahren sehr sehr vorsichtig weiter. Und tatsächlich taucht das Reh dann auch auf auf und spaziert unversehrt über die Straße. Wir hätten es mit dem Auto erwischt, wären wir mit normaler Geschwindigkeit weitergefahren. So haben wir dem Reh das Leben und uns vor den Reparaturkosten gerettet. Der Unfall mit dem Reh ist uns passiert, als wir unachtsam und gehetzt unterwegs waren. Wir konnten zu dem Zeitpunkt nicht auf unsere Intuition hören.

SMARTe Ziele und effektive Strategien

„Es gibt nur eine Qualität, die man besitzen muss,
um zu gewinnen, und das ist die Endgültigkeit eines Ziels,
das Wissen, was man haben möchte
und ein brennendes Verlangen danach,
es besitzen zu wollen.“

Napoleon Hill

Wir zeigen Dir Schritt für Schritt, wie Du

- klare und messbare Ziele setzt (das können auch Zwischenziele sein, um Deine Lebensziele zu erreichen)
- effektive Strategien entwickelst, um die Ziele zu verfolgen
- Deinen Fortschritt überwachst, um auf Kurs zu bleiben
- Deine Ziele ggf. adaptierst und neu definierst
- umsetzbare Pläne schmiedest, dass keine Ausreden aus dem Meer der Ausreden an Dich herankommen.

Na dann, los geht's!

Erfolgreiche Ziele setzen

Fangen wir mit den SMARTen Zielen an. Du hast vielleicht schon einmal von der Abkürzung SMART gehört? Die einzelnen Buchstaben stehen für **Spezifisch, Messbar, Attraktiv, Realistisch und Terminiert.**

Spezifisch: Ziele wollen konkret und klar sein. Versuche, Verallgemeinerungen und Unklarheiten bei der Zielformulierung zu vermeiden. Du brauchst eine konkrete

Vorstellung von den Zielen und wie Du Dich fühlst, wenn Du das Ziel erreicht hast. Du brauchst also präzise Aussagen, detaillierte Beschreibungen und eine konkrete Anweisung an Dich und Dein Unterbewusstsein. Anstatt Dir vorzunehmen, dass Du abnehmen möchtest, sei spezifisch und konkret und setze Dir zB folgendes Ziel: "Ich möchte in den kommenden sechs Monaten fünf Kilo abnehmen." Das ist spezifisch.

Messbar: Du sollst beim Erreichen der Ziele und nach Ablauf der geplanten Zeit das Ziel auch messen können. Reflektieren und zurückblicken, messen und lernen - das alles ist so wichtig. So können wir uns weiterentwickeln. Summen sind messbar, Zahlen sind auch messbar, so wie andere quantitative Ziele, wie Zeit oder Menge. Zum oberen Beispiel kannst Du zB das Ziel so formulieren: "Ich möchte 70 Kilo erreichen." Das ist messbar und motivierend.

Attraktiv: Um Ziele auch umsetzen zu wollen, müssen sie attraktiv sein. Wenn Ziele attraktiv sind, dann haben wir auch Lust darauf, zu starten. Wenn das Ziel attraktiv und positiv formuliert ist, dann übersteht es leichter Misserfolge und Rückschläge. Anstatt Dein Ziel zB "Ich möchte nicht mehr dick sein" zu nennen, sage doch lieber "Ich bin schlank und fit." Es ist auch wichtig, Ziele im Präsens zu formulieren, sie also so zu benennen und visualisieren, als wären sie schon erfüllt worden.

Realistisch: Für realistische Ziele helfen hier zB kleinere Teilziele, um Dein großes Ziel leichter zu erreichen. Wenn die Ziele zu groß sind, kann uns das am Anfang überfordern, weil es nicht realistisch ist. Besser ist es, wenn wir sie herunterbrechen und mit kleinen Zwischenzielen Schritt für Schritt umsetzen. So bleiben wir motiviert und umgehen leichter etwaige Hindernisse und können mit möglichen Enttäuschungen besser umgehen. Wenn Du Dir als großes Ziel vorgenommen hast, den Marathon in Wien zu laufen, aber noch nie in Deinem Leben Laufschuhe in der Hand hattest und nach 100 Metern schon ins Keuchen kommst, dann kann Dich dieses Ziel am Anfang leicht überfordern. Steck Dir also Zwischenziele, nimm Dir vor, die ersten fünf Kilometer zu laufen, leicht und locker. Dann zehn und so weiter. Kilometer für Kilometer, überfordere Dich und Deinen Körper nicht und Du wirst sehen, vielleicht nicht nächstes Jahr, aber bestimmt schon in absehbarer Zeit, wirst Du in Wien in der Zielgeraden einlaufen und den gesamten Marathon geschafft haben. Ohne danach komplett vor Erschöpfung zusammenzubrechen und mit Blaulicht eingeliefert zu werden.

Terminiert: Deine Ziele sollen einen zeitlichen Rahmen zur Erfüllung haben, eine Frist, eine Deadline. Das hilft sowohl für Deine Motivation als auch als Kontrolle für den Erfolg. Hier ist auch wichtig zu nennen, dass wir nicht erst kurz vor der finalen Deadline aktiv werden und damit unnötig in Stress versetzen. Besser ist es, rechtzeitig zu beginnen und uns mit Zwischenzielen zu helfen, um so entspannter ans Ziel zu kommen. In unserem obigen Beispiel ist die Terminierung, dass das Ziel in sechs Monaten erreicht werden soll.

> Traumwerkzeug: SMARTe Ziele. Nimm Dir Deine Ziele her und überprüfe sie mit diesem Worksheet. Sind sie SMART genug?

Ein Beispiel: Abnehmen. Spezifisch ist es sowohl mit der Zeitspanne (in sechs Monaten), als auch mit der gewünschten Anzahl des reduzierten Gewichtes (fünf Kilo abnehmen). Messbar ist es auch, wenn wir uns vornehmen, fünf Kilo in sechs Monaten abzunehmen, denn dann steht auf der Waage schwarz auf weiß, ob wir das Ziel erreicht haben. Attraktiv ist das Ziel, wenn es positiv formuliert und realistisch ist, wenn wir also nichts Unrealistisches von uns erwarten. Fünf Kilo in sechs Monaten ist realistisch, fünf Kilo in einem Monat dagegen weniger. Terminiert ist das Ziel auch, da wir eine Zeitspanne von sechs Monaten für die Erreichung des Zieles vorgeben. Wir können das Ziel in Teilziele unterteilen, zB jeden Monat ein Kilo, dann haben wir kleine Erfolgsschritte und stellen sicher, dass wir schon heute damit anfangen und nicht erst in der letzten Woche vor Ende schnell einmal fasten, um die fünf Kilo kurzfristig zu verlieren.

Wie Du siehst, gehen die SMARTen Bereiche oftmals Hand in Hand. Wenn ein Ziel realistisch ist, dann kann es zur gleichen Zeit auch attraktiv sein. Spezifische Ziele können auch gleichzeitig terminiert sein. Wichtig ist, dass Du bei der Zielsetzung alle fünf Bereiche abdeckst.

Effektive Strategien entwickeln

Wir haben für Dich sieben Techniken zusammengeschrieben, um Deine Ziele zu erreichen.

1) Schreib eine **Absichtserklärung** an Dich selbst. Es ist wichtig, dass Du Dich jetzt dazu verpflichtest, Deine Ziele zu erreichen und Du Dich wirklich dafür einsetzt und festlegst. Nichts kann Dich mehr aufhalten, Deine Ziele zu erreichen. Erzähle am besten Deiner Familie, Deinen Freunden und Deinem näheren Umfeld von Deinen Zielen. Denn wenn Du die Ziele erstmals ausgesprochen hast und mit anderen teilst, dann wird Dich das sicher noch mehr motivieren.

> Traumwerkzeug: Absichtserklärung ausdrucken, unterschreiben und gut sichtbar aufhängen.

2) **Drei Dinge** pro Tag. Es mag etwas komisch klingen, bringt aber viel. Nimm Dir jeden Tag drei Dinge vor, die Du für Dein Ziel tun wirst. Drei kleine Dinge, jeden Tag drei kleine Dinge. Du wirst sehen, was das für einen Unterschied macht, wenn Du jeden Tag dran bleibst. Wenn Du Dir als Ziel gesetzt hast, fünf Kilo in sechs Monaten zu verlieren, dann überlege einmal, welche drei Dinge Du heute dafür tun kannst.
Nummer 1: Du kannst zB Deinen Kühlschrank oder Vorratsschrank ausmisten, und all die Dinge, die zu viel Zucker enthalten, ungesund sind und Dich von Deinem Ziel abhalten, aussortieren. Schenk sie Freunden,

spende sie einem guten Zweck, denn zum Wegschmeißen ist es ja dann doch zu schade.

Nummer 2: Du kannst in der Mittagspause einen kleinen Spaziergang unternehmen. Vielleicht hast Du in der Nähe einen Wald, das wäre natürlich optimal. Geh raus an die frische Luft, beweg Dich, auch wenn es nur fünf Minuten sind. Du hast etwas getan, um Deinem Ziel näherzukommen.

Nummer 3: Du kannst auch mit fünf Minuten Yoga am Tag beginnen. So haben wir unsere Yogareise gestartet: Täglich fünf Minuten, dafür wirklich jeden Tag (na gut, ein paar Ausnahmen übers Jahr hinweg gesehen waren schon dabei, aber zu 99,97 % haben wir die fünf Minuten täglich durchgezogen). Wenn Du Dir jetzt denkst: *"Ach was, Yoga. Das ist ja nur ein bisschen Dehnen"*, dann lass Dich gerne von dem Gegenteil überzeugen.

3) **Gewohnheiten entwickeln**, die die Zielerreichung unterstützen. Wenn Dir etwas von den drei täglichen Dingen gefallen hat, dann wiederhole es doch jeden Tag. Du wirst sehen, im Handumdrehen hast Du eine gesunde Gewohnheit in Dein Leben integriert. Es heißt, dass wir 21 Tage brauchen, um eine neue Gewohnheit zu etablieren und unserem Körper, unserem Geist damit signalisieren, dass wir es ab sofort jeden Tag tun - einfach, weil es uns guttut. Welche Gewohnheit fällt Dir spontan ein, die Dir helfen könnte, Dein Ziel umzusetzen?

4) **Positivität** als das A und O. *"In jeder noch so schlimmen Situation steckt ein Geschenk."* (Können wir nicht oft genug erwähnen.) Entdecke Dein Geschenk, akzeptiere die Situation, wie sie ist. Du kannst sie nicht ändern - wenn doch, dann tu es - oder akzeptiere es einfach. Wenn Du am Sonntag nicht motiviert warst und den Tag im Bett verbracht hast, dann ist das so. Wenn Du gestern so richtig reingehaut und gefühlte 10.000 Kalorien in Dich reingestopft hast, dann ist das so. Akzeptiere es, wie es ist. Das Wichtigste: dranbleiben! Gib nicht auf, nur weil Du einen "Cheat-Day"

hattest. Nichts ist verloren, selbst wenn die Waage am nächsten Tag zwei Kilo mehr anzeigt. Das ist okay. Wenn Du weiter dran bleibst, dann bist Du schneller wieder auf der Zielgeraden, als Du denkst. Bitte schmeiß nicht alles hin, nur weil Du einen Tag mal nicht so motiviert warst. Das ist menschlich, das ist okay. Wer weiß, wofür das gut ist? Wer weiß, was Dein Geschenk ist? Bleibe daher positiv und gib nicht auf!

5)   Dann wären wir auch schon wieder bei einem unserer Lieblingsthemen, dem **Visualisieren**. Wir möchten anmerken, dass Du natürlich für das Erreichen der Ziele auch aktiv etwas tun musst - "nur" vor dem Fernseher sitzen oder auf der Couch chillen und darauf warten, dass die Ziele so "puff" erfüllt werden, spielt es nicht. Du kannst Dir aber mit Visualisierungen helfen. Es ist sehr hilfreich, dass Du Dir schon jetzt vorstellst, wie es ist, wenn Du Deine Ziele erreicht hast. Wie fühlst Du Dich? Wir können mit dem emotionalen Visualisieren unser Unterbewusstsein als Verbündeten mit ins Boot holen und so unsere Ziele leichter erreichen. Wichtig ist, dass Du selbst davon überzeugt bist, Dein Ziel zu erreichen. Eine starke Visualisierung, Dein Vertrauen in die Umsetzung und die richtigen Techniken sind sehr entscheidend dabei. Denk einmal an Dein Ziel, wie sieht das "Zielfoto" aus? Wo stehst Du? Wie siehst Du aus? Wenn Du als Ziel hast, schlanker zu sein, welche Kleidung wirst Du wieder anziehen können? Wie fühlst Du Dich? Wenn Du ein Bild von Dir gefunden hast, das Dein Ziel zeigt, dann drucke es aus, schreibe Dir ein paar Motivationswörter bzw. -sprüche drauf und hänge es dorthin, wo Du jeden Tag vorbeikommst. Garantierte Motivation pur! Du kannst es auch als Hintergrundbild auf Deinem Handy festlegen oder in Deine Geldbörse geben, dann hast Du es immer bei Dir. Als Nächstes kannst Du auch den Schritt dorthin visualisieren, wie eine Art Kinofilm. Was passiert auf dem Weg zu dem Ziel? Was unternimmst Du, welche Schritte machst Du? Je besser Du den Film vor Dir hast, desto leichter

wird er Dich auf der Reise zum Ziel unterstützen.

6) Ziele alleine reichen nicht aus, es braucht neben dem "Wohin" auch das **"Wie"**. Auf welche Weise möchtest Du das Ziel erreichen? Stimme Deine persönlichen Ziele mit den eigenen Werten, die Du Dir aufgebaut hast, überein. Werte sind zB Vertrauen, Familie, Glaube, Kreativität, Genuss, Lebensqualität, Leichtigkeit. Die Werte legen fest, wie wir uns im Leben fühlen und was wir erreichen wollen. Denn wir können nicht langfristig gegen unsere Werte handeln. Sie zeigen, was uns wirklich wichtig ist und entscheidend für den Weg zur Zielerreichung.

7) Wenn Du Deine Ziele erreicht hast, dann darf eines nicht vergessen werden: **Feiern**! Und zwar so richtig und ausgiebig. Denn hey, Du hast es geschafft. Du hast Dein Ziel erreicht und darauf kannst Du so richtig stolz sein. Als Motivation für die Erreichung Deiner Ziele kannst Du Dir schon jetzt aufschreiben, was Du machen und wie Du feiern wirst, wenn Du Dein Ziel erreicht hast. Ist es vielleicht ein Besuch in einem schicken Restaurant, der schon länger auf Deiner Wunschliste steht oder ein Städtetrip, ein Wellness-Urlaub, um Deine Seele baumeln zu lassen und neue Energie zu tanken? Egal, was es ist, schreib es gleich auf und Du wirst sehen, es steigert Deine Motivation um mindestens 1.000 %.

Fortschritt überwachen

Um den Fortschritt richtig messen zu können, ist es sehr wichtig, dass Du Dir Zwischenziele festlegst. Das ist zum einen entscheidend für Deine Motivation, zum anderen für das Messen der Ziele. So ein Meilenstein oder Zwischenziel kann etwa sein, dass Du nach einem Monat zwei Kilo abnehmen willst, wenn das Ziel ist, in sechs Monaten insgesamt fünf Kilo zu verlieren. Das kannst Du super messen, indem Du Dein Anfangsgewicht notierst inklusive des Datums, an welchem Du startest - am besten noch heute. Deine Kennzahl für die Messung ist das Gewicht in

Kilo. Bei anderen Zielen kann das eine andere Kennzahl sein, um den Fortschritt messen zu können.

Am leichtesten tust Du Dir, wenn Du im regelmäßigen Abstand Deinen Fortschritt überwachst. Du kannst Dich zB jeden Montag auf die Waage stellen oder Deine Gewichtsreduktion auch mit einem Maßband messen. (Zweiteres ist viel effektiver und zielführender.) Wenn Du das jeden Montag tust, dann hast Du eine regelmäßige Kontrolle über Deine Zielverfolgung und gleichzeitig eine Routine, die Du Dir leicht merken wirst. Wenn Du täglich die drei Schritte für Deine Ziele machst, dann wirst Du Dich auf Montag freuen und auf das Messen des Fortschrittes - glaube uns!

> Traumwerkzeug: Die "Zielüberwachung" wird Dir helfen, Deine Ziele im Überblick zu bewahren und schlussendlich auch zu erreichen.

Ziele adaptieren oder neu definieren

Was ist, wenn Du Dir als Ziel genommen hast, fünf Kilo in den nächsten sechs Monaten abzunehmen, dann aber plötzlich schwanger wirst? Du wirst bestimmt keine fünf Kilo mehr abnehmen, eher das Gegenteil. 😀 Was jetzt? Kein Stress, das ist okay, das nennt man "Leben". Denn man kann eben nicht alles im Leben planen. Jürgen pflegt immer zu sagen: *"Möchtest Du Gott zum Lachen bringen, dann mach Pläne".* Heißt jetzt bitte nicht, dass das Pläne schmieden "für die Katz" ist - sondern einfach, dass Du im Leben flexibel sein darfst und sogar sein sollst. Denn es kann alles Mögliche passieren, dass Du Deine Ziele nochmals überdenken musst. Es kann sich viel ändern. Die Gesellschaft verändert sich gerade, Jobs ändern sich ständig, Technologie ändert sich ständig und auch wir verändern uns - zum Glück - täglich. Denn nichts ist konstanter als die Veränderung. Wäre ja sonst langweilig, oder?

Wir sind gespannt, wie sich Deine Ziele ändern. Auch unsere Ziele ändern sich - nicht ständig, aber immer wieder. Wir halten dennoch an unserem Lebensziel fest, die Richtung oder die Herangehensweise kann sich ändern, aber im Grunde bleibt unser Lebensziel gleich. Zwischenziele ändern sich jedoch häufiger, was vollkommen okay ist. Manchmal ist ein Ziel schneller erreicht, als man denkt, weil diese oder jene Technologie erfunden wurde und es um einiges leichter macht. Manchmal aber ist ein Zwischenziel auch überflüssig, weil wir gleich zum nächsten springen können. Oder oder oder... Wichtig ist, nicht zu verzweifeln. Wir sind gespannt, wie sich Deine Ziele ändern. Wir sind sicher, dass Deine Geschichte einzigartig ist.

Umsetzbare Pläne schmieden

Keine Ausreden "Meer"! ☺ Deal? Du hast schon genug über Ausreden gelesen, findest Du nicht auch? Jetzt machen wir uns ans Pläne schmieden. Pläne, nicht Gusseisen oder dergleichen. Auch wenn es sicher spannend wäre, seinen eigenen Glückshuf zu schmieden. *"Jeder ist seines Glückes Schmied"* - bekommt eine ganz andere Bedeutung. Okay, zurück zum Ernst der Sache.

Du hast bestimmt schon einmal (oder so ein paar mal) Pläne geschrieben. Tagespläne, Wochenpläne, Monatspläne, Jahrespläne... was ist daraus geworden? Ist es Dir leicht gefallen, die Pläne auch umzusetzen? Oder denkst Du gerade an den Spruch mit Gott und wirfst alle Pläne über den Haufen? Wie dem auch sei, wir zeigen Dir, wie Du Pläne schmiedest, die Du mit Leichtigkeit umsetzen kannst. Du brauchst keine zigtausend Zettel, um den EINEN perfekten Plan parat zu haben. So wichtig es auch ist, Pläne zu machen: Es ist genauso wichtig, zu LEBEN und flexibel zu bleiben. Das Wichtigste von allem: Fange einfach damit an, Dinge umzusetzen. Pläne sind schön und gut, aber das Leben passiert, wenn Du zu beschäftigt bist, Pläne zu machen. Soll jetzt was heißen? Pläne machen: Ja. Zu lange damit beschäftigt sein, (perfekte) Pläne zu machen: Bitte nein. Denk Dir in diesem Moment einfach: "Lieber unperfekt starten, als perfekt zu warten."

> Traumwerkzeug: "Tagesplaner". Jetzt geht's ans Pläneschmieden, denn dann hast Du es schwarz auf weiß. Schreib es auf einen Zettel, den Du nicht mehr ignorieren oder schnell mit Return löschen kannst. Was liegt, das pickt, sagt man so schön.

Fangen wir mit dem Tagesplan an, aus dem kann sich dann später ja ein Wochen- oder Monatsplan entwickeln. Du hast bestimmt Deine Termine in einem Online-Kalender oder noch in einem richtigen Kalender notiert? Gratuliere zu Letzterem. ☺ Dann nimm den doch einmal her und notiere Dir in Deinem Tagesplaner alle Termine, die schon fix sind und feststehen. Also alle Termine, die in Deinem Terminplaner vermerkt sind. Das können Arztbesuche sein, Freundinnentreffen oder auch Veranstaltungen, für welche Du schon die Karten besorgt hast.

Dann geht es weiter, wie sieht es mit der beruflichen Situation aus? Wann bist Du in der Arbeit, wie lange dauert der Weg dorthin, wann bist Du wieder Zuhause? Trage Dir also genau die Zeiten, von wann bis wann Du effektiv damit beschäftigt bist, zur Arbeit zu kommen, zu arbeiten und wieder nach Hause zu kommen. Als Nächstes trägst Du Dir auch Deine Schlafzeiten ein, also wann Du abends schlafen gehst und wann Du morgens wach bist. Wenn Du Morgenroutinen hast, trage auch diese ein. Das Gleiche gilt für routinierte Abläufe am Abend. Hast Du andere Verpflichtungen, denen Du nachgehst, die nicht im Terminplaner stehen? Es wird Zeit, auch diesen einen Raum zu geben. Vielleicht hilfst Du in der Gemeindebibliothek mit, dann ist auch das etwas für Deinen Tagesplaner.

Wie Du siehst, Dein Tag füllt und füllt sich. Dazu kommen jetzt noch sportliche Aktivitäten, denn auch diese sollen einen Fixpunkt im Tagesplaner haben. Wenn Du laufen gehst, wenn Du ins Yogastudio gehst oder daheim Yoga praktizierst, notiere Dir all das. Alles, was Du so zusätzlich für Dich und Deine Gesundheit tust, alle Hobbys und Freizeitaktivitäten.

Auch ist es umgekehrt interessant, alle Tätigkeiten, die normalerweise nicht im Terminkalender stehen, zu dokumentieren: Zeit im Badezimmer für Hygiene, Schminken, Rasieren, WC, Computerspiele, mit Nachbarn tratschen, Fernsehen, kurz mal dies, kurz mal das. Schreibe mal wirklich alles detailliert und im Moment auf, wenn Du etwas Neues beginnst. Kannst Du schon erahnen, worauf wir hinauswollen?

Wo bleibt da die Zeit für Deine Ziele? Wann hast Du Zeit, Dich Deinen Zielen zu widmen? Und das soll bitte nicht nebenbei in der Straßenbahn sein, wo gefühlt 1.000 Stimmen kreuz und quer reden, ständige Ablenkung vorprogrammiert ist und man mit einem Ohr bei der Durchsage ist, um nicht die eigene Station zu verpassen. Nein! Du und Deine Ziele sind es wert, ungestörte Zeit zu zweit zu haben.

Wirf also nochmals einen Blick auf Deine Ziele, auf die drei Dinge, die Du jeden Tag tun willst und auf Deinen Tagesplaner. Wann hast Du Zeit dafür? Wann wirst Du Dir die Zeit nehmen? Wann trägst Du Dir im Tagesplan "Ziele umsetzen" ein? (Hier kannst Du alles eintragen, was dafür notwendig ist, wie zB eine Runde spazieren gehen). Wie viele Minuten, Stunden hast Du dafür blockiert? Nimm Dir gerne etwas mehr Zeit, Du möchtest ja dann nicht gehetzt und gestresst sein, wenn es um Deine Ziele geht.

Wenn Du erst einmal einen Tag fertig hast, füll das doch auch gleich für den nächsten aus und so weiter. Notiere Dir die Zielerreichung und Umsetzung, die Dinge, die Du jeden Tag tun wirst, als Priorität und Fixpunkt in Deinem Tagesplaner.

Spiel mir das Lied vom Erfolg

Was ist Erfolg für Dich? Wir schreiben so oft vom erfolgreichen Leben, vom erfolgreichen Beruf, von der erfolgreichen Partnerschaft und und und. Was bedeutet Erfolg? Was bedeutet er für Dich?

Kirchner schreibt von den **vier Erfolgszutaten** für Erfolg:

1) **Transpiration**

Hier geht es um harte Arbeit (hart nicht im Sinne von hart anpacken), Arbeit als Herausforderung, als Ziel. Urlaub ist dagegen Abwechslung. Es ist wichtig, dass wir beides haben. Wir können die Arbeit aber auch mit Spaß und Leichtigkeit verbinden.

2) **Vision**

Ein klares Ziel vor Augen haben. So wird klar, wofür wir "hart" arbeiten, denn Disziplin ist kein Selbstzweck, sie soll uns führen - zur Vision, die uns zeigt, was wichtig ist.

3) **Qualifikation**

Wir bringen unsere unterschiedlichsten Talente mit, jeder auf seine eigene Art und Weise.

4) **Automation**

Wir brauchen erfolgreiche Gewohnheiten statt Erfolgsverhinderer, wir brauchen zielführende Rituale und müssen Automatismen schaffen, damit wir es uns leichter machen.

Es ist wichtig, dass Du für Deine eigenen Ziele arbeitest, Deine eigenen Ziele verwirklichst. Daher ist dieses Kapitel so wichtig, um sich über die eigenen Ziele klar zu werden. Das ist oft gar nicht so einfach. Was sind unsere Ziele eigentlich?

Hoffentlich ist es Dir mit und nach dem Lesen des Kapitels klarer geworden. Denn eines musst Du Dir merken: Wenn Du keine eigenen Ziele hast, dann verwirklichst Du nie Deine eigenen Vorstellungen und wirst hingegen für die Vorstellungen und Ziele anderer benutzt. Wer im Leben keine Ziele hat, der arbeitet für die Ziele von anderen.

Kommen wir zu einem anderen Punkt. Was ist wichtiger: Input oder Output? Du denkst Dir jetzt wahrscheinlich: *"Na klar, der Output"*. Was ist aber, wenn es genau umgekehrt ist? Warum? Lass es uns Dir erklären:

Unsere Gesellschaft steuert die Art, wie wir Erfolg messen und Prestige verleihen. Je nach Zeitepoche werden Erfolg sowie erfolgreiche Menschen anders bewertet und beurteilt. Heutzutage gibt es die Top 100 Forbes Listen & Co., auf denen jährlich die 100 wohlhabendsten Menschen von Deutschland, Europa und der ganzen Welt erscheinen. Erfolgreich zu sein wird in unserer derzeitigen Epoche mit dem Besitz von viel Geld gemessen. Dadurch steuert unsere Gesellschaft auch, wie wir Menschen unsere Zeit investieren. Nämlich damit, Geld zu sammeln, um als erfolgreich zu gelten.

In Kulturen, wo um das Überleben gekämpft wird, da wird Prestige anders gesehen, da zählt es, wer ein Tier erledigt und die Gesellschaft versorgen kann. So können Erfolg und Prestige von Zeitalter zu Zeitalter und von Gesellschaft zu Gesellschaft variieren. Wir legen also fest, was Erfolg ist und was nicht. Warum sehen wir Erfolg also gleichsetzt mit einer Menge Geld? Weil Wirtschaftswachstum die Gesellschaft zusammenhält. Wenn die Wirtschaft wächst, dann lebt Hoffnung und diese Hoffnung macht Einkommensunterschiede erträglich.

Lass Dich daher bitte nicht von all diesen unmöglichen Forbes-Listen verrückt machen, sie sind jetzt in diesem Zeitalter zwar gültig, aber verlieren so schnell an Wert und Aufmerksamkeit, so schnell Du gar nicht schauen kannst. Wenn wir ihnen keine Aufmerksamkeit mehr schenken, dann werden sie sich im Sand verlaufen.

> Erfolgsdefinitionen sind Produkte der Zeit!
> Was vor 10.000 Jahren erfolgreich war,
> ist es jetzt möglicherweise nicht mehr.

Wahrer Erfolg ist der, der von innen kommt - das wussten schon die Stoiker. Sie nannten es Ataraxie, was so viel bedeutet wie Seelenruhe. Die Fassung bewahren, selbst wenn das Schicksal zuschlägt, sich nicht aus der Ruhe bringen lassen. Wir sind erfolgreich, wenn wir uns auf die Dinge konzentrieren, die wir beeinflussen können und alles andere einfach ausblenden, und zwar konsequent - ohne Ausreden. Daher gilt Input statt Output. Ahnst Du schon, warum?

Input können wir kontrollieren. Output hingegen nicht, da er von vielen Faktoren, wie etwa dem Zufall, abhängt. Somit sind Geld, Macht und Popularität Dinge, die wir nur beschränkt kontrollieren können. Wenn wir eines dieser verlieren, dann bringt uns das Unglück. Wollen wir das wirklich? Warum nicht lieber Gleichmut, Unerschütterlichkeit und Seelenruhe anstreben? Genau das macht uns langfristig glücklich, nicht der Output, nicht das Geld, nicht die Macht, nicht die Popularität auf Instagram.

Wenn Menschen Erfolg anstreben, der im Außen sichtbar wird, dann streben sie eigentlich den Erfolg an, der aus dem Inneren kommt. Manche neigen dazu, im Außen spiegeln zu müssen, wie gut es ihnen geht und wie sie sich fühlen. Sie wollen äußerlich gewinnen, um innerlich zu gewinnen. Warum also den Umweg gehen? Warum nicht die Abkürzung nehmen: Gleich direkt den Erfolg anstreben, der aus dem Inneren kommt.

Kraft der Vision

„Ihre Visionen werden nur klar, wenn Sie in Ihr eigenes Herz schauen.
Wer nur raus schaut, träumt; wer reinschaut, wacht auf.“

Carl Gustav Jung

"Manifestiere Dein Traumleben" - das liest man mittlerweile fast überall, doch was steckt wirklich dahinter? Ist es denn wirklich so einfach, wie alle berichten und schreiben? Mit der Kraft der Vorstellung und der Vision sein Traumleben erträumen bzw. erwünschen?

"Ja, das ist es!" Wir können aus eigener Erfahrung berichten, wie es mit dem Visualisieren und Visionieren funktioniert und was es auf sich hat. Bereit? Los geht's! Vielleicht kannst Du Dich noch an Jürgens Geschichte erinnern? Es war das Jahr 2020, er hatte genug von Frauen und beschloss, als Single zu sterben. Er schwor sich, wenn er - im Falle des Falles - wirklich nochmals eine Beziehung eingehen sollte, dann muss diese Frau folgende Kriterien aufweisen. Sie muss:

- unter 30 Jahre alt sein
- intelligent sein
- mindestens drei abgeschlossene Studien haben
- bereits auf der ganzen Welt gereist sein
- sich schnell überall zu Hause fühlen
- bodenständig sein
- Pflanzen und einen eigenen Garten mögen
- kinderlieb sein
- sozial engagiert sein
- natürlich hübsch sein
- mindestens 175 cm groß sein und lange Haare haben

Sein Kopf war überzeugt, dass so eine Frau (für ihn) nicht existiert. Also könnte er beruhigt Single bleiben. Was sein Kopf aber nicht wusste, dass sich so ein Wunsch erfüllen wird, wenn er dafür bestimmt ist, in diesem Leben erfüllt zu werden. So leicht kommt man dann aus den AGBs nicht mehr raus. Siehe da - welche Überraschung - im Juni desselben Jahres trat diese Frau in sein Leben.

Wir möchten Dir mit diesem Beispiel zeigen, wie sehr und wie schnell das Visualisieren funktioniert und wie wichtig Visionen sind. Bewusst oder auch unbewusst - es klappt immer.

Was sind Visionen?

Visionen können unterschiedlicher Natur sein und in die verschiedensten Bereiche fallen:

- Gesundheit: Ich möchte den Wiener Marathon unter fünf Stunden laufen.

- Beziehung: Ich möchte den Traumpartner kennenlernen.

- Berufung: Ich möchte einen Spiegel-Bestseller schreiben, der in zehn Sprachen übersetzt und in 50 Ländern der Welt verkauft wird.

- Finanzen: Ich möchte mit 40 erfolgreich in den Ruhestand gehen und für mein Leben ausgesorgt haben.

- Umfeld: Ich möchte ein Haus am See.

- Lifestyle: Ich möchte einen Camper ausbauen.

- Selbstverwirklichung: Ich möchte für zwei Monate in einem Kloster in Nepal leben wie die Mönche.

Du denkst Dir vielleicht beim Lesen dieser Visionen: *"Oh mein Gott, das geht ja nicht, das ist ja sehr unwahrscheinlich, wie soll das bei mir nur klappen?"* Gut so, denn wenn Dir Deine Träume Angst machen, dann sind sie die richtigen! Träume groß, es ist Dein Leben! Es sind Deine Träume!

Visionen zu entwickeln und diese ständig vor Augen zu haben, sind wie ein Leitstern für unsere Handlungen und helfen uns, die richtigen Entscheidungen zu treffen.

Du fragst Dich vielleicht, was unsere Vision ist? Natürlich haben wir auch eine Vision. Wir möchten glücklich und zufrieden gemeinsam unser Leben verbringen, anderen Menschen helfen und dabei von viel Sonne und Meer umgeben sein.

Was sind gute Visionen? Wie finde ich sie?

Schauen wir mal ins Wörterbuch, was wir dort zum Thema Visionen finden. Es finden sich folgende Synonyme: Zukunftsbild, Leitbild, Ideal, Utopie, Prophezeiung, Idee, Traum. Wie Du sehen kannst, haben Visionen eindeutig etwas mit der Zukunft zu tun, wie unsere Zukunft aussehen soll, wie wir sie uns vorstellen, was wir uns erträumen.

Die Verbindung zu dem Traum kommt auch aus dem Mittelhochdeutschen, wo "vision, visiun(e)" so viel heißt wie Traumgesicht. Im Lateinischen heißt es "visio", was Sehen, Ansehen, Anblick und geistige Vorstellung bedeutet. Somit ist auch hier deutlich, dass Visionen etwas mit Träumen und gesehen werden zu tun haben. Es geht um Deinen Traum, der sich zeigen möchte und den Du jetzt endlich sehen wirst!

Die genaue Definition von Vision ist ein inspirierendes Zukunftsbild, das eine Person anstrebt, motiviert und handlungsorientiert antreibt. Das zeigt sich schon dadurch, dass es sich um eine Vorstellung, ein Bild in der Zukunft, handelt, das so erfreulich und erstrebenswert ist, dass es uns täglich motiviert und zum Handeln treibt. Das ist das Ziel: Dass unsere Visionen uns motivieren und antreiben, weil wir uns so sehr darauf freuen, wenn sie in Erfüllung gehen. Wir können es kaum noch erwarten, bis wir diesen Zustand erreicht haben, denken täglich daran und freuen uns darauf. Das hilft sehr beim Visualisieren der Träume und bei unseren Visionen.

Visionen sind langfristig, sie sind oft abstrakt, können aber auch sehr konkret sein. Visionen stellen persönliche Ziele dar, dienen aber auch in Organisationen als

Richtlinie für alle Beteiligten. Die Vision ist ein Leuchtfeuer, das uns auf den Weg in die Zukunft führt. Wir definieren damit den angestrebten Zustand in der Zukunft. Die Vision dient auch als Inspirationsquelle, um uns selbst herauszufordern, zu wachsen und uns weiterzuentwickeln.

Es gibt ein tolles Beispiel der Vergangenheit, wo eine starke Vision Menschen zu Großartigem bewegt hat. Ein Beispiel hierfür ist Martin Luther King Jr. Er hatte folgende Vision: *"Ich träume davon, dass meine vier kleinen Kinder eines Tages in einem Land leben werden, in dem sie nicht nach ihrer Hautfarbe, sondern nach dem Inhalt ihres Charakters beurteilt werden."* Wie wir alle wissen, waren diese Worte Teil einer der wichtigsten Bewegungen, die zu enormen Fortschritten bei der Bürgerrechtsbewegung in den Vereinigten Staaten führte.

Wie kannst Du jetzt die Kraft der Vision für Dein **dreamly living** einsetzen? Wie kannst Du damit Dein Traumleben manifestieren?

Mit einem **Vision Board.**

Du hast sicher schon einmal davon gehört oder sogar eines gestaltet? Ein Vision Board ist eine Ansammlung an Bildern, Magazinausschnitten, Wörtern, Zitaten, Affirmationen, die das Wunschzukunftsbild darstellen. Es ist eine Visualisierung der eigenen Träume und Ziele, festgehalten auf einem Zettel oder einem großen Plakat. Du kannst Dich daran orientieren und wenn Du es jeden Tag siehst, Dich an Deine Träume erinnern und Dein Leben entsprechend priorisieren.

Einer der bekanntesten Meister für die Erstellung von Vision Boards ist Jack Canfield. Er sagt, dass es nicht den "einen" Weg oder das "eine" Vision Board gibt, sondern dass es individuell an jeden Einzelnen angepasst werden kann. Du darfst also kreativ werden. Du entscheidest darüber, wie groß es ist, was oben steht oder welche Bilder dort zu sehen sind. Es gibt im Grunde ein paar Richtlinien, an denen Du Dich orientieren kannst, sprich eine Art Guideline, aber ansonsten bist Du komplett frei in der Erstellung Deines Vision Boards.

Vision Board erstellen

Schreib Dir alles auf, was Du erreichen willst, jeden noch so großen oder kleinen Traum, Dein Vision Board hat Platz für alles. Schau Dir Deine Traumliste an und stell sicher, dass alle Bereiche abgedeckt sind: Gesundheit, Beziehung, Berufung, Finanzen, Umfeld, Lifestyle und Selbstverwirklichung.

> Traumwerkzeug: Traumliste. Du kannst Dir so viele Träume notieren, wie es sich für Dich richtig anfühlt.

Wenn Du Deine Ziele notiert hast, dann leg auch einen Zeitraum fest, in welchem Du diese erreichen willst. Das kann etwa eine Zeitspanne von einem Jahr bis hin zu 30 Jahren sein.

Wenn Du Deine Traumliste hast, dann kann es losgehen. Schritt für Schritt gestalten wir gemeinsam Dein Vision Board.

Das To-do vorab: Notiere Dir jetzt gleich in Deinem Kalender, wann Du dieses Vision Board erstellen wirst. Nimm Dir dafür drei bis vier Stunden Zeit, blockiere diese Zeit **jetzt** in Deinem Kalender. Stell zu dieser Zeit Dein Handy auf Flugmodus, dass Du ungestört bist. Diese Zeit gehört Dir und Deinem Vision Board. Dann kann es auch schon losgehen. Überlege Dir, ob Du ein Vision Board schreiben und zeichnen möchtest, oder ob Du eines digital gestalten möchtest.

1) Jack Canfield empfiehlt, dass Du auf diesem Vision Board alle Ziele notieren sollst, die Du im kommenden Jahr erfüllen willst. Das heißt, dass Du am Ende des Jahres einen Rückblick darauf werfen kannst - welche Ziele sind davon in Erfüllung gegangen und welche nicht. Wie sieht Dein Leben in einem Jahr aus? Was möchtest Du dann erreicht haben? Wer bist Du dann?

2) Sammle alle Bilder, Zeitungsausschnitte, Sprüche, Grafiken usw., die diese Ziele untermalen und Dich positiv daran erinnern. Du findest bestimmt auch im Internet eine Menge Material für Deine Ziele. Wenn das Ziel etwa eine Beförderung ist, dann kannst Du eine "Karriereleiter" hernehmen oder einen Champagner, mit dem Du darauf anstoßen wirst. Finde alle Bilder, die Deine Ziele repräsentieren und Dich inspirieren und motivieren. Wie fühlst Du Dich bei diesem Bild, was macht das mit Dir? Motiviert es Dich, gleich heute noch damit anzufangen? Bingo! Dann hast Du das richtige Bild gefunden.

3) Wenn Du alle Bilder für Deine Ziele gesammelt hast, dann geht es ans gestalten. Nimm Dir dafür ein großes Blatt Papier, ein Poster oder dergleichen zur Hand, wo Du die Bilder schön festmachen und Wörter, Zitate und Sprüche dazu schreiben kannst.

4) Beschreibe die Bilder mit Gefühlen. Wie fühlst Du Dich beim Erreichen dieser Ziele? Fühlst Du Dich geliebt, stark, gesund, frei, erfolgreich? Schreibe Dir alles dazu auf, was Dir einfällt und Dich inspiriert und motiviert.

5) Nimm Dir jeden Tag, am besten gleich nach dem Aufstehen und vor dem Schlafengehen, die Zeit, Dein Vision Board zu betrachten und Deine Ziele wieder und wieder vor Augen zu führen. Je öfter und genauer Du diese Übung durchführst, desto leichter tut sich Dein Unterbewusstsein beim Erfüllen der Wünsche. Wenn erstmals das Bild klar und die Vision stark ist, dann wird das Ziel ratzfatz umgesetzt. Halt Dich fest, es kann schnell gehen - schneller, als Du denkst.

Das Vision Board ist eine tolle Möglichkeit, Deine Ziele visuell festzuhalten und Dich damit täglich daran zu erinnern. Verwende es gerne auch beim Reflektieren und Journalen. Stell Dich vor Dein Vision Board und schließe die Augen. Stell Dir vor, dass Du all diese Ziele schon erreicht hast, dass Du Dein **dreamly living** lebst. Wie fühlt es sich an? Fühl die Zukunft, die Du für Dich schaffen wirst. Wie schaut diese Zukunft aus? Glaube daran, dass diese Zukunft schon Dein ist. Was macht das mit Dir? Sei dankbar für all das Gute, das bereits in Dein Leben getreten ist und Dein Leben erfüllt. Denke auch an alle Ziele in Deinem bisherigen Leben, die Du bereits erfolgreich erreicht hast. Genauso wirst Du auch Deine Ziele auf dem Vision Board mit Leichtigkeit erreichen - nämlich mit der Kraft der Vision. Dein **dreamly living** wartet auf Dich!

Achtung, Ansteckungsgefahr!

Der Tempel der 1.000 Spiegel

Auf einem Berg gibt es den genannten Tempel der tausend Spiegel. Eines Tages verirrt sich dort ein Hund. Als er den Tempel betritt, um dort Schutz zu suchen, sieht er sich von 1.000 anderen Hunden umgeben. Dieser Hund hat in seinem jungen Hundeleben schon viele schlechte Erfahrungen gemacht: Er wurde von vielen anderen Hunden angegriffen, bekämpft und sogar gebissen. Deswegen hat er gelernt, schnell auf Angriff zu gehen. Automatisch tut er das, was er immer macht, wenn er sich fürchtet: Er legt die Ohren an und fletscht die Zähne. Spontan sieht er sich von 1.000 anderen Hunden umgeben, die ebenso die Zähne fletschen. Das macht ihn ängstlich. Er knurrt und bellt und versucht, die anderen Hunde zu verjagen. Aber diese sind in der Überzahl, auch diese verhalten sich ängstlich und versuchen ebenfalls, ihn zu verjagen. Viele Droh- und Kampfgebärden folgen, es schaukelt sich auf, bis der arme Hund vor Erschöpfung zusammenbricht.

An einem anderen Tag kommt noch ein Hund in den Tempel und dieser freut sich, so viele andere Hunde zu treffen - er sieht auch viele Hunde, die sich freuen und mit dem Schweif wedeln. Eine so große Freude, die sich multipliziert - vor lauter Freude bellt der Hund, und 1.000 Hunde freuen sich mit ihm zurück.

Kennst Du das, wenn jemand herzhaft lacht, vielleicht sogar ohne einen Grund? Nach einer Zeit muss man einfach mitlachen, auch wenn man gar nicht weiß, worum es geht. Es ist einfach irgendwie ansteckend. Das hat zu tun mit:

Resonanz

Vom Lateinischen übersetzt bedeutet "re" zurück und "sonare" wird mit "klingen" übersetzt. Es klingt also etwas zurück. Oder wir könnten es auch so übersetzen: So wie Du in den Wald hinein rufst, schallt es auch zurück. Wir stecken also scheinbar unser Umfeld mit unserer Stimmung an - und umgekehrt. Vielleicht kennst Du auch den Versuch aus der Schule: Zwei Stimmgabeln auf einem Holz stehen nebeneinander. Eine der beiden Stimmgabeln wird angeschlagen und die Zweite klingt mit - sie wird durch den Klang der anderen Stimmgabel angestoßen, auch zu klingen. Das funktioniert allerdings nur, wenn beide Stimmgabeln die gleiche Frequenz haben. Wenn wir also mit jemandem in Resonanz gehen, bedeutet das, dass wir auf gleicher Frequenz schwingen, mitfühlen und mitdenken. Etwa so, als würde man Radio oder TV auf die Frequenz eines bestimmten Senders einstellen. Erst wenn die Frequenz stimmt, hören oder sehen wir das gesendete Programm. Möchten wir also ansteckend sein dafür, dass uns unser Glück findet, ist es ratsam, sich selbst auf die entsprechende Frequenz zu bringen. Das ist nicht immer einfach, das wissen wir, aber es ist der einfachste und auch der einzige Weg, der dazu führt, dass wir unser Traumleben anziehen und es uns findet.

Wir senden 24 Stunden täglich - ob wir es möchten oder nicht. Wir wählen selbst unsere Frequenz, auf der wir senden und auch empfangen. Deshalb ist es so wichtig, dass wir uns in der Stimmung befinden, die wir auch gerne haben möchten. Das, was Du also aussendest, kehrt auch in der Form zu Dir zurück. Ab jetzt liegt es in Deiner Verantwortung, was Du in Deinem Leben erlebst und erleben möchtest. Schluss mit Opferhaltung! Davon haben wir jetzt bereits genug Erfahrungen gesammelt. Also: Ab jetzt gestaltest Du Dein Leben so wie Du es haben möchtest und wie es für Dich gedacht ist.

Traumbegleiter? Gesucht und gefunden!

Deine Aufregung ist groß, Du bist Dir Deiner Träume und Visionen bewusst und vielleicht weißt Du noch nicht, wie genau das funktionieren soll. Das ist gut so. Wir haben Dir verschiedenste Aspekte aufgezeigt, und Du bist jetzt bereit, endlich Dein Traumleben zu erleben.

Reist Du gerne alleine, doch in der Gruppe oder zumindest zu zweit? Egal, wie Du gerne reist: Wir stehen Dir zur Hilfe, denn Du bist Teil der **dreamly living** Community und schon alleine deswegen bist Du nicht alleine. Wie heißt es so schön bei den Musketieren? Einer für alle und alle für einen!

Genau um das geht es hier auch. Es ist viel leichter, wenn wir endlich den Schritt wagen und uns unser Traumleben aufbauen, wenn wir jemanden an der Hand haben, der uns begleitet. Das soll natürlich das Buch sein. Als Ratgeber, als Unterstützung, als Seelenhilfe. Aber genauso wichtig ist eine Person in Deinem Leben, die Dich direkt vorantreibt. Jemand, der Dir zuhört, aber auch in den Hintern tritt. Das können Familienmitglieder sein, die immer zur Seite stehen und auch um 3:30 Uhr morgens abheben, wenn man sie anruft. Das kann, und im besten Falle ist es, der Lebenspartner, der mit Dir durch dick und dünn geht, alle "Auf und Ab's" miterlebt und mit Dir durchsteht. Das kann auch ein Arbeitskollege sein, der Dich motiviert, den Job zu kündigen, um endlich Deiner Leidenschaft zu folgen. Es kann aber auch jemand anderer sein aus Deinem nahen Umfeld, der einfach nur da ist und Dir weiterhilft.

Die Erwartungen

Wir erleben (leider) immer wieder einige Menschen, die mit einer gewissen Erwartung ihren Träumen entgegensehen und dann aber enttäuscht sind, dass nichts passiert. Einige davon kommen dann zu uns und erkennen, dass von selbst eher selten etwas passiert, andere wenden sich ab (und kommen dann später wieder zurück). Ja, das ist ein Naturgesetz: Von nichts kommt nichts! Wir versuchen dann immer wieder mit einem Bild etwas Klarheit zu schaffen: Manche sitzen vor einem (kalten) Kamin und erwarten, dass der Kamin sie wärmt. Prinzipiell ist dagegen ja nichts einzuwenden, aber es wäre doch ganz gut, sich um das Feuer im Kamin zu kümmern. Viele schlagen einen neuen Weg ein und erwarten, dass da einfach so der wärmende Kamin steht. Dann nehmen sie ein Stück Holz, weil man ja doch etwas investieren muss - und sagen zum Kamin: *"Gib mir endlich Wärme, dann bekommst Du das Stück Holz von mir!"* So funktioniert das aber nicht, Du wirst auf Deinem Weg vielleicht sogar selbst einen Kamin bauen müssen, oder jemanden finden, der das für Dich macht. Dann machst Du selbst mit kleineren Holzstückchen das Feuer an, und erst später gibst Du ein größeres Stück Holz auf das Feuer. Dann heißt es ein wenig warten, bis sich Deine Investition bezahlt macht bzw. Dir das liefert, was Du erwartest: **Wärme**.

Wie wäre es, wenn Du den Spieß einfach umdrehst? Anstatt bei einer Veranstaltung Dich verkaufen zu wollen, frage doch Dein Gegenüber einmal, ob und wie Du helfen kannst. Viele sind erst mal vollkommen überrascht, wenn ihnen Hilfe angeboten wird, aber es ist ein sehr effektiver und auch langfristig erfolgreicher Weg. Natürlich muss die Absicht dahinter ehrlich sein, sonst geht dieser Schuss nach hinten los. Dein Gegenüber wird Dich das Gleiche fragen und dann kannst Du loslegen und von Dir und Deinen Wunschkunden erzählen. Lass Dich überraschen, wie gut das funktioniert.

Geschäfte, Lösungen und der Preis

Vielleicht kennst Du es auch: Du bist auf der Suche nach einem Produkt oder Dienstleistung und gehst in ein Geschäft oder suchst Dir Beratung. Es kommt leider immer wieder vor, dass Menschen keine echte Lösung anbieten, sondern das Produkt oder die Dienstleistung als die beste verkaufen, bei der sie selbst die höchste Provision bekommen. Das kommt bedauerlicherweise überall vor. Es gibt immer noch Menschen, die sich zu einem Bausparvertrag überreden lassen. *"Der Berater in der Bank hat doch gesagt, dass das eine sichere Anlageform ist"*, hören wir dann. Ja, es ist sicher - für die Bank, aber bringt nichts für den Kunden. Mitarbeiter von Banken müssen ein gewisses Kontingent an Produkten verkaufen, auch wenn sie davon selbst nicht überzeugt sind. Ebenso finden wir das bei Versicherungsberatern, bei Hardware, Software, also überall, wo es darum geht, dass bestimmte Produkte oder Produktlinien verkauft werden müssen. Wenn Du das nicht glaubst, sprich mal offen mit jemandem, der in der Bank arbeitet oder gearbeitet hat.

Auch sehr interessant ist, dass Polizisten auf Streife einen bestimmten Umsatz machen müssen. Als wir das zum ersten Mal gehört haben, waren wir nicht nur entsetzt, sondern zutiefst schockiert: Es geht also gar nicht um eine Sicherheit oder um ein Bußgeld bei einem Verstoß, es geht darum, Umsatz "nach Hause" zu bringen. Es ist schon klar, dass die Mitarbeiter finanziert werden müssen, aber vielleicht wäre es eine gute Idee, Steuergelder da einzusetzen, wofür sie gedacht sind und nicht für Kriege oder Dinge, die der Allgemeinheit nichts bringen.

Kommen wir zurück zum Geschäft machen: Viele denken leider immer noch sehr kurzfristig, schnell etwas reindrücken, egal, ob der Kunde es wirklich braucht oder nicht, Geschäft abschließen, abkassieren und danke, tschüss. Diese Hard-Selling-Menschen haben kurzfristig oft mehr Erfolg als Menschen, die **echte** Lösungen anbieten. Jemand anders schickt Dich vielleicht sogar zur direkten Konkurrenz, wenn diese die bessere Lösung FÜR DICH hat als er selbst. Ja, das gibt es. Diese Menschen sind von Grund auf ehrlich, haben trotzdem oder genau deswegen den meisten Zustrom an Kunden, weil sie **echte** Lösungen anbieten und zuerst an den Kunden denken, danach an einen Preis oder Verdienst.

Mehr und mehr erkennen mittlerweile, dass ein reines Verkaufen ein schönes Beispiel einer Manipulation ist. Wenn Du einem Kunden oder Klienten eine **echte** Lösung für sein Problem lieferst, wird er bereit sein, einen guten und natürlich fairen Preis zu bezahlen.

Vielleicht hast Du von dem berühmten Feuerwehrmann Red Adair gehört: Er war ein mutiger Feuerwehrmann, der es vermag, außer Kontrolle geratene brennende Ölquellen zu löschen. Dafür konnte er natürlich im Prinzip verlangen, was er wollte, da war auch schon mehr als eine Million Dollar pro Tag drin. Warum? Die Rechnung ist ganz einfach: Die Produzenten geben sehr gerne für die Lösung - Ölquellenbrand löschen - viel Geld aus. Der Brand selbst kostet pro Tag mehrere Millionen, niemand wagt es, diesen Brand zu löschen. Eine Lösung für bloß eine Million ist also kostengünstig im Vergleich zum Verlust, der durch das Weiterbestehen des Brandes entsteht.

Frage Dich also immer nach dem **echten** Wert einer Investition und lass Dich weder von einem niedrigen Preis locken, noch von einem hohen Preis abschrecken.

Der Funke und Dein Weg

Erinnerst Du Dich an Deinen Friedhof der Träume? Oft reicht ein kleiner Gedanke an etwas, was in Dir brennt, und es beginnt in Dir zu kribbeln. Der Funke möchte das Feuer entzünden. Und es ist okay, wenn Du bislang nicht den 500-seitigen Businessplan vor Dir hast, weil Du viele Dinge gar noch nicht weißt. Und ja, da sind die Ängste, die Ausreden, Dein Umfeld, sie alle stehen am Wegesrand und möchten Dich davon abhalten, dass Du Deinen Weg gehst.

Aber wir können Dir auch sagen, dass es oft genau diese Widerstände braucht, dass Du in die Gänge kommst! Erinnerst Du Dich, dass für einen gesunden Halt auch der Widerstand in der Erde nötig ist? Also spätestens jetzt hält Dich nichts mehr zurück, zu starten.

Konflikte sind da, um gelöst zu werden

"Nicht jene, die streiten, sind zu fürchten,
sondern jene, die ausweichen."

Marie von Ebner-Eschenbach

Konflikte mit uns selbst, mit anderen, können auf dem Weg in unser **dreamly living** immer wieder auftreten. Konflikte sind grundsätzlich nicht schlecht. Sie helfen uns, nochmals genauer hinzusehen, eventuell unsere Richtung zu ändern oder uns in unserer Entscheidung zu festigen. Lehne daher Konflikte nicht von Grund aus ab, sondern schaue Dir die Botschaft dahinter an. Was möchte Dir dieser Konflikt sagen? Warum passiert Dir das gerade?

Wir erzählen Dir unsere Geschichte, bevor wir uns anschauen, welche Arten von Konflikten es gibt und wir sie verstehen, lernen und lösen können.

Wie Du schon weißt, sind wir beide als Paar zu 99,97 % einer Meinung. Wenn wir aber einmal nicht sofort der gleichen Meinung sind und zusätzlich müde oder genervt, dann fliegen auch bei uns so richtig die Fetzen. Lass Dir gesagt sein, es ist vollkommen okay, einmal den ganzen Dampf abzulassen. Es ist sogar super wichtig, dass Du ansprichst, was Dir am Herzen liegt. Noch wichtiger ist es, dass die andere Person den Wutanfall nicht persönlich nimmt, dass sie sich dessen bewusst ist, dass das gerade raus muss und nicht in einen Gegenangriff übergeht. Ja, leichter gesagt als getan. Aber es hilft enorm, wenn man sich dessen bewusst wird. Wenn bei uns solche "grrr" Momente kommen und alles sch**** ist, dann sind wir einfach füreinander da, versuchen zu verstehen und zu beruhigen. Das ist vor allem bei emotionalen Ausbrüchen und Wutanfällen notwendig und man möchte in diesem Moment am liebsten gleich per E-Mail oder WhatsApp den Schuldigen beschimpfen. Das kann schnell in böse Beleidigungen und Anschuldigungen ausarten, die man am nächsten Tag meistens bereut.

> Unsere Strategie ist es,
> dass wir bei wichtigen Entscheidungen und
> emotionalen Reaktionen eine Nacht darüber schlafen,
> bevor wir handeln oder antworten.

Bitte, bitte, bitte, einfach einmal eine Nacht darüber schlafen - probier es einfach aus. Schreib Dir in dem Moment des Ausbruchs gerne auf ein Blatt Papier, was Du der anderen Person am liebsten sofort schreiben oder an den Kopf werfen möchtest. Das hilft super! Am nächsten Tag lese Dir in Ruhe durch, was Du gestern noch sagen wolltest. Du kannst Dir sicher sein, Du wirst über Dich und Deine Wörter, Deine Wut und Deine Angst selbst lachen oder schmunzeln können. Die Welt sieht schon wieder ganz anders aus - zum Glück. Solltest Du einmal keine Zeit haben, um eine Nacht darüber zu schlafen, dann geh raus, am besten raus in die Natur, um Deinen Kopf zu reinigen. Das ist eine schnelle Variante des Über Nacht-Darüber-Schlafens.

Wie aber entstehen Konflikte? Welche Arten gibt es überhaupt? Können wir Konflikte überhaupt vermeiden?

Die verschiedenen Konfliktarten

Wir sind einfach nicht einer Meinung

Kennst Du das auch? Bei Meinungsverschiedenheiten kommt man sich leicht in die Haare. Vielleicht habt ihr unterschiedliche Erwartungen, was es mittags zu essen gibt oder wohin der nächste gemeinsame Urlaub gehen soll. Das lässt sich normalerweise relativ leicht lösen. Schwieriger ist es dann bei wirklich lebensverändernden Entscheidungen, wo man sich als Paar, unter Freunden, in der Familie oder auch im Beruf einfach nicht einigen kann und komplett konträre Meinungen hat. Solche Konflikte nennt man Sachkonflikte. Es handelt sich dabei um eine sehr sachliche und objektive Ebene und der Konflikt basiert auf Meinungsverschiedenheiten oder einer allgemeinen Unzufriedenheit. In der Regel kann man diese Art von Konflikt relativ rasch lösen. Wenn sich Deine Mutter über

Dein ewiges Zuspätkommen beschwert, dann kannst Du zB Deine Uhr um 15 Minuten nach vorne stellen, um in Zukunft pünktlich zu sein.

Welche anderen Arten von Sachkonflikten fallen Dir noch ein? Wie kannst Du sie lösen? Wichtig dabei ist, dass Du rein sachlich bleibst und nicht auf die emotionale Ebene rutschst. Du darfst solche Anschuldigungen und Kritiken nicht persönlich nehmen, es sei denn, jemand greift Dich wirklich persönlich an. Dazu gerne später mehr. Ansonsten sind solche Konflikte rein sachlicher Natur und genau so sollen sie auch behandelt werden. Versuch Dich aus der Situation herauszunehmen, versuch es objektiv zu betrachten. Was genau möchte Dir die andere Person damit sagen? Worum geht es wirklich?

Du wirst sehen, dass Du solche Arten von Konflikten in Zukunft viel leichter lösen und auch besser vermeiden kannst.

> Vielleicht fallen Dir jetzt gerade spontan Situationen ein, wo Du mit Sachkonflikten in Berührung gekommen bist. Wie hast Du sie damals gelöst? Wie würdest Du sie aus jetziger Sicht lösen? Notiere Dir gerne ein paar Strategien, um sie in Zukunft besser lösen zu können.

Wenn die Beziehung an ihre Grenzen stößt

Zugegeben, Konflikte und Streit in einer Beziehung unter Paaren sind mit Abstand - zumindest für uns - das Schlimmste. Man liebt sich doch, warum streitet man dann? Streit unter Paaren beeinflusst nicht nur die Paarbeziehung, sondern auch das nähere Umfeld: Freundschaften, die Familie leiden darunter, wenn sich ein Paar streitet und nicht in Harmonie ist. Wie können wir also Streit in der Beziehung vermeiden?

Gar nicht! Streit gehört dazu, denn Streit ist genauso wichtig wie Liebe. Das ist wieder einmal das Prinzip der Dualität. Das heißt jetzt nicht, dass wir jeden Tag streiten sollen. Es heißt lediglich, dass Du den Streit nicht vermeiden sollst, sondern wenn es einmal zu einer Auseinandersetzung kommt, diese entsprechend akzeptieren und bestmöglich damit umgehen. Schau Dir an, was Du aus diesen

Konflikten lernen kannst, denn jede Auseinandersetzung birgt eine Chance des Wachsens und Lernens. Es ist wie mit Licht und Dunkelheit, es braucht beides - und glaub uns, wenn Du den Streit erfolgreich gemeistert hast, dann wird Eure Liebe noch stärker wachsen - versprochen. Kleines Add-on: Du wirst die schönen Zeiten, die liebevollen Momente noch mehr genießen als davor.

Wie aber entstehen solche Beziehungskonflikte überhaupt? Der Grund dafür sind zwischenmenschliche Probleme, die nicht so leicht gelöst werden können. Im beruflichen Kontext ist es sehr schwierig, solche Konflikte zu lösen. Da geht es meistens um persönliche Abneigungen betreffend der Arbeitsweise, der Wortwahl, des Charakters einer Person. Wie soll man das so leicht lösen können, ohne die andere Person aus dem Betrieb zu werfen? Das kommt einem im ersten Moment natürlich als die einfachste Möglichkeit vor, heißt aber nicht, dass dann die neue Person, mit der die andere ersetzt wird, nicht auch so ist. Was dann?

Wir haben zwei kleine Tipps für Dich, mit denen es leichter gehen könnte - auch in der Beziehung. Versuch das nächste Mal, wenn Dich eine Person stört,

1) Dich in die andere Person hineinzuversetzen. Ein altes Sprichwort besagt, dass man sich in die Mokassins des anderen hineinversetzen soll. Das heißt, dass Du die Situation aus der Sichtweise des anderen betrachten sollst. Vielleicht gibt es einen Grund, warum die Person sich gerade so verhält? Vielleicht stecken Ängste, Vorurteile, Unsicherheiten usw. dahinter, die Dir so nicht bewusst sind oder waren. Ein Gespräch mit der Person zu suchen, hilft bestimmt, um Unklarheiten zu klären.

2) Dir vor Augen zu halten, welches Verhalten Dich konkret an der anderen Person stört? Versuch Dir einen Spiegel vorzustellen. Die andere Person ist dieser Spiegel. Welches Verhalten möchte die Person Dir damit spiegeln? Was möchte die andere Person damit an Dir zum Vorschein bringen? Das klingt jetzt etwas esoterisch, mag sein, aber es hilft und es ist einfach so wahr. Ein Beispiel: Wenn die andere Person unordentlich ist, nie das

Zimmer aufräumt, alles herumliegen lässt, was hat dann diese Person? Sie hat Zeit, weil sie sich nicht um die Ordnung kümmern muss und nicht mit dem Saubermachen beschäftigt ist. Jetzt kommt der Spiegel ins Spiel. Wo möchtest Du gerne mehr Zeit haben? Wo möchtest Du egoistisch sein und tun, was Dir Spaß macht, ohne auf Ordnung achten zu müssen? Was schiebst Du schon so lange auf, weil Du das Gefühl hast, Du musst vorher noch "saubermachen"? Schau genau hin. Wenn sich das erst mal zeigt, dann wirst Du sehen, dass Dich die andere Person überhaupt nicht mehr stört und Du hast einen wertvollen Hinweis für Dich und Deine persönliche Entwicklung erhalten. Somit kannst Du der anderen Person danken, dass sie Dein Spiegel war und Dir gezeigt hat, was Du selbst an Dir noch ändern kannst und darfst.

Meine Wahrnehmung ist eine andere

Uiih, das ist ein heikles Thema. Denn jeder - bewusst oder unbewusst - meistens programmiert durch die Kindheit und die früheren Erfahrungen, bewertet jede Situation komplett anders. Kennst Du das auch? Wenn die Autos auf der Südosttangente in Wien wieder einmal im Stau stehen, dann kannst Du wunderbar beobachten, wie jeder Einzelne darauf reagiert. Zu 95 % werden sie sich ärgern, schimpfen oder zumindest grantig dreinschauen. Doch dann gibt es die restlichen 5 %, die die Zeit nutzen und entweder laut Musik zur Musik mitsingen, einen Podcast hören, oder oder oder. Denn was kannst Du in dieser Situation wirklich tun? Nichts, außer warten und hoffen, dass sich der Stau bald löst. Also warum die Zeit dann nicht sinnvoll nutzen?

Wie Du siehst, geht jeder von uns anders mit gegebenen Situationen. Das führt uns gleich direkt zu den Wahrnehmungskonflikten. Unsere Einstellung zum Leben, zu verschiedenen Herangehensweisen, zu Methoden, wie wir unsere Arbeit ausführen oder unser Leben leben, unterscheidet sich von den anderen. Das ist auch gut so, denn so entsteht Heterogenität und das birgt viel Potenzial, Innovation und Kreativität. Wäre doch langweilig, wenn jeder das gleiche tut, denkt und die gleichen Ideen hat. Stinklangweilig, oder?

Das nächste Mal, wenn es zu einem Wahrnehmungskonflikt kommt, bei welchem Du die Äußerung Deines Gegenübers auf andere Art interpretierst oder er Dich falsch versteht, dann sprich das gleich offen an und warte nicht, bis Dein Ärger zu Hause größer und größer wird. Mach Dir und den anderen bewusst, dass es okay ist, wenn ihr verschiedene Zugänge und Erfahrungen habt. Das Ziel ist, die beiden unterschiedlichen Herangehensweisen zu stärken und zu nutzen.

Auch in der Familie kann es zu solchen Konflikten kommen, vor allem wenn sich Kinder in komplett andere Richtungen entwickeln und für den jeweils anderen kein Verständnis aufweisen. Meistens gehen einem dann früher oder später die Gesprächsthemen aus, man versteht nicht, warum der andere sich so verhält und man lebt sich auseinander. Das ist sehr schade und muss nicht sein. Sei daher proaktiv, versuch Dein Gegenüber aufmerksam und ohne Vorurteile zu verstehen. Findet eine gemeinsame Basis, es gibt bestimmt etwas, bei dem ihr übereinstimmt oder das beiden Spaß macht. Wenn es nur gemeinsam kochen ist, denn Essen tut jeder gerne - oder? Mahlzeit!

Wenn die Ziele nicht dieselben sind

Im Beruf tritt ein Zielkonflikt unter Führungskräften und Mitarbeitern aus jenem Grund auf, dass die Erwartung an die Ziele und die Ziele selbst nicht klar definiert bzw. unterschiedlich sind. Bevor Du also zum Arbeiten beginnst, solltest Du Dich unbedingt mit den Zielen, der Vision und Mission eines Unternehmens vertraut machen und diese auch wirklich verfolgen wollen. Wenn Du als Mitarbeiter diesen so gar nicht zustimmst, dann würden wir vorschlagen, Deine derzeitige Berufssituation nochmals zu überdenken. Denn Du bist dort fehl am Platz.

Wenn jedoch die kleineren Zwischenziele oder die Erwartungshaltung unterschiedlich sind, dann lässt sich das bestimmt klären. Wenn Dein Chef zB eine höhere Effizienz von Dir erwartet und Dich mit immer mehr Projekten zuhäuft, Du aber mehr Zeit für Dich und Deine Familie wünscht, kann das zu einem Konflikt führen. Studien zeigen - und viele Betriebe machen es bereits - dass man in weniger Arbeitsstunden viel effektiver arbeiten kann, sofern man sich auch die Pausen gönnt und eine gute Work-Life-Balance schafft. Das Deinem Chef klarzumachen, braucht

Mut und wahrscheinlich die Ergebnisse dieser Studien. (Na gut, die kann man schnell mal im Internet finden.) Vielleicht könnt ihr euch einigen, es einmal auszuprobieren. Mit Sicherheit wird er es nicht mehr rückgängig machen wollen, weil er sieht, wie effizient und produktiv Du bist.

In der Partnerschaft sind unterschiedliche Ziele meistens schwieriger "aus dem Weg zu schaffen". Denn bei grundsätzlichen Entscheidungen über das Leben kann man schwer einen Kompromiss schaffen. Wenn Du zB Kinder möchtest, Dein Partner aber nicht, dann ist das ein Grundsatzkonflikt und keiner von Euch beiden wird glücklich werden, wenn der andere "nachgibt". Setze Dich daher am besten mit Deinem Partner zusammen und sprecht darüber. Hinterfrage gerne Deine Entscheidungen und Glaubenssätze. Möchtest Du wirklich Kinder, oder möchtest Du nur aus dem Grund welche, weil Deine Freundinnen auch Kinder haben? Und umgekehrt? Warum möchte Dein Partner keine Kinder? Sucht das offene Gespräch und klärt diesen Konflikt.

Wertvolle Strategien zur Konfliktlösung

Wir haben schon viel über die verschiedenen Konfliktarten gesprochen, jetzt geht es um das Lösen der Konflikte. Hier gibt es einige wertvolle Strategien, die Du beim nächsten Konflikt anwenden kannst.

Zuallererst muss Dir bewusst sein, dass es sich überhaupt um einen Konflikt handelt. Mit Deinem Wissen kannst Du diesen bereits erfolgreich den unterschiedlichen Kategorien zuordnen und weißt daher schon, um welche Art von Konflikt es sich handelt. Das ist nicht primär ausschlaggebend, aber kann Dir beim Lösen der Konflikte weiterhelfen.

Natürlich möchtest Du den Konflikt so schnell es geht lösen, daraus lernen und wieder in Harmonie leben. Dann lies Dir die nächsten Tipps und Tricks gut durch.

- **Such das Gespräch**
  Egal um welche Art von Konflikt es sich handelt, rede mit der anderen Person darüber. Lass keine Beschuldigung, Beleidigung einfach so auf Dir

sitzen. Du darfst und musst Deine Emotionen an- und aussprechen, auch wenn die andere Person "wichtiger" ist - auch Deinem Chef gegenüber darfst und sollst Du offen kommunizieren. Das Wichtige bei diesem klärenden Gespräch ist der gegenseitige Respekt. Vor allem, wenn Emotionen im Spiel sind, können solche Gespräche schnell einmal unschön werden. Daher ist der Respekt essenziell. Mach Dir bewusst, dass auch Du respektvoll kommunizieren und zuhören sollst. Lass Deinen Gesprächspartner ausreden, fall ihm nicht ins Wort, das gehört zum gegenseitigen Respekt ebenso dazu. Auch wenn Du nicht der gleichen Meinung bist, beleidige Dein Gegenüber auf keinen Fall. Nachdem Du Dich ausgeredet hast, versuch objektiv und sachlich die Gemeinsamkeiten herauszuarbeiten. Wo kannst Du eine Lösung finden? Was verbindet Euch, wo und in welchem Bereich könnt ihr euch einigen?

- **Kommunikation**

  Das ist der Schlüssel und Erfolg, um Konflikte zu lösen. Du hast schon das Gespräch gesucht und gefunden, jetzt geht es um die richtige Kommunikation. Hierfür sind Gesprächsregeln wichtig. Formuliere keine Anschuldigungen in der Du-Form, sondern bleibe in der Ich-Form: *"Ich fühle mich nicht ernst genommen, wenn Du mich nie ausreden lässt."* Damit beschreibst Du Deine Gefühle, Deine Emotionen und beschuldigst nicht die andere Person. Ein weiterer wichtiger Punkt ist das Geben von ungebetenen Ratschlägen. Wir tendieren dazu, die andere Person belehren zu wollen und unsere Meinung aufzwingen zu müssen. Wenn aber die andere Person gar keinen Ratschlag von Dir hören möchte, dann lass das doch bitte sein. Nur wenn Du einen Ratschlag geben darfst, dann gib auch einen. Das fällt auch unter die Kategorie "auf den anderen Rücksicht nehmen". Du möchtest ja auch, dass andere Rücksicht auf Dich nehmen, vor allem in solchen Gesprächssituationen.

- **Worum geht es wirklich?**

  Bevor wir einen Konflikt lösen können, müssen wir uns erst einmal klarmachen, warum der Konflikt überhaupt erst entstanden ist. Was ist die Ursache hinter dem Konflikt? Dafür müssen wir dem anderen erlauben, die Meinung äußern zu dürfen. Nur so können wir die Ursache für den Konflikt erkennen und ihn erfolgreich lösen.

- **Neues offen begrüßen und andere Meinungen respektieren.**
Es ist wichtig, dass wir Verständnis und Respekt für die Meinungen und Ideen der anderen haben. Vielleicht kannst Du das Verhalten der anderen sogar nachvollziehen und verstehen. Wenn wir von unserem Ego-Trip runter gehen, dann können wir einander wieder näher kommen, ohne dass jeder immer seine Meinung durchboxen muss. Es ist okay, wenn wir einmal falsch liegen, wenn wir uns einmal irren. Es ist auch okay, wenn wir zugeben, dass wir einen Fehler gemacht haben, das macht uns menschlich. Wir müssen nicht immer auf unseren Wahrheiten, auf unseren Meinungen beharren, als ob wir einen wertvollen Schatz behüten wollen. Zeigen wir uns doch mit all unseren Fehlern und Facetten. Wenn wir das tun, kann so viel Neues, so viel Wunderschönes dabei herauskommen. Es können Ideen, Beziehungen und Projekte entstehen, die wir nie für möglich gehalten hätten. Lassen wir also unsere Vorurteile, unser Ego einmal beiseite und öffnen uns für unser Gegenüber. Was können wir dadurch lernen? Welche Chancen ergeben sich?

- **Übernimm Verantwortung für Dein Handeln und Deine Worte.**
Lass Dir das nochmals durch den Kopf gehen. Für unser Handeln und unsere Worte Verantwortung übernehmen. Wow, das sitzt. Wie wir schon vorhin erwähnt haben, Fehler zu machen ist menschlich und vollkommen in Ordnung. Du kannst also zugeben, wenn Du Fehler gemacht oder Dich geirrt hast. Frage Dich also bei einem Konflikt auch immer, was Du dazu beigetragen hast? Denn ein Konflikt entsteht immer bei Beteiligung von zwei oder mehreren Personen. Hinterfrage und reflektiere Dein Verhalten und Deine Worte. Was erkennst Du dann? Wo kannst Du Dich selbst verbessern? Vielleicht kannst Du jetzt auch die Worte Deines Gegenübers

besser verstehen.

Kommen wir zur Lösung. Eine Lösung setzt voraus, dass wir den Konflikt auch wirklich lösen wollen. Das ist nicht immer gegeben, manchmal streiten wir auch ohne jeglichen Grund, nur wegen des Streitens. Wenn Du aber den Konflikt wirklich lösen willst, dann hast Du bestimmt schon die eine oder andere Strategie angewendet. Du hast Deinem Gegenüber zugehört, mit Respekt begegnet, Dir eventuelle Fehler eingestanden und bist jetzt offen und bereit für eine Lösung. Du kannst jetzt Deine Vorschläge und Lösungsansätze dem anderen mitteilen. Vielleicht lassen sie sich sogar mit den Ansätzen des anderen verbinden. Ansonsten versucht einen Kompromiss zu finden und sorgt dafür, dass jeder mit der Lösung zufrieden ist.

Voilà, und schon sollte der Konflikt gelöst sein. Wenn Du noch andere Strategien zur Konfliktlösung hast, dann gib uns gerne Bescheid. Ein auf "Opossum-Taktik machen und sich tot stellen" wird auf Dauer nicht helfen. Warum also warten, dass der andere den ersten Schritt macht, wenn auch Du das machen kannst? Hab nur Mut! Opossum-Taktik und tot stellen muss nicht sein! 😂

Der Hindernis-Parcours

Auf unserer Reise ins Traumleben treten wir immer wieder vor Prüfungen. Es können Probleme auftreten, Auseinandersetzungen, Kämpfe gegen die inneren Widerstände und vieles mehr. Jetzt gilt es, uns unseren größten Hindernissen zu stellen und diese Prüfungen zu meistern. Schritt für Schritt. Egal, welche Prüfungen auf uns zukommen, gemeinsam schaffen wir das. Wir sind für Dich da und nehmen Dich an der Hand. Denn Dein **dreamly living** ist greifbar nahe und da sollte Dir kein Hindernis zu groß sein.

Das nähere Umfeld

Kurz zu uns beiden: Wir sind anders. Wir denken anders. Wir machen zu 99,97 % immer das, was uns gerade gefällt. Wir haben unseren eigenen Rhythmus und verfolgen keine Norm. Wir stellen alles infrage, was uns komisch vorkommt. *"Wir machen uns die Welt, wie sie uns gefällt"*, wie Pippi Langstrumpf sagt.

Kein Wunder also, wenn wir in der Nachbarschaft als "Aliens" gesehen werden. Also zumindest war das noch vor Kurzem der Fall, mittlerweile werden wir - so scheint es zumindest - großteils so akzeptiert, wie wir sind. Aber nicht alle sind mit unserer Philosophie und Lebensweise einverstanden.

Es ist wichtig, selbst wenn sich das nahe Umfeld quer legen will, trotzdem nicht aufzugeben. Denn jetzt erst recht! Es ist Dein Traum, Dein **dreamly living**. Natürlich sollst Du nichts aus Rache tun, niemanden etwas zu Fleiß machen, oder gar schaden. Aber wenn Du alles in Deinem besten Sinne und mit den besten Bemühungen machst, auf die anderen in dem Ausmaß Rücksicht nimmst, wie es sich gehört, dann hast Du keinerlei Grund, nicht Deinem Traum zu folgen. Nur weil andere vielleicht neidisch sind, oder aus anderen Gründen nicht mit dem zufrieden, was Du tust, heißt das nicht, dass auch Du unzufrieden sein musst. Im Gegenteil! Nimm es als Chance zu wachsen, nimm es als Gelegenheit, Dich und Dein Service zu verbessern. Aber lass Dich auf keinen Fall einschüchtern oder gar abhalten, das zu tun, was Dich erfüllt. Es wird immer Nörgler geben, es wird immer Querulanten geben und es wird immer jene geben, die Dir den Erfolg nicht vergönnen. C'est la vie! Merke Dir eines: Die Liebe siegt - immer!

Externe Einflüsse und (Corona-) Krisen

Die Welt stand still. Niemand hätte sich je ausmalen können, dass wir einmal für längere Zeit einfach "eingesperrt" werden, dass das Klopapier wertvoller ist als Gold und wir von den Terrassen ein Dankeschön an die Ärzteschaft singen. Verrückte Welt, oder? Rückblickend können wir mittlerweile darüber lachen und dieser Zeit auch Danke sagen. Wäre sie nicht gewesen, hätten wir uns nie kennengelernt und wären so schnell das unzertrennliche Paar geworden, das wir jetzt sind. Also aus diesem Grund: Danke, Corona. Danke an alle, die es in die Welt gesetzt haben.

Natürlich war die Zeit während der Krise furchtbar, keine Frage. Uns - vor allem Jürgen - hat es genauso bzw. schlimmer getroffen als andere. Wenn von einem Tag auf den anderen alles wegfällt und die Ungewissheit alles übernimmt und man nicht weiß, wann und wie es wieder "normal" weitergehen wird. Normal war gestern. Normal kommt nicht wieder. Ob das gut oder schlecht ist, das kann jeder von uns selbst beurteilen. Wir finden es im Nachhinein betrachtet sogar sehr gut. Denn hätte Corona uns nicht zum Stillstand gezwungen, hätten wir nicht in dieser Form über unser Leben und unsere Berufung nachgedacht. Wir hätten so weiter gemacht, weil es gut lief und mehr oder weniger Spaß gemacht hat. Aber richtig erfüllt hat uns das Leben und die Tätigkeiten schon damals nicht (mehr).

Daher war diese Zeit wichtig und heilsam, um zu erkennen, was unser Weg ist und wo es hingehen soll. Doch um das erkennen zu können, brauchte es den anfänglichen kurzen Nervenzusammenbruch zu Beginn der Krise. Es brauchte genau die schwierige Zeit, die wir durchlebt haben, um dann wie der Phönix aus der Asche in einem neuen Licht und mit neuen Aufgaben auferstehen zu können. Wäre also dieses Hindernis nicht in unser Leben getreten, dann wären wir jetzt nicht bei dem Punkt, wo wir jetzt sind und Du hättest vermutlich niemals dieses Buch in der Hand, das heute genau Dir helfen soll, Dein Traumleben zu leben.

Wie Du siehst, birgt jede noch so schlimme Zeit ein Geschenk. Das Geschenk ist anfangs vielleicht nicht erkennbar, aber lass Dir Zeit, habe Geduld. Es wird sich mit Sicherheit zeigen, es ist nur eine Frage der Zeit. Im Nachhinein wirst Du unglaublich dankbar sein, dass Dein Leben damals diese Kehrtwendung hingelegt hat und Du diese Änderung vornehmen musstest.

Alles für die Katz'

Im Beruf haben wir öfter mit Projekten zu tun. Das können kleine Projekte sein, wichtige oder auch tägliche, die zur Routine gehören. Wenn ein Projekt mal schiefgeht, dann ist das alles andere als schön. Wenn dann auch noch Kosten den Bach runtergehen, dann läuten meistens die Alarmglocken und man versucht, es beim nächsten Mal besser zu machen - es sei denn, es gibt noch eine Chance auf ein zweites Mal.

Wie ist das aber mit unserem Traumleben? Was, wenn das "schief" geht? Kann es überhaupt schiefgehen?

Wie viele vielleicht wissen, haben wir den Traum, auszuwintern. Der Name "auswintern" ist eine Kombination aus Auswandern und Überwintern. Also den österreichischen Winter in einer wärmeren Gegend verbringen. Das haben wir im ersten Jahr und auch im zweiten Jahr schon gut hinbekommen, ein paar Wochen bzw. jetzt sogar fast zwei Monate im Warmen verbringen. Der ursprüngliche Traum war es, in Spanien ein Anwesen zu haben, eine Gemeinschaft von Tiny Houses, sprich kleinen Häusern, mit verschiedenen Events und Veranstaltungen. Jeder unterstützt sich gegenseitig, jeder übernimmt einen Teil der Aufgaben und wir können uns großteils selbst versorgen. Aus diesem Grund waren wir schon des Öfteren in Spanien, um DAS Grundstück zu finden.

Wir dachten damals, es sei diese rosa-rotfarbene Villa, etwas abgelegen, aber dennoch in der Nähe vom Meer. Mit einem tollen Pool, vielen Oliven-, Mandarinen- und Avocadobäumen. Ein riesiges Haus mit vielen Zimmern und Bädern, also genug Platz für die Community. Wir waren schon voller Vorfreude "Ja, das ist es!" und haben Freunde kontaktiert, mit dem Verkäufer, der zufällig der Sohn der Familie ist, endlose Telefonate geführt und überlegt, wie wir das Geld zusammenbekommen könnten. Es haben sich schon Investoren gemeldet und andere Familien, die mitkommen wollten. Es schien also, als wäre es genau das Richtige. Bevor wir jedoch etwas unterschrieben und das erste Geld eingezahlt haben, hatten wir den Impuls, unsere liebe Freundin und Vaastu-Beraterin zu fragen, ob das Haus und das Grundstück denn auch "in Ordnung" seien - aus Vaastu-Sicht.

Vaastu ist die vedische Architekturlehre und um das genauer zu erklären, braucht es ein eigenes Kapitel. Kurz zusammengefasst: Vaastu, oder auch Vastu, ist eine Wissenschaft der Raumqualität und kommt von den indischen Veden. Es spielt eine große Rolle, in welcher Himmelsrichtung die Eingänge sind, wie die Größe und Dimensionierung der Räume gegeben sind und auch wann, astrologisch gesehen, der richtige Moment für die Grundsteinlegung ist.

Wir hatten ein Beratungsgespräch mit ihr und sie erstellte uns im Anschluss auf Basis der vorhandenen Informationen eine ausführliche Analyse über das Haus sowie Grundstück. Das Ergebnis war eindeutig: "Bitte so in dieser Weise nicht kaufen!" Wir waren anfangs sehr überrascht, aber haben uns die Analysen natürlich genauer angeschaut. Siehe da, es stimmte einiges mit den Fakten überein, die wir vor Ort erfahren haben. Der Eingang zB ist in der falschen Himmelsrichtung, was Diebe und Räuber anlockt - und tatsächlich, die Geschichte des Hauses zeigt uns, dass hier schon einige Überfälle und sogar Morde stattgefunden haben. Ein Haus, in das man dann doch lieber nicht einziehen möchte, oder? Sie sagte auch, dass das Grundstück eine unpassende Form habe - wir sollten also einen Teil vor dem Kauf abtrennen und separat kaufen oder jemand anderem verkaufen. Wir kontaktierten den Verkäufer und die Familie und teilten unsere Zweifel sowie Vorschläge mit. Leider hatten sie noch nie etwas von Vaastu gehört und waren nicht so begeistert wie wir, sodass sie dem anderen Interessenten das Haus schlussendlich zugesagt haben. Na gut, dann soll es wohl doch nicht sein. Wenn das Haus zu uns will, dann wird das schon passieren. (Wie sich später herausstellte, konnte das Haus noch immer nicht verkauft werden. Ob das nicht doch etwas mit Vaastu zu tun hat? 😃)

Wir sind jedoch mittlerweile sehr froh darüber, das Haus nicht gekauft zu haben, weil wir von einem lieben Freund erfahren haben, dass es in dieser Gegend im Sommer bis zu 50° haben soll. 50!! Kein Wunder, dass jedes Zimmer eine Klimaanlage hat. Sprich, den Sommer draußen verbringen geht nur in den frühen Morgenstunden oder spätabends. Auch nicht vorteilhaft.

Wie Du siehst, sind wir sehr dankbar, dass das Projekt so nicht umgesetzt werden konnte und wir noch immer auf der Suche nach DEM Traumgrundstück sind. Wir sind mittlerweile auch offen für andere Länder und Kulturen, es muss nicht unbedingt Spanien sein. Es war also nicht alles für die Katz', auch wenn wir damals sehr enttäuscht waren und dachten, dass das Haus unser sein wird. Aber wir sind uns sicher: Es kommt etwas Besseres!

Wir möchten Dir damit sagen, dass Du nicht traurig oder enttäuscht sein sollst, wenn Dein vermeintlicher Traum sich nicht so erfüllt, wie Du es planst oder denkst. Dein Traum hat etwas viel Besseres für Dich parat! Du kannst es in dem Moment vielleicht noch nicht sehen oder erahnen, aber sei geduldig, zum richtigen Zeitpunkt wird der richtige Hinweis kommen. Und bis dahin heißt es: durchhalten. Mehr dazu liest Du im Kapitel "Die Kunst des Durchhaltens".

Umgang mit Rückschlägen

Ein schönes Sprichwort lautet: Gehe zwei Schritte nach vorn und einen zurück. Wir ergänzen hier: Hole tief Luft und gehe dann drei Schritte wieder nach vorn.

Manchmal fühlt sich das ganze Leben einfach sensationell an, alles läuft wie am Schnürchen und wir sind rundum gesund und glücklich. Es könnte besser nicht laufen. Kennst Du diese Zeiten?

Und dann passiert es: ein Autounfall, der Tod eines lieben Menschen, ein Diebstahl oder eine schwere Krankheit. Was trifft auf Dich zu, was hat Dich so richtig aus der Bahn geworfen? Was war Dein Hindernis?

Das Leben ist unberechenbar und das ist auch gut so. Was wäre es schon für ein Leben, wenn wir alles genau wüssten und uns nichts mehr überraschen könnte? Wenn jeder Tag genau gleich wäre?

Trotzdem fällt es uns in diesem Moment sehr schwer, wieder den Weg zurück in Richtung Traumleben zu finden. Es ist und bleibt für uns ein Hindernis, wenn etwas so Unerwartetes in unser Leben tritt und unser Leben komplett auf den Kopf gestellt wird. Lass Dir sagen, es ist okay, wenn Du in diesem Augenblick nicht weißt, wie es weitergehen soll, wenn Du Dich von Tag zu Tag kämpfst.

> Wir lachen kaum mehrmals beim gleichen Witz. Warum regen wir uns dann immer wieder über die gleichen Dinge auf?

Gerade in diesen Zeiten sind die Hilfen der Familie, der Freunde, der Nachbarn Gold wert und diese auch anzunehmen, ist auch vollkommen okay. Mit der Hilfe anderer können wir es schaffen, das Licht am Ende des Tunnels (schneller) zu erblicken. Denn gemeinsam sind wir stärker - egal was kommen möge - gemeinsam schaffen wir das!

Egal, welches Hindernis, welcher Rückschlag Dich treffen wird, akzeptiere es, nimm es, so wie es kommt. Geh da durch und lauf nicht davon. Es wird für etwas gut sein, das wirst Du später dann erfahren. Gib Dich Deinen Gefühlen hin, lass sie zu, lass alles raus. Wenn erstmals die erste dunkle Zeit vorbei ist, werden die Tage wieder heller, dann strahlt die Sonne kräftiger und das Leben ist nicht mehr so grau, wie es anfangs noch war. Gerade in diesen schlimmsten Momenten erinnere Dich an Dein Vision Board, nimm es zur Hand und schau es Dir jeden Tag oder auch mehrmals täglich an. Orientiere Dich an Deinen Zielen und Deinem Traumleben. Nutze es als Halt und Kraft, um nach vorn zu schauen und das große Ganze im Blick zu behalten. Denn nach jeder Nacht kommt der Tag, nach jeder Dunkelheit das Licht und jede schwierige Phase lässt Dich die Guten viel mehr wertschätzen und genießen.

Unser Geist hält uns gefangen

Wie? Unser eigener Geist, unser "mind" soll uns gefangen halten? Kurt Tepperwein schreibt in seinem Buch "Die Kraft der positiven Psychologie", dass der Mensch zwar frei ist, doch überall in Ketten liegt. Die positiven Gedanken, Worte und Handlungen sind hier die Ketten aus Gold, die negativen wiederum aus Stahl. Was können wir also tun? Müssen wir uns unserem Schicksal, unserem "mind" hingeben? Natürlich nicht!

Wir können frei sein. Wie? Indem wir aus einer erweiterten Perspektive heraus denken, aus dem "höheren Gut" und so können wir die Ketten schließlich lösen. Tepperwein vergleicht das Ganze mit einem Spinnennetz. Wir müssen erkennen, dass wir nicht das Netz sind, sondern jenseits davon. Wir müssen also die ganze Perspektive sehen. Sonst verfangen wir uns in unseren eigenen Spinnweben und sind niemals frei. Welche Umstände halten uns also davon ab, frei zu sein, frei zu denken und frei zu leben? Was behindert und blockiert unseren Geist?

- **Angst, sein wahres Ich zu sein und zu leben**
  Hier geht es darum, es anderen recht machen zu wollen, um keine unangenehmen Konsequenzen zu erfahren. Stell Dir einmal vor, was passieren würde, wenn Du zu Dir selbst stehst und Dein wahres Ich lebst, also tust, was Du alleine für richtig hältst? Was kann wirklich passieren? Meistens sind diese unangenehmen Konsequenzen nur in unserem Kopf präsent. Wahren Frieden finden wir, indem wir unseren eigenen Weg finden und diesen auch kommunizieren. Hilfreich dafür sind Fähigkeiten, wie sich selbst durchsetzen zu können, Mitgefühl und Kreativität. Es ist okay, auf andere Rücksicht zu nehmen, aber es darf niemals okay sein, sich für andere so zu verbiegen, dass man nicht mehr sein eigenes Ich lebt. Solange Du die Grenzen Deines Selbst und die anderer akzeptierst und

respektierst, ist alles gut. Du darfst und sollst Deinen Weg gehen, sei also gerne auch mal rücksichtslos. 😊

- **Drogen oder andere Abhängigkeiten**

  Alkohol, Drogen, Zucker und dergleichen sind im Grunde Süchte, die uns auf ein Thema hinweisen wollen. Warum trinken Alkoholiker? Sie möchten der Welt entfliehen. Warum gibt es Raucher? Sie schaffen damit Entspannung. Somit sind Drogen aller Art nur ein Ersatz. Wichtiger ist es, sich auf das Thema dahinter einzulassen und zu schauen, was diese Sucht auslöst.

- **Die Sucht nach Harmonie**

  All jene, die harmoniesüchtig sind, haben es schwer, wenn es um das Thema Konflikte geht. Sie gehen diesen regelrecht aus dem Weg, um ja keine Disharmonien zu schaffen. Jeder Konflikt ist eine Bedrohung, der sie nicht imstande sind, zu begegnen. Dahinter stecken Abhängigkeiten und erlebte Konflikte sowie die daraus entstandenen traumatischen Erfahrungen aus der Kindheit. Ein Beispiel: Der Harmoniesüchtige hat eine ungesunde Beziehung zu sich selbst und wenn er in einer Beziehung unter Druck steht, dann muss er diese beenden, was wiederum dazu führt, dass er sich von seiner Angst vor Disharmonie bestätigt fühlt. Ein ewiger Teufelskreis, wenn wir den wahren Grund dahinter nicht erkennen und lösen. Das Ziel ist es, zu verstehen, dass wir mit den anderen nicht immer einer Meinung sein können und müssen - das heißt nicht, dass wir uns weniger lieben oder respektieren.

> Gehe oder fahre zu einem sehr lauten Platz oder besuche das nächste Mal eine Veranstaltung, wo es nur so an Personen wimmelt. Dann - inmitten des Lärms - spüre in Dich hinein. Spüre Dich und den Teil in Dir, der immer da war und ist. Denn es gilt zu erkennen, dass das wahre Selbst nicht durch Disharmonie beeinträchtigt werden kann.

• Konditionen und Muster

In Indien werden Elefanten von klein auf trainiert, um zahm zu bleiben. Sie werden als Kind mit einem Lasso an ihrem Fuß an den Strauch befestigt. Später bleiben sie auch noch als Erwachsene in dieser Konditionierung, obwohl sie mit Leichtigkeit den Strauch ausreißen und sich somit befreien könnten. Auch wir könnten uns mit Leichtigkeit von unserer Abhängigkeit, unseren Mustern befreien. Wie? Indem wir lernen, uns selbst von außen zu betrachten. Gehe dafür in die Ruhe und finde dadurch zu Deinem wahren Ich.

• Vorstellungen

Wenn Du Single bist, dann hast Du vielleicht eine genaue Vorstellung von Deinem Traummann: Er muss 1,80 m groß sein, blonde Haare haben, muskulös und sportlich, gut aussehend, beruflich erfolgreich und vieles mehr. Das kann gut gehen und genau diese Person steht eines Tages vor Dir. Das kann aber auch dazu führen, dass Du Deinen eigentlichen Traumpartner übersiehst. Wenn Du nur auf diese eine Person und Deine Vorstellungen fixiert bist, dann hältst Du Dich in dem gefangen. Denn wir glauben, für die Erfüllung gibt es nur den einen bestimmten Weg. Wir dürfen also lernen, uns von Vorstellungen zu lösen und uns nicht von ihnen besessen zu machen.

- **Wenn ...**

  Kennst Du auch diese berühmten Wenn-Sätze? Wenn der Traumpartner erst einmal da ist, dann bin ich wieder glücklich. Wir leben in einer Bedingung und machen uns abhängig. Es ist an der Zeit, Deine Bedingungen zu erkennen und Verantwortung für Dein Leben zu übernehmen. Denn nur Du alleine, mit Deinem Denken, Deinem Sein, Deinem Können, bestimmst, was Du tust und wie.

Es ist menschlich, Bedürfnisse zu haben. Wir haben zB das Bedürfnis zum Atmen, Essen und Schlafen. Diese Bedürfnisse sind immer positiv und konstruktiv. Wir haben niemals das Bedürfnis, jemanden zu töten, das ist kein echtes Bedürfnis. Früher war es notwendig, seine Bedürfnisse mit Gewalt zu erfüllen - fressen oder gefressen werden, lautete das Überlebensmotto. Heutzutage leben wir aber in einer neuen Zeit, wo wir, ohne den anderen schaden zu müssen, unsere Bedürfnisse erfüllen können.

Bedürfnisse kreieren auch in gewisser Weise Abhängigkeiten. Wir können uns den Abhängigkeiten der modernen Welt zwar entziehen, aber die völlige Entsagung und der Rückzug ins Nirgendwo wird das nicht erreichen. Nicht unsere Bedürfnisse direkt schaffen Abhängigkeiten, diese entstehen, wenn wir Vorstellungen darüber haben, wie und durch wen oder was unsere Bedürfnisse erfüllt werden sollen. Wir genießen also das Leben nicht mehr, sondern leben in Abhängigkeit. Als Kind ist es völlig normal und wichtig, dass wir unsere Eltern als Bezugspersonen hernehmen und sie dafür verantwortlich machen, zu überleben. Doch später sind wir eigenständig und für die Erfüllung unserer Bedürfnisse selbstverantwortlich. Dies einem anderen Menschen zuzuschreiben, macht uns eben abhängig.

> Wir dürfen uns der Erfüllung unserer Bedürfnisse stellen und diese auch durchsetzen. Wir selbst sind für die Erfüllung unserer Bedürfnisse zuständig und haben das Recht, uns dafür zu öffnen. Wir dürfen nur dem Leben nicht vorschreiben, wie das geschehen soll, um nicht abhängig zu werden.

Probleme, die keine Probleme sind

Gehörst Du zur Gruppe der "Problemverdränger", der "Problemfürchter" oder zur Sorte der "Problemnutzer"?

Probleme sind stets **für** uns da. Wir können versuchen, die Probleme zu verdrängen, indem wir zB das Schreiben des Finanzamts oder die Strafen ignorieren. Doch damit werden die Probleme nicht beseitigt, im Gegenteil, sie werden nur noch größer oder teurer. Wenn wir Probleme fürchten und sie umgehen, muss uns bewusst sein, dass sie trotzdem noch immer da sind. Wir können Probleme nicht so einfach "wegwünschen" oder "wegmachen".

Warum werden Probleme eigentlich immer negativ gesehen? Es gibt kaum Menschen, die sich über Probleme freuen. Warum ist das so? Wenn man sich den Kern von Problemen anschaut, dann ist eigentlich klar: Wir sollten uns über Probleme freuen. Wie jetzt? Echt?

Ja! Probleme sind eine tolle Gelegenheit. Sie sind ein Geschenk des Lebens, um an uns zu arbeiten, um uns weiterentwickeln zu können und um zu wachsen. Diese Geschenke der Entwicklung kommen nicht einfach so. Wir bekommen sie genau dann, wenn unsere Seele meint, *"So jetzt könnten wir wieder ein Stück wachsen"* und sie weiß, dass wir die Probleme auch wirklich lösen können.

Du glaubst uns noch immer nicht, dass Probleme eine echte Chance sind? Dann lass uns das Wort "Problem" einmal genauer analysieren. Woher kommt das Wort Problem? Aus dem Griechischen übersetzt bedeutet das Wort "Problem" so viel wie "das, was (zur Lösung) vorgelegt wurde." Da haben wir es also! Das Problem fordert also eine Lösung. Es fordert uns auf, ein Hindernis zu überwinden, sprich den Hindernis-Parcours mit Bravour zu meistern und eine Lösung für uns zu finden, um uns auf dem Weg weiterzuentwickeln.

> Eine kleine Aufgabe für Dich: Wenn Du das nächste Mal vor einem Problem stehst, dann betrachte es aus dem Blickwinkel der folgenden drei Punkte: IST-Zustand, ZIEL-Zustand und HINDERNIS-Analyse.

Hindernisse erfolgreich lösen

1) **IST-Zustand**

   Was ist los? Beschreibe diesen Zustand vollkommen wertfrei, zB: Das Auto funktioniert nicht.

2) **ZIEL-Zustand**

   Wie soll es sein? Was will ich und wie hätte ich es gerne? Ein Ziel-Zustand ist zB: Das Auto funktioniert wieder.

3) **HINDERNIS-Analyse**

   Worin besteht das Hindernis? Welche Lösungsansätze gibt es? Ich kann wegen des defekten Autos einen Mechaniker rufen, selbst nachschauen, warum es nicht geht oder den Kumpel ums Eck, der sich leidenschaftlich mit Autos beschäftigt, anrufen. Wie Du siehst, gibt es viele Möglichkeiten, das Problem zu lösen.

Mach vor dieser Aufgabe davor unbedingt zuerst den Rundum-Check, um die bestmöglichen Antworten zu erhalten. Das geht so:

- Prüfe, ob Du mental klar bist, mit Deinem ganzheitlichen Denken in Kontakt stehst.

- Prüfe, ob Du emotional ausgeglichen bist, wenn nicht, dann nimm Deine Emotionen bewusst wahr und erlaube Dir, diese wertfrei zu spüren.
- Prüfe, ob Dein Energiefeld stressfrei und klar ist, und mach notfalls einen Waldspaziergang oder Ruhepause.
- Prüfe, ob Du spirituell mit Deinem höheren Selbst, mit der höheren Kraft verbunden bist. Das ist besonders wichtig, wenn Du auf Hilfe von oben angewiesen bist. Halte ein paar Minuten inne, mache eine Meditation oder bete, um diese Kraft zu spüren.

Viel Glück - wir glauben an Dich!

Prokrastination - oder auch:
Die Aufschieberitis

"Nicht weil es schwer ist, wagen wir es nicht,
sondern weil wir es nicht wagen, ist es schwer."

Seneca

Wer kennt das auch? Den berühmten Satz: Morgen fange ich endlich damit an, um endlich ... Das kann etwa das Ziel sein, abzunehmen, mehr Sport zu machen, mehr Bücher zu lesen, mehr Zeit in der Natur zu verbringen und vieles mehr. Vielleicht sind es auch mehrere Dinge, die Du Dir vorgenommen hast? Egal, was es ist, den meisten von uns geht es dann am besagten nächsten Morgen nicht anders als am Tag davor, es kommen Ausreden (hast Du schon Deine Lieblingsausrede aus dem Kapitel "Das Meer an Ausreden" parat?) und wieder beginnst Du nicht mit der Umsetzung Deiner Ziele.

Wir kennen das nur allzu gut, wir schieben - uns eigentlich Wichtiges - auf, bis es entweder zu spät ist oder wir nie die Zeit dafür haben. Wenn wir aber ständig nur auf den richtigen Zeitpunkt warten, um zu starten, entgehen uns wertvolle Möglichkeiten und Chancen.

Wir möchten Dir in diesem Kapitel zeigen, wie Du Deine Aufschieberitis besiegst und Dich mit ihr versöhnst.

Deadlines setzen

Uns hilft es sehr, wenn wir uns Fristen setzen, wie auch mit diesem Buch. Wir wussten, da gab es keinen Weg mehr zurück, Tickets werden verkauft und ein fertiges Buch wird erwartet. Eine Deadline, die strenger nicht sein könnte. Am Anfang war da natürlich Panik, *"Aaaah, es gibt einen Termin für eine Vorlesung und noch kein fertiges Buch"*, aber wir lieben die Challenge und brauchten diese

Deadline, um das Buch endlich fertigzustellen. Sonst hätten wir wahrscheinlich im Jahr 2034 noch kein Buch geschrieben und Du würdest jetzt keinen **dreamly living** Reiseführer in den Händen halten.

Daher ist es so wichtig, sich Deadlines zu setzen und diese Deadlines dann in "Unter"-Deadlines aufzuteilen. Sprich, was möchtest oder musst Du in dieser Woche noch erledigen, um Deine Deadline auch erreichen zu können? Es ist wichtig, einen Überblick über die Aufgabe zu behalten und sich diversen externen Faktoren bewusst zu werden, die auftauchen und das Erreichen des Zieles eventuell verzögern könnten. Eine Deadline ist auch wichtig, dass das Ziel und die Entscheidung für das Ziel eine entsprechende Wichtigkeit erhalten. Deadlines werden bestimmt auch Dir helfen, um ins Tun zu kommen.

To-do-Listen schreiben

... denn das erhöht Deinen "Return on Energy", wie Brian Tracy in seinem Buch "Eat That Frog" so schön schreibt. Wir haben in dem Kapitel "SMARTe Ziele und effektive Strategien" Ziele definiert und Pläne geschmiedet, schauen wir uns nun diese berühmten To-do-Listen genauer an. Warum ist es so wichtig, Pläne zu schreiben?

Weil wir uns mit dem Zeitaufwand von ungefähr zehn Minuten, die es braucht, um Pläne zu machen, uns über den Tag hinweg bis zu zwei Stunden an Zeit sparen können. Das liegt daran, dass wir unsere Zeit nicht verschwenden und viel produktiver sind. Es ist so leicht, aber dennoch tun wir es viel zu selten. Damit ist jetzt Schluss.

Wir haben seit Kurzem etwas Neues für uns entdeckt, das nennt sich - Trommelwirbel - **Gantt-Diagramm**. Benannt nach seinem Erfinder ist es ein wichtiges Tool im Projektmanagement, um zeitliche Abfolgen und Aufgaben übersichtlich darzustellen. Wir sind davon begeistert, denn dadurch sehen wir auf einen Blick, was gerade ansteht, Priorität hat oder welche Aufgabe vor der Erfüllung einer anderen notwendig ist. Das Wichtigste, wir sehen genau auf einen Blick, was wir uns in welcher Woche vornehmen und was wirklich realistisch möglich ist.

> Traumwerkzeug: Schreibe Deine To-do-Liste à la Gantt-Diagramm. Damit behältst Du Deine Ziele im Überblick und bleibst dabei noch realistisch.

Nimm Dir zB am Sonntagnachmittag zehn Minuten Zeit dafür. Welche Projekte stehen für die kommenden Tage oder Wochen an? Du trägst alle Projekte links in die Spalten und die Tage oder Wochen in die Zeilen oben ein. Somit behältst Du einen Überblick über Deine Projekte. Die Projekte können unterschiedlicher Natur sein, vielleicht ist gerade einiges am Haus zu renovieren, dann darfst Du das auch als Projekt hinschreiben. Uns hilft es, wenn wir die Projekte grob definieren und dann in kleinere To-dos unterteilen. Zum Beispiel war unser Ziel die Musical-Buch-Show und dafür haben wir uns To-dos wie zB das Buch fertig schreiben, setzen, bestellen und vieles mehr gesetzt. Viel Spaß beim Ausprobieren!

80/20 Regel

Du kennst bestimmt die 80/20-Regel, oder? Sie wird auch **Pareto-Prinzip** genannt, nach ihrem Erfinder, dem italienischen Ökonomen Vilfredo Pareto. Er erkannte bereits 1985, dass alle Aktivitäten der 80/20-Regel zuzuordnen sind. So machen etwa 20 % unserer Aufgaben 80 % der Resultate aus, oder 20 % der Kunden bringen 80 % des Umsatzes. Genau das Gleiche gilt auch für Deine Aufgabenliste: Ein oder zwei der Aufgaben sind mehr wert als die restlichen. Diese Aufgabe gilt es zuerst zu erledigen. Leider schaffen es die wenigsten Menschen, dass sie sich auf diese 20 % der Aufgaben konzentrieren und diese auch erkennen.

Kennst Du das auch? Du warst den ganzen Tag super beschäftigt, aber hast nicht wirklich etwas erreicht? Das ist genau das Pareto-Prinzip. Du hast nur diese Aufgaben erledigt, die keinen oder kaum einen Wert haben. Die wertvollsten Aufgaben jedoch sind die schwierigsten und kompliziertesten. Die Belohnung für diese Aufgaben ist jedoch so viel höher als all die weniger wertvollen und macht Dich am Ende des Tages entsprechend erfüllter. Das Wichtigste des Pareto-Prinzips ist: Konzentriere Dich zuerst auf die Aufgaben der oberen 20 %, und erst wenn Du wirklich alle diese Aufgaben erledigt hast, dann kannst Du Dich den 80 % widmen.

Wie aber erkennst Du diese 20 %? Schau Dir mal Deine To-do-Liste an. An welche Aufgaben, wenn Du sie erledigt hast, wirst Du Dich voller Stolz und mit Freude am Abend zurückerinnern? Welche haben einen Wert, dass sie für Dich bedeutend sind? Und welche Aufgaben sind so belanglos, dass Du am Ende des Tages gar nicht mehr weißt, dass Du sie überhaupt erledigt hast. Für uns ist es eine wertvolle Aufgabe, das Buch zu schreiben. Wir brauchen zwar immer ein wenig, um in Schwung zu kommen, aber wenn einmal der Timer für die 90 Minuten Schreibzeit läuft, dann sind wir immer überrascht, wie schnell die Zeit schon wieder vorbei ist.

Was erfüllt Dich am meisten? Woran möchtest Du Dich am Abend erinnern und stolz zurückblicken, weil Du diese eine Aufgabe heute erledigt hast?

Mit Blick in die Zukunft

Wenn wir uns die langfristigen Ziele vor Augen führen, dann treffen wir heute bessere Entscheidungen. Warum? Weil wir langfristig denken und nicht nur von heute auf morgen. Wieso macht das einen Unterschied? Weil wir dadurch immer unser Traumleben im Blick haben und alles tun, um es zu erreichen. Wir gehen keinen Kompromiss ein und entscheiden uns bewusst für unsere Ziele.

In den vorherigen Kapiteln haben wir schon an Deinem Traumleben gearbeitet, die Ziele festgelegt und Pläne geschmiedet. Wenn Du also eine Entscheidung fällen musst, dann denk bitte immer an diese Ziele und an das, was ist, wenn Du sie erreicht hast. Du wirst sehen, Dir wird es leichter fallen, gewisse Entscheidungen zu treffen oder eben nicht.

Wenn Du etwa ein paar Kilo abnehmen willst, um im Ballkleid so richtig gut auszusehen, dann halte Dir dieses Bild immer vor Augen. Wie Du die Treppen hochsteigst und die Blicke auf Dich ziehst, weil Du einfach umwerfend bist. Wenn Du an diesen Moment denkst, wie schwer fällt es Dir dann, für einen Snack im Büro den Apfel anstatt den Schokoriegel zu wählen?

Kreatives Prokrastinieren

Wie, was? Wir sollen jetzt doch prokrastinieren? Wir wollen Dir ja Tipps geben, die helfen, der Prokrastination zu entkommen.

Wieso trotzdem kreativ prokrastinieren? Mal ehrlich, jeder tut es - früher oder später. Selbst die sehr erfolgreichen Manager, die prokrastinieren. Es liegt aber an der Art und Weise, wie die Prokrastination zum Einsatz kommt. Wo ist also der Unterschied? Erfolgreiche Prokrastinierer schieben jene Aufgaben auf, die wenig Wert haben und nicht wichtig sind.

Denk also noch mal zurück an die 80/20-Regel, welche Aufgaben auf der Liste fallen in diese Kategorie? Erkenne sie und gib Dir den Segen, dass es okay ist, wenn Du sie heute nicht erledigst. Du darfst eine der Aufgaben gerne auf morgen verschieben, das ist vollkommen okay. (Oder vielleicht ganz von Deiner To-do-Liste streichen, wenn sie überhaupt nicht mehr relevant sind.)

Das nennt sich auch bewusstes Prokrastinieren. Welche Aufgaben kannst Du weglassen, welche musst Du vielleicht gar nicht mehr machen, welche sind nicht mehr wichtig? Wende das nullbasierte Denken an. Betrachte die Aufgaben immer aus der Sichtweise eines neutralen Standpunktes, bevor Du damit beginnen möchtest. Nur weil Du es immer schon gemacht hast, würdest Du auch wieder damit beginnen, vor allem mit dem Wissen, das Du jetzt hast?

Was hat sich bei Dir geändert, statt Single-Leben eine Partnerschaft und Dein Leben auf einmal mit jemand anderem teilen? Oder umgekehrt, welche Tätigkeiten sind weggefallen, als Du wieder Single warst? Schau Dir also neutral und auch kritisch Deine Liste an: Welche Aufgaben haben keinen Bestand mehr? Welche Aufgaben machst Du nur, weil Du sie immer schon gemacht hast? **Welche Aufgaben machst Du anderen zuliebe, wo Du eigentlich lieber "Nein" gesagt hättest?**

ABCDE Methode

Du hast ja bereits Deine To-do-Liste verfasst. Das ist ein wichtiger Schritt, um effektiv und effizient zu arbeiten und erfolgreich zu sein. Jetzt kommt die ABCDE Methode ins Spiel.

Schau Dir jetzt Deine To-do-Liste von vorhin an und setze ein "A" zu all jenen Aufgaben, welche die wichtigste Priorität haben und heute erfüllt werden müssen, da sonst drastische Konsequenzen drohen. Das kann etwa ein wichtiges Meeting oder das Abgeben eines Berichtes sein. Wenn Du mehr als eine Aufgabe mit einem "A" versiehst, dann gliedere diese in A1, A2, A3,... um hier auch die Prioritäten nochmals zu unterstreichen.

Als Nächstes kommt das "B" dran. Das setzt Du zu allen Aufgaben, die Du heute machen solltest. Im Vergleich zum "A" drohen hier nicht so drastische Konsequenzen, wenn Du sie nicht erledigst, es kann nur sein, dass jemand traurig oder es Dir unangenehm ist, wenn Du die Aufgabe nicht an dem Tag erledigst. Das kann etwa ein Rückruf sein oder eine E-Mail, die Du beantworten solltest. Das Wichtigste ist, dass Du niemals eine "B" Aufgaben machst, wenn noch eine "A" Aufgabe übrig ist. Das Wichtigste zuerst - Prioritäten setzen.

Dann kommt die "C" Kategorie an die Reihe. Hier sind alle Aufgaben gemeint, die nett wären, wenn Du sie erledigst. Es gibt keinerlei Konsequenzen, wenn Du sie nicht machst. Das kann etwa ein Telefongespräch mit einer Freundin sein, ein Kaffeetratscherl mit dem Kollegen von nebenan oder oder oder. Setze also bei all diesen Aufgaben, die unter diese Kategorie fallen, ein "C" dazu.

Unter "D" fallen alle Aufgaben, die Du an andere delegieren kannst. Um Dich freizumachen und mehr Zeit für Dich zu haben, versuche stets alles zu delegieren, was Du nicht selbst machen musst und was jemand anderer für Dich machen kann. So hast Du viel mehr Zeit für Deine "A" Aufgaben.

Die "E" Aufgaben sind alle, die Du eliminieren kannst, ohne jegliche Konsequenzen oder Auswirkungen zu haben. Es macht keinen Unterschied, ob Du diese Aufgaben machst, oder nicht. Es war vielleicht früher einmal wichtig, aber jetzt ist es nicht mehr. Das sind meistens die Aufgaben, die Du aus Gewohnheit machst, aber in Wirklichkeit keinen Unterschied in Deinem Leben macht, ob Du sie weiterhin noch erledigst.

Richtige Vorbereitung ist das Nonplusultra

Schaffe Dir Deinen Arbeitsplatz, der für Dich angenehm ist. Bevor Du mit einer Aufgabe startest, räume einmal alles weg, was Dich ablenkt oder ablenken könnte. Bereite nur all die Unterlagen und Utensilien vor, die Du wirklich für das Umsetzen der ersten Aufgabe benötigst. Wir haben zum Beispiel auch immer eine Wasserflasche oder ein Glas Wasser bereit, dass wir jederzeit trinken können, wenn wir durstig sind. Wir zünden uns auch immer eine Kerze an, sozusagen als kleines Ritual, bevor wir starten. Wir verwenden auch ätherische Öle, um unsere Konzentration anzukurbeln und wir haben stets Jürgens beruhigende Musik im Hintergrund laufen, da sie uns zu mehr Fokus und Aufmerksamkeit verhilft und vor allem kreative Aufgaben damit leichter von der Hand gehen.

Ein Schritt nach dem anderen

Wenn Du auf die Liste Deiner To-dos schaust, dann steht da vielleicht eine Menge drauf. Lass Dich davon nicht abhalten, denn die meisten Aufgaben sind wichtig, um Deine Träume zu erreichen. Du weißt ja bereits, wenn Deine Träume Dir keine Angst machen, dann sind sie nicht groß genug. Das Wichtigste hier ist, Schritt für Schritt Deine To-dos umzusetzen und Dich immer auf den nächsten kleinen Schritt zu konzentrieren. Behalte das große Ganze im Hintergrund und setze den Fokus auf jeden nächsten kleinen Schritt Deiner To-do-Liste.

Mach den ersten Schritt, was kannst Du noch heute tun? Was ist Dein erster Schritt? Habe Vertrauen darauf, dass sich der Nächste zeigt, wenn der Erste erledigt ist. Was wirklich zählt, sind die kleinen Schritte und dass Du Dich nicht entmutigen lässt, sondern stetig weitergehst. Schritt für Schritt. To-do für To-do.

Erkenne Deine wichtigste Beschränkung

Was hält Dich von Deinen Zielen, von Deinem Traumleben ab? Was steht zwischen dem Heute und Deinem Ziel, Deinem Traumleben? Die Aufgabe ist es, diese Beschränkungen zu identifizieren.

In jeder Aufgabe liegt ein kleiner Faktor, der Dich langsam macht und Deine Geschwindigkeit bremst. Was ist das? Wenn Du erkennst, was genau dieser Faktor ist, was genau diese Beschränkung ist, dann hast Du Deine Zeit sehr wertvoll genutzt. Zu erkennen, was Dich von der Umsetzung Deiner Ziele abhält, ist wichtig.

Diese Beschränkung kann eine Person sein, dessen Hilfe oder Entscheidung Du benötigst. Es kann eine Ressource sein, die Du benötigst oder eine Schwäche, die Dich abhält. Es gibt immer diesen einschränkenden Faktor, der Dich davon abhält, Deine Geschwindigkeit zu bewahren. Wenn Du diesen erkennst, dann wirst Du in einem rasanten Tempo voranschreiten und nichts kann Dich mehr aufhalten, Deine Ziele umzusetzen und Dein Traumleben zu leben.

Hier kommt wieder die 80/20-Regel ins Spiel. Die besagt in Bezug auf die Beschränkung, dass 80 % der einschränkenden Faktoren innerlicher Natur sind, sprich von Dir selbst kommen - darunter fallen persönliche Qualitäten, Fähigkeiten, Gewohnheiten, Disziplin oder Kompetenzen. Die restlichen 20 % sind äußerlich, sprich abhängig vom Markt, von der Regierung, anderen Organisationen oder dergleichen. Schau in Dich hinein, was ist es, dass Dich zurückhält? Übernimm jetzt die Verantwortung für Dein Leben, erkenne die Ursache und löse das Problem - am besten noch heute. Sei ehrlich zu Dir selbst, was hält Dich noch zurück?

Überarbeite Dich nicht, erkenne Dein Maximum

Wir haben nur den einen Körper, wir haben nur 24 Stunden am Tag und wir haben nur ein gewisses Maß an Konzentration und Energie zur Verfügung. Unser Körper ist zwar wie eine Maschine, wir generieren Energie, um Aufgaben zu erledigen, aber irgendwann muss auch diese Maschine ruhen und die Energie wieder aufladen. Das zu erkennen, ist heutzutage eine der wichtigsten Qualitäten, die wir in unser Leben integrieren können.

Wir haben unser Buch immer in 90 Minuten Takten geschrieben. Wir haben uns einen Wecker gestellt, der uns daran erinnert hat, dass wir nach 90 Minuten eine Pause machen sollen. Oftmals wollten wir gar keine Pause machen, aber im Nachhinein betrachtet waren diese Pausen der ausschlaggebende Grund, warum wir mit so viel Energie in all dieser Zeit weiter schreiben konnten. Wir dürfen und vor allem sollen uns diese Pausen gönnen. Wenn wir das nicht tun, dann häufen sich die Fehler, wir sind weniger konzentriert und alles dauert zehnmal länger als sonst. Natürlich leidet dann auch die Qualität unserer Arbeit darunter. Willst Du das wirklich? Daher: Wecker stellen, 90 Minuten volle Konzentration und dann 15 Minuten Pause machen. In dieser Zeit kannst Du einmal um den Häuserblock gehen oder die Straße rauf und runter laufen, meditieren, Yoga machen oder einer anderen abwechslungsreichen Tätigkeit nachgehen. Wenn Du die 90 Minuten vor dem Computer verbracht hast, dann ist es in der Pause umso wichtiger, Dich körperlich zu betätigen und vom Schreibtisch aufzustehen, weg vom Bildschirm zu sein.

> Zu welcher Tageszeit bist Du am produktivsten? Versuche zu verschiedenen Zeiten, Deine Aufgaben zu erledigen und notiere Dir dabei, zu welcher Zeit es Dir am leichtesten und schnellsten gefallen ist.

Zu welcher Zeit war die Aufschieberitis am wenigsten präsent? Zu welcher Zeit war Deine Motivation am stärksten? Zu welcher Zeit fiel es Dir am leichtesten, mit der Arbeit zu beginnen? Wenn Du Dir erstmals dessen bewusst bist, dann kannst Du Dir sicher sein, dass es fortan viel leichter gehen wird. Zu erkennen, zu welcher Zeit Du am produktivsten bist, ist so wertvoll für Dich und Deine Energie.

Kontrolle über Deinen inneren Dialog

Wie wär's, wenn Du Dein persönlicher Cheerleader bist? Wenn Du Dich täglich selbst motivierst und begeisterst? *"Ja, ich schaffe das - wuhu, das geht so leicht. Das schaffst Du bestimmt!"*

Setzen wir uns ein Ziel, einen Vorsatz: von nun an nur noch positive Gedanken! Positive Gedanken über Dich, über Deine Arbeit, über Deine Ziele, über Dein Umfeld, einfach über alles. Wenn Dir doch gelegentlich ein paar negative Gedanken hineinrutschen, dann akzeptiere sie, so wie sie sind. Versuche nicht, sie wegzuschieben, es ist okay, lass sie einfach vorbeiziehen. So wie sie gekommen sind, gehen sie auch wieder. Mach dann aber wieder Platz für positive Gedanken.

Was macht Optimisten aus? Sie suchen in jeder noch so schlimmen Situation das Gute, das Geschenk. Egal, was schiefgelaufen ist, oder welche schlechte Nachricht sie erreicht hat, sie versuchen immer das Positive darin zu erkennen. Sie versuchen daher auch in jedem Rückschlag und jeder noch so schwierigen Situation die wertvolle Lebensaufgabe zu entdecken. Denn sie wissen, dass Rückschläge und Fehler dazu da sind, um zu lernen und sich weiterzuentwickeln. Sie versuchen auch für jedes Problem eine Lösung zu finden. Sie beschuldigen andere oder die Situation nicht, sondern übernehmen die Verantwortung und orientieren sich an der Lösung. Sie überlegen, was sie machen können, um das Problem zu lösen. Zu guter Letzt denken und reden Optimisten ständig über ihre Ziele. Sie orientieren sich immer an der Zukunft, an dem, was sie erreichen werden. Sie visualisieren ihre Ziele und fühlen sich dadurch motivierter und fokussierter.

Du kannst auch eine optimistische Person werden. Du hast alles, was Du brauchst in Dir, um positiv zu denken und zu leben. Probier es einfach mal aus, Du wirst sehen, wie leicht es Dir fallen wird.

Die Macht der Disziplin

"Disziplin ist nur eine Frage der Zielbewusstheit.
Wer seine inneren Bilder klar vor Augen hat,
kann die nächste Handlungsgelegenheit
gar nicht abwarten."

Arnold Schwarzenegger

Wir müssen nur Disziplin haben, dann ist alles möglich. Wer keine Disziplin hat, der erreicht nichts im Leben. Ist das wirklich so? Wie steht es um das Thema Disziplin auf dem Weg zu unserem Traumleben?

Disziplin versus Motivation

Was ist Disziplin? Was unterscheidet Disziplin und Motivation? Disziplin kommt aus dem Lateinischen "disciplina", was übersetzt so viel bedeutet wie die Lehre, Zucht oder auch Schule und Abteilung. Als Synonyme werden die Begriffe Selbstbeherrschung, Selbstkontrolle und Willenskraft genutzt, die negativen Synonyme hingegen sind Zucht, Ordnung oder sogar Unterwerfung.

Disziplin ist also die Kontrolle und Beherrschung des eigenen Willens, insbesondere von Emotionen und Impulsen, um so sein Ziel erreichen zu können. Wenn wir diszipliniert sind, können wir unseren inneren Schweinehund (leichter) überwinden, unangenehme Arbeiten einfach erledigen, anstatt sie ständig aufzuschieben und das tun, was nun mal nötig ist, wie zB den Müll hinaustragen - auch wenn wir darauf so gar keine Lust haben.

Selbstdisziplin ist das, was wir für unseren Erfolg brauchen. Oft sehen wir nur die Ergebnisse, sozusagen die Spitze des Eisbergs, aber wir ignorieren die jahrelange Disziplin, den Mut, die Niederlagen, die Ausdauer, die Motivation und vieles mehr.

Motivation ist im Gegensatz zur Disziplin eher flüchtig, sie kommt und geht. Wie wir sie wieder bekommen, wenn wir sie einmal verlieren, erfährst Du im Kapitel "M wie Motivation".

Disziplin wird im Herzen geboren, nicht im Kopf. Disziplin entspringt einer Quelle, sie ist nicht die Quelle.

Erst die (harte) Arbeit, dann das Vergnügen

Gehen wir dem Spruch mal auf die Spur, was steckt da dahinter? Und hat er wirklich eine Existenzberechtigung? Oder ist er eher fern von jener Realität?

Wir lernen es von unseren Eltern, wir bekommen es diktiert, wenn wir unsere Hausübungen machen sollen: *"Zuerst die Arbeit, dann das Vergnügen."* Was aber, wenn Hausübungen schreiben, Vergnügen ist und keine Arbeit? Zumindest bei Monique war das so, sie ging sehr gerne in die Schule, lernte fleißig und Hausübungen zu erledigen zählte eher zu einer freudvollen Tätigkeit. Das mag für andere wiederum vollkommen absurd klingen. Jeder ist grundsätzlich verschieden und versteht unter harter Arbeit etwas ganz anderes. Für andere mag wiederum das, was anderen Vergnügen bereitet, harte Arbeit sein. Was dann? Kann man das also wirklich so pauschal formulieren? Zuerst die (harte) Arbeit, dann das Vergnügen?

Natürlich nicht! Das Leben genießen zu dürfen, was auch immer für den einen oder anderen Genuss bedeutet, ist ein Grundrecht. Wir haben das simple Recht, das Leben genießen zu dürfen, auch ohne harte Arbeit, mühevolle Aufträge usw. Wir müssen nichts Besonderes oder Außergewöhnliches sein oder tun, um dieses Grundrecht auszuüben.

Doch woher kommt dann dieser Glaubenssatz? Warum ist er so fest in den Köpfen unserer Eltern und jetzt in unseren verankert? Der Spruch bzw. Leitsatz stammt aus der Nachkriegszeit, als es darum ging, in Österreich und Deutschland alles wieder aufzubauen, ein Wirtschaftswunder zu schaffen, was schließlich auch gelang. Durch harte Arbeit. So sieht man es zumindest im Nachhinein: Ohne harte Arbeit wäre es nicht möglich gewesen. Ob das so stimmt, sei mal so dahingestellt. Wie dem auch sei, dieser Glaubenssatz hat sich in uns festgesetzt und wird brav weitergegeben, ohne ihn zu hinterfragen. Kein Wunder also, dass so viele Menschen einer Arbeit nachgehen, die ihnen keinen Spaß macht. Wie soll es denn auch anders sein, wenn uns von klein auf eingetrichtert wird, dass wir zuerst hart arbeiten müssen, um uns dann vergnügen zu dürfen. Dass Arbeit und Vergnügen zwei Paar Schuhe sind. Dass Arbeit meistens nicht Spaß macht und erst dann die Freizeit stattfinden darf.

Damit ist jetzt Schluss! Denn Arbeit darf Vergnügen sein. Arbeit muss nicht hart sein. Arbeit muss nicht Arbeit sein, denn Arbeit darf auch Spaß machen.

Denn eines muss uns klar sein. Wenn wir über unsere Grenzen gehen, tun wir uns mit zu viel harter Arbeit ab. Wir rackern uns ab, um es unseren Eltern oder uns beweisen zu müssen. Wenn das der Fall ist, kannst Du Dir sicher sein, dass es nicht lange dauert, bis Burn-out und Selbstzerstörung grüßen.

Unsere eigenen Grenzen kennen und unsere Energie wohl managen ist wichtig. Selbstkontrolle ist der Schlüssel zum Erfolg. Wenn Du für Dich weißt, wo Deine Grenzen liegen, dann hast Du wahren Erfolg. Das ist zu vergleichen mit einem Fass, das Löcher am Boden hat. Wir füllen es mit Wasser, sprich mit unserer Energie. Wir müssen genug Wasser nachfüllen, damit das Fass nicht leer wird. So ist es auch mit uns, wenn wir unseren Körper, unseren Geist und unsere Seele nicht mit Energie nachtanken oder nachfüllen, dann ist unser Fass bald leer. Dann sind *wir* bald leer.

> Daher merke Dir: Harte Arbeit alleine ist nicht der Weg zum Traumleben. Wir dürfen die Freude an der Arbeit, besser gesagt am Vergnügen, nicht verlieren. Arbeit ist Vergnügen.

Die Kunst der Abwechslung

Wie ist das mit der Abwechslung? Wie ist das mit Spannung und Entspannung? Wie ist das mit Schlaf und Aktivsein? Wie so vieles haben auch Erfolg und Disziplin zwei Seiten. Es braucht sowohl die Tätigkeit selbst als auch die Ruhe, um wieder Kraft zu schöpfen. Die Dualität trifft auch hier ein, wir können es gar nicht oft genug betonen.

Arbeite nicht härter, sondern dosierter. Spare Dir Deine Energiereserven, verschwende sie nicht gleich in der ersten Stunde des Tages oder am ersten Tag der Woche. Was zählt, ist Periodisierung statt Intensivierung. Was viele nicht wissen oder eher abtun, ist die Tatsache, dass Regeneration auch Training ist. Wir merken das selbst bei unserer Yogapraxis. Wir haben es uns als Ziel gesetzt, jeden Tag Yoga zu praktizieren. Ein schönes Ziel, aber auch Yoga erfordert Regeneration. Für alle, die jetzt noch immer lachen und meinen, Yoga sei kein Sport oder keine Anstrengung, man kommt dabei ja nicht ins Schwitzen - beweisen wir das Gegenteil! Wir zeigen Dir gerne vor Ort oder online im Rahmen einer Privatstunde, dass man sehr wohl ins Schwitzen kommen wird! 😂

Gönne Dir also die Ruhephasen, vor allem wenn Dein Körper schon so laut danach schreit. Körperschmerzen oder Krankheiten sind oftmals verspätete Zeichen, dass sich Dein Körper Ruhe wünscht. Fieberschübe, wie Du auch bei Jürgens Geschichte gelesen hast, sind ein eindeutiges Zeichen, dass es nicht der richtige Weg ist. Und weil wir heutzutage mit den Reizen, Social Media und all der Werbung einfach ermüdet sind, ist es kein Wunder, dass sich unser Körper nach Erholung lechzt. Wir müssen viel mehr Informationen verarbeiten, als noch vor ein paar Jahrzehnten. Warte nicht, bis Dein Körper Dich zum Ruhen zwingt, tue jetzt aktiv etwas dafür. Wann gönnst Du Dir die notwendige Erholung?

Zugegebenermaßen fällt es uns auch sehr schwer. Einfach mal nichts tun? Ja, eh. Aber wir tun in solchen Fällen dann einfach weniger, oder etwas anderes, was uns auch Spaß macht. So herumliegen, nichts tun, das fällt uns schwer. Aber genau das muss Entspannung auch nicht unbedingt sein. Jeder entspannt anders. Yoga Nidra ist zB eine wundervolle Art, um zu entspannen, ein Spaziergang im Wald ist auch Entspannung.

Unser Körper signalisiert uns, wenn es Zeit ist zum Abschalten, dann fahren wir an den Strand nach Lignano, verbringen qualitativ wertvolle Zeit am Strand, im Meer, gehen spazieren, trinken einen Kaffee (nun, bis vor der Yogalehrer Ausbildung) und gönnen uns eine richtige italienische Pizza. Das ist für uns

Abwechslung und Erholung - sofern wir in der Nebensaison fahren, sonst ist es dort eher anstrengend.

Das Problem bei der Selbstständigkeit ist, wenn Du genau das tust, was Dir Spaß macht, dann kannst Du damit meistens auch nicht aufhören. Was auch gut ist, immerhin macht es Dir Spaß und gibt Dir Energie, oder? Uns geht es auch so! Wir sind voll am Tun und könnten manchmal um neun Uhr abends noch stundenlange Projekte starten. Wir versuchen uns dann immer daran zu erinnern, dass wir am nächsten Tag wieder früh aufstehen und daher rechtzeitig ins Bett gehen sollten, morgens steht wieder Yoga an. Ansonsten würden wir uns die Nächte um die Ohren schlagen und erst kurz vor Mittags aufstehen. Hat natürlich auch seinen Reiz. Wenn Du aber erstmals daran gewöhnt bist, so früh morgens aufzustehen, dann willst Du diese Energie, diese Ruhe und Stille, die nur Dir gehört, nicht mehr missen. Ehrlich, ja, es kostet einiges an Überwindung, aber es lohnt sich auf alle Fälle.

Wie war das jetzt mit dem Nichtstun? Also einmal nicht das tun, was Spaß macht und man 24/7 tun könnte? Klingt doch vollkommen absurd. Na ja, so streng ist es auch nicht. Es gibt doch bestimmt viele Dinge, die Dir Spaß machen. Am Anfang wird es Dir vielleicht noch schwer fallen, aber Du wirst sehen, mit jeder Woche wird es leichter und Du wirst Dich immer mehr auf diesen Tag freuen. Dir werden ganz viele Dinge einfallen, die Du an diesem Tag machen willst. Viel Spaß!

Inspiration küsst Disziplin

Disziplin entsteht durch Inspiration: Mit der passenden Vision, die Du schon ausgearbeitet hast, kommt die Disziplin. Mit unseren wahren Talenten. Mit der Umsetzung unserer Träume. Denn Disziplin schafft alles aus dem Weg, was visionshindernd ist. Wenn wir uns weiterbilden wollen, dann nutzen wir die Autofahrt, um ein Hörbuch zu hören. Wenn wir lesen wollen, dann blockieren wir uns dafür einfach die Zeit im Kalender. Wir machen einen Weiterbildungs-Urlaub, wir gehen auf keine Partys. Disziplin ist etwas Längerfristiges, etwas Langanhaltendes, was uns und unseren Lebensstil ausmacht. Disziplin geht auch

Hand in Hand mit Begeisterung, denn Disziplin ist die Folge unserer persönlichen Leidenschaft.

Ja, wir haben auch mal Phasen, wo wir einfach nur k.o. sind und den ganzen Tag im Bett verbringen wollen. Aber ansonsten treibt uns die Disziplin aus dem Herzen an, um die hoch attraktiven Ziele zu erreichen, die wir uns gesetzt haben. **Tu, was Dir am Herzen liegt, dann entsteht Disziplin.**

> Plan Dir diese Woche neu ein. Wann blockierst Du Dir Zeit für Auszeiten? Welche Auszeiten gönnst Du Dir diese Woche jeden Tag, mindestens eine Stunde? Was gibt Dir Energie?

Energie geben kann Dir zB spazieren gehen, Yoga praktizieren, meditieren, ein 20-minütiger Powernap, lesen, im Garten herumwerkeln, Atemübungen, Wolken beobachten, Dehnungsübungen, Sonnenbaden oder Radfahren. Einfach etwas, das Dir guttut.

10 Disziplin-Tipps

Wir möchten Dir hier ein paar Disziplin-Tipps mitgeben. Sie sollen Dir helfen, Deine Disziplin zu schärfen, zu stärken und aufzubauen. Denn Disziplin ist etwas, das Dich ein Leben lang begleiten wird und immer da ist. Wie eine helfende Hand, wie eine Stütze, wenn Du Dich mal anlehnen musst.

1) **Aus eigenem Antrieb heraus handeln**
   Wie ist das mit dem Ziel, wofür Du Disziplin brauchst? Warum willst Du das überhaupt? Ist es Dein eigener Wunsch oder die Empfehlung von außen? Für Disziplin muss es Dein Antrieb sein, Du musst den Sinn hinter der Sache erkennen, sonst funktioniert es auf Dauer einfach nicht.

2)   Prioritäten setzen

Ja, wir hatten das Thema schon, wenn Du weißt, was wichtig ist, kannst Du Dich leichter fokussieren.

3)   Einen konkreten Zeitpunkt festlegen

Bist Du jemand, der alles am letzten Tag macht? Kurz vor der Frist noch schnell das Projekt beginnen und zu Ende bringen? Wir haben scherzhaft in Gedanken schon einmal eine Firma namens "Last Minute Production" ins Leben gerufen. Früher tendierten wir häufig dazu, alles in letzter Minute zu machen. Das führte jedoch zu unnötigem Stress. Besser wäre es daher, die Aufgaben aufzuteilen, damit nicht alles am letzten Tag zu tun ist. Denn Disziplin profitiert von einer Deadline, Vorsätze gelingen besser, wenn wir einen festen Zeitpunkt haben, bis wann wir sie umsetzen wollen.

4)   Große Aufgaben in kleine Teile zerlegen

Oft ist es der erste Schritt, der uns daran hindert, anzufangen. Warum? Weil die Aufgabe einfach zu groß ist und daher unmöglich scheint. Wir möchten erst gar nicht anfangen, weil es so viel Arbeit benötigt und so viel Zeit kostet. Daher ist es wichtig, die großen Aufgaben in kleine zu zerlegen. Nimm Dir zuerst nur den ersten kleinen Teil vor. Wenn der Einstieg getan ist, dann ist es leichter weiterzumachen. Du musst nur einmal (klein) damit anfangen.

5)   Realistische Ziele setzen

Jetzt müsste bei Dir gleich die innere Glocke klingeln. Realistisch? Ziele? Wart einmal, da war doch was, oder? SMART heißt das Lösungswort. Und das R steht eben für Realistisch. Wie ist es mit Deiner Zielsetzung, ist sie wirklich realistisch? Nutze jetzt die Zeit, um dies zu kontrollieren, denn unrealistische Ziele erschweren diszipliniertes Vorgehen und Verhalten. Wenn die Ziele nicht realistisch sind, dann geht unser Wille trotz Anstrengung und harter Arbeit verloren.

6) **Den eigenen Rhythmus finden**

Kennst Du Deine Hochs und Tiefs des Tages? Wann bist Du am aktivsten, wann bist Du am leistungsfähigsten? Es gibt Nachtmenschen, die am Abend erst so richtig wach werden und Morgenmenschen, die um acht Uhr abends schon laut vor sich her gähnen. Laut TCM ist die beste Zeit zwischen neun und elf Uhr morgens, da das die aktive Zeit der Milz ist. Es ist die Phase des Denkens, bevor das Mittagstief kommt. Dieses Wissen kannst Du nutzen und die Zeit am Vormittag für Deine wichtigsten Aufgaben, die am meisten Produktivität und Aufmerksamkeit verlangen, blockieren.

7) **Das Ziel visualisieren**

Belohnung, Lob, Anerkennung. All das erhoffen, erwarten wir uns, wenn wir unser Ziel erreicht haben. Mach Dein Ziel und die darauffolgende Belohnung nicht von anderen abhängig machen - besser ist, wenn Du Dich für die erreichten Ziele selbst belohnst. Wir sollten nicht auf ein Ziel hinarbeiten, nur weil wir damit die Anerkennung anderer erhoffen. Auch übermäßige Belohnungen, selbst wenn sie von uns selbst kommen, können der Disziplin schaden. Denn damit zerstören wir nur unsere intrinsische Motivation.

8) **Ein Vorbild suchen**

Kennst Du eine disziplinierte Person? Wer ist das für Dich? Ist das jemand aus Deiner Familie oder Deinem Freundeskreis? Suche Dir ein Vorbild, das genau diese Eigenschaft, diese Disziplin, lebt, und lerne von ihr. Du wirst sehen, wenn Du öfter mit dieser Person abhängst, dann wird die Disziplin mit der Zeit auf Dich abfärben. Natürlich musst Du auch selbst aktiv werden, nur da sitzen und erwarten, dass sie wie von Magie zu Dir gezaubert wird, ist ein Wunschgedanke.

9) **Zweifler ignorieren**

Mal ehrlich, Du wirst immer jemanden finden, der mit Skepsis und Zweifel auf Deine Träume und Vorhaben reagieren wird. *"Das geht nicht"*, sind nur Selbstzweifel und fehlende Selbstdisziplin der anderen, die es in Wahrheit auch gerne so machen würden, wie Du. Lass die Nörgler und Schwarzseher abprallen, es sind ihre Grenzen und nicht Deine!

10) **Loben**

Wir hatten es schon mal, aber wenn die positive Rückmeldung und das Gefühl, etwas geschafft zu haben, fehlt, dann geht die Disziplin den Bach runter. Feier Deine kleinen und großen Erfolge, lobe Dich für das, was Du geschafft hast. So erhältst Du Dir den Spaß und die Freude und kommst auch durch schwierige Zeiten - dann denk einfach an die nächste Feier, an das, was Du tun wirst, wenn Du Dein nächstes Ziel erreicht hast. Schwups, die Disziplin ist wieder an gewohnter Stelle, herbeigeeilt zu Deiner Hilfe. Also los geht's!

M wie Motivation

„Du musst bereit sein, die Dinge zu tun,
die andere niemals tun werden, um die Dinge zu haben,
die andere niemals haben werden.“

Les Brown

Was motiviert Dich? Bist Du in dem, was Du gerade beim Umsetzen Deines Traumes tust, wirklich von innen heraus motiviert? Motiviert Dich der Weg zum Erfolg? Gratuliere, so sollte es sein. ☺ Nicht die Belohnungen, nicht das Geld oder dergleichen sollten der Motivationsgrund sein - nein, das Tun selbst, Dein Leben, Dein Lebenstraum. Du bist genau auf dem richtigen Weg. Dennoch kann es mal vorkommen, dass Dich ein Motivationstief einholt. An diesen dunklen Tagen ist das Buch dann Dein Licht, das Dich aus diesem Tief herausholen soll - wenn Du in einem Motivationstief festsitzt, das sich anfühlt wie 30 Meter unter der Erde.

Motivation, Emotion und Gefühl

Unsere Motivation sowie auch unsere Begeisterung für Dinge, Tätigkeiten und grundsätzlich das Leben sind von verschiedenen Faktoren abhängig. Dazu gehören u.a. auch die Emotionen und Gefühle. Emotionen sind keine Gefühle, auch wenn diese gerne verwechselt oder gleichgesetzt werden. Schauen wir uns das anhand eines Beispiels an, um diesen Unterschied klar zu erkennen und die beiden Begriffe trennen zu können.

Emotionen sind in den Zentren des Teiles des limbischen Systems zu Hause, verarbeiten dort die emotionalen Aktivitäten und entwickeln unser Triebverhalten. Die Emotionen fördern intellektuelle Leistung, setzen Stoffe wie Endorphine frei und sind für komplexe biochemische Vorgänge im Körper zuständig. Wenn wir zB Autofahren und der uns entgegenkommende Autofahrer nicht aufpasst und auf unsere Spur gerät, dann heißt es schnell handeln, um unser Leben zu retten. Die Emotionen sorgen dafür, dass wir unbewusst entsprechend handeln, um uns selbst zu schützen. Wir reagieren automatisch, ohne jeglichen bewussten Einfluss.

Gefühle hingegen nehmen wir erst im Anschluss wahr, nachdem uns der emotionale Vorgang bewusst wurde und wir die Situation bewerten. Dann entstehen die unterschiedlichsten Gefühle: Die einen weinen, die anderen lachen, wieder andere fahren, ohne mit der Wimper zu zucken, weiter mit dem Auto. Gefühle sind individuell und wechselhaft, Emotionen hingegen sind meistens gleich, da wir alle unbewusst unser Leben retten wollen.

Motivation ist der Antrieb, um ein bestimmtes emotionales Defizit aufzulösen. Wenn wir die Motivation besitzen, mehr Geld zu verdienen, dann liegt dahinter meist das innere emotionale Grundbedürfnis nach mehr Sicherheit. Wir glauben also, dass wir Dinge wollen, aber in Wahrheit sind unsere Emotionen für das Wollen verantwortlich und ausschlaggebend. Wenn wir also unsere Emotionen in den Griff bekommen, können wir unsere wirkliche Motivation erkennen und unsere wahren Träume - das, was uns intrinsisch motiviert und tagtäglich antreibt.
Es werden vier emotionale Grundbedürfnisse bzw. Emotionssysteme unterschieden. Wir besitzen von allen Systemen einen Anteil, bei manchen von uns ist das eine oder andere System stärker ausgeprägt. Vielleicht erkennst Du schon beim Lesen, welches System bei Dir am stärksten oder schwächsten ausgeprägt ist?

- **Dominanzsystem**
  Bei diesem System geht es darum, sich durchzusetzen, die Konkurrenz zu verdrängen und sein Territorium auszuweiten. Das zeigt sich unter anderem im Streben nach Wachstum, Erfolg, Freiheit und Macht. Wenn das Dominanzssystem stark ausgeprägt ist, dann zählen für diese Personen vor allem Statussymbole, das Erklimmen der persönlichen Karriereleiter im Beruf oder die Weiterentwicklung der eigenen Firma.

- **Stimulanzsystem**
  Zu diesem System zählen vor allem neue Reize und das Entdecken von

Unbekanntem. Es zeigt sich in der Neugier, dem Wunsch nach Abwechslung, Spaß, Genuss und Risiko. Menschen, bei denen das Stimulanzsystem am stärksten ausgeprägt ist, hassen Langeweile. Auch wenn wir manche Herausforderungen nicht schaffen, so liegt es dennoch in unserer menschlichen Natur, dass wir nicht stagnieren, sondern uns ständig neuen Herausforderungen stellen und uns so weiterentwickeln. Bei jenen, bei denen das Stimulanzsystem am stärksten ausgeprägt ist, zeigen sich die folgenden Eigenschaften: Kreativität, Unternehmens- und Abenteuerlust. (Das Beispiel Jochen Schweizer zeigt deutlich, wie er es geschafft hat, jene Menschengruppen anzusprechen, die auf Stimulanz reagieren.)

- **Sicherheitssystem**

Sicherheit zeigt sich im Streben nach Schutz, Stabilität und Gewohnheit. Wir möchten uns vor Gefahren und Risiken schützen. Burn-out und Erschöpfung machen sich bemerkbar, wenn der Stresszustand zu lange dauert oder zu groß ist. Menschen, bei denen das Sicherheitssystem am stärksten ausgeprägt ist, vermeiden Risiken und Veränderungen, sie bauen daher leichter Gewohnheiten und Routinen auf. (Das Beispiel Mercedes zeigt deutlich, warum so viele "ältere" Personen auf Mercedes wechseln, da dieser Autohersteller mit Sicherheit wirbt. Das Hormon Cortisol nimmt im Alter zu und ist beim Sicherheitssystem stark erkennbar. Hingegen ist Dopamin in den jüngeren Jahren aktiver, weswegen die Jugendlichen eher zu schnellen Autos tendieren, statt Schutz und Stabilität in den Vordergrund zu stellen.)

- **Sozialsystem**

Das Sozialsystem kam erst später dazu, bei Reptilien ist es in dieser Form nicht erkennbar. Es ist verantwortlich dafür, dass wir anderen helfen und uns mit anderen verbunden fühlen wollen. Wir möchten etwas zum Wohle der Gesellschaft beitragen und anderen helfen, sonst verlieren wir auf

Dauer unsere Lebensenergie und Motivation. Sich sozial zu engagieren, ist somit förderlich für unsere Motivation. Dieser Aspekt ist bei jedem mehr oder weniger stark ausgeprägt, da jeder von uns den Wunsch besitzt, dazuzugehören: sei das zu einer Gruppe, Religion oder auch dem Unternehmen, bei dem man tätig ist. Daher ist es momentan nicht verwunderlich, dass nach Abwenden der Kirche sich andere Religionsgemeinschaften bzw. Sekten auftun und die Leute in ihren Bann ziehen. Die Motivation, dazu gehören zu wollen, ist ihr erfolgreiches Lockmittel.

Menschen fehlt es grundsätzlich nicht an Motivation. Die Motivation per se ist vorhanden und entsteht ununterbrochen aus emotionalen Prozessen in unseren limbischen Zentren. Was uns Menschen jedoch fehlt, ist das klare Bewusstsein für das, was wir wirklich wollen.

Natürlich gibt es manchmal Phasen, wo wir einen Durchhänger haben, da helfen dann die Motivationsirrtümer, um falsche Annahmen zur Motivationssteigerung gleich mal aus dem Weg zu räumen.

Motivationsirrtümer aufgedeckt und überarbeitet

Selbstmotivation im Solotrip?

Wir haben bereits im Kapitel "Vorsicht: Motivationsfalle" über die Unterschiede der Motivierung und Motivation geschrieben. Hier nochmals eine kleine Auffrischung und Erinnerung.

Motivation ist kaum veränderbar. Motivation sind unsere Lebensmotive, innere Bedürfnisse und die frühkindliche Prägung, sprich unsere Persönlichkeit. Motivierung hingegen ist der gezielte Versuch von außen, durch bestimmte Reize Verhaltensänderungen zu erzeugen.

Was motiviert uns eigentlich? Was treibt uns so richtig an? Aus welchen Motiven und aus welchen Beweggründen tun wir das, was wir jeden Tag tun?

Reiss hat hier **16 Lebensmotive** zusammengefasst, anhand derer wir unser Leben ausrichten. Je nachdem, welches stärker ausgeprägt ist oder nicht, ist es entscheidend für unser Handeln. Die Lebensmotive sind: Macht, Unabhängigkeit, Neugier, Anerkennung, Ordnung, Sparen/Sammeln, Ehre, Idealismus, Beziehungen, Familie, Status, Rache/Kampf, Eros, Essen, körperliche Aktivität und emotionale Ruhe. Vielleicht hast Du schon bei dem einen oder anderen Wort schmunzeln müssen oder Dich dabei ertappt, dass Du hier eine besondere Ausprägung hast. Die 16 Lebensmotive geben uns ein tolles Bild über uns selbst, wir können uns damit besser verstehen lernen und sehen, welche Motive stärker oder schwächer ausgeprägt sind.

Es werden noch weitere drei Faktoren genannt, die entscheidend sind für dauerhafte Freude am Leben und unsere Motivation:

1) Können, sprich die Kompetenz zu haben

2) Wollen, sprich die Motivation zu spüren

3) Dürfen, sprich die Erlaubnis, die Führung zu besitzen

Die Mitte dieser drei Faktoren sind die dauerhafte Freude am Leben und unsere Spitzenleistung. Oftmals wollen wir etwas, das wir nicht können. Oftmals dürfen wir etwas nicht, was wir eigentlich wollen und können.

> Wie ist es bei Dir? Was kannst Du? Was willst Du? Was darfst Du?

Die Lüge über die Planbarkeit

Programmieren heißt in der Neurowissenschaft konditionieren. Konditionierung umfasst Gehirnprozesse und Persönlichkeitsanteile wie Gedanken- und Verhaltensmuster, Glaubenssätze, Willensstärke und unsere innere Einstellung.

Programmierung und Konditionierung finden unbewusst ständig statt. Wenn Du nur an die Medien denkst und unser Umfeld: Wir werden täglich unbewusst in die gewünschten Richtungen gezogen, die andere für uns vorgesehen haben. Vollkommen unbewusst sind wir ein Produkt unserer äußeren Einflüsse.

Was hat Konditionierung mit Erfolg zu tun? Erfolg setzt sich aus drei Komponenten zusammen: Erfahrung (Beobachtung, Nachahmung), Wissen (Training, Wiederholung und Automatisierung) und Kompetenz (Versuch und Irrtum, Fehler und Misserfolge). Das alleine zeigt schon, dass Erfolg nicht von heute auf morgen entstehen wird und wir aktiv etwas dafür machen müssen. Natürlich: Alles ist möglich - aber bleiben wir mal realistisch. Wie oft hat Mozart geübt, bis er Meister wurde?

Beim Erfolg wie auch in allen anderen Bereichen des Lebens ist die Polarität (bzw. Dualität) entscheidend und darf nicht außer Acht gelassen werden. Denn es ist so wichtig, dass wir verstehen lernen, dass Gut und Böse, dass Dunkelheit und Licht, dass Erfolg und Misserfolg zusammengehören. Es kann kein Erfolg ohne Misserfolg kommen, es kommt kein Licht ohne Dunkelheit und ohne Böse gibt es das Gute nicht. Daher ist es wichtig, so komisch das auch klingen mag, dass wir Misserfolge machen und genauso feiern wie die gewünschten Erfolge.

Misserfolge sind wichtig, um daraus lernen zu können und schlussendlich auch den Erfolg zulassen zu können. Wenn Dir also das nächste Mal etwas nicht gelingt oder Du in Deinen Augen keinen Erfolg hattest, dann freu Dich darüber. Denn dann ist der Erfolg um die Ecke. Wenn Du das Prinzip der Polarität verstanden und verinnerlicht hast, dann werden Dir die schlechten Zeiten, die demotivierenden Zeiten, fortan leichter fallen. Du kannst diese akzeptieren und freust Dich schon wieder auf die guten Zeiten, die motivierenden Zeiten, die kommen werden. Das ist wie das Amen im Gebet. Das Gute folgt auf das Schlechte und umgekehrt. Der Erfolg folgt auf den Misserfolg und umgekehrt. Ganz simpel und logisch.

Somit ist auch verständlich, dass Glück nicht bedeutet, gar keine Probleme zu haben. Denn mal ehrlich, wie wäre ein Leben wirklich ohne Probleme? Wir stellen uns das immer so leicht und einfach vor, einfach mal nur "Urlaub" zu haben, jeden Tag unter dem Sonnenschirm am Strand liegen, die Meeresbrise genießen und keine Probleme haben, nichts erledigen müssen. Das klingt zwar sehr verlockend - für ein paar Tage - aber was dann? Nach spätestens einer Woche oder zwei, kommt darauf an, wie viel Ruhe Dein Körper benötigt und wie sehr Du ihn zuvor ausgebrannt hast, wird uns langweilig. Das ist einfach so. Kein Paradies ist für die Ewigkeit, kein Glück von ewiger Dauer. Es kommen einfach Probleme, akzeptiere das. Und wenn keine von selbst kommen, dann erschaffen wir sie. Dauerglück sowie Dauererfolg sind einfach nicht möglich. Je früher wir das verstehen, umso leichter wird es uns fallen und umso eher schaffen wir es durch die "dunkleren" Zeiten, denn das Licht am Ende des Tunnels ist so sicher wie das Amen im Gebet.

> Was probiere ich heute noch, wo ich bis jetzt immer Angst vor dem Scheitern hatte?

Kennst Du den Begriff Selbstwirksamkeit? Es bedeutet, dass wir uns darüber bewusst sind, in bestimmten Situationen Leistungen zu bringen und Wirkung zu erzielen. Je größer das gelöste Problem ist, desto glücklicher sind wir. Auch Scheitern ist Teil des Erfolgs und kann uns glücklich machen, wenn wir die Perspektive richtig wählen.

Selbstbewusstsein ist unumgänglich

Die Erfolgreichen waren großteils nicht von Geburt an so selbstsicher. Es mag sein, dass manche so richtig selbstbewusst auf die Welt gekommen sind, aber die wenigsten haben das als Grundlage, um erfolgreich zu sein. Uns wird eingeredet, dass wir erst selbstsicher sein müssen, um dann erfolgreich sein zu können. Blödsinn! Die Selbstsicherheit wächst mit dem Erfolg und ist somit die Folge des Erfolgs. Unser Zusammenhang, den wir uns aufgrund von falschen Informationen und Bildern schaffen, dass Selbstbewusstsein und Erfolg in enger Verbindung stehen, ist ein Denkfehler und wird gezielt von außen manipuliert. Wir werden selbstbewusst und selbstsicher, wenn wir Probleme erfolgreich lösen, wenn wir aus Misserfolgen lernen und unsere Erfolge feiern. Was wir jedoch schon vor dem Erfolg entwickeln können, das sind Eigenverantwortung und Stärke. Die beiden Fähigkeiten können wir aus uns heraus entwickeln. Das braucht es auch in einer funktionierenden Beziehung, denn wenn Du den Partner brauchst, um leben zu können, dann ist diese Beziehung für kurz oder lang zum Scheitern verurteilt. Wir müssen Eigenverantwortung übernehmen und jeder muss für sich alleine, unabhängig vom Zutun oder der Erwartung bzw. Abhängigkeit anderer, glücklich sein.

Was aber, wenn sich gar kein Selbstbewusstsein einstellen mag? Wenn alles ohnehin nur schlecht ist? Eine gewisse Skepsis zu besitzen und den bekannten Grund-Pessimismus, den die wohl berühmten Nörgler an den Tag legen, ist ein Schutzmechanismus. Daran ist im Grunde nichts Schlimmes dran. Er darf halt nur nicht die Überhand gewinnen und uns vom Tun abhalten. Es ist an der Zeit, dass wir Unsicherheit und Angst überwinden. Der innere Zweifel und die Unsicherheit sind okay, sie sind unsere natürliche Grundhaltung und in manchen Fällen auch wichtig. Aber wir können die Angst nur überwinden, wenn wir das tun, wovor wir Angst haben. Auch die größten Zweifler können Großes schaffen, mit einer entsprechenden Portion Selbstvertrauen klappt das bestimmt.

Wie aber können wir innere Stärke und Selbstsicherheit trainieren und erlernen? Es geht im Grunde darum, dies aus eigener Erfahrung selbst zu lernen, aktiv etwas zu leisten und persönliche Weiterentwicklung zu begrüßen. Also ins Tun kommen, scheitern, wenn es das erfordert und daraus lernen. Es macht Dich stärker, wenn Du Ängste überwindest, wenn Du Dich Deinen Problemen stellst und sie akzeptierst und in Dein Leben einlädst.

> Wovor hast Du Angst? Blamiere Dich öffentlich, geh souverän damit um und lache über Dich selbst. Das ist die beste Aufgabe, um Dein Selbstbewusstsein zu stärken.

Immer nur das Ziel vor Augen

Bitte nicht falsch verstehen, ein Ziel vor Augen zu haben ist super wichtig! Ziele im Leben zu haben, sind bedeutend und entscheidend. Die großen Lebensziele weisen uns die Richtung, helfen uns bei Entscheidungen und bestimmen unser Tun. Doch der Weg muss das Ziel sein, nicht das Ziel selbst. Denn wenn wir uns nur auf das Ziel konzentrieren, tagein, tagaus und nichts anderes mehr im Kopf haben, dann verlieren wir den Blick fürs Wesentliche.

Kennst Du das vielleicht? Wenn wir in den Kühlschrank schauen, um Ketchup zu nehmen, dann sehen wir alles andere als Ketchup. Wir haben den Tunnelblick, das Scheuklappenprinzip aktiviert, sprich eine selektive Wahrnehmung von der Wirklichkeit. Das Ketchup ist da, aber wir sehen es eben nicht. Es ist nicht in unserer selektiven Wahrnehmung und außerhalb unserer Scheuklappen. Diese Wahrnehmung variiert von Person zu Person. Manchmal helfen uns diese Scheuklappen, um nicht negativ beeinflusst oder gestört zu werden, um nicht abgelenkt zu werden. Beim Schreiben dieses Buches haben wir unsere selektive Wahrnehmung auf das Buch und das Schreiben geschärft, die Handys aus dem Raum gebannt (gelang uns nicht immer, wir geben es zu) und uns voll und ganz auf das Schreiben konzentriert. Sich für eine gewisse Zeit nur auf das Ziel zu konzentrieren ist also wichtig, danach kann wieder eine Pause kommen. Die beiden Wahrnehmungen können und sollen sich abwechseln. So können wir konzentriert arbeiten und uns dennoch ablenken lassen, um nicht ständig fokussiert zu sein und das große Ganze trotzdem im Blick zu behalten.

Von der Zielorientierung zur Aktionsorientierung: Konzentriere Dich auf die Aktion selbst und nicht auf das Ergebnis. Gehe Schritt für Schritt in Richtung des Zieles, natürlich nicht ohne das Ziel außer Augen zu lassen, aber nimm den Weg bewusst(er) wahr. Beim Wandern schaust Du ja auch auf den Weg, um nicht runterzufallen, und hast dennoch den Gipfel, das Ziel vor Augen.

Der Glückliche ist erfolgreich und nicht der Erfolg macht glücklich

Erfolg ohne Erfüllung ist wie ein Misserfolg. Oder sogar noch schlimmer. Denn wenn wir wochenlang, jahrelang auf ein Ziel hinarbeiten, uns die Arbeit daran und der Weg zum Ziel gar keinen Spaß mehr machen, uns dabei selbst verlieren, unsere Werte ignorieren - dann ist die Zielerreichung, selbst wenn das Ziel erfolgreich erreicht wurde, trotzdem einfach nur enttäuschend. Wir können den Erfolg gar nicht feiern, denn wir haben unsere inneren Bedürfnisse abgeschnitten. Das Ziel und die Erreichung haben keinen Wert mehr, der Erfolg selbst erfüllt uns nicht, selbst wenn alle im Außen jubeln. Schrecklich, oder? Wie konnte es nur so weit kommen?

Es ist eigentlich ganz einfach: Glück und Zufriedenheit führen zum Erfolg, sie kommen bereits am Weg zum Erfolg und nicht umgekehrt. Nicht erst der Erfolg macht glücklich und zufrieden. Um Glück zu empfinden, braucht man keinen Erfolg. Die Werte Dankbarkeit und Ausgeglichenheit hingegen sind dauerhaft möglich und erstrebenswert.

Doch Achtung, Gefahr: Intensive und lang andauernde Glücksgefühle sind kein Idealzustand. Sie verhindern Wachstum und Weiterentwicklung. Glück oder Glücksmomente sind diese euphorischen Momente, die nicht von Dauer sind. So ist auch das Glück durch Geld nicht von Dauer. Nach einem Lottogewinn ist der Gewinner nicht dauerhaft glücklich, spätestens nach einem Jahr stellt sich das Glück ein und man ist sogar meistens unglücklicher als zuvor. Auch Schauspieler, die eine Menge Geld haben und eigentlich glücklich sein sollten, sind es nicht. Der Grund dafür sind zum einen der Gewöhnungseffekt und zum anderen die Erfüllungsmelancholie.

Wir müssen lernen, auch nach unten zu gehen und schauen. Bergsteiger sterben zu zwei Drittel beim Abstieg, weil sie sich nur auf den Aufstieg konzentrieren. Aber wir müssen ja auch mal wieder bergab gehen - und am besten ohne Schaden zu nehmen. Da kommt wieder das Thema der Polarität: Ohne das Tief kein Hoch - und umgekehrt. Das sagen uns die wenigsten und das lernen wir auch kaum in einem Erfolgsbuch. Merke Dir daher, wenn das Hoch kommt, dann müssen wir danach wieder herunterkommen - und zwar am besten lebend.

Lass Dir dazu eine persönliche Geschichte erzählen. Monique hatte im Jahr 2022 eine Überraschungsparty für Jürgen geplant, da er seinen letzten runden Geburtstag aufgrund von Corona nicht wirklich feiern konnte - daher wurde er mit einer angehängten Plus Zwei einfach nachgefeiert. Die Vorbereitungen liefen super, auch wenn es Monique sehr schwer fiel, alles bis zum letzten Moment geheim zu halten. Sie hatte immer den Überraschungseffekt vor Augen und wie sie es vor Jürgen geheim halten konnte. Es gelang ihr super und die Überraschung war ein voller Erfolg. Der "Aufstieg" klappte tadellos. Doch dann kam es zum "Abstieg". Jetzt hieß es, feiern und die Party genießen. Monique wurde mit Fragen bombardiert, wie zB "Wann gibt es denn Kaffee und Kuchen?" oder "Wo sollen sich die Gäste hinsetzen?" Fragen über Fragen, auf die sie keine Antwort wusste. Sie hängte regelrecht noch am Gipfel fest, an die Zeit nach der Überraschung hatte sie natürlich nicht gedacht. Für sie zählte alleine der Weg zur Überraschung, der "Aufstieg" und die Überraschung selbst. Der "Abstieg" wurde mit keinem Funken Gedanke berücksichtigt.

Der Aufstieg ist eine Illusion, die Ziele sind nicht schuld an unserem Glück oder Unglück. Ziele verleihen uns einen Sinn und bringen Wachstum, aber die langfristige Erfüllung liegt am Weg dorthin. Ziele sind nur Wegmarken. Denn wenn ein Ziel erreicht ist, was dann? Dann setzen wir uns ein neues Ziel und so weiter. Wir müssen also am Prozess der Zielorientierung Freude haben und Glück spüren, sonst bringt die Erreichung nicht die gewünschte Freude.

Was macht erfolgreiche Menschen aus? Woran erkennst Du sie? Wie kannst Du selbst ein erfolgreicher Mensch werden? Erfolgreiche Menschen erhöhen stets ihre Erwartungen, mit jedem Ziel. Sie lieben Herausforderungen, sie identifizieren sich mit der Attraktivität der Aufgabe und nicht mit dem Ziel selbst.

Erfolg hängt von jedem Einzelnen ab, wie jeder seinen Erfolg definiert und kann nicht von außen bestimmt werden.

Kennst Du das Märchen von Hans im Glück? Hans wurde für seine langjährige Treue und Arbeit mit einem riesigen Goldklumpen belohnt, der ihm aber auf dem Weg nach Hause zu schwer zu tragen war und nicht glücklich machte. Daher tauschte er ihn zuerst gegen ein Pferd, dann gegen eine Kuh und so weiter. Schließlich blieb ihm von dem riesigen Goldklumpen nichts mehr übrig. War er traurig? Nein! Mit jedem Tausch war er glücklicher, ihm waren der Goldklumpen, das Pferd und auch die Kuh egal. Er freute sich lediglich darauf, wieder zu Hause sein zu können und die Menschen zu sehen, die dort auf ihn warteten. Für ihn war Geld oder Gold unwichtig und nicht entscheidend für sein Glück.

Erfolg hängt ausschließlich davon ab, seinem Herz zu folgen. Wenn Du nach Deinen eigenen Lebenswerten lebst, dann öffnest Du Möglichkeiten, die auch jenseits von Erfolg und Leistungszielen liegen. Kein Erfolg bringt dauerhaftes Glück.

Volle Motivation voraus

Was motiviert Dich? Wie kannst Du Deine Motivation wieder ankurbeln, solltest Du Dich mal in einem Motivationsloch befinden? Wenn Dir gerade nichts einfällt, dann haben wir ein paar Tipps und Tricks für Dich.

- **Loben**

  Du darfst Dich ruhig selbst loben. Wenn Du etwas leistest, dann lobe Dich dafür. Klopfe Dir auf die Schultern: *"Das hast Du gut gemacht"*. Genauso wie wir uns selbst loben bzw. uns wünschen würden, mehr gelobt zu werden, kannst Du jetzt den ersten Schritt machen. Lobe Deine Familie, Freunde, egal wem Du begegnest. Wenn der andere etwas toll macht, dann lobe ihn. Das wird zu Dir zurückkommen wie ein Boomerang. Vielleicht nicht von der gleichen Person, aber von jemand anderem. Fällt es Dir leicht, Dich selbst zu loben? Oder lehnst Du Lob beschämt ab? Spielst Du Dein Wissen und Können, Deine Handlungen runter? Machst Du Dich bewusst klein?

- **Energiefresser erkennen**

  Was raubt Dir Deine Energie? Vor allem: Was demotiviert Dich? Beobachte einmal, was Dich im Laufe des Tages motiviert, demotiviert und ermüden lässt. Das können Tätigkeiten, Menschen oder auch Lebensmittel sein, die Du zu Dir nimmst. Was behindert Deine Lebensfreude und lässt Deine Motivation sinken? Es ist an der Zeit, diese Energiefresser zu erkennen, dann kannst Du aus Energiefressern Energiequellen zaubern. Suche Dir bewusst diejenigen Plätze, Menschen und Tätigkeiten, die Dir Motivation und Kraft geben, anstatt Dich zu demotivieren.

- **Positive Einstellung, positives Mindset**

  Wir wissen schon, positive Gedanken führen zu positiven Gefühlen. Positive Selbstgespräche, Affirmationen helfen dabei, unser Bestes zu geben und das Beste aus jeder Situation herauszuholen. Wir sind offen gegenüber neuen Situationen und lassen so Platz für tolle Chancen, die sich uns auf dem Weg zeigen. Positivität und Optimismus können uns selbst aus dem tiefsten Motivationsloch herausholen und uns Tag für Tag stärken. Wir sehen das Gras grüner, den Himmel blauer, die Nachbarn sind freundlicher, es ist alles viel leichter und das Leben schöner. Probier' es gerne aus, Du wirst sehen, wie es sich auf Dich auswirkt.

- **Neue Perspektive**

  Warum bist Du demotiviert? Weil Du vielleicht Deine Aufgabe nicht schaffst? Weil die bisherige Strategie nicht greift und Du schlussendlich erschöpft und fertig aufgibst? Es könnte helfen, die Aufgabe auf eine andere Weise anzugehen und zu lösen. Das gibt Dir neue Energie. Die neue Perspektive hilft Dir, die Aufgabe anders zu betrachten und so auf neue Lösungswege zu kommen. Ein Versuch ist es wert, oder?

- **Volle Konzentration voraus**

  Kennst Du das auch? Du schreibst gerade an einem wichtigen Text, sagen wir einmal ein Buch (okay, wir sprechen da aus Erfahrung) und daneben liegt das Handy und macht die ganze Zeit "brrp, brrrp" oder gibt sogar einen nervigen Ton von sich mit jedem Einlangen einer neuen WhatsApp Nachricht. Natürlich musst Du kurz schauen, ob Deine Eltern vielleicht geschrieben haben, Deine Freundin Dir ein lustiges Video geschickt hast oder jemand ein neues TikTok Video veröffentlicht hat. Und zack, so schnell kannst Du gar nicht schauen, wurdest Du aus Deiner Konzentration gerissen. Es braucht wissenschaftlich bewiesen etwa 15

Minuten, bis Du wieder konzentriert zur Arbeit zurück findest. Jedes Mal! Das ist so wichtig und dennoch lassen wir uns ständig ablenken.

> Wiederholen wir es nochmals: Jedes einzelne Mal, wenn Du nur "kurz" aufs Handy schaust, brauchst Du 15 Minuten, bis Du wieder in Deinen Flow findest. Das ist eigentlich und un-eigentlich ein Wahnsinn!

Wir schenken ständig unsere wertvolle Konzentration unseren Handys. Wertvolle Lebenszeit, die wir besser nutzen könnten, wenn wir konzentriert bei einer Sache bleiben. Denn dann sind wir erstens schneller fertig und zweitens motivierter, die Aufgabe oder Tätigkeit zu erledigen. Künftig gilt also: Bei wichtigen - vor allem kreativen - Aufgaben bleibt das Handy draußen! Ganz einfach. Es hat neben dem Laptop am Arbeitsplatz nichts verloren. Du kannst einen Anrufbeantworter aktivieren (wir können Dir dafür eine Stimme wärmstens empfehlen ;)) und alle Anrufe somit "vertrösten". Denn wie lange muss der Anrufer wirklich warten? Wir sind maximal 90 Minuten voll konzentriert, bevor wir eine Pause brauchen. Also wird in dieser Zeit die Welt nicht untergehen, keine Sorge. Schluss mit Ablenkungen und Multitasking. Du musst nicht ständig erreichbar sein, es ist okay, dass Du arbeitest, ohne dabei gestört zu werden.

- **Ordnung muss sein**
Ja, vor allem bitte am Arbeitsplatz. Weil es so wichtig ist, schreiben wir es nochmals: Achte darauf, dass Dein Arbeitsplatz stets sauber und aufgeräumt ist. So bleibt er übersichtlich und hilft Dir dabei, besser motiviert und konzentriert zu bleiben. Du kannst Dir am Vortag bereits Deine To-do-Liste bereitlegen, dass Du gleich am nächsten Tag siehst, wo Du am Vortag aufgehört hast und was heute noch zu erledigen ist. Du wirst sehen, ein sauberer Arbeitsplatz, sei es zu Hause oder auch in der Arbeit, wird Deine Produktivität steigern. Was jedoch noch wichtiger ist,

ist eine ruhige Umgebung. Vielleicht hilft Dir auch entspannende Musik oder brauchst Du eher was Rockiges, Schnelles?

- **Du hast den Erfolg verdient**

Ja, genau so ist es! Du darfst Dich jetzt sofort dafür entscheiden, erfolgreich zu sein. Du hast es verdient, erfolgreich zu sein. Hier helfen vor allem die Affirmationen, die Du gerne ergänzen kannst, wie Du möchtest: *"Ich habe es verdient, erfolgreich zu sein, weil ...", "Ich bin es wert, erfolgreich zu sein, weil ...".* Stell Dir bildlich vor, wie es ist, wenn Du die Aufgabe bereits erledigt hast und erfolgreich abschließt. Was ist dann? Wie fühlt sich der Erfolg an? Und dann verschwende keine Zeit mehr mit Ausreden. Es gibt viele Gründe, warum Du bisher nicht angefangen hast oder warum Du jetzt lieber nicht weitermachen sollst. Finde stattdessen Deinen Grund, warum Du das Erledigen oder Erfüllen der Aufgabe mit Ausreden verzögerst. Das wird Dir helfen, mit der Arbeit beginnen zu können.

- **Ein bisschen Spaß muss sein**

Auch Spaß darf bei Deiner Arbeit nicht fehlen. Spaß ist einer der wichtigsten Motivationsfaktoren schlechthin. Denn wenn Dir etwas Spaß macht, dann machst Du es gerne, machst es häufiger und es stört Dich nicht, es auch für längere Zeit zu machen. Daher predigen wir immer, dass Du etwas finden sollst und darfst, das Dir Spaß macht. Das Leben ist schon ernst genug, es ist Zeit für ein bisschen Freude und Spaß am Leben - auch bei der Arbeit. Die alten Sprichwörter, "Zuerst die Arbeit, dann das Vergnügen" und das gute Zureden unserer Familie, dass sie auch nicht immer Spaß am Beruf hatten, haben ausgedient, den Leitsatz haben wir schon erfolgreich abgelegt. Du kannst also beruhigt die Arbeit mit Freude tun - Du kannst Dir eine Arbeit suchen, die Freude und Spaß macht. Du darfst Arbeit mit Freude verbinden - so einfach. Lass Dir das von keinem ausreden.

- **Wenn schon vergleichen, dann mit den Richtigen**

Ertappst Du Dich auch dabei, dass Du Dich mal mit anderen vergleichst? Der kann spannender schreiben als ich, der kann besser Yoga als ich. Eine endlose Negativspirale, denn es wird immer jemanden geben, der etwas besser macht als Du. Warum sagen wir Dir das? Nicht etwa, um Dich noch mehr zu demotivieren. Im Gegenteil, vielmehr aus dem Grund, dass Du nicht weißt, wie lange und wie oft die andere Person geübt hat, um dieses oder jenes besser machen zu können als Du. Meist stecken hinter solchen Fähigkeiten jahrelange Arbeit und viel Fleiß sowie Schweiß oder auch angeborene Talente, an die Du schwer herankommen wirst. Das zu akzeptieren ist sehr heilsam. Wir haben dafür jemanden Besseren, mit dem es sich wirklich lohnt, Dich zu vergleichen. *Trommelwirbel.* Wer mag das wohl sein? Niemand anderer als Dein gestriges Ich. Du hast richtig gehört, vergleiche Dich stets mit Deinem gestrigen Ich. Inwiefern ist Dein heutiges Ich besser als Dein Gestriges? Was kannst Du tun, dass Dein heutiges Ich besser ist als Dein Gestriges? Wie kannst Du Dich verbessern, wenn Du Dich nur mit Dir selbst vergleichst? Vergleiche Dich einfach nur mit der Person, die Du gestern warst und Du wirst sehen, Deine Motivation wird ins Unendliche steigen, ohne so viel mehr erledigen zu müssen.

- **Erwartungen gleich null**

Wenn wir nichts erwarten, sind wir glücklicher. Kennst Du das auch? Du gehst endlich wieder einmal mit den Freunden tanzen, in den schicken Club, der gerade total angesagt ist. Du freust Dich riesig auf den Abend, malst Dir genau aus, wie er ablaufen wird. Dann ist dieser besagte Abend und er verläuft komplett anders als erwartet. Du bist enttäuscht und gehst traurig nach Hause, weil er nicht dem entsprach, was Du Dir eigentlich erwartet hast. Siehst Du, wie unsere Erwartungen unser Glück beeinflussen? Wir erwarten tagtäglich etwas: Dass beim Wasserhahn Wasser herausrinnt, wenn wir ihn aufdrehen, dass sich die Tür öffnet, wenn wir den Griff nach unten drücken. Wir erwarten vieles unbewusst. Bei solchen regelmäßigen Vorkommnissen ist das ja kein Problem, aber was ist, wenn unregelmäßige Situationen in unser Leben treten und unsere Erwartungen entsprechend hoch sind. Dann werden wir enttäuscht, und zwar so richtig. Wir erwarten uns also, dass wir ständig voller Motivation durchs Leben gehen, weil wir endlich unseren Traumweg gefunden haben. Aber dem ist nicht so, es kommen die Hopplas, die Tiefs, das Gesetz der Dualität lässt wieder mal grüßen. Wir erwarten uns zu viel - vor allem von uns - und von anderen, von Situationen. Also: Am besten nichts erwarten, dann steigt unser Glück und unser Wohlbefinden.

- **Einfach mal abschalten und nichts tun**

Raus in die Natur mit Dir! Das haben schon viele Dichter und Denker gewusst und das Weite in der Natur gesucht. Es hilft, auf andere Gedanken zu kommen und einfach nur zu Sein. Lass das Handy zu Hause, konzentriere Dich nur auf das Hier und Jetzt, den gegenwärtigen Moment. Du und die Natur, Du inmitten der Natur, Du wie Eins mit der Natur. Wandern öffnet Deinen Horizont, macht Dich kreativ und regt Deine Gedanken positiv an. Du wirst sehen, was so ein Spaziergang an Motivationswundern bringen kann.

Oh mein wertvoller Schatz

"Entweder wir finden einen Weg
oder wir machen einen."

Hannibal Barkas

Reflektieren, reflektieren und nochmals reflektieren, Du bist auf dem besten Weg in Dein **dreamly living**. Was ist Dir denn auf dieser Reise schon alles begegnet? Was hast Du bereits Neues gelernt, welche Erfahrungen hast Du gemacht? Worauf blickst Du zurück?

Kurz mal einatmen, ausatmen, Energie sammeln. Wir haben schon so viel erzählt, geschrieben und geteilt. Da vergessen wir auch schon mal aufs Luftholen zwischendurch. Es ist ja auch so spannend, wir wollen keine Zeit verlieren. Geht es Dir auch so? Genau in solchen Momenten ist es wichtig, wenn nicht sogar *wichtiger*, dass Du für einen Moment inne hältst und Dich fragst:

- Wie fühle ich mich?
- Wie geht es mir wirklich?
- Was zeigt sich, wenn ich still bin?
- Welche Gedanken kommen hoch?
- Welche Gefühle sind da?
- Was ist noch da?

Seit Beginn des Buches ist schon einiges an Zeit und Wörtern vergangen. Du hast Dir entweder Zeit gelassen oder das Buch in einem Satz verschlungen. Wenn Du zurückblickst, seit dem Zeitpunkt, als Du das Buch zum ersten Mal in den Händen gehalten hast, und dem heutigen Tag, was hat sich verändert? Was ist neu, was ist alt und darf gehen?

Wir wissen schon: Der Weg ist das Ziel, nicht das Ziel selbst. Unsere Schätze liegen auf dem Weg, nicht erst beim Erreichen des Ziels. Welchen Schatz hast Du erhalten? Wenn Du Dir jetzt denkst, wie jetzt, ich hätte einen Schatz sehen sollen? Dann lass Dir gerne sagen, welche Art von Schätzen Du - vielleicht bewusst oder unbewusst - bereits gefunden hast.

Acht Schätze

Nein, wir sprechen hier nicht vom chinesischen Einser-Menü. Hoffentlich wirst Du nicht gleich hungrig, schlägst das Buch zu und gehst los, um den nächsten Chinesen zu finden und Dir Acht Schätze zu bestellen. 🙂 (Und falls doch, dann Mahlzeit, lass' Dir schmecken!)

Hier geht es um die acht Schätze, die Du auf Deinem Weg ins **dreamly living** schon erkannt, entdeckt und erfahren hast. Falls nicht, dann warten sie noch auf Dich auf Deinem Lebensweg.

1) **Neue Erfahrungen**

   Welche Erfahrungen hast Du über Dich bereits sammeln können?

   Wir haben zB schnell gemerkt, dass uns viele Dinge nicht glücklich machen - einfach, weil es zu viele sind. Wir sind ständig dabei, unser Haus auszumisten und auszusortieren, um uns von Ballast zu befreien. Wie geht es Dir mit Besitz und den Dingen, die im Haus oder in der Wohnung herumliegen, und denen Du keine Beachtung schenkst? Genauso geht es uns auch mit Geschenken, wir kaufen weniger (sinnlose) Gegenstände und schenken uns dafür lieber wertvolle gemeinsame Erlebnisse.

   Wie glücklich bist Du mit Deinem Auto? Eine Studie zeigt, je teurer das Auto, desto glücklicher sind wir. Klingt logisch, oder? Immerhin zahlen wir eine Menge Geld dafür. Das betrifft aber nur die Frage, ob uns das Auto selbst glücklich macht oder nicht. Wie ist es jetzt aber, wenn Du an die letzte Autofahrt denkst, wo Du vielleicht im Stau gestanden bist? Macht Dich das noch immer glücklich? Wahrscheinlich weniger. Genau das beschreibt Rolf Dobelli als die Fokussierungsillusion: Das Auto macht Freude, wenn Du daran denkst, aber nicht, wenn Du es fährst. Das kannst Du auf jeden Gegenstand umlegen: Der Gedanke daran macht glücklich, aber wenn wir es täglich gebrauchen, in Gedanken versunken sind, dann sinkt unser Happiness-Effekt.

Wie ist das jetzt mit Erlebnissen? Machen die uns glücklich? Ja! Denn wir sind mit vollem Herzen bei der Sache. Es ist also effektiver, (mehr) Geld für ein schönes Erlebnis auszugeben, als für einen teuren (und meist unnötigen) Gegenstand. Also vielleicht lieber den Lamborghini für eine Probefahrt ausborgen, anstatt ihn gleich zu kaufen. Es müssen aber nicht immer teure Erlebnisse sein - auch ein gemeinsamer Sonnenuntergang oder ein Picknick am Berg sind schöne, in Erinnerung bleibende Erlebnisse, die glücklich machen.

2) **Neue Menschen**

Wie sieht es mit Deinem Freundeskreis oder Deiner Familie aus? Sind die Menschen noch immer die gleichen wie vor Beginn der Reise?

Wir haben gemerkt, dass sich unser Freundeskreis stark verändert hat und das noch immer tut. Denn wenn wir uns auf einen neuen Weg begeben, dann kommen nun mal nicht alle Menschen in unserem Umfeld mit auf diese Reise. Für viele ist der Weg vielleicht zu anstrengend, für andere wiederum steht ein anderer Weg bevor. Akzeptiere es, wie es ist. Du musst nicht krampfhaft an der alten Freundschaft festhalten, wenn Dir der Umgang und das Zusammensein mit dieser Person einfach nicht guttut oder sogar schadet. Wir haben uns in den letzten Jahren sehr verändert und haben einige Bekanntschaften aufgegeben, bzw. sie haben sich einfach nicht mit uns weiterentwickelt und sich mit der Zeit auch nicht mehr bei uns gemeldet. Das klingt vielleicht hart und traurig, aber wir sehen das positiv, denn immerhin sind so viele neue Bekanntschaften und Freunde dazugekommen, für die wir unglaublich dankbar sind.

Wie ist es bei Dir? Triffst Du Dich auch nur widerwillig mit Verwandten, Bekannten, "Freunden", obwohl Du gar keine Lust dazu hast? Verwandte kannst Du Dir leider nicht aussuchen - aber wenn Dir ihr Verhalten schadet, dann ist das trotzdem kein Grund, Dich mit ihnen treffen zu müssen. Bevor Du den Kontakt komplett abbrichst, ein kleiner Tipp von uns: Suche das Gespräch! Kläre, was es zu klären gibt, vorausgesetzt, Dein Gegenüber ist bereit dazu. Sprich an, was Dir auf der Seele liegt und warum Du die Treffen immer scheust. Du wirst sehen, das kann Wunder bewirken. Falls die andere Person vielleicht gar nicht daran interessiert ist, das klärende, versöhnende Gespräch zu führen, dann hast Du für Dich auch eine Antwort erhalten: Die Person gehen zu lassen. Es kommen andere Menschen in Dein Leben, die diesen Platz füllen werden - sogar noch besser: übertreffen werden!

Du weißt ja bereits, dass wir die Summe der fünf Menschen sind, mit denen wir uns am meisten umgehen. Wähle daher weise, denn Du wirst wie diese fünf Menschen. Daher ist es umso wichtiger, den Freundeskreis bewusst zu wählen und auch hier auszusortieren. Denn die Folgen sind fatal und für ein **dreamly living** oft hinderlich.

3) **Neues Wissen**

Was hast Du auf Deinem bisherigen **dreamly living** Weg dazugelernt? Welche Passagen dieses Buches waren neu für Dich? (Wir hoffen natürlich, so viele wie möglich. 😉) Was kannst Du bereits erfolgreich für Dich umsetzen?

Wir haben kürzlich in Rolf Dobellis Buch von der Kunst des Korrigierens gelesen. Perfektionismus wird in Lebensläufen gerne als Stärke, als positive Eigenschaft erwähnt, aber ist es das wirklich? Wenn wir alles, wirklich alles, perfekt machen müssen, woher sollen wir nur die Zeit dafür nehmen? Mal ehrlich, alles perfekt zu machen würde uns so viel Zeit kosten, dass wir entweder alles schneller machen müssen, um mitzuhalten oder einfach nur die Hälfte machen können. Und warum? Nur weil es in unseren Augen perfekt sein muss. Frag einmal die Menschen um Dich, für die ist perfekt etwas ganz anderes.

Wir haben Angst zu beginnen, weil es perfekt sein muss. Der perfekte Start - so wie der perfekte Start in den Morgen, oder? Was passiert, wenn Du keinen perfekten Start in den Morgen hattest? Der ganze Tag ist im A*. Echt jetzt? Nur wegen ein paar Kleinigkeiten, die den Morgen nicht perfekt gemacht haben (wer sagt schon, was perfekt ist), lassen wir uns den ganzen Tag versauen? Stopp! Das ist ja absurd! Der richtige, erfolgreiche Start ist wichtig, so wie auch beim Autofahren, denn dann läuft es einfacher. Aber wie auch beim Autofahren müssen wir während der Fahrt noch mitlenken oder gegenlenken. Daher ist selbst der noch so perfekte Start keine Garantie dafür, dass wir heil ankommen. Wir müssen am Weg selbst noch nachjustieren, korrigieren und ausbessern.

Wenn Du also das nächste Mal nicht den perfekten Start in den Morgen oder für Dein Projekt hattest, dann nimm es so, wie es ist. Lass Dir davon nicht den Rest des Lebens oder den Rest des Tages versauen. Nutze Deine Fähigkeiten und die Kunst des Korrigierens, um entsprechend Nachzujustieren und Nachzubessern - dass es für Dich trotzdem ein gutes Leben, ein guter Tag ist.

4) Neue Denkweisen

Kann es sein, dass Dein Denken über Dich und andere, über Dein Leben und Deine Verhaltensweisen schon ganz anders ist? Kannst Du die Dinge jetzt leichter akzeptieren, die Du nicht ändern kannst? Versuchst Du zu ändern, was Du ändern kannst?

Wir haben im Laufe der Zeit, auf unserem Weg ins **dreamly living** gemerkt, dass wir durchaus positiver über uns und unsere Mitmenschen denken. Wir versuchen immer das Gute in jeder Situation zu finden und versuchen die gute Absicht des Anderen zu suchen, auch wenn dies manchmal nicht so leicht ist.

Eine neue Denkweise ist zB die mentale Buchhaltung, die Rolf Dobelli in seinem Buch erwähnt. Eine einfache Strategie mit solch grandioser Wirkung. Was ist die mentale Buchhaltung? Was kannst Du Dir darunter vorstellen? Stelle Dir einmal vor, Du bist in Wien und vergisst, einen Parkschein ins Auto zu legen oder über die App zu lösen. Natürlich kommt gerade an diesem Tag zu gerade dieser Zeit ein Polizist vorbei und Du bekommst einen Strafzettel. 50 Euro fürs Falschparken. *"Na toll, wieder 50 Euro für eine Strafe, so etwas Unnötiges"*, wirst Du Dir jetzt vielleicht denken. Für solche Fälle gibt es Dein persönliches "Spendenkonto", wo ganz bestimmte Beträge für gute Zwecke reserviert sind, wie zB für Strafzettel. Das eigene Gehirn und das eigene Denken einfach mal austricksen. Denn wir behandeln Geld unterschiedlich, je nachdem, von wo es kommt. Finden wir einen 100-Euro-Schein auf der Straße, dann geben wir ihn leichter aus als die 100 Euro, die wir uns (hart) erarbeitet haben. Somit kannst Du die Bedeutung über Geld leicht mit einem Spendenkonto ändern. Wenn Dir zB das Geldbörserl gestohlen wird, dann kannst Du daran auch nichts mehr ändern. Du kannst es aber mit einem Lächeln als Spende für jemand anderen sehen, der das Geld scheinbar dringender braucht als Du. So ähnlich ist es mit Deinem Spendenkonto: Lege Dir eine bestimmte Summe auf die Seite für den Fall, wenn Dir etwas gestohlen wird oder Du einen Strafzettel zu zahlen hast.

Wann auch immer Du etwas "spenden" musst, dann fällt es Dir damit sicher leichter. Es mag komisch klingen, erfüllt aber seinen Zweck.

5) Neue Routinen

Welche und wie viele Routinen hast Du im Laufe eines Tages durchlebt bzw. durchgemacht? An wie viele davon kannst Du Dich wirklich bewusst erinnern?

Wir haben viele Routinen, die unser Leben erleichtern, da wir nicht immer wieder aufs Neue nachdenken müssen, wie dieses oder jenes geht. Das sind zB das Zähneputzen, das Autofahren oder sonstige routinierte Abläufe, die wir tagtäglich machen. Welche Routinen hast Du Dir erst kürzlich zugelegt? Für welche hast Du Dich bewusst entschieden und bist noch dabei, sie erfolgreich zu etablieren?

Wir haben zB die Routine, in der früh mit Pranayama, das sind Atemtechniken im Yoga, zu starten, um wach zu werden und dann ungefähr eine Stunde Ashtanga Vinyasa Yoga zu machen. Das tut uns gut und wir fühlen uns danach gestärkt für den Tag. Daher haben wir es zu unserer Routine gemacht. Wie routiniert läuft Dein Morgen ab?

Wir haben auch die Routine, dass wir bei wichtigen Entscheidungen erst einmal eine Nacht darüber schlafen. Mag für viele, vor allem jene, die die Entscheidung von uns erwarten, etwas komisch klingen, aber wir haben gemerkt, wie wichtig das für uns ist. Wir beide neigen dazu, schnell einmal *"Ja"* zu sagen und bereuen unsere Entscheidung im Nachhinein dann meistens. Daher haben wir es uns zur Gewohnheit gemacht, dass wir eine Nacht darüber schlafen und wenn am nächsten Morgen für uns beide noch immer ein *"Ja"* da ist, dann machen wir das auch und bereuen es im Nachhinein auch nicht.

Wie kannst Du das realisieren, wenn es keine Zeit gibt, um eine Nacht darüber zu schlafen? Bei wichtigen Lebensentscheidungen muss es auf alle Fälle Zeit dafür geben. Für eher unwichtige Entscheidungen, wo wir meistens jemandem anderen einen Gefallen tun, ist es besser, sich jetzt zu entscheiden. Wir können ja nicht jede Entscheidung überschlafen, dann müssten wir einen eigenen Terminplaner für die Entscheidungen mitführen, über die wir erst mal schlafen müssten. 😃 Hör bei schnellen Entscheidungen auf Dein Bauchgefühl, mach ev. den kinesiologischen Muskeltest oder atme vor dem *"Ja"* einmal kurz ein und aus.

Wir können Dir auch die 5-Sekunden-Nein-Regel ans Herz legen: Wenn Dich das nächste Mal jemand bittet oder fragt, ob Du zB den Rasenmähen kannst, dann warte erst mal fünf Sekunden ab und spüre dann nach. Passt das für mich? Habe ich die Zeit dafür? Oder tue ich dem anderen nur einen Gefallen? Meistens ist die Antwort bei solchen Fragen nach fünf Sekunden eher ein "Nein".

Wir dürfen uns von der Angst lösen, dass wir mit einem *"Nein"* die Menschen verstoßen und uns unbeliebt machen. Es mag sein, dass der eine oder andere das nicht gut findet, weil er uns nicht mehr manipulieren und ausnutzen kann. Aber mal ehrlich, wollen wir mit so einer Person noch etwas zu tun haben? Wohl eher nicht. Sehr erfolgreiche Menschen sagen fast zu allem *"Nein"*, warum dürfen wir das also nicht?

Das hat viel mit Reziprozität zu tun: Wir teilen mit anderen, weil wir davon ausgehen, dass wir dann später auch das Gleiche erwarten können. Aber Achtung: Hier entsteht eine Abhängigkeit und somit eine große Gefahr. Denn wenn Dir jemand etwas Gutes tut, dann fühlst Du Dich in seiner Schuld bzw. versuchst Dich bei ihm zu revanchieren. Diese Situation kann im schlimmsten Fall ausgenutzt werden. Früher hatte Monique beim Fortgehen sich kaum von fremden Männern bzw. Jungs einladen lassen, da danach immer etwas "erwartet" wurde als Dankeschön. Natürlich gab es viele, die keine Scheu hatten und sich einladen ließen und dann einfach gegangen sind, ohne diese "Erwartungen" zu erfüllen, aber im Grunde sind wir Menschen darauf ausgerichtet, dass wir dem anderen auch etwas Gutes machen wollen, wenn wir Gutes erfahren. Grundsätzlich ja nichts Schlechtes!

6) Neue Abenteuer

Yeah, Abenteuer! Steckst Du vielleicht schon mittendrin? In Deinem Lebensabenteuer? Macht Dir das Leben gerade so richtig Spaß und jeder Tag ist der absolute Wahnsinn. Bravo, gratuliere!

Das Leben ist ein Abenteuer und wenn wir unserer Berufung oder dem Ruf Gottes bzw. einer Stimme, Kraft, Geist von oben folgen, dann machen wir uns wortwörtlich auf in ein Abenteuer. Franz von Assisi zB hat den Ruf gespürt, hat alles verkauft und ging nur mit einem Kleidungsstück am Leibe los, um Kirchen zu restaurieren und zu reparieren. Andere haben sich im Laufe der Zeit seinem Abenteuer angeschlossen und so entstand der Franziskanerorden.

Es kann also durchaus vorkommen, dass Dich Menschen fragen, welche Pille Du genommen, was Du geraucht oder welche andere Droge Du intus hast. Wir wurden schon des Öfteren gefragt, was wir denn bitte nehmen, um so drauf zu sein, wie wir nunmal sind. Wir könnten diese "Pille" echt um viel Geld verkaufen. 😂

Wenn Du jedoch stolz sagen kannst *"Keine, das ist mein Abenteuer, mein Leben"*, dann werden sie Dir vielleicht folgen. Vielleicht gründest Du Deine eigene Community, Deine eigene Gemeinschaft, Deine eigene Gesellschaft. Wer weiß. Aus dem Gewohnten ausbrechen, kann andere Menschen mitreißen. Abenteuer sind ansteckend, neue Wege zu gehen auch.

7) Neue Erkenntnisse

Was ist der Unterschied zwischen Erfahrungen und Erkenntnissen? Die Wörter sagen es schon: Erfahrungen erfährst Du am eigenen Leibe, Erkenntnisse jedoch sind das Erkennen von Kenntnissen, die in Dir stecken. Du musst dafür nicht aktiv etwas tun oder erfahren haben, Du kannst es auch wie einen Geistesblitz erkennen und als Deine Botschaft sehen.

Wir haben zB erkannt, dass unser Lebenstraum, eine Gemeinschaft aufzubauen, anders vonstattengehen soll. Wir haben bei der Suche immer die anderen im Hinterkopf gehabt, haben Entscheidungen daher auch aufgrund dessen getroffen und sind uns selbst nicht treu geblieben. Wir haben erkannt, dass wir erst mal für uns ein Zuhause schaffen und sich dann, wie auch beim Abenteuer, die Menschen uns anschließen dürfen und können.

Was hast Du auf Deinem Weg bereits erkannt? Welche Erfahrungen durftest Du machen?

8) Neue Chancen

Neue Chancen, neue Sichtweisen, neue Möglichkeiten. Neue Chancen gibt es wie Fische im Meer, Du musst sie nur erkennen und für Dich ergreifen. Chancen sind im Grunde maßgeblich für unseren Erfolg. Denn Erfolg ist laut Rolf Dobelli zu 0 % Eigenleistung und zu 100 % Zufall. Zufall durch neue Chancen, die sich Dir gezeigt haben. Chancen, die Du ergriffen hast. Chancen, die da waren, weil Du genau in der Familie geboren wurdest und in dem Land aufgewachsen bist. Das ist Zufall und keine Eigenleistung. Wir können uns unsere Familie, unsere Eltern, unsere mitgegebenen Werte, unsere bereits absolvierte Schulbildung nicht aussuchen, wir haben wenig selbst dazu beigetragen, sondern das war alles Zufall. Wir verdanken viel unseren Genen und der Umwelt, in die wir hineingeboren wurden. Wie wäre es, wenn Du vor 2.000 Jahren geboren wärst?

Sei daher bescheiden, wenn Du erfolgreich bist oder wirst. Denn Erfolg basiert auf Dingen, für die wir nichts können. Stolz ist faktisch falsch, Dankbarkeit stattdessen das Lebensgefühl, das uns wahrlich glücklich macht.

Wenn wir erst mal erfolgreich sind, dann sollten wir einen Teil unseres Erfolgs an jene abtreten, die mit falschen Genen in die falschen Familien geboren wurden.

> Welche Möglichkeiten fallen Dir spontan ein? Wie kannst Du Dich für andere engagieren, ehrenamtlich tätig sein, andere unterstützen, die Hilfe benötigen?

Monique hat für einige Jahre ein Mädchen namens Hanifa in Uganda unterstützt. Sie hat dafür gesorgt, dass sie Essen bekommt und vor allem eine Schulausbildung machen kann. Sie war insgesamt dreimal vor Ort, um Hanifa Kleidung, Spielzeug und Geschenke mitzunehmen und bei ihr zu sein. Monique hat ihren Erfolg mit jenen geteilt, die es nicht so gut haben, weil sie im falschen Land aufwachsen. Den Erfolg zu teilen, hat sie sehr glücklich gemacht und zu sehen, welchen positiven Einfluss sie auf das Leben des Mädchens hatte, war ein unglaublich schönes Geschenk.

Teil 3

Warst Du schon einmal für längere Zeit weg von Deiner Heimat? Vielleicht im Ausland eine Ausbildung absolviert, wo Du viel gelernt hast?

Wie ist es Dir bei der Rückkehr gegangen, wie war es, wieder in den "Alltag" zurückzukehren, zu den gewohnten Routinen und Umgebungen? Hast Du all das Gelernte über Bord geworfen und bist in das alte Muster zurückgefallen? Oder hast Du das Gelernte für Dich genutzt, neue Routinen etabliert und das Gewohnte neu umgekrempelt?

Wir haben es erst kürzlich durchgemacht und miterlebt. Wir haben fast zwei Monate auf Bali verbracht, um zu "überwintern" und im Zuge dessen unsere erste Yogalehrerausbildung gemacht. Die Zeit war sehr prägend, hat uns stark verändert und die Angst, daheim wieder in die gewohnten Routinen und Abläufe zu fallen, war groß. Doch wir haben es geschafft, wir haben uns neue Routinen zugelegt und das Gelernte mitnehmen und integrieren können.

Wir möchten Dir Mut machen, Deine Erfahrungen und Erkenntnisse, die Du beim Lesen bereits gelernt hast, in Dein Leben zu integrieren. Du schaffst es, all das Wissen mitzunehmen, umzusetzen und erfolgreich in Deinem Leben zu etablieren.

Die gewohnte Welt wird so nicht mehr vorhanden sein. Mit all unserem neuen Bewusstsein werden wir uns eine neue, gewohnte Welt schaffen.

Wie das gehen soll, das zeigen wir Dir in den folgenden Kapiteln.

Kunst des Durchhaltens

*"Do what you can, with what you have,
where you are."*

Theodore Roosevelt

Einatmen und jetzt: Luft anhalten! Wie lange schaffst Du es? Achtung: Empfohlen wird, am Anfang die Luft nach einer guten Vorbereitung maximal 90 Sekunden anzuhalten. Dann kannst Du Dich mit dem richtigen Training steigern. Dieses Training ist wichtig, um unsere Lungenkapazität zu erhöhen. Wir können zwar nicht die Größe der Lungen verändern, aber dafür sorgen, dass unsere Lungen mehr Sauerstoff aufnehmen können und dies sogar effizienter tun. Training stärkt unsere Lungen. Hast Du die 90 Sekunden durchgehalten?

Wie ist das mit dem Durchhalten? Ist Durchhalten in jeder Situation wirklich das Optimale und Beste für uns?

Wer aufgibt, ist schwach

Das wird uns zumindest von Kindheit an eingetrichtert. Doch was steckt da dahinter? Ist Aufgeben wirklich gleichzusetzen mit Schwäche? Wohl kaum. Es kommt eher darauf an, warum wir aufgeben und was wir aufgeben!

"Never give up." Oder eher: *"Ever give up."* Was trifft besser zu? Das kommt auf die Person, die Umstände und die Sache an, die wir (nicht) aufgeben sollen, wollen oder können.

Kennst Du das Prinzip der **Sunk Costs**? Wenn wir schon zigtausend Euro oder zigtausend Stunden in ein Projekt investiert haben, ist die Wahrscheinlichkeit geringer, kurz vor der Zielgeraden aufzugeben, auch wenn wir erkennen, dass es uns keine Freude macht, nichts bringt oder einfach nur noch verlorene Zeit ist. Die Zeit, die wir bereits investiert haben, zählt in unserer Vorstellung mehr als die noch notwendige Zeit, das Projekt abzuschließen. Doch da trickst uns unser Gehirn aus. Ist es nicht sinnvoller und effizienter, rechtzeitig die Notbremse zu betätigen? Bevor wir noch mehr verlorene Stunden dazu zählen, für etwas, das nichts bringt?

Monique hat bei ihrem Studium gemerkt, dass viele aus ihrer damaligen Klasse mit der Zeit die Studienrichtung geändert haben. Manche nach einem Semester, manche nach einem Jahr, manche haben das Studium dann gar nicht abgeschlossen. Jetzt könnte man sagen, so eine verlorene Zeit, dieses Semester oder diese Jahre schon in das Studium investiert zu haben, jetzt mache ich es auch fertig. Wirklich? Auch wenn Du weißt, dass Du mit diesem Studium nichts anfangen und nicht in diesem Bereich tätig sein wirst? Willst Du dann wirklich noch mehr Zeit verschwenden, nur um am Papier einen Titel stehen zu haben? Nicht immer ist der richtige Weg richtig für alle. Niemals ist eine Generalisierung, die jede andere Option ausschließt.

Wer "niemals" aufgibt, ist einfach nur zu schwach, loszulassen. Wer möchte denn schon ein Projekt aufgeben, wo man bereits seit Jahren daran arbeitet und dann draufkommt, dass es doch nicht der richtige Weg ist. Was dann? Tja, dann ist es wichtig, sich nicht auf die verlorene Zeit zu konzentrieren, sondern auf das Gelernte und Erlebte. Viele haben niemals aufgegeben, waren dann tot oder haben bemerkt, dass sie lieber aufgegeben hätten. Wem möchtest Du etwas beweisen? Wenn, dann nur Dir selbst. Und da möchten wir Deinem Selbst sagen: *"Es ist okay, aufzugeben und loszulassen. Wenn es nicht sein soll und sich nicht richtig anfühlt, dann ist es okay, es gehen zu lassen."* Loslassen erfordert Mut, aber weitermachen und dabei sich selbst vergessen, grenzt an Selbstzerstörung.

Warum tun wir uns dann trotzdem so schwer beim Loslassen? Weil wir nicht wissen, was dann kommt. Es kann schlechter kommen, ja - aber was, wenn es noch viel besser ist? Wie zB mit Partnerschaften: Viele klammern sich regelrecht an den Partner, obwohl die Liebe bereits erloschen ist. Sie bleiben nur, weil sie entweder Angst haben, alleine zu sein oder Angst vor dem haben, was dann kommt. Wie ist das mit der Geschichte vom Frosch im Kochtopf? Wenn man ihn in heißes Wasser wirft, dann springt er sofort wieder raus. Wenn man das Wasser aber schön langsam laufend erwärmt, dann bleibt er, weil die Veränderung so minimal ist, bis er eines Tages gekocht wird und stirbt. Wir müssen lernen, rechtzeitig loszulassen, was nicht zu unserem erfüllten Leben gehört.

Du musst nicht alles jetzt sofort hinschmeißen! Außer Dein Körper leidet darunter, dann ist es besser, die Sache lieber früher als zu spät zu beenden. Ansonsten überlege Dir einen vernünftigen Ausstiegsplan. Wenn Du in Deinem Job unzufrieden bist, dann lege Dir einen Ausstiegsplan zurecht. Natürlich kannst Du jetzt sofort kündigen, wenn es einfach nicht mehr passt, dann wird sich der richtige Weg mit Sicherheit zeigen. Viele tendieren aber zu einem Backup, einer Absicherung und wenn Du erst mal weißt, wie es nachher weitergehen soll, dann fällt es viel leichter. Wiederum könnte man sagen, dass die Zeit in der Arbeit pure Verschwendung ist und es uns von dem abhält, was wir wirklich machen wollen und unsere Gedanken nicht frei sind, wir zu erschöpft und nichts weiter bekommen, auch keinen Ausstiegsplan. Für welche Richtung Du Dich auch entscheidest, sie ist bestimmt die Richtige.

Von langer Dauer

Wir haben schon darüber gesprochen, wie fatal es sein kann, wenn Du versuchst, durchzuhalten, wenn Du Dir eindeutig damit Schaden zufügst. Wie lange hättest Du denn versucht, durchzuhalten? Meistens sprechen wir hier nicht von 90 Sekunden, wie bei der Atemübung, sondern von einigen Jahren, bei Ehen sogar Jahrzehnten, bevor dann endlich die Kehrtwendung geschieht, entweder in diesem Leben oder im Nächsten.

Doch nicht in allen Bereichen ist Langfristigkeit negativ zu sehen. Langfristigkeit macht sich auch bezahlbar, wie Investoren zeigen. Im Gegensatz zu den Spekulanten, die kurzfristige, sprungartige Entwicklungen vorziehen, sind die Investoren eindeutig die wahren Gewinner in diesem Spiel. Sie nutzen die langen Zeiträume aus. Das macht sie erfolgreich.

Wie ist das mit einem Bestseller? Angenommen, Du hast ein Buch geschrieben oder ein Musikalbum produziert und landest auf Nummer eins. Du hast es geschafft, Du bist ganz oben! Doch Vorsicht vor dem Fall, denn die Nummer eins bleibt kurz auf dem Podest, bevor sie von der nächsten Nummer eins heruntergestoßen wird. Nicht der Bestseller ist das, was erfolgreich ist, sondern die lange Zeitstrecke, über die ein Buch verkauft wird, macht es erfolgreich. Klassiker halten sich seit Jahrzehnten, ohne auf Platz eins zu sein.

Wenn wir uns nicht gleich beim Start verausgaben, dann halten wir länger durch. Genau um das geht es doch. Durchhalten auf eine gesunde, positive Art und Weise, sodass wir nicht darunter leiden oder uns Schaden zufügen. Das Gleiche ist wie mit einem Kuchen, wenn wir Backpulver hinzufügen, dann muss er erst mal gehen, er braucht also seine Zeit. Lass ihn für eine Stunde oder so ruhen, bevor Du weitermachst. Genauso ist es auch mit unserem Leben: Je ruhiger wir sind, desto produktiver ist das Ergebnis. Denn der Irrglaube, dass Disruption zum Erfolg führt, ist schlichtweg einfach nur falsch. Viel mehr gilt: weniger Geschäftigkeit, mehr Beständigkeit. Bleiben wir doch bei dem, was wir gut können. Das ist wie mit einem guten bzw. wundervollen, sensationellen Partner, bei dem bleiben wir ja auch - hoffentlich für die Ewigkeit. Oder mit einem hervorragenden, preiswerten Wohnsitz, da wollen wir ja auch nicht (freiwillig) umziehen. Ausdauer, langfristiges Denken und Beständigkeit sind höchst wertvolle, häufig unterschätzte Tugenden, die es gilt, wieder ans Licht zu bringen und zu erstreben.

Ein negatives Beispiel der Disruption, der schnellen Änderung unserer modernen Zeit, ist das Wettrüsten. Wir zeigen es Dir anhand eines Beispiels:

Kennst Du noch Copyshops? Läden, die voller Drucker sind, wo Du alles ausdrucken konntest und mit Münzen dafür bezahlst. Schon etwas länger her, oder? Copy Shops gibt es noch immer, sie sind aber jetzt viel moderner, haben bessere Maschinen, drucken alles viel schneller, in Farbe, auf 10.000 verschiedenen Papiersorten. Alles ist möglich. Doch trotz dieser vielen Möglichkeiten bekommen die Betreiber nicht mehr, sondern sogar weniger als noch vor Jahren bzw. Jahrzehnten. Wo ist also hier der Fortschritt zu betrachten? Warum das Wettrüsten?

Wenn Du selbstständig bist, dann ist es ratsam, sich eine Nische zu suchen, die keine Konkurrenz hat, somit ist Wettrüsten nicht notwendig. Klingt leichter, als es vielleicht ist. Wo gibt es heutzutage noch keine Konkurrenz? Kreativ zu werden macht sich bezahlbar, es gibt viel, das es nicht gibt. Man muss nur den Horizont erweitern und schon finden sich Möglichkeiten.

Wenn Du angestellt bist, dann versuche nicht nach dem Motto: "Wer länger arbeitet, gewinnt", mitzuhalten. So ein Schwachsinn! Früher haben unsere Vorfahren als Jäger und Sammler gerade einmal 15 Stunden pro Woche gearbeitet, den Rest als Freizeit genossen. Oftmals wird gesagt, dass diese Zeit die wahre Wohlstandsgesellschaft war und mit dem Ackerbau die Menschheit zugrunde ging. Weil dann Güter gekauft wurden und der Wettbewerb begann. Acker und Besitz mussten beschützt werden und somit nahm Gewalt zu. Das Gleiche gilt für Social Media, Mode, schicke Autos - Du musst nicht mehr oder besser sein als andere. Entfliehe der Dynamik des Rüstungswettlaufs und lass Dich nicht zum Opfer des Wahnsinns machen. Das gute Leben beginnt dort, wo sich Menschen nicht darum streiten.

Flexibilität ist nicht immer eine Stärke

Wenn Du beim Job-Interview gefragt wirst, was Deine Stärken sind, gibst Du dann auch Flexibilität an? Na klar, das wollen sie doch hören. Wir können uns flexibel an diese oder jene Situation anpassen. Aber halt! Stopp! Anpassen? Wollen wir das wirklich? So sein wie die anderen? Ein klarer Nachteil von Flexibilität.

Flexibilität ist nicht immer von Vorteil. Warum? Weil wir dadurch schwieriger langfristige Ziele erreichen können. Warum? Weil wir dadurch ständig neu entscheiden müssen und daher unsere Willenskraft einbüßen. Warum? Weil wir entscheidungsmüde werden und uns daher automatisch für die bequemere, einfachere Variante entscheiden. Warum? Einfach darum.

Es ist daher gut, festzulegen, wo wir nicht flexibel sind - in welchem Handeln oder Sagen wir uns nicht mehr entscheiden müssen oder werden, einfach aus dem Grund, weil es für uns so feststeht. Das ist zum einen wichtig für unsere Willenskraft, dass wir nicht aus Müdigkeit die falschen oder bequemen Entscheidungen treffen. Zum anderen aber auch für unsere Reputation, da wir damit eine konsistente Unnachgiebigkeit signalisieren und zeigen, wo wir stehen und wo es nichts zu verhandeln gibt. Wir sind dadurch souverän und unangreifbar, legen somit ein Gelübde ab und machen uns dadurch einen Ruf, dies auch zu 100 % einzuhalten. Möge die Eisenbahn drüberfahren!

Sei ehrlich zu Dir selbst

Wir haben schon viel über Willenskraft geschrieben, wir möchten Dir aber noch etwas ganz Wichtiges mitgeben: Wenn Du nach außen nicht vertrittst, wovon Du innerlich überzeugt bist, dann wirst Du zur Marionette. Früher oder später gibst Du komplett auf und kämpfst nicht mehr. Deine Willenskraft nimmt ab. Wenn Du äußerlich zerbrichst, dann ist es nur noch eine Frage der Zeit, bis Du auch innerlich zerbrichst. Wie wichtig unsere Willenskraft ist, zeigt die Geschichte eines amerikanischen Soldaten im Vietnamkrieg:

Ein amerikanischer Soldat wurde im Flugzeug angeschossen und konnte sich mit dem Fallschirm knapp retten. Er flog jedoch in das Gebiet der Feinde, entging währenddessen sogar den Schüssen der anderen. Am Boden angekommen, wurde er festgenommen und eingesperrt. Er hätte sich im Laufe der Zeit im Gefängnis vieles an Folter sparen können, wenn er antiamerikanisch gehandelt und sich mit den Einheimischen verbrüdert hätte. Doch was wäre die Folge dessen gewesen? Er hätte seinen Selbstrespekt verloren und für das Überleben konnte er das nicht riskieren. Er setzte also alles daran, innerlich nicht zu zerbrechen. Man muss nur lange genug durchhalten, irgendwann ist jeder Krieg vorbei. Selbstrespekt, die eigene Willenskraft und sich nicht von außen bestimmen und manipulieren zu lassen, ist entscheidend. In seinem Fall hatte er Tag für Tag durchgestanden. Solange er äußerlich nicht daran zerbrach, konnte er auch sein Inneres wahren. Er hat seinen Willen bewahrt und nie aufgegeben, selbst wenn seine Handlungsfreiheit noch so gering war. Aber genau deshalb hat er es geschafft und überlebt.

Wir sind zwar - zum Glück - nicht im Krieg, aber erleben dennoch täglich Angriffe auf unseren Willen, auf unsere Prinzipien und auf unsere Präferenzen. Oft sind diese Angriffe subtil, dass wir sie gar nicht direkt mitbekommen. Ein tolles Beispiel dafür sind die Werbung, der soziale Druck oder Ratschläge, die wir ungefragt an den Kopf geworfen bekommen. Selbst die sanfte Propaganda, jegliche

Modetrends, Gesetze und Medienhypes gehören dazu. Warum ist das so? Warum möchte man uns subtil angreifen und beeinflussen? Weil sonst die Interessen der Gesellschaft zerstört werden könnten. Und die sind nun mal anders als die jedes Einzelnen. Denn Fakt ist, dass jeder Einzelne ersetzbar ist, vor allem wenn er abweichende Prinzipien vertritt und somit eine Gefahr für die Gesellschaft ist. Doch ist so eine Gesellschaft wirklich erstrebenswert? Wollen wir so leben? Wer entscheidet, was gut für unsere Gesellschaft ist?

> Wenn Du das nächste Mal verbal angegriffen wirst, bitte Deinen Angreifer, seine Äußerung Wort für Wort zu wiederholen und Dir dabei in die Augen zu schauen. Oder wenn der Angriff schriftlich kommt, dann soll er Dir das Geschriebene vorlesen.

Du wirst sehen, die meisten brechen dann vor Beschämung ab, wenn sie erst mal Wort für Wort hören, was sie da wirklich gesagt oder geschrieben haben.

Achtung: Aufmerksamkeitsfalle

Wir leben in einem Zeitalter, wo alles um unsere Aufmerksamkeit buhlt und gleichzeitig unsere Aufmerksamkeitsspanne radikal abnimmt. Wenn wir aus dem Haus gehen, leuchten Werbereklamen auf, auf den Autobahnen gibt es große Werbeflächen, die dafür eine Menge Geld kassieren, dass sie unsere Aufmerksamkeit bekommen. In der Stadt wimmelt es nur so von Werbeanzeigen, es ist unglaublich, wie subtil und zugleich offensichtlich wir mit Werbung bombardiert werden. Es wurde gezeigt, dass wir ein Plakat mindestens zehnmal sehen müssen, bis wir es wahrnehmen. Daher ist es kein Wunder, dass meistens das gleiche Plakat auf einer Plakatwand mehrmals zu sehen ist. Der Gipfel der Ablenkung: unser Handy mit all den Applikationen, modernen Features und vielem mehr. Daher ist es nicht verwunderlich, dass wir weniger lang durchhalten. Mit all diesen Ablenkungen werden wir vom Eigentlichen weggebracht. Wir leben kurzweiliger und das Durchhaltevermögen gehört vielleicht bald der Vergangenheit an.

Wir sind so sehr von dieser Aufmerksamkeitsmaschinerie ermüdet, dass wir Entscheidungen mittlerweile anderen überlassen. Wir sind entscheidungsmüde oder wählen in vielen Fällen die leichtere, günstigere, "bessere" Variante. Wie ist das zB bei einem Besuch in einem schicken Restaurant? Wir haben die Wahl, ob wir uns die Gerichte und den dazu passenden Wein selbst aussuchen oder aber wir wählen das Surprise-Deluxe-Menü, wo fein säuberlich schon für uns entschieden wurde und wir nicht mehr nachdenken müssen, welcher Wein zu welchem Gericht passen könnte. Klingt doch viel einfacher, oder?

Man umwirbt uns, man umschmeichelt uns. Wir fühlen uns wie Könige, sind in Wahrheit aber Sklaven. Denn die Angebote sind keine Geschenke, sie sind Raubtaten, Instagram-Posts und E-Mails eine Entnahme, die wir mit unserer Aufmerksamkeit, Zeit und Geld bezahlen.

Unsere drei wichtigsten Ressourcen: **Aufmerksamkeit, Zeit und Geld**. Heutzutage ist die Erste die Wertvollste: unsere geschätzte Aufmerksamkeit. Wir verlieren unsere Aufmerksamkeit an Firmen, die mit viel Geld alles daran setzen, uns in ihren Bann zu ziehen. Wir sind nicht mehr im gegenwärtigen Moment, weil wir mit einem Ohr schon beim nächsten TikTok- oder YouTube-Video sind und mit dem anderen Auge noch immer durch die Instagram-Stories wischen. Aufmerksamkeitsspanne gegen null.

Was können wir dagegen tun? Wie können wir uns unsere Aufmerksamkeit zurückerobern?

Vergleiche Neues nicht mit Relevantem

Nur weil etwas oder jemand laut schreit, muss es nicht gehört werden. Nur weil es gerade revolutionär ist und so "in", muss es für uns nicht relevant sein. Achte genau darauf, wem oder was Du Deine Aufmerksamkeit schenkst und warte bei Neuem erst mal ab. Ist es für Dich wirklich in diesem Moment relevant?

Mach einen weiten Bogen um virtuelle Realität

Wir merken schon, wie sich die Zeit rasant ändert und virtuelle Realität immer mehr zum Alltag gehört bzw. gehören könnte. Es ist erschreckend. Erst gestern haben wir ein Video von einem Schweizer Einkaufszentrum gesehen, wo man mit so einer

Brille und einem passenden schwarzen Anzug zu Hause einkaufen gehen kann - alles am eigenen Leib ausprobieren und nicht mal mehr einen Schritt vor die Türe machen muss. Was für eine Entwicklung. Noch dazu kommt, dass die Bilder, vor allem die virtuelle Realität, unsere Emotionen beschleunigen und das weit über unsere Sicherheitsgeschwindigkeit hinausgeht. Somit wird unsere Qualität der Entscheidungen verschlechtert. Beziehe Deine Informationen daher schriftlich, indem Du Bücher liest oder Zeitschriften, dann bist Du Deiner Sicherheitsgeschwindigkeit nicht voraus und kannst noch klare Gedanken fassen.

Teile Deine Aufmerksamkeit nicht

Möchtest Du wirklich im Umgang mit anderen Menschen Deine Aufmerksamkeit mit Social Media teilen, anstatt Dich uneingeschränkt Deinem Gegenüber zu widmen? Genau das tust Du, wenn Du bei einem Gespräch nebenbei auf Instagram schaust, weil gerade nichts Interessantes gesprochen wird oder Du Dich langweilst. Menschen sollten immer vor den sozialen Medien stehen.

Wir merken das bedenklicherweise sehr oft, wenn wir uns mal einen Besuch in einem Restaurant gönnen. Die meisten Menschen haben es scheinbar verlernt, miteinander zu kommunizieren. Sie sitzen alle vor ihren Handys, keiner spricht ein Wort. Das Schlimmste ist, wenn sie über WhatsApp schreiben, wie gut ihnen das Essen schmeckt. Da läuft doch was gewaltig schief. Die Person sitzt ja direkt gegenüber! Also: Handy weglegen und miteinander reden statt surfen.

Deep Work

Deep Work beschreibt den Zustand, voll leistungsfähig zu sein und kontinuierlich sowie konzentriert arbeiten zu können. Es gibt vier verschiedene Ansätze bzw. Philosophien von Deep Work: mönchisch, bimodal, rhythmisch und journalistisch. Bei der mönchischen Philosophie geht es um die radikale Abschaltung von unerwünschten Reizen und Ablenkungen. Bei der bimodalen Philosophie wiederum um das Reservieren von bestimmten Tagesabschnitten für klar definierte Deep-Work-Phasen. Die rhythmische Philosophie besagt, dass Du für 90 Minuten pro Tag blockweise konzentriert arbeitest. Bei der journalistischen Methode nutzt

Du wie ein Reporter jeden unerwartet freien Moment, um hoch konzentriert arbeiten zu können. Deep Work ist geplant und beabsichtigt, Deep Work passiert nicht von allein. Wie schaffst Du also, in diesen Deep-Work-Zeiten ungestört zu bleiben? Hänge Dir ein "Bitte nicht stören" - Schild an Deine Tür, geh zum Arbeiten in eine Bibliothek oder einen Co-Working-Space. Schalte Dein Handy aus, halt Dich mit gesundem Essen bei Kräften und gib Deinem Körper, was er braucht, um konzentriert zu bleiben.

Die Art, wie wir unsere Aufmerksamkeit einsetzen, bestimmt unser Glück. Das Gute ist: Wir können lernen, wie wir unsere Aufmerksamkeit richtig einsetzen und uns nicht länger von Werbeindustrien leiten lassen. Wir dürfen nicht zulassen, dass andere, die ungefragt unsere Aufmerksamkeit rauben, unser Leben bestimmen. Wir nehmen unser Leben wieder selbst in die Hand und sind kritisch und streng mit der Informationsaufnahme, genauso wie mit unserem Essen. Wir entscheiden, was in uns reinpasst und zu uns gehört, nicht die anderen.

Die Geschichte vom Mönch und dem Eisen

Einst lebte ein Mönch namens Li in den Höhen eines entlegenen Gebirges, das umgeben war von rauen Klippen und tiefen Schluchten. Er hatte sich die letzten zwei Jahrzehnte in eine Höhle zurückgezogen, um in Meditation und Kontemplation, dem konzentrierten Betrachten, die Erleuchtung zu suchen und zu finden.

Obwohl er viele Jahre lang gefastet, gebetet und meditiert hat, spürte er nicht den ersehnten Fortschritt auf seinem spirituellen Weg. Die Enttäuschung wuchs mit jedem Tag und daher beschloss er entmutigt, die Suche nach der Erleuchtung aufzugeben.

Während Li den Berg hinabstieg und an sich selbst zweifelte, sah er eine alte Frau, die konzentriert an einem riesigen Eisenblock arbeitete. Sie rieb diesen Eisenblock beharrlich an einem Stein.

Li trat näher und fragte voller Neugier: *"Verzeihen Sie, was versuchen Sie da zu tun?"* Die Frau schaute kurz zu Li und antwortete dann: *"Ich mache eine Nadel."* Li war erstaunt über die Antwort und erwiderte nur: "Das ist doch unmöglich, aus einem so massiven Eisenblock können Sie keine Nadel formen."

Die alte Frau lächelte nur und sagte dann: *"Mein lieber Mönch, wenn ich jeden Tag ein wenig arbeite, niemals aufgebe, dann wird dieses massive Stück Eisen eines Tages verschwunden sein und eine feine, scharfe Nadel übrig bleiben."*

Das war der Moment, an dem Li erkannte, dass wahre Transformation nicht durch gelegentliche Anstrengung oder vorübergehende Begeisterung erreicht wird, sondern durch stetige, beharrliche Arbeit sowie Geduld. Er begriff auch, dass sein Weg zur Erleuchtung nicht von Fortschritten geprägt sein muss, sondern dass es auch bedeuten kann, dass er mal stillsteht. Das heißt nicht, dass er versagt hat.

Mit einer verjüngten Seele und voller Dankbarkeit der Frau gegenüber kehrte Li zu seiner Höhle zurück. Er setzte seine Praxis fort und war fest entschlossen, jeden Tag als einen weiteren Schritt auf dem unendlichen Weg zur Erleuchtung zu sehen.

Was soll uns die Geschichte zeigen?

- **Durchhaltevermögen und Geduld**
  Selbst wenn Du den Fortschritt nicht gleich siehst, heißt das nicht, dass Du aufgeben sollst. Bleibe beharrlich und kontinuierlich sowie geduldig an Deinen Zielen dran, denn stetige Bemühungen über lange Zeit können zu bedeutenden Ergebnissen führen.

- **Unsichtbarer Fortschritt**
  Auch wenn Deine Anstrengungen nicht gleich sichtbar sind, so bedeutet das nicht, dass Du nicht vorankommst. Jeder Tag und jede Handlung, egal wie klein, trägt zu Deinem Ziel bei.

- **Glaube und Entschlossenheit**
  Es ist wichtig, dass Du an Dich und Deinen Weg glaubst, selbst wenn andere Deine Bemühungen infrage stellen, oder Dir vielleicht sagen, Deine Ziele seien unerreichbar.

- **Selbstreflexion und Erkenntnis**

  Oft findest Du Antwort auf Deine Fragen bzw. Lösungen für Deine Probleme durch Begegnungen mit anderen oder in unerwarteten Situationen. Durch das Gespräch mit der alten Frau konnte der Mönch seine eigene Reise reflektieren und mit neuen Erkenntnissen zurückkehren.

- **Der Wert des Loslassens**

  Du darfst Dich von starren Vorstellungen und Erwartungen lösen. Erst wenn Du Dich von Deinen alten Mustern, Gewohnheiten usw. löst, kannst Du die Botschaften empfangen und Deinen Weg mit einer neuen Perspektive und Entschlossenheit fortsetzen. Du darfst lernen, Dich von einem bestimmten fixen Ergebnis zu lösen, sonst blockierst Du Dich nur selbst.

Der Glaube versetzt Berge

*"Mit Glauben allein kann man sehr wenig tun,
aber ohne ihn gar nichts."*

Samuel Butler

Du kannst alles schaffen, woran Du glaubst

So oft hört man diesen Satz in Motivationsseminaren, liest ihn auf diversen Buchcovers und denkt sich: *"Ja, stimmt, ich kann Präsident der Vereinigten Staaten werden"* oder *"Ja, ich kann so erfolgreich wie Mozart werden, und fange erst in der Pension zum Üben an."*

Was sind realistische Ziele und unrealistische Ziele? Gibt es eigentlich unrealistische Ziele?

Nehmen wir einmal das Beispiel mit dem Präsidenten. Du möchtest also Präsident der Vereinigten Staaten werden? Nun ja, wir sind jetzt nicht up to date, was die Politik dort betrifft, aber es braucht schon die eine oder andere Voraussetzung dafür. Amerikanischer Staatsbürger, Beziehungen zu Politik und Medien und vieles mehr. Es ist sicher nicht der einfachste Traum. Ist er dennoch unrealistisch? Vielleicht etwas, aber trotzdem machbar. Lass Dir daher von keinem sagen, dass es nicht realistisch ist. Wenn es für Dich realistisch ist, dann folge Deinem Traum.

Wie ist das jetzt mit dem zweiten Ziel? So erfolgreich wie Mozart sein und erst spät mit Geige spielen anfangen. Kennst Du das Prinzip der 10.000 Stunden? Erfolgreiche Personen haben 10.000 Stunden nur mit einer Sache verbracht, in der sie dadurch Meister wurden. 10.000 Stunden Geige spielen. Das sind über 410 Tage, ohne Pause, nur Geige spielen. Wenn Du früh in der Kindheit damit anfängst, dann ist es leichter machbar, im späteren Alter könnte es schwieriger werden. Ist das Ziel damit unrealistisch? Vielleicht, aber wenn Du es wirklich willst, dann wirst Du es schaffen und einen Weg für Dich gehen. Du musst vielleicht mehr üben, aber es ist schaffbar. Glaub an Dich!

Sehen wir daher manche Ziele als unrealistisch? Nein. Wenn Du die Ziele für realistisch siehst, dann wirst Du sie auch umsetzen. Hab nur Mut, gib nicht auf.

Wir entwickeln bereits in der Kindheit Stärken, die wir in den unterschiedlichsten Bereichen weiterentwickeln. Je nachdem, wo unsere Talente liegen, werden wir stärker gefordert und gefördert. Wir erkennen später im Erwachsenenalter, was uns damals leicht gefallen ist und Spaß gemacht hat. Wir müssen zuerst einmal uns selbst und unsere emotionalen, mentalen Abläufe verstehen, Glaubensbegrenzungen überwinden und über uns hinauswachsen. Wir brauchen ein klares Bewusstsein für veränderbare und unveränderbare Limits, denn oft blockieren wir uns selbst beim Erreichen der Ziele. Um nicht gleich total demotiviert zu sein, ist es wichtig, uns und unseren Körper sowie Geist und Seele besser zu verstehen. Denn Gedanken bestimmen unser Leben, beeinflussen unsere Gefühle und aus Gedanken entsteht unsere innere Haltung, unser Verhalten und unsere Wirklichkeit, schlussendlich auch unsere Persönlichkeit. Das muss uns klar sein, um zu verstehen, wohin wir gelangen können und wollen.

Affirmationen und Glaubenssätze

Kennst Du Affirmationen? Das sind positive Sätze, die wir uns mehrmals täglich zusprechen können, um unsere Gedanken, unser Verhalten umzuprogrammieren. Positive Gedanken, sprich Affirmationen, dringen tief in unser Unterbewusstsein vor. Doch dafür müssen wir erst mal verstehen, was wir eigentlich ändern wollen. Welche Selbstsabotage-Programme laufen unbewusst ab? Welche negativen Glaubenssätze müssen wir mit positiven ersetzen?

> Welche drei Affirmationen fallen Dir spontan ein, die für Dich wichtig sind?

Das können u.a. folgende Affirmationen sein:

Ich bin wundervoll, so wie ich bin.

Ich habe alles in mir, was ich brauche, um glücklich zu sein.

Ich bin ruhig und in meiner vollen Kraft.

Ich bin geliebt.

Ich habe es verdient, meine Träume zu leben.

Mein Leben ist magisch.

Ich manifestiere meine Träume mit Leichtigkeit.

Welche fallen Dir noch ein? Notiere Dir die drei wichtigsten auf einem Zettel und hänge diesen präsent in Deiner Wohnung oder Deinem Haus auf. Sprich die drei Affirmationen morgens wie auch abends laut aus, fühle Dich rein und spüre die Kraft der Affirmationen. Wiederhole die Affirmationen so oft wie möglich.

Du hast es in der Hand, zu entscheiden, wie Du Dich fühlst. Du kannst es also schaffen, mit Deinen Gedanken Deine Träume zu manifestieren und Dein Wunschleben zu programmieren.

Affirmationen werden Dir helfen, optimistischer zu leben und sein. Denn Optimismus ist eine wichtige Qualität sowohl für persönliche als auch berufliche Weiterentwicklung, für Erfolg und Glück. Optimistische Menschen sind effektiver und erfolgreicher - in vielen Bereichen ihres Lebens.

Eines ist wichtig: Eine Veränderung von Glaubenssätzen und tief sitzenden Mustern dauert oft Jahre. Viele übersehen, dass die Zeit, in der sie negativ in uns verankert wurden, in gleicher Form wieder mit positiven Gedanken und Glaubenssätzen revidiert werden muss. Wenn Du also das nächste Mal von einem Intensiv-Extremprogramm liest und das Angebot bekommst, in nur vier Wochen alte Glaubenssätze zu löschen, dann sei bitte vorsichtig! Denn so schnell geht es (meistens) nicht. Wenn wir in der Zeit unserer Kindheit einen negativen Glaubenssatz in uns verankert haben, dann dauert es mindestens genauso lange, bis wir ihn mit einem Positiven überschreiben. Sei daher geduldig mit Deinen

Affirmationen und erwarte Dir nicht gleich Quantensprünge. Das darf auf natürliche Weise passieren, dann ist es auch nachhaltiger und bleibt.

Wir können natürlich mithelfen, indem wir fortan versuchen, positiv zu denken, zu leben und zu fühlen. Alleine durch unsere Vorstellungen, Erfahrungen und Gefühle, die wir jetzt machen, können wir uns umprogrammieren und dazu beitragen, dass die Veränderung leichter vonstatten geht. Wenn wir also keine weiteren negativen Glaubenssätze mehr dazu addieren, dann fällt es uns leichter, die bisherigen negativen durch positive zu ersetzen.

Mit welchen Bildern füttern wir uns? Wie ist das mit den Nachrichten? Siehst oder liest Du eher positive oder negative Nachrichten? Wie ist es mit Social Media, sind dort eher positive oder negative Bilder und Texte, die auf Dich einwirken? Werde Dir dessen bewusst, mit welchen Informationen Du Dich ständig "fütterst". Dann wird es Dir leichter fallen, Deine Glaubenssätze umzuprogrammieren.

Unsere Wertekultur

Was sind Werte?

Werte sind das, was wir als positiv, moralisch gut und für uns und andere erstrebenswert ansehen. Es sind oft tief verwurzelte Überzeugungen oder Einstellungen sowie Ideale und Bedürfnisse, die wir in der Kindheit mitbekommen haben. Wir lernen die Welt um uns herum durch Werte verstehen und orientieren uns danach. Wenn wir mit anderen Menschen zu tun haben, dann spielen unsere Werte eine große Rolle, denn je nachdem fühlen wir uns von einer Person angezogen oder nicht. Wenn jemand unsere Werte angreift oder übergehen möchte, dann setzt es bei uns aus und wir versuchen vehement, unsere Werte zu verteidigen. Denn dafür stehen wir eben.

Durch Werte wissen wir, was wir zu tun haben, wie wir uns verhalten sollen und wie wir von anderen erwarten, dass sie mit uns umgehen. Eine Wertorientierung ist also eine klare Vorstellung von dem, was auf dem Weg zum **dreamly living** Priorität hat. Eine klare Wertorientierung hilft uns, die Ziele zu erreichen. Die wahre Qualität ist nicht der Erfolg, sondern die Werte, die wir entwickeln und leben. Erst über unsere Werte wird uns bewusst, wer wir sind, oder wer wir sein wollen, und dementsprechend ändern wir unser Verhalten und unsere Charakterzüge - nach und nach.

> Traumwerkzeug: Werteliste. Du kannst diese Übung alleine durchführen oder besser noch, mit einem Partner gemeinsam.

Such Dir einen bequemen Platz und sorge dafür, dass Dich keiner in den nächsten 15-30 Minuten stört und Du Dich uneingeschränkt auf die Übung konzentrieren kannst. Entscheide, wer beginnen darf. Derjenige, der beginnt, hat einen Zettel und Stift in der Hand, der andere die Werteliste. Dein Gegenüber liest Dir langsam, aber kontinuierlich, ohne aufzuhören, die Werte der Reihe nach vor. Einen Wert nach dem anderen. Du hörst aufmerksam zu, versuchst nicht darüber nachzudenken, sondern spürst einfach in Dich. Welcher Wert fühlt sich für Dich stimmig an, mit welchem kannst Du Dich identifizieren? Schreibe Dir also die Werte auf, die sich für Dich richtig anfühlen. Dein Gegenüber muss Dir ein bisschen Zeit geben, die Werte aufzuschreiben. Dennoch ist eine gewisse Zügigkeit wichtig, da Du sonst zum Nachdenken beginnst. Du sollst rein aus dem Bauch, aus Deinem Herzen heraus entscheiden und fühlen. Denk nicht darüber nach, lass es einfach sein. Dann tauscht die Rollen, Dein Gegenüber ist jetzt mit dem Schreiben an der Reihe. Lies Dir im Anschluss Deine persönliche aufgeschriebene Werteliste in Ruhe durch. Was hast Du Dir notiert? Welche Werte sind für Dich stimmig und hängen geblieben? Du kannst Deine Werte öfter durchlesen und die "negativen" durch positive Affirmationen ersetzen.

Beispiel: Du hast den Wert "Gier" aufgeschrieben, dann kannst Du Dir überlegen, wie Dich dieser Wert im Leben beeinflusst. Wie zeigt sich Gier bei Dir? Wann bist Du gierig? Dann formuliere einen positiven Affirmations-Satz. Wenn Du zB gierig nach Geld bist und nicht genug davon bekommen kannst, dann sage Dir "Ich habe zu jeder Zeit in meinem Leben genug finanzielle Ressourcen zur Verfügung, die ich für mein Leben benötige."

Selbstvertrauen und der Glaube an Dich selbst

Wie sehr glaubst Du an Dich selbst? Was traust Du Dir selbst zu? Glaubst Du daran, Deine Ziele erreichen zu können? Glaubst Du daran, den Traumpartner an Deiner Seite zu haben, mit ihm einschlafen zu können und wieder aufwachen zu dürfen? Glaubst Du daran, die Millionen auf Deinem Konto zu haben, um damit die Projekte zu finanzieren, die Dich erfüllen? Glaubst Du an Dich?

Wir haben meistens mehr Glauben in die anderen, als uns selbst. Wir bestärken andere in ihrem Tun, aber vergessen dabei uns und unsere eigenen Träume. Warum glauben wir nicht an uns?

Das kann verschiedene Gründe haben. Das hat viel mit der Kindheit und den damaligen Prägungen zu tun. Wir müssen zuerst mit unserem inneren Kind Frieden schließen, um danach unseren Glauben an uns selbst stärken und aufbauen zu können. Mit Sätzen wie: *"Das schaffst Du nicht"* oder *"Du bist nicht gut genug"*, wurde man in der Kindheit klein gehalten. Meist bewusst, oder auch unbewusst. Wenn man voller Begeisterung für etwas war, dann aber mit solchen Sätzen enttäuscht wurde, dann hat sich das mit der Zeit fest verankert. Man schafft das ja sowieso nicht, warum überhaupt erst versuchen?

Wir machen Erfahrungen im Leben, die uns vielleicht zeigen, dass wir es nicht schaffen. Wenn wir uns unrealistische Ziele setzen, weil wir uns unterschätzen, zu früh Erfolge erwarten oder der Wunsch nicht von Herzen kommt, dann sind wir schnell demotiviert. Damit bestärken wir unser Inneres und beweisen uns, dass wir es wieder einmal nicht geschafft haben. Dabei liegt es schlicht und einfach an dem falschen Ziel und den negativen Glaubenssätzen, die Du spätestens jetzt ins Positive umwandeln sollst.

Wir haben ein paar Tipps für Dich, um Dein Selbstvertrauen zu stärken:

- **Visualisiere Dein Zukunft-Ich**
  Schreibe Dir eine Liste über "Mein zukünftiges Ich". Wie wärst Du oder was würdest Du tun, wenn Du (mehr) Selbstvertrauen hast? Nimm Dir

einen Zettel zur Hand und schreibe es Dir auf. Nur darüber nachzudenken, wird nicht akzeptiert. Du musst es wirklich aufschreiben.

- **Identifiziere die Ursache**

Im nächsten Schritt identifiziere die Hauptursache für Dein kaum vorhandenes Selbstvertrauen. Warum hast Du ein so gering ausgeprägtes Selbstvertrauen? Wo und zu welcher Zeit ist es Dir abhandengekommen? Denn mit der Ursache geht auch immer eine bestimmte Handlung einher. Du darfst Dich jetzt auf die Reise machen. Geh in Dich, suche die Ruhe und beobachte Dich. Reflektiere und erkenne dabei, was die Ursache für Deine Handlungen ist und warum Dein Selbstvertrauen noch etwas Unterstützung braucht.

- **Hinterfrage Deine Gedanken**

Halte das nächste Mal inne, wenn Dein Verstand Dir versucht, Gründe zu geben, warum Du etwas nicht tun sollst. Hinterfrage Deine Gedanken und frage Dich: "Wird es mir helfen, mein Traumleben zu leben, wenn ich es zulasse, dass dieser Gedanke meine Handlungen bestimmt?" Wenn nicht, dann lass den Gedanken wieder frei und vorbeiziehen.

- **Finde die Meta-Ebene**

Wenn Dir Dein Verstand wieder einmal vernichtende Verurteilungen schickt, dann löse Dich von diesen. Wenn er Dir zuflüstert: *"Du bist eine Versagerin"*, dann löse Dich mit der Formulierung: *"Ich merke, dass ich den Gedanken habe, eine Versagerin zu sein."* Das ist nur ein Gedanke, der Gedanke bist nicht Du.

- **Nimm Deine Angst an**

In Momenten der Unsicherheit nimm Deine Angst an der Hand, sie ist Dein wertvoller Berater. Die Angst macht Dich wach und präsent, sie sorgt für Energie und hilft Dir, ins Handeln zu kommen.

Wer glauben wir eigentlich, wer wir sind? Kommen wir zur Bescheidenheit. Bei Stoikern und anderen Religionen wird oft erwähnt: Lebe bescheiden! Doch was bedeutet das überhaupt und warum ist in uns der Drang, immer mehr erreichen, besitzen und erledigen zu müssen?

Das Lob der Bescheidenheit hilft. Denn je weniger wir uns selbst als wichtig nehmen, desto besser ist unser Leben. Denn mal ehrlich, wissen wir noch, welche Celebrities und Berühmtheiten vor 100 Jahren prominent und "in" waren. Ja klar, ein paar bekannte Namen merkt man sich, aber wir erinnern uns kaum an jede einzelne Prominenz. In Paris gibt es viele Straßennamen prominenter Menschen von früher, aber wir kennen heutzutage kaum noch ihre Namen. Das wird in 100 Jahren nicht anders sein, es wird sich kaum einer an die Prominenz von heute erinnern.

Warum ist es uns das trotzdem so wichtig? Warum möchten wir aus der Masse herausstechen und berühmt sein? Grund dafür ist u.a. unser Ego. Unser Ego ist evolutionstechnisch dafür vorgesehen, zu überleben. Wenn uns damals jemand die Höhle, das Essen oder die Familie weggenommen hätte, dann hätten wir nicht überlebt. Damals war es also noch nachvollziehbar und wichtig, aber heute? Heute versaut uns unser liebes Ego ganz schön das Leben. Wir sind für die heutige Zeit einfach zu sensitiv eingestellt und explodieren schon bei den kleinsten Unstimmigkeiten. Das zu erkennen hilft.

Es gibt **drei Gründe**, warum wir uns nicht zu wichtig nehmen sollten, um das Leben besser **genießen und leben** zu können:

1) **Es kostet uns unnötige Energie**

   Wenn wir ständig unsere Selbstdarstellung in die Welt schicken und gleichzeitig auch noch registrieren müssen, wie die Umwelt darauf reagiert, dann verschwenden wir nur unsere wertvolle Energie.

2) **Falle nicht auf das Self-Serving Bias rein**

   Tu die Dinge nicht, nur um Ziele zu erreichen, die Dich im Außen besser dastehen lassen. Investoren fallen oft darauf rein, wenn sie Aktien von "sexy Techfirmen" kaufen, um sich selbst und ihr Image aufzupolieren und aufzuwerten.

3) **Du züchtest Dir Deine Feinde selbst heran**

Weil auch andere sich wichtig nehmen. Unser Ego ist eher Widersacher als Freund, das wussten schon die Stoiker. Mark Aurel zB war es unangenehm, römischer Kaiser zu sein und er schrieb jeden Tag in seinem Tagebuch, um bescheiden zu bleiben.

Selbstbewusstsein ist relativ einfach, das kann schnell mal einer. Bescheidenheit hingegen ist viel schwieriger, denn man muss ehrlich mit sich selbst und den anderen sein. Verfolge daher eine klare persönliche Außenpolitik, stehe für das ein, was Du bist. Dann wird man Dich respektieren. Je bescheidener wir sind, desto mehr Respekt bekommen wir. Sei daher bitte vorsichtig bei Selbstüberschätzung, das ist eine moderne Zivilisationskrankheit.

Der Glaube an etwas Höheres

Woran glaubst Du? An wen glaubst Du? Wir wollen nicht über die verschiedenen Religionen und ihre Vor- und Nachteile schreiben. Wir meinen den Glauben an unser höheres Selbst, an eine höhere Macht, die ohne Namen, ohne Gesicht, ohne Geschlecht auskommt.

Der Glaube versetzt nun mal Berge und daher ist an etwas oder jemanden zu glauben grundsätzlich nicht schlecht. Doch mit Vorsicht ist zu genießen, wenn wir blind an jemanden glauben, der nicht unser höheres Selbst ist und der uns Sachen machen lässt, die nicht okay sind, wir aber bewusst gar nicht mitbekommen.

Glaubst Du an Dich selbst? So richtig? Glaubst Du daran, dass Du Deine eigenen Ziele erreichen kannst? Super! Dann hast Du schon den richtigen Glauben gefunden, der Glaube an Dich ist der wichtigste Glaube.

Lass Dir die Geschichte von Hiob erzählen, vom frommen Hiob, dem es hervorragend ging. Dann ging der Teufel mit Gott eine Wette ein, denn Gott wollte dem Teufel zeigen, dass Hiob auch fromm bleiben und sein Glaube nicht ins Wanken kommen würde, selbst wenn er alles verliert. Gott hatte recht behalten, denn Hiob blieb seinem Glauben treu, selbst als er seine Kinder und sein Vermögen verlor. Trotz allem betete er zu Gott, er hatte seinen Glauben also nicht verloren. Als Belohnung gab Gott ihm alles zurück, was ihm weggenommen wurde.

Glaubst Du an Religion, nur um dazugehören zu können? Nur um "in" zu sein? Dann vergiss das sofort. Egal, welchem Club Du angehörst, wenn es nur um das Dazugehören geht. Genieße es, ein Outsider zu sein, Du musst nicht allen Clubs angehören. Es gibt viele Berühmtheiten aus der Geschichte, die Outsider waren und trotzdem ihre Sache durchgezogen haben. Dazu gehören Einstein, Newton und Darwin, um ein paar Beispiele zu nennen. Die Outsider haben einen taktischen Vorteil: Sie verlieren keine Zeit, um an irgendwelchen Veranstaltungen teilzunehmen, zu denen sie gar keine Lust haben, nur um das Bild nicht zu verlieren. Sie müssen nicht den ganzen Blödsinn der Clubs und "Sekten" mitmachen, müssen sich nicht beleidigen lassen. Die Position im Abseits schärft die Sicht auf Mängel und Widersprüche des herrschenden Systems. Die Mitglieder sind für vieles blind geworden.

Lass Dir jedoch sagen, es gibt auch Nachteile, wenn Du Outsider bist, dann es weht ein scharfer Gegenwind. Die Kräfte der Gesellschaft sind gegen Dich, und sie sind stark. Lass Dich davon aber nicht abhalten! Denn wir sind stärker. Das Beste ist, wenn Du mit einem Fuß im System stehst, es für Dich "nutzt", wie es für Dich am besten passt, ohne Dich ausnutzen zu lassen. Genieße die Vorteile von beiden Welten und nutze es so, wie es für Dich passt. Du entscheidest, wie Du Dein Leben lebst und was Du für Dich und Deinen Körper zulässt. Je früher wir das begreifen, umso freier sind wir.

Wir möchten Dir noch eine Geschichte erzählen, die Geschichte von Boethius. Boethius war einer der mächtigsten Männer des Weströmischen Reichs. Doch eines Tages wurde er gefangen genommen und kam ins Gefängnis. Ein Urteil, das ihn das Leben kosten könnte. Er wurde als Hochverräter angeklagt und zu Tode verurteilt. Bis zu dem Zeitpunkt hatte er alles, was er sich hätte erträumen können. Er wurde in eine adlige Familie geboren, studierte, heiratete in die höchsten Kreise und machte eine politische Karriere. Bis er dann zu mächtig wurde. In seiner Gefangenschaft trat die Philosophie zu ihm, um ihm Trost zu spenden. Hat der Mensch einen freien Willen? Ist alles vorherbestimmt? Wie kann ein guter Gott ein solches Fehlurteil wie das von Boethius zulassen? Das Werk "Die Trost der Philosophie" gilt noch heute als Meisterwerk der Philosophie.

Es hilft kein Jammern. Fokussiere Dich auf das Positive, ersetze das Bittere mit Süßem. Das Einzige, das uns niemals genommen werden kann, sind unsere Gedanken, die Art, wie wir Unglück, Verlust und Rückschlag interpretieren. Das ist einer der Glaubenssätze der Stoa.

Die Stoa ist ein Ast der Philosophie, der praktische Antworten auf alltägliche Lebensfragen liefert. Doch nach der Stoa, nach Boethius, wurde die Menschheit vom Christentum eingenebelt und hat ihre Verantwortung für das Leben an eine Fiktion (Gott) delegiert, so schreibt Rolf Dobelli in seinem Buch "Die Kunst des guten Lebens". Nicht zu selten passiert es also, dass wir dem System die Schuld geben, versagt zu haben. Doch das ist falsch. Wir nehmen Schicksalsschläge heutzutage einfach anders wahr, weil sie - zum Glück - in unseren Breitengraden weniger geworden sind. Daher treffen uns Schicksalsschläge emotional stärker. Was hilft? In ein gedankliches Rüstzeug zu investieren, um damit Verluste emotional besser verarbeiten zu können und darauf vorbereitet zu sein. Das Leben besteht nun mal aus Unruhen und Zufällen, das Leben kann uns durcheinander bringen.

Positives versus negatives Denken

Über dieses Thema könnten wir wohl ein eigenes Buch schreiben, vielleicht machen wir das auch noch. 😃 Das Thema "Positiv Denken" wird gerne missverstanden. Es geht nicht darum, alles nur gutzuheißen oder sich schön zu denken. Vielmehr und auf den Punkt gebracht ist das Positive Denken eine Kombination aus der Annahme einer Situation (denn sie ist ja schon so, wie sie ist - haha!) und einer **positiven Einstellung** dazu.

Ein Beispiel: Was bringt es Dir, ewig lange über einen Verlust zu klagen? Natürlich ist es schlimm bis katastrophal, wenn das Handy kaputt geht oder der

Laptop gestohlen wird (kennen wir). Aber was kannst Du in diesem Moment ändern? Wahrscheinlich gar nichts. Wenn Du es ändern kannst: Super, dann mach es. Aber wenn nicht: Akzeptiere es, wie es ist und finde Dich damit ab.

Vergleiche

Ebenso hoch im Kurs ist das beliebte Vergleichen mit anderen - und hier wird es seit Instagram & Co. extrem: Mit den heutigen Apps und Filtern wird jedes Mauerblümchen zu Hollywoods Red Carpet Vamps und jedes Mamasöhnchen zum heiß begehrten Ladykiller - und das in Sekundenschnelle. Das Problem dabei ist, dass vor allem die jungen Mädchen dadurch so unter Druck gesetzt werden, weil sie meinen, das sei die Realität. Und schon müssen 13-jährige Mädchen in der Schule so aufgebrezelt daher laufen wie die angesagten Stars aus YouTube, Instagram, TikTok und Co. Da wird verglichen, und wenn Du nicht mit aufgeklebten falschen Nägeln und verlängerten Wimpern, teurer Markenkleidung und vielleicht sogar einem Brustimplantat daher kommst, bist Du "out" und gehörst nicht dazu. Hier die Mitte zu bewahren, ist eine extreme Herausforderung für Kinder und Eltern. Wir appellieren hier dringend an den Mut zur Natürlichkeit. Es gibt zum Glück schon einige Bewegungen, die gerade Frauen unbearbeitet und ungeschminkt zeigen. So wie sie eben natürlich aussehen und nicht gephotoshoppt.

> Wir sind überzeugt, dass es für jedes Individuum den richtigen Platz gibt, es muss keine Konkurrenz geben.

Neidisch oder nachtragend sein? Das ist so ziemlich das Unklügste, was Du tun kannst. Was bringt es wirklich? Es beschert Dir selbst nur schlechte Stimmung und zieht Deine Lebensenergie hinunter. Die andere Person merkt gar nichts davon und Du leidest nur unnötig darunter.

Wie ist das mit Resilienz?

Was ist eigentlich Resilienz? Wir hören es so oft, aber hast Du schon einmal nachgeschaut, was Resilienz überhaupt bedeutet?

Im Duden findet man unter Resilienz: die psychische Widerstandskraft sowie die Fähigkeit, schwierige Lebenssituationen ohne anhaltende Beeinträchtigung zu überstehen. Synonyme dazu sind zB Stabilität und Widerstandsfähigkeit.

Was können wir darunter verstehen? Wir alle erleben früher oder später einmal Schicksalsschläge. Die einen sind stärker, die anderen beeinträchtigen uns weniger. Das kann der Tod eines nahestehenden Verwandten oder Bekannten sein, eine unerwartete Kündigung, das Verlieren des eigenen Zuhauses oder ein Unfall, der einschneidende Veränderungen im Leben mit sich zieht. Egal, was es ist, jeder von uns reagiert unterschiedlich auf diese Herausforderungen und jeder von uns schafft es über kürzere oder längere Zeit, diesen Schicksalsschlag aufzuarbeiten - auf die eigene Art und Weise. Genau diese Dauer kann man als Resilienz sehen: Inwiefern wir solche Schicksalsschläge und Beeinträchtigungen überstehen und wie wir mit solchen Veränderungen umgehen.

Wie ist das jetzt auf unserem Weg zum **dreamly living**? Wie schnell kommen wir zurück zu unserem Lebensweg, wenn uns solche Schicksalsschläge treffen?

Die gute Nachricht zuerst: Resilienz kann trainiert und erlernt werden. Somit kannst Du Deine Träume auch weiterhin erreichen, selbst wenn Dich im ersten Moment der Schicksalsschlag so stark umhaut, dass Du nicht mehr auf eigenen Beinen stehen kannst. Es ist vollkommen normal, nicht weiterzuwissen und erst mal anzustehen. Gib Deinen Gefühlen einen Platz, schieb sie nicht weg. Sprich darüber und vergrabe Dich nicht unter der Decke, dort, wo keiner Dich sehen kann. Zeig

Dich der Welt mit all Deinen Facetten, es ist menschlich, dass nicht immer alles rosafarben und à la heile Welt ist. Wenn Dir das erst mal klar ist, dann kannst Du mit Schicksalsschlägen viel besser umgehen.

Welche Tipps und Tricks rund um das Thema Resilienz gibt es noch?

Die 7 Säulen der Resilienz

Nach Karen Reivich und Andrew Shatté gibt es 7 Säulen der Resilienz:

- **Akzeptanz**
  Nicht alles im Leben ist kontrollierbar, manchmal muss man auch die gegebenen Umstände einfach so akzeptieren. "Accept it, as it is" haben wir auf Bali während unserer Yogalehrer Ausbildung öfter gehört. Zur Fähigkeit der Resilienz gehört vor allem auch dazu, dass man aus dem Gegebenen etwas macht und daraus auch Nutzen zieht. Gibt es eine Situation in Deinem Leben, die Dir schwerfällt, sie so zu akzeptieren? Betrachte sie aus einer anderen Perspektive, welchen Nutzen könnte sie Dir bringen, auch wenn es jetzt noch nicht sichtbar ist?

- **Optimismus**
  Selbst wenn die Situation noch so schwierig ist, die Krise schier nicht zu bewältigen scheint, ist es wichtig, dass Du Dir ein Stückchen Positivität und Optimismus behältst. Glaube daran, dass sich die Lösung für das Problem zeigen wird. Verliere die Hoffnung nicht! Manchmal kann es etwas dauern, aber die Lösung dockt auch bei Dir an, habe nur etwas Geduld.

- **Opferrolle verlassen**
  Siehst Du Dich als Opfer der Umstände? Denkst Du, dass Du Dein Schicksal nicht selbst im Griff hast? Wenn ja, dann hast Du nie die Möglichkeit, Rückschläge für Dich zu nutzen, um aus ihnen Kraft zu

tanken und weiter Deinen Weg zu gehen, um Deine Ziele zu erreichen. Schluss mit Gedanken wie *"Wieso immer ich?"* und *"Wieso passiert nur mir so etwas?"*, denn es stimmt nicht. Andere haben auch mit solchen Situationen zu kämpfen, sie gehen vielleicht nur anders damit um. Es wird Zeit für positive Gedankenmuster und Affirmationen, wie *"Ich schaffe das"* oder *"Ich werde eine Lösung finden"* - vielleicht fallen Dir noch weitere ein?

- **Lösungsorientierung**

Es ist einfach so: Für jedes Problem gibt es eine Lösung. Wir können den Fokus auf unsere eigenen Ressourcen und auf die helle Seite der Medaille lenken. Lass' Dich nicht mit Negativität und Hilflosigkeit unter Druck setzen. Es wird Zeit, Deine eigenen Stärken und Erfahrungen zu nutzen, um die Lösung des Problems zu erkennen. Einfach mal die Perspektive wechseln, um die Grenzen des Denkens zu erkennen. Dann bekommst Du ein klareres Bild und kannst die Lösung leichter erarbeiten. Du kannst Dir auch vorstellen, dass Du für Deinen Partner die Lösung für das Problem suchst. Oftmals fällt es uns leichter, wenn wir für andere Probleme lösen dürfen, als unsere eigenen.

- **Verantwortungsübernahme**

Jean-Paul Sartre sagte schon: *"Der Mensch ist, was er aus sich macht"*. Wir dürfen und können die Verantwortung für unser eigenes Leben übernehmen. Es hilft nichts und ist auch unfair, wenn wir jemand anderen für unser Leben verantwortlich machen. Hören wir auf, anderen die Schuld für unsere Misere in die Schuhe zu schieben. Wir sind selbst verantwortlich, wir sind stark und unser eigener Herr. Niemand kann für uns unser Leben übernehmen und verantworten.

- **Netzwerkorientierung**

Haben wir erst einmal die Verantwortung für unser Leben übernommen, vergeblich versucht, eine Lösung für das Problem zu finden - und kommen dann trotzdem nicht weiter? Dann wende Dich gerne an jemanden, suche Dir Hilfe. Nicht immer müssen wir alles alleine bewältigen. Wenn wir uns Hilfe und Unterstützung von anderen holen, sind wir damit nicht automatisch schwach oder nichts wert. Selbst erfolgreiche Menschen haben ihr wundervolles Netzwerk, kaum jemand macht alles nur alleine. Wir holen uns auch bei Installateurarbeiten einen Profi, sofern keiner aus der Familie das Geschick und Handwerk dafür besitzt oder selbst Profi ist. Wir gehen auch zum Friseur, bringen unser Auto zum Mechaniker und so weiter. Warum also dürfen wir uns keine Hilfe holen, wenn es um unsere persönlichen oder beruflichen Probleme geht? Vor allem, wenn wir physisch oder psychisch am Ende sind und nicht weiterwissen? Es ist an der Zeit, dass wir umdenken und das Bestmögliche für uns in die Wege leiten. Denn auch Du hast es verdient, glücklich und erfüllt zu leben.

- **Zukunftsplanung**
  Sich Ziele für die Zukunft zu setzen und auch erreichen zu wollen, hat einen positiven Einfluss auf unsere psychische Gesundheit. Wenn wir ein Ziel haben, dann haben wir auch den Halt und die Kraft, um die schwierigen Situationen durchzustehen. Ziele geben uns die Resilienz, die wir brauchen, dass wir nicht ins Burn-out schlittern und perspektivlos durch die Gegend schlendern.

Effektives Stressmanagement: wirkungsvolle Übungen

Stress ist heutzutage weitverbreitet, kaum jemand hat keinen Stress. Es ist sogar cool, Stress zu haben und viele rühmen sich auch damit. Wir denken, Stress zeigt, dass wir etwas arbeiten und beschäftigt sind.. Ist das aber wirklich so? Wohl kaum, wir können auch entspannt sogar viel besser unsere Tätigkeiten erledigen und Ziele erreichen. Es ist also an der Zeit, an unserem Stressmanagement zu arbeiten. Das wird in unserer heutigen Zeit unabdingbar und wenn Du Dein Stresslevel unter Kontrolle hast und Dich entsprechend entspannst, dann hast Du ein wundervolles Werkzeug und eine unschlagbare Waffe an der Hand. Dann wird Dich kaum jemand oder etwas daran hindern, Deine Träume zu leben. Stressmanagement stärkt unseren Körper, Geist und Seele und in Folge auch unsere Resilienz.

Diese Übungen helfen Dir, um Deine **Resilienz zu stärken**:

Lächeln

Resiliente Menschen zeichnen sich dadurch aus, dass sie optimistisch sind. Das ist eine ihrer Stärken. Möchtest Du auch mehr Optimismus in Deinen Tag bringen?

> Stelle Dich heute vor einen Spiegel und lächle einfach mal. Versuche mit dem Lächeln in Deinem ganzen Körper eine positive Ausstrahlung zu erzeugen, indem Du Dein eigenes Spiegelbild anlächelst. Aus tiefstem Herzen, ohne Wenn und Aber. Einfach mal lächeln, und zwar Dich anlächeln - denn Du bist super!

Diese Übung kannst Du gleich in der Früh nach dem Aufstehen machen, vor dem Schlafengehen oder einfach jedes Mal, wenn Du an einem Spiegel vorbei kommst. Du kannst sie gar nicht oft genug machen!

Genauso wie Du Dich anlächelst, kannst Du auch Deine Mitmenschen anlächeln. Auch wenn sie anfangs etwas komisch schauen, wird sich Dein Lächeln ausbreiten wie ein Lauffeuer und Du wirst immer mehr Menschen auf der Straße treffen, die Dich auch anlächeln. Beginne heute damit, morgen ist es schon zu spät.

Wir selbst haben letzten Sommer damit begonnen, wenn wir mit dem Fahrrad zum See unterwegs waren, alle Menschen anlächeln und begrüßen, die uns begegnet sind. Anfangs schauten uns noch alle komisch an, aber mit der Zeit waren die anderen sogar schneller und haben uns zuerst lächelnd begrüßt. Wie schön war es zu sehen, dass wir einen solchen Einfluss auf unsere Mitmenschen haben. In diesem Sinne: Smile! 😁

Pausen machen

Lies zuerst die Übung fertig, bevor Du damit startest. Worum geht es? Fünf Minuten Pause. Fünf Minuten müssen schon drinnen sein. Wonach sehnt sich Dein Körper gerade? Vielleicht nach einer Tasse Tee, nach frischer Luft, einfach mal in die Luft starren und nichts tun? Egal, was es ist, nimm Dir die nächsten fünf Minuten Zeit, um abzuschalten.

Wie fühlst Du Dich jetzt? Erholter, ausgeruhter, entspannter? Dann nimm Dir ab jetzt bewusst Zeit für solche Pausen. Wenn sich Dein Körper nach Auszeit sehnt, wenn Deine Augen schmerzen von all der Computerarbeit. Immer, wenn Dein Körper Dir Signale sendet, dass es Zeit ist, eine Pause zu machen. Hör auf Deinen Körper! Am besten, Du blockierst Dir Deine ganz persönliche "Ich-Zeit" im Kalender. Du kannst Dir eine Badewanne einlassen, ein Buch lesen, irgendwas, was Dir Spaß macht und Dich so richtig entspannen lässt. Verboten sind in dieser Zeit jegliche Kommunikationsmittel und elektronische Geräte, kein WhatsApp oder Social-Media, kein Laptop oder E-Mails. Leg das alles zur Seite, jetzt ist es Zeit, so richtig aufzutanken. Energie voraus!

Eine gute Tat pro Tag

Wie sagt man so schön: *"Wer Anderen hilft, tut nicht nur ihnen etwas Gutes, sondern auch sich selbst."* Wann hast Du das letzte Mal jemandem geholfen? Das können kleine Gesten sein: Jemanden die Tür aufhalten, Älteren über die Straße helfen oder die schwere Einkaufstasche in den dritten Stock tragen.

Deine Hilfe anbieten, wenn Du siehst, dass sie gebraucht wird, tut auch Dir etwas Gutes. Plus: Du wirst sehen, wenn Du das machst, dann stehen beim nächsten Mal, wenn Du an der Reihe bist und Hilfe brauchst, zwei weitere helfende Hände zur Seite. Das Universum schaut nämlich zu und belohnt Dich für Deine gute Tat.

Das Schöne an der guten Tat ist auch, dass Du damit Deinem Gegenüber ein Lächeln ins Gesicht zauberst. Diese Glückseligkeit, diese Dankbarkeit des anderen wird Dich den ganzen Tag über erfüllen und Dir ein positives Gefühl geben, was wiederum Deinen Selbstwert steigert und nebenbei sammelst Du wertvolle Punkte für Dein Karmakonto.

Journaling

Wir haben es schon des Öfteren erwähnt und weil es auch für die Stärkung Deiner Resilienz wichtig ist, kommt gleich noch einmal die Erinnerung an das Transformations-Journal, das Du auf unserer Webseite als Download findest. Es geht darum, dass Du Dir am Abend aufschreibst, was Du alles erlebt hast, für welche Dinge Du dankbar bist, was positiv war, was Dich geärgert oder sogar traurig gemacht hat. Sich dessen bewusst zu machen und vor allem auf die positiven Aspekte zu konzentrieren, zeigt, wie schön das Leben eigentlich ist. Du wirst sehen, wie wundervoll es ist und vielleicht auch erkennen, welche hinderlichen Glaubenssätze noch in Dir stecken, die Dich davon abhalten, Deinen Traum zu leben. Volle Fahrt voraus ins **dreamly living**!

Gesund hoch 5

Ein weiterer wichtiger Punkt als Grundlage für Deine Resilienz ist die Gesundheit. Resilienz wird auch als Immunsystem der Seele gesehen. Gesunde Ernährung spielt eine wichtige Rolle, denn sie ist die Voraussetzung für persönliche Entwicklung und Stabilität. Deswegen ist die Ernährung auch Teil der **7 dreamly living Säulen** - mehr dazu später.

Nehmen wir als Beispiel den Benzinmotor eines Autos. Wenn Du das Auto mit Diesel statt Benzin tankst, dann wird der Motor ziemlich schnell protestieren und den Geist aufgeben. Oder? Vielleicht ist Dir das schon mal passiert und Du weißt genau, wovon wir reden. Wie ist das aber mit unserem Körper? Wenn wir unsere aufgenommene Nahrung nicht richtig verwerten können, dann bleibt auch unsere Energie für Fortbewegung und Wachstum aus. Im Vergleich zum Auto zeigt unser Motor leider erst viel zu spät an, dass wir ihn falsch versorgt haben. Anfangs machen sich körperliche Schlappheit, Antriebslosigkeit und ganzheitliche Lustlosigkeit bemerkbar - erst viel zu spät bemerken wir, wie wichtig der

Zusammenhang zwischen Ernährung, Bewegung, Motivation und Leistung ist. Denn körperliche Anstrengung trainiert unseren Bewegungsapparat, regt unsere Hirntätigkeit an, fördert unseren Stoffwechsel und lässt Appetit entstehen, der für gesundes Essverhalten notwendig ist.

Richtige Ernährung, Wasser und Bewegung an der frischen Luft, um Stress abzubauen und die Stressanfälligkeit präventiv zu reduzieren, wirken sich positiv auf unser Selbstwertgefühl und Selbstvertrauen aus. Unser allgemeines Wohlbefinden wird gesteigert und Körper, Geist und Seele sind wieder im Einklang. Unsere Gesundheit ist also das Resultat eines Prozesses förderlicher Maßnahmen. Wir haben heutzutage jedoch eine so große Auswahl an Lebensmitteln, dass wir dadurch daran gehindert werden, gut zu leben. Wie können wir also auf die richtige Ernährung setzen?

Hier einen Ernährungsratgeber zu schreiben, würde das Buch sprengen, denn das alleine könnte schon Hunderte Seiten füllen. Kurz zusammengefasst: Wichtig ist viel - reines - Wasser zu trinken, sich regelmäßig - am besten draußen - aktiv zu bewegen, ungesunde Fette zu vermeiden, viel Obst und Gemüse zu essen und vor allem abwechslungsreiche Kost zu sich zu nehmen. Für jeden Körper gelten andere spezifische Regeln, am besten, Du hörst auf Dich und die Signale Deines Körpers. Nach welcher Mahlzeit fühlst Du Dich müde und träge? Nahrung soll uns Kraft geben und nicht müde machen.

Ich gehör' dazu

Wo gehörst Du dazu? Fühlst Du Dich zugehörig?

Wir möchten dazugehören. Das ist bei uns Menschen - in der Natur eines jeden - angelegt. Die Zugehörigkeit zur Sozietät, die Eingebundenheit in das soziale Netzwerk, der Zusammenhalt in einer Gemeinschaft, eine positive und bereichernde Partnerschaft, all das sind Faktoren, die unsere Resilienz stärken lassen.

Schon im Beruf wissen wir, wie wichtig die Kontaktpflege ist. In Österreich spricht man auch vom wertvollen "Vitamin B", ohne das vieles nicht möglich wäre. Ohne Beziehung kein Erfolg. Das Leben ohne Beziehungen ist wie das Tauchen ohne Sauerstoffflasche.

Wir Menschen haben das Ur-Bedürfnis nach einem anerkannten Platz in der Gemeinschaft. Das kann zB auch die Einbindung in religiöse Gemeinschaften aller Art sein. Wenn wir in einer solchen Gemeinschaft dieselben Werte teilen, gemeinsame Erfolge feiern, gemeinsame Ausflüge unternehmen, dann erhöhen wir damit unsere Resilienz und fühlen uns in schwierigen Zeiten gut aufgehoben und versorgt. Die Gemeinschaft stärkt und hält uns zusammen. Gemeinschaft kann auch in Form von Nachbarschaftsverbänden, starken Familienbanden oder einem Netzwerk an Gleichgesinnten, die sich gegenseitig unterstützen, gelebt werden. Denn es ist bekannt, dass derjenige, der gibt, auch erhält. Wenn wir uns einbringen, dann wird auch uns später die Hilfe zur Seite stehen, die wir gerade dann dringend benötigen.

Resilienz-Strategien für Deinen Lebensweg

Zuerst opfern wir unsere Gesundheit, um Geld zu erwerben. Später opfern wir unser Geld, um unsere Gesundheit wiederzuerlangen (wobei es dann meist schon zu spät ist und die Schäden irreparabel sind).

Wollen wir das wirklich? Wie können wir hier einen Ausweg schaffen, wie können wir unser Leben in die Hand nehmen und resilient und stark unseren Lebensweg bestreiten?

Nach Alfred Adler gibt es für jeden von uns **drei Lebensaufgaben**:

1) **Gemeinschaftsleben**
   Die soziale Beziehungsfähigkeit, die Kooperation, öffentliche Aufgaben und auch Krankheiten.

2) **Arbeit**
   Die Sorge um den Unterhalt, das eigene Überleben, Kooperation mit anderen, Fleiß und Absicherung.

3) **Liebe, Partnerschaft und Ehe**

Das bereichernde Zusammenleben, die Sorge um die Nachkommen, die Partnerwahl und Sexualität.

Wenn wir gesund und zufrieden leben wollen, dann müssen wir die drei Lebensaufgaben gut ausgleichen und in unser Leben integrieren. Die Ausgeglichenheit dieser Aufgaben ist für jeden von uns notwendig.

Wie können wir Resilienz konkret im Alltag stärken?

Wachstum entsteht durch die Anstrengung, wenn wir eigenständig Aufgaben und Probleme meistern und lösen. Das ist wichtig für die Resilienz. Es nützt uns nicht viel, wenn uns andere ständig dabei helfen wollen. Sie denken zwar, sie würden uns damit etwas Gutes tun, aber das genaue Gegenteil ist der Fall. Sie verhindern, dass wir uns weiterentwickeln und unsere Resilienz stärken.

Nach Friedemann Schulz von Thun geht es vorwiegend um unser inneres Team. Er meint damit die in uns liegenden verschiedenen Fähigkeiten oder Beweggründe, die von unseren unterschiedlichen Fachabteilungen abgedeckt werden. Wir haben also Ressorts für die Bereiche, die für unsere Existenz notwendig sind. Es gibt Ressorts für die Entwicklung von Gedanken und Gefühlen, Finanzen, Außenkontakte, Weiterbildung, Gesundheit und viele weitere. All unsere Ressourcen müssen wir in gutem Abgleich mit Wollen und Können anbringen. Dann ist unser Selbstmanagement erfolgreich.

Was können wir bei Belastungen im Beruf tun? Wie viele Herausforderungen kann unsere Widerstandsfähigkeit aushalten? Wir besitzen zu Beginn der beruflichen Tätigkeit eine Menge an Widerstandsfähigkeit, die dann im Laufe der Jahre abnimmt und zum Schluss kaum noch vorhanden ist. Warum eigentlich? Wird sie vielleicht ausgenutzt oder missbraucht? Wir müssen im Berufsalltag mit einer immer größeren Schar an Stressbelastungen umgehen lernen: Arbeitsplatz-Unsicherheit, Anpassungs-Notwendigkeiten, häufige Konflikt-Szenarien, nicht zufriedenstellende Arbeitsabläufe und Krankmeldungen sind nur einige davon. Solche dauerhaften Belastungen zermürben uns, zerstören unsere Resilienz und sind sehr schadhaft sowohl für unseren Körper als auch für das

Unternehmen. Der psychosoziale Umgang in Unternehmen ist nicht in Ordnung, die langen Arbeitszeiten, der permanente Termindruck und begrenzt qualifizierte Führungskräfte tragen ihr Übriges dazu bei, dass unsere Resilienz immer weniger wird und wir schlussendlich ins Burn-out schlittern. Kein Wunder, denn die Resilienz wurde ja im Laufe der Zeit immer mehr geschwächt.

Es ist also an der Zeit, wieder eine Balance zwischen den Produktionsphasen und den Regenerationszeiten zu schaffen. Wir dürfen unsere eigenen Kräfte nicht überschätzen. Anfangs finden wir das noch cool und sehen uns als wichtig, wenn wir selbst im Urlaub die E-Mails checken. Aber Vorsicht: Deutliche Belastung ist im Anmarsch, schneller, als Du denkst. Schluss damit! Urlaub ist zum Erholen da und nicht, um ständig erreichbar sein zu müssen.

Um wieder **Resilienz im Berufsleben stärken** zu können, braucht es mehr von den folgenden Punkten:

- ein wertschätzender und transparenter Umgang
- die Einbeziehung in Entscheidungsabläufe
- eine stärkende Kultur des Miteinander
- ausreichend soziale Anerkennung
- genug Freiraum
- zeitliche Flexibilität
- faire und verständnisvolle Führungskräfte
- sich nützlich einbringen können
- ein Platz in der Gemeinschaft
- die Eigenverantwortung fördern
- die eigenen Begabungen und Stärken nutzen

Auch in einer Partnerschaft wollen wir uns aufgehoben fühlen. Vor allem, wenn es beruflich mal nicht so gut läuft und der Arbeitsstress unschätzbare Größen annimmt. Dann sind vor allem das Nachhausekommen und die eigene Familie essenziell. Ralph Waldo Emerson sagte: *"Das, was wir brauchen, ist ein Mensch, der uns dazu bringt, das zu tun, was wir können."* Eine gesunde Partnerschaft schafft solche Möglichkeiten und noch viel mehr. Eine gesunde Partnerschaft macht zufrieden.

Zufriedenheit ist nicht zu verwechseln mit Glück: Glück ist limitiert, wenn wir es haben, dann wollen wir es natürlich mit unserem Partner teilen, denn geteiltes Glück ist auch doppeltes Glück. Zufriedenheit hingegen ist ein Produkt unseres Wirkens und somit immer verfügbar. Es konnte gezeigt werden, dass sowohl Glück als auch Zufriedenheit die gleichen Hirnareale aktiviert. Somit können wir bewusst Zufriedenheit anstreben und wenn sich einmal das Glück zeigt, es genießen und mit dem Partner teilen.

Die Partnerschaft soll eine Auftank-Oase sein. Gegenseitiges Geben und Empfangen in einer Beziehung gibt Sinn und Kraft. Wir sehnen uns nach Nähe, Schutz und liebevoller Zuneigung. Eine Partnerschaft soll der Ausgleichs- und Auftank-Ort bleiben und um das zu erreichen, braucht die Partnerschaft unsere Aufmerksamkeit, kontinuierliche Beziehungspflege und vom Herzen kommende Zuwendungen.

> Was kannst Du noch heute für Deinen Partner machen, um Eure Beziehung zu stärken? Welche liebevollen Zuwendungen fallen Dir spontan ein, um Deinen Partner zu überraschen und für ihn da zu sein?

Change versus Transformation?!

*"Ich werde lieber für das gehasst, was ich bin,
als für das geliebt zu werden, was ich nicht bin."*

Kurt Cobain

Change ist Veränderung. Transformation ist auch Veränderung, aber stärker - es ist Transformation. Klingt so ähnlich, ist es aber nicht. Die beiden Wörter sind nämlich sehr verschieden.

Change Management kennt man aus Betrieben, wenn es um das Thema Mitarbeiterförderung oder auch Ausbildung und Weiterbildung geht. Transformation geht tiefer. Wie genau unterscheiden sich Change und Transformation?

Während unserer Yogalehrer Ausbildung auf Bali haben wir einen wunderschönen Vergleich unserer Philosophielehrerin gehört. Sie erklärte uns den Unterschied von Change und Transformation anhand eines Taschentuches: Nimm ein Taschentuch in die Hand, Du siehst ein Taschentuch. Dann falte es zusammen, sodass das Taschentuch kleiner wird. Was siehst Du jetzt? Immer noch ein Taschentuch, es hat sich nur verändert, das nennt man Change. Dann stell Dir einen Zaubertrick vor, puff, aus dem Taschentuch wird ein Handy. Das nennt man Transformation. Aus einem Gegenstand wird ein komplett anderer. Aus einer Person wird eine komplett andere Person. Das geht weit hinaus über Change oder Veränderung.

Wie zeigt sich das jetzt auf unserer Reise? Wie kommen Veränderung und Transformation zum Vorschein? Was können wir aus der Geschichte lernen?

"You cannot talk butterfly language with caterpillar people." Das heißt wörtlich übersetzt: *"Du kannst nicht in der Schmetterlings-Sprache mit Raupen-Menschen sprechen."* Was heißt das jetzt übersetzt auf deutsch-deutsch? Du bist mit manchen

Menschen nicht auf der gleichen Wellenlänge und kommunizierst somit nicht in der gleichen Sprache. Das klingt seltsam. Es sprechen ja alle in Österreich deutsch und international kann man sich ja mit Englisch weiterhelfen. Man müsste sich also verstehen, oder?

Wir haben erst kürzlich bemerkt, dass dieser Spruch super passt. Wir hatten ein Gespräch mit einem Familienmitglied, um die Familiensituation zu klären, sie wieder zu Harmonie zu führen und die Beziehung zu "reparieren". Mit der Absicht, wieder harmonisch zu kommunizieren und Missverständnisse aus dem Weg zu räumen, waren wir gespannt auf das Zusammentreffen. Jedoch haben wir hier nicht die gleiche Sprache gesprochen bzw. nicht die gleiche Absicht gehabt. Die andere Person wollte nur ihren Müll abladen und hat nichts zur eigentlichen Klärung beigetragen. Sobald wir mit Argumenten kamen, um die Vorwürfe zu rechtfertigen oder zu klären, wurden wir gleich abgewürgt. Unser Gegenüber wollte nicht einmal im Ansatz unsere Meinung hören. Er wusste aus eigener Quelle, dass er recht hatte und ließ uns gar nicht zu Wort kommen - obwohl wir genau wussten, dass das, was er von sich gab, einfach nicht stimmte. Wir haben eindeutige Beweise dafür, aber von denen wollte er gar nichts hören oder wissen. Es war unmöglich, mit ihm ein klärendes oder auch nur wohlwollendes, harmonisches Gespräch zu führen. Unser Gegenüber wusste, dass ihm bald die Argumente ausgehen würden, da er einfach im Unrecht war und fühlte sich daher in die Ecke getrieben. Er nutzte daher die nächste ihm gebotene Gelegenheit, um zu fliehen. Das zeigte uns, dass wir, selbst wenn wir die gleiche (deutsche) Sprache sprechen, uns nicht unbedingt verstehen müssen.

Was können wir daraus lernen? Dass wir manche Menschen meiden sollen, selbst wenn sie zur Familie gehören? Dass wir unsere Erwartungen ändern sollten, um nicht enttäuscht zu werden? Aber was ist, wenn die andere Person Unrecht hat und wir einfach nicht mehr klein beigeben wollen - das würde uns ja verraten, oder? Nicht unseren Werten entsprechen?

Die Antwort darauf ist schwer zu sagen. Wenn Menschen eine Transformation durchmachen, sich weiterentwickeln und auf einer höheren Bewusstseinsstufe leben, dann ist es schwer für andere, die nicht folgen wollen oder können. Meist fehlt das entsprechende Verständnis. Vieles ändert sich im Miteinander: die Sprache, die Haltung, das Verhalten etc. Es ist okay, wenn wir uns im Laufe der Zeit und Transformationen ändern und uns von manchen Menschen abwenden. Wenn das aber Familienmitglieder sind, dann fällt uns das natürlich besonders schwer und wir möchten das unbedingt verhindern. Vielleicht findet man früher oder später einen Weg, wo zumindest der Kontakt und eine Basis-Kommunikation möglich ist - ohne große Erwartungen - nur um die Person nicht ganz zu verlieren. Diese Entscheidung musst Du für Dich selbst treffen. Wie passt es für Dich am besten? Kontakt abbrechen oder einen anderen Weg der Kommunikation finden?

5 Schritte der Transformation

Wie entsteht die Transformation? Was können wir dazu beitragen? Wie läuft es ab?

Transformation wird von innen heraus bestimmt, ohne unsere Zustimmung gibt es keine Transformation. Bewusst oder unbewusst müssen wir diese Transformation auch "Wollen" bzw. anstoßen. Wir können nachhelfen und einen Rahmen schaffen, aber der Wunsch danach muss von uns selbst kommen, von unserem Inneren. Es gibt äußere Einflüsse und Reize, wie uns die Corona-Zeit gezeigt hat, die den Prozess zwar einleiten, aber trotzdem müssen wir dies auch wollen. Impulse von außen helfen uns, aber was wir davon annehmen, das entscheiden nur wir selbst.

Das 5-Schritte-Modell:

1) **Wunsch nach Veränderung**
   Durch eine Krise, ein Trauma oder als Entwicklungsübergang

2) **Dringlichkeit**
   Du kannst es nicht mehr ignorieren, es steht jetzt an, möchte jetzt gehört oder gesehen werden.

3) **Einsicht**

Ab sofort muss etwas anders gemacht werden, es muss anders sein, es muss sich verändern.

4) **Konstruktive Aktion** sowie graduelle Anwendung

5) **Erholung**

Der unvermeidliche Rückfall wird kommen, soviel ist klar.

Vielleicht zerstören wir jetzt Deine Illusion, aber lass Dir gesagt sein, Transformation kann sehr schmerzhaft sein. Doch sie ist so wichtig, da wir dadurch weiterhin die Führung über unser Leben haben, im Zug bleiben und uns weiterentwickeln. Wir merken, dass unsere bisherigen Strategien an die Grenzen geraten.

Wir entwickeln uns weiter und so auch unser Umfeld, denn in der Psychologie ist Veränderung nicht nur Persönlichkeitspsychologie, sondern auch Sozialpsychologie. Die Gruppe wirkt auf den Einzelnen, da sie die Lebensannahmen bestätigt oder infrage stellt. Zuerst gibt es Unzufriedenheit, aber das muss so sein, dass Du Dich änderst. Die Transformation steht an, akzeptiere sie mit all den Höhen und Tiefen, denn sie werden kommen. Auch wenn Du vielleicht nicht weißt, was danach passiert, freue Dich auf den Weg, es kann nur besser werden.

Transformation als Chance

Wahre Transformation dauert, sie ist nicht in einem Tag abgeschlossen. Manchmal sehen wir die Lösung erst später, wie bei Hans im Glück, als seine Seele die Freiheit erlangte, nachdem er alles im Brunnen verloren hatte. Der Schlüssel für die Transformation ist die Bereitschaft, das Problem lösen zu wollen. Dabei ist es wichtig zu erwähnen, dass wir nicht das Problem sind. Monique hat im Rahmen ihrer Humanenergetiker-Ausbildung die Klopftechniken kennengelernt und da hat sie immer Probleme mit dem Satz: *"Obwohl ich dieses oder jenes Problem habe, akzeptiere ich mich voll und ganz"* beklopft. Natürlich steckt hinter der Methode noch viel mehr, aber mit dem Satz hat es meistens begonnen. Was kannst Du Dir darunter vorstellen? Es ist wichtig, dass wir das Problem von uns als Person getrennt sehen, dass wir das Problem so akzeptieren, wie es ist, dass es okay ist, dass es da ist. Probier es gerne mal aus. 🙂

Die Transformation ist ein radikaler Prozess, wir fühlen uns, wie wenn wir einfach nur mitschwimmen und unsere Gefühle nicht unter Kontrolle haben. Das ist okay, lass Deinen Gefühlen freien Lauf, und es ist auch in Ordnung, nicht zu wissen, wo es hingehen soll. Rumi sagte einst: *"Lass Dich einfach kochen, dann wird ein Leckerbissen aus Dir."*

Wir stecken auch gerade in einer Transformationsphase, die Zeit dafür ist genau richtig und reif. Monique hatte ihre Transformation 2021 mit der Kündigung ihres damaligen Jobs begonnen, ohne zu wissen, wo es hingehen soll, wusste sie, dass die Selbstständigkeit an der Tür steht und anklopft. Doch wie Geld verdienen? Wie weiter tun? Das wusste sie damals nicht, aber sie war optimistisch und sich dessen bewusst, dass genau das Richtige kommen wird. Und so passierte es im September 2022, dass sie über ihre Nachbarin zu der Humanenergetiker-Ausbildung gekommen ist und der Bauch gleich wusste, dass es das Richtige ist. Selbst jetzt noch, beim Schreiben darüber und Erinnern an diese Situation, kommt ihr die Gänsehaut, so magisch war der Moment. Kennst Du das? Dein Kopf versucht sich tausende Ausreden zurechtzulegen, was noch alles geprüft werden muss, warum es nicht klappen kann. Aber Dein Bauch, der weiß längst Bescheid. Hör auf Deinen Bauch, er weiß es. Lass Dich bitte nicht von Deinem Gehirn oder Verstand verleiten. Es ist nichts falsch mit Deinem Verstand, aber eine wahre Entscheidung und Entwicklung kommt aus unserem Bauchhirn.

> Sei einen Moment ganz still. Beobachte Deine Gedanken, nimm wahr, welche Glaubenssätze sich Dir zeigen, welche Gefühle hochkommen, was in Deinem Kopf herumschwirrt. Du kannst das Problem und die Herausforderung annehmen und so das Problem wandeln lassen.

Du bist auf dem besten Wege in Deinen Transformationsprozess. Wenn die anfängliche Stagnation vorbei ist, dann führt das Sterben des Alten unsere Vorstellungen zu einer Erlösung vom ungelösten, kleinlichen Ich in das universelle Selbst.

Die Wandlung muss auf uns bezogen werden, wir können nicht andere Menschen verändern. Was wir jedoch machen können, ist, uns positiv zu verändern und andere damit zu beeinflussen. Wir merken das ganz stark: Wenn wir unsere Glaubenssätze, unsere Werte ändern, dann beobachten wir, welche Menschen in unserem Umkreis mitgehen und welche nicht. Wir merken, was oder wer zu uns gehört und was oder wer nicht. Genauso war es auch mit der Entscheidung über die Yogalehrer Ausbildung. Wir hätten uns damals, als wir mit fünf Minuten Yoga pro Tag gestartet haben, niemals ausgemalt, dass wir ein Jahr später auf Bali die Ausbildung machen würden. Niemals. Und doch haben wir es gemacht, weil es sich auf unserem Weg im Rahmen unseres Transformationsprozesses richtig und stimmig anfühlte. So sehr, wie uns die Zeit dort geprägt und verändert hat, hat uns kaum eine andere Phase unseres Lebens so stark beeinflusst.

Auch dieses Buch ist Teil unserer Transformation. Wir schreiben über unsere eigenen Erfahrungen und teilen unsere Geschichten mit Dir. Wir wollen Dich ermutigen, dass Du die Kraft besitzt, das eigene Traumleben zu leben. Wir haben es geliebt, das Buch zu schreiben, es war eine herrliche Selbsttherapie für uns und verstehen jetzt alle, die Bücher geschrieben haben (also Sachbücher, Ratgeber und dergleichen) und nicht mehr aufhören können, zu schreiben. Uns geht es genauso, wir sehen schon den zweiten Teil vor Augen und haben es uns mittlerweile zur Gewohnheit gemacht, wann immer es möglich ist, gleich nach unserer Morgenroutine zu schreiben. Es fühlt sich einfach so richtig und frei an. Wir hätten auch nie gedacht, dass wir beide gemeinsam einmal das Buch verfassen, geschweige denn weitere Bücher in Angriff nehmen würden.

Das ist das Wunderschöne an der Transformation, so viel Neues zeigt sich. Vieles, was zuvor nicht denkbar oder nicht in unserem Energiefeld gewesen wäre. Wir lassen es zu und freuen uns sehr, das Buch mit Dir teilen zu dürfen.

Wandlungsprobleme werden zu Wandlungschancen

Wir möchten Dir eine Geschichte aus China erzählen. Es war einmal eine Bambuspflanze. Sie war die schönste und stärkste Pflanze im Garten des Herrn. Sie wurde von allen anderen beneidet und genoss es, im Mittelpunkt zu stehen. Eines Tages kam der Herr zu ihr und sagte: *"Ich brauche Dich."* Die Pflanze meinte nur: *"Was auch immer Du brauchst, ich bin da für Dich."* Der Herr meinte, er müsse sie dafür entzwei teilen. Die Bambuspflanze war schockiert und erwiderte traurig: *"Bitte Herr, ich bin doch die schönste und stärkste Pflanze im Garten. Bitte schneide mich nicht entzwei."* Der Herr jedoch antwortete nur: *"Ich brauche Dich und dafür muss ich Dich entzwei teilen und Deine Blätter abschneiden."* Die Pflanze wollte das anfangs nicht, bat den Herrn, doch nur ihre Blätter zu lassen, dass sie wieder nachwachsen würde. Aber der Herr sagte nur, dass er sie brauche und dafür war es notwendig, auch die Blätter zu schneiden. Die Pflanze wusste nicht, was geschehen würde, aber schlussendlich willigte sie ein und ließ den Herrn tun. Der Herr schnitt die Bambuspflanze entzwei und ihre Blätter ab. Er verwendete sie als Rohr, um dem Feld Wasser vom Fluss zu geben. Mithilfe der Bambuspflanze war es möglich, dass die Felder wieder Wasser hatten und nicht vertrocknen mussten. Mithilfe des Bambus war es möglich, dass in diesem Jahr eine sensationelle Ernte vorherrschte und keiner verhungern musste. Die Bambuspflanze wusste zu Beginn nicht, was geschehen würde, aber ihre Transformation half vielen anderen Pflanzen und Menschen, nicht zu verdursten und zu verhungern.

Wie schon bei den fünf Schritten der Transformation zeigt auch hier der Beginn der Transformation eine radikale Unsicherheit. Wir werden in sie reingeschmissen, oftmals von außen, aber spüren von innen heraus, dass die Zeit jetzt dafür reif ist. Wir fühlen uns vielleicht wie überhitzte Kichererbsen. Wir erlauben uns, weich zu werden, wir brechen vollkommen auf, um zu erfahren, wer wir wirklich sind. Wir wissen nicht, wer wir sind. Wir machen uns auf den Weg vom alten Selbst zum neuen Unbekannten. Das ist typisch für den Transformationsprozess.

Transformation wird als ein Tanzen zwischen dem Sein und dem Werden gesehen. Dabei ist das Sein die unveränderliche Quelle, unser formloser Grund und das Werden jener Teil, der wächst und sich wandelt. Das Sein ist still, das Werden ist Persönlichkeit. Wir müssen in die tiefe Stille abtauchen, in das reine Sein und diese Erfahrungen und Einsichten auf unsere menschliche Persönlichkeit umsetzen. Das ist Transformation.

Wir haben das Gleiche miterlebt - während und nach unserer Yogalehrer Ausbildung. Die Zeit dort war magisch, wir waren abgeschottet vom Rest der Welt, waren in unserer eigenen Bubble, wir haben alles andere nahezu vergessen können, mussten uns um Haus & Co. nicht kümmern, wir konnten einfach nur Sein und Werden. Der Weg zurück in unseren Alltag, in das "Leben zuvor", war sogar schwieriger als die Zeit auf Bali. Wir haben unsere Routinen und Gewohnheiten angepasst und sind noch immer dabei, unser Leben so zu gestalten, wie es sich für uns richtig anfühlt. Wir haben gemerkt, dass manche Sichtweisen, manche Personen, manche Tätigkeiten einfach nicht mehr zu uns passen. Aus dem Alten kommt das Neue. Nur wir bestimmen, was richtig ist.

Hörst Du den Weckruf? Hat Deine Reise, Deine Transformation schon begonnen? Hast Du den ersten Schritt, die Unsicherheit, die Dringlichkeit schon vollzogen? Hast Du intuitiv oder mithilfe von außen gespürt, dass es jetzt an der Zeit dafür ist?

Pflanzen wachsen am besten nach, wenn man sie radikal zurückschneidet. Die Natur wird also von Stress angeschoben und Evolution entsteht. Bei uns Menschen ist es ähnlich, wenn wir in eine Situation geraten, die wir mit unserem derzeitigen Wissensstand und Verständnis sowie unseren Fähigkeiten nicht kontrollieren oder ändern können, dann entsteht evolutionärer Stress. Wir kommen raus aus unserer Komfortzone und in ein höheres Level an Bewusstsein.

Lass Dir sagen, nach dem ersten Durchbruch, nach dem Start in den Transformationsprozess folgt oftmals Frustration und Stagnation. Auch bei Monique war es nicht anders, sie wusste ein Jahr lang nicht wirklich, wohin die Reise ging. Sie hatte Vertrauen und ließ sich treiben, schauen, welche Gelegenheiten sich geben und was das Leben für sie bereithält.

Die Antworten kommen, ganz sicher. Manchmal dauert es nur etwas. Lass Dir Zeit, hab Geduld. Die Antworten kommen vor allem dann, wenn der Geist still wird

- während Meditationen, bei einem Spaziergang in der Natur oder in den Träumen. Sie kommen, wenn wir uns dem Stress der ungelösten Fragen aussetzen, uns intensiv damit beschäftigen und die Sehnsucht nach Weisheit und Wandel zu stark ist, um sie zu ignorieren.

Kennst Du Tapas? Wenn Du jetzt an die spanischen Vorspeisen denkst, dann bist Du nicht ganz richtig. Auch wenn wir - zugegebenermaßen - ebenfalls zuerst an diese Leckerbissen gedacht haben. Tapas kommt aus den acht Teilen des Yoga. Der zweite Bereich umfasst die Niyama - die DO's, also jene gewünschten Bereiche. Da kommt unter anderem die Reinheit, die Klarheit, die Zufriedenheit, die Selbsterfahrung und das Lernen vor, so wie auch Tapas, was übersetzt wird wie das Feuer, das innere Brennen, der Durst nach Mehr. Die transformierende innere Hitze, die uns antreibt, die unsere unguten Gewohnheiten verbrennt, die uns reinigt, verfeinert und unsere Psyche für tiefe Einsichten öffnet sowie die richtigen Fragen stellt.

Wir merken das bei uns auch immer. Wenn einer von uns ein wenig "motz-mecker" ist, dann ist der andere da und hört zu, stellt die richtigen Fragen und hilft somit weiter. Wenn der eine feststeckt, ist der andere eine Art Spiegel. Mit den richtigen Fragen kommen wir dadurch schnell zur Lösung und können aus dem "motz-mecker" wieder unser freudiges Wesen der Welt zeigen. In genau diesem Moment fällt es uns aber nicht immer leicht, weil wir genau wissen, dass der andere Recht hat, wir aber lieber in dem "motz-mecker" Zustand bleiben würden. Wir sagen dann immer: "Miau, warum musst Du recht haben?", schmunzeln dabei und schon geht das Leben wieder weiter, mit einer tiefen Erkenntnis, mit einer Erfahrung, die uns geholfen hat, voranzukommen. Wie ist das bei Dir? Hast Du jemanden an Deiner Seite, der auch die richtigen Fragen stellt? Bist Du selbst der Spiegel für Dich?

Oft hilft es, wenn wir uns Hilfe suchen. Das können Lehrer sein, oder Berater bzw. gerne unser Buch. Unser Buch soll eine Hilfe, ein Ratgeber für Dich sein, um die schwierige Lebenssituation zu meistern und Platz zu machen für Dein **dreamly living**.

Für andere wiederum ist es Gott, bzw. um das mit anderen Worten zu sagen, unser universelles Bewusstseinsfeld, unser höheres Selbst. Egal, wie wir es nennen, zu beten hat sich als sehr hilfreich herausgestellt. Wenn wir mal nicht weiterwissen, dann können wir mit dem Gebet um Hilfe bitten. Es ist okay, wenn wir uns unsere Hilflosigkeit eingestehen. In diesen Momenten hilft uns die Kraft von oben - wie auch immer wir sie jetzt auch nennen. Auf einmal ist unser Leben voller Synchronizität, wir erleben bedeutungsvolle Zufälle und haben tolle Inspirationen. Tiefgreifender Wandel entsteht aus tieferer Einsicht, wenn wir durch die persönliche Transformation den Quellcode umschreiben und die Programmierung ändern. Wir können ändern, wie wir die Situation erleben und auf sie reagieren. Wir verändern zuerst unsere Wahrnehmung, dann die Erfahrung. Du wirst sehen, die Welt wird nicht mehr die Gleiche sein.

Nach dem Hoch kommt das Tief. Beides geht Hand in Hand, wie Licht und Dunkelheit. Das ist das Prinzip der Dualität. Du kannst Dich also auf das Tief vorbereiten bzw. gewappnet sein. Im Hoch sind wir von spiritueller Kraft erfüllt, wir sind gestärkt und alle Kämpfe sind zu Ende. Der Weg wurde uns gewiesen, wir haben schon den ersten Schritt gemacht, das neue Leben beginnt. Hurra! Los geht's!

Wie ist das bei Dir? Hast Du vielleicht auch schon den Job gekündigt? Die Koffer gepackt, um einmal um die Welt zu reisen? Dein Yogastudio eröffnet? Egal, was es ist, Du kannst stolz auf Dich sein. Doch bitte mit Vorsicht: Großes Vertrauen kommt vor großem Fall. Wenn wir blind unserer Intuition folgen oder denken, wir könnten nichts mehr falsch machen, dann fallen wir umso tiefer. Nach dem Hoch kommt der Absturz. Es fühlt sich an, wie ein trockener Fluss, der uns nicht mehr Wasser spendet. Das kann durch einen Fehler im Beruf sein, durch das Verlieben in eine falsche Person, oder das Scheitern der Ehe. Was es auch ist, zeigt eine tiefe Reinigung, dass sich psychische Themen auflösen, vor allem jene, die uns bis dato nicht bekannt waren. All diese Themen kommen nun ans Licht und zeigen sich.

Bist Du schon bereit für die spirituelle Praxis? Als Basis ist es wichtig, eine gesunde Balance zwischen Körper und Geist herzustellen. Es ist das Fundament, um darauf die spirituelle Praxis aufzubauen. Manchmal sind wir noch nicht stark genug, ist unser Fundament noch nicht stabil und fest genug. Daher möchten uns unser

Körper, unsere Seele, unser Geist zeigen, dass wir noch an unserem Fundament arbeiten müssen, bevor es weitergeht. Nimm es nicht als Rückschlag, sondern als Chance, Dir ein gutes Fundament aufzubauen.

Ebenso wichtig ist die Integration. Wenn wir im Entwicklungsprozess sind, dann schreit es in uns. Wir wollen Freiheit, Reisen, eine Neuorganisation und -orientierung. Was ist aber mit den Verpflichtungen gegenüber unserer Familie, dem Haus oder der Wohnung, unserem Beruf oder anderen Dingen, die wir nicht im Stich lassen können?

Spiritueller Wandel kann nur gelingen, wenn man die gewonnenen Einsichten auch auf das eigene Leben anwendet und ummünzt. Bei uns war das nach Bali genauso, wir hatten anfangs Schwierigkeiten, die Erfahrungen während der Yogalehrer Ausbildung bei uns anzuwenden, zum einen war der Jetlag ein Grund, zum anderen all die Verpflichtungen sowie Aufgaben, die in den zwei Monaten liegen geblieben sind. Wir versuchen noch immer, das Gelernte zu integrieren, Stück für Stück. Wir schaffen uns neue Routinen und Gewohnheiten, und wollen die Erfahrungen auf keinen Fall verlieren. Wir merken, es tut uns gut, wenn wir Yoga machen, wenn wir davor atmen, um wach zu werden und wir weiterhin keinen Kaffee oder Alkohol trinken. Wie Du siehst, manches gelingt uns leichter, manches braucht noch etwas Zeit. Aber wir bleiben dran. Wir werden es in unser Leben integrieren. Einfach, weil es uns guttut und wir es uns wert sind.

Verbundenheit ist immer da, wenn man mit dem eigenen Herzen verbunden ist. Mit jeder Transformation bzw. Veränderung beginnen wir, sie mehr willkommen zu heißen - wir können die Schritte bewusster wahrnehmen und sind offener für die Veränderung.

Tipps für Deinen Transformationsprozess

- **Erlebnisse und Erinnerungen**
  Was ist der Unterschied zwischen dem Erlebten und dem Erinnern? Das Erlebende ist verschwenderisch, das Erinnernde fehleranfällig. Oje, das

klingt jetzt beides nicht so gut, oder? Lass es uns noch genauer erklären. Beim Erinnern haben wir kein Gespür für die Dauer, egal ob es eine Stunde, einen Monat oder ein Jahr gedauert hat. Wir bewerten die Freude, aber auch den Frust und Zorn genauso intensiv wie stille, lang anhaltende und unaufgeregte Freuden. Wenn Du schon einmal Bungee-Jumping gemacht hast, wirst Du Dich an diese Erfahrung sehr lange erinnern, obwohl es nur ein paar Minuten lang gedauert hat. Im Vergleich dazu erinnerst Du Dich an eine schöne, länger andauernde Wanderung nicht so schnell wieder. Beim Extremsport ist es oft so, dass wir in die Falle des "erinnernden Ichs" tappen, dass die Tätigkeit selbst uns keine Freude bereitet, aber wir im Nachhinein über das "bewertende erinnernde Ich" die Situation als schön betrachten. Wir leben also im Hinblick auf die Sammlung zukünftiger Erinnerungen, ist das nicht seltsam? Wollen wir lieber ein erfülltes Leben oder ein volles Fotoalbum? Würdest Du Dein Lieblingserlebnis auch dann erleben wollen, wenn Du Dich nicht mehr daran erinnern könntest? Ist es nicht schöner, ein Leben lang schöne Erlebnisse zu haben, also nur schöne Erinnerungen? Denn ein Leben voller bedeutender Erlebnisse ist im Grunde ein schönes Leben - oder nicht? Es ist an der Zeit, dass wir den Sonnenuntergang wieder genießen, ohne ihn in jedem Moment fotografieren zu müssen, um den Augenblick festzuhalten. Woran halten wir fest? Was hält uns davon ab, das Leben zu genießen?

- **Naikan-Übung**

Die Naikan-Übung bedeutet Innenschau und stammt von Yoshimoto Sensei, einem Japaner, der den Sinn des Lebens gesucht hat. Bei der Frage *"Wohin gehe ich nach dem Tod?"* hat er sich etwas schwer getan und daher drei Fragen entwickelt, die uns helfen, nach innen zu sehen.

1)   Was hat ... in dieser Zeit für mich getan?

2) Was habe ich für ... in dieser Zeit getan?

3) Welche Schwierigkeiten habe ich ... in dieser Zeit bereitet?

Diese Fragen können wir auf Lebensabschnitte oder Personen des Lebens beziehen. Vor allem die dritte Frage verlangt von uns, dass wir uns in die andere Person hineinversetzen. Du kannst diese Übung beginnen, indem Du bei den Punkten zB Deine Mutter oder Deinen Vater einsetzt. Noch präziser bist Du, wenn Du auch den Zeitraum einschränkst, wie zB *"Was hat mein Vater für mich getan, als ich zur Volksschule ging?"* Diese drei Fragen kannst Du auf alle Bereiche und alle Personen auslegen. Im Idealfall brauchst Du 20 % für die ersten beiden Fragen und 60 % für die letzte Frage. Diese Technik hilft Dir, Deinen seelischen Schmerz zu lösen, der durch große Enttäuschungen im Leben ausgelöst wurde, sie hilft Dir, ihn loszulassen und in Wohlbefinden umzuwandeln. Diese Methode hat die Auswirkung, dass eine bewusste Umstrukturierung stattfindet, die Vergangenheit wird gedanklich dabei nicht verändert, nur die Bewertungen so umgestaltet, dass sie in einem anderen Licht gesehen werden.

Ein paar Tipps zur Umsetzung:

- Erinnere Dich an konkrete Tatsachen und teile Deine Erinnerungen in Personen und Zeiträume.

- Lege Dir eine Liste an Themen bereit, an denen Du arbeiten möchtest, beginne dabei bei den frühesten Erinnerungen, ab der Geburt, im Kindesalter, in der Pubertät und bis hin zu (Ex-)Beziehungen.

- Mache die Übung ggf. mit einem Freund und wechselt Euch ab. Zuerst macht der eine den Prozess komplett durch, dann der andere.

- Aktiviere alle Sinne, um Dich gedanklich in die Zeit von einst versetzen zu können.

Das Prinzip der Übung ist einfach, es geht dabei um die Kraft der Dankbarkeit, um zu sehen, was gegeben wird, um das Ego zu ignorieren und nicht zu beachten. Gefühle werden nur überprüft, nicht analysiert und es wird nicht um Verzeihung gebeten. Wir gehen in die Stufe des reinen Beobachters, um Fehlinterpretationen zu erkennen und die Situation als reiner Zeuge zu beschreiben.

Die Vorteile der Naikan-Übung sind, dass wir Verantwortung dafür übernehmen, wie wir die eigene Geschichte sehen, dass wir erkennen, dass andere Wahrnehmungen entstehen, wenn wir den Zoom anders einstellen. Wir erkennen, dass wir unsere Geschichte als Subjekt konstruieren und wir fühlen, dass wir alles bekommen haben, was möglich war. Es zeigt uns, dass unsere Eltern, unsere Familie und Partner uns so liebten bzw. lieben, wie sie es vermögen, und somit kommen wir aus einer egozentrischen Absonderung zurück ins große Ganze.

- **Meditationen**
Meditationen helfen uns sehr, in die Tiefe, in die Stille eintauchen zu können. Sie lassen uns selbst erkennen und zeigen, was ist, und wer wir sind.

- **Wertebewusstsein**
Es ist vor allem im Transformationsprozess an der Zeit, zu erkennen, welche Werte noch zu Dir passen. Stelle Dir daher immer wieder die Fragen: Was ist mir wirklich wichtig? Welche Werte möchte ich leben?

Welche Werte möchte ich auf meiner Reise auf der Parkbank auf der Seite lassen, dass sie mich nicht länger belasten? Welche Werte passen nicht mehr zu mir und dürfen jetzt gehen?

Du wirst erkennen, wie auch Du Dich verändert hast und was vielleicht nicht mehr zu Dir passt oder welche neuen Werte sich dazu gesellen möchten. Wir dürfen unsere Meinung und unsere Werte ändern, das ist okay. Steh zu Deinen Werten.

Transformation der Menschheit

Wir haben uns in den letzten Wochen einen tollen Vortrag von Dieter Broers bei "Zeit im Wandel" angeschaut. Dieser war zwar schon 2019, aber ist so treffend und aktuell wie nie zuvor. Wir können das Video und seinen Vortrag nur empfehlen. Den Link dazu findest Du in der Quellenangabe.

Broers ist Wissenschaftler, Philosoph und Autor. Er zeigt, dass unser biologischer Körper ein Sender verschiedener Felder ist, wie auch das magnetische bzw. elektrische Feld. Diese Felder sind messbar und die physikalische Bedingung sorgt dafür, dass wir in Resonanz mit den Feldern anderer Menschen, der Erde, der Sonne und des Alls treten können. Wir senden elektromagnetische Strahlen aus und empfangen sie. Wenn wir Freude verspüren, dann ist unsere Sendungsleistung höher. Die verschiedenen Frequenzen bestimmen unsere Stimmungslage auf unterschiedliche Art und Weise und haben Einfluss auf unser Wohlbefinden. Die Frequenz kann positiv oder auch negativ beeinflusst werden. Auch die Sonnenwinde beeinflussen das Erdmagnetfeld und somit unsere Stimmungs- und Bewusstseinslage.

Dies zeigt, dass es wichtig ist, den Körper sowie Geist und Seele in alle Erkenntnisbereiche einzubeziehen. Wir haben drei Bewusstseinszustände: das Bewusste, das Unbewusste und das Vollbewusste. Und um drittes dreht sich die Transformation.

Wir befinden uns in einem Zeitalter des Umbruchs, das zeigt auch die Sonnenaktivität. Der Auf- und Untergang der Hochkulturen ist davon abhängig sowie die globale Erwärmung. Die Metamorphose ist da. *"In genau dieser Zeit werden die Leichen aus dem Keller geholt"*, wie Broers so schön sagte, "alte Gepäcklasten dagelassen". Wir können unsere Altlasten bei der Transformation nicht mitnehmen. Wir können nichts Praktisches mitnehmen, sondern nur Psychisches. Welche Belastungen wirst Du da lassen? Bist Du bereit dafür? Es ist an der Zeit, dass wir uns überlegen: Was fühlt sich gut an? Was nicht?

Inmitten all des Umbruchs ist es wichtig, dass wir eines nicht vergessen: Gedanken erschaffen unsere Realität. Wir befinden uns im Hier und Jetzt - in einer Art Wirklichkeitsvereinbarung. Wenn wir alle nicht an diese Wirklichkeit glauben würden, diese auch nicht mit unseren Gedanken verstärken, dann wären wir nicht da, wo wir jetzt sind. Wir können also jederzeit als Kollektiv, als Menschen, unsere Realität mit unseren Gedanken neu erschaffen. Klingt das nicht fantastisch? Wie wollen wir sein? Wie soll unsere Realität aussehen?

Auch Forscher wissen davon Bescheid und erschaffen sich so die gewünschten Ergebnisse bei den Forschungen und Untersuchungen. Sie werden also von ihnen verfälscht, weil sie sich mit ihren Gedanken die Ergebnisse und ihre Realität erschaffen. Verrückt, oder?

Unser Geist erschafft die Materie und die Realität. Das können wir nicht oft genug wiederholen. Wollen wir leben oder gelebt werden? Wenn wir gelebt werden, dann übernehmen uns die Strukturen - früher oder später.

Broers wichtigstes Thema ist die **Zirbeldrüse**. Die Zirbeldrüse ist für uns Menschen lebensnotwendig, vor allem wenn wir ein höheres Bewusstsein erlangen wollen. Wusstest Du, dass wir in diesem Zusammenhang ein MAO-Enzym haben? Um nicht ins Wissenschaftliche abzurutschen, halten wir uns kurz: Das MAO-Enzym schützt uns vor Vergiftungen. Und zwar jenen, die wir uns durch falsche Ernährung selbst zufügen. Klingt vollkommen absurd, oder? Unser Körper entwickelt für unseren eigenen Schutz ein Enzym, das uns vor der Vergiftung retten soll, die wir uns selbst zufügen. Wie einfach wäre es nur, wenn wir uns gar nicht falsch ernähren und die Gifte zufügen? Das MAO-Enzym ist also ein chemischer Verhinderer, ein Sabotageprogramm, vor allem weil es das DMT abbaut. DMT wird in der Zirbeldrüse produziert und ist wichtig für Wachträume und für

Halluzinationen. Manche fügen sich mit Methoden wie Ayuhuasca diese Wirkung von außen zu. Wir dürfen lernen, sorgsam und achtsam mit unserer Zirbeldrüse umzugehen. Indem wir basische, zuckerarme Ernährung und Fastenkuren machen, tun wir unserer Zirbeldrüse viel Gutes. Das ist wichtig, denn die Zirbeldrüse produziert eben das DMT, das für einen Wachzustand und ein Bewusstsein sorgt, das wir erreichen wollen.

Wir können unsere Zirbeldrüse auch stärken, indem wir unserem Körper Tryptophan zufügen, das Serotonin produziert, was wichtig ist für den Wachzustand, das wiederum Melatonin produziert, was wichtig ist für einen guten und erholsamen Schlaf, was wiederum Pinolin produziert, was insofern wichtig ist, weil es den Abbau von DMT verhindert. Wir können unsere Zirbeldrüse also mehrfach schützen und sie umsorgen.

> Zurzeit findet eine Transformation der Menschheit statt. Wir durchleben eine Metamorphose der Sondergröße. Wir erschaffen unsere Realität aus unserer vollkommenen Göttlichkeit.

Wir entwickeln uns von Verstandesmenschen zu Herzensmenschen.

Digitale Freiheit - Illusion oder Wirklichkeit?

*"Wenn der Wind der Veränderung weht,
bauen die einen Mauern
und die anderen Windmühlen."*

Chinesisches Sprichwort

Digitaler Minimalismus, mittlerweile ein weitverbreiteter Begriff. Doch was versteckt sich hinter diesen beiden Wörtern? Was genau heißt das? Cal Newport schreibt in seinem Buch "Digitaler Minimalismus: Besser leben mit weniger Technologie", dass wir die Technologie wieder so nutzen sollten, dass sie unser Leben bereichert und nicht umgekehrt. Wir leben mittlerweile mehr in der digitalen als in der "richtigen, realen" Welt. Wir erkennen kaum noch, was real ist und was nicht. Wir leben von den Likes auf unseren Bildern oder Videos, von den Kommentaren und von den Shares und Saves, sprich wie oft unsere Inhalte geteilt und gespeichert wurden. Wir können kaum noch offline überleben und sind abhängig von der digitalen Welt. Welchen Einfluss das Internet, Social Media & Co. auf uns haben, ist ungreifbar und unvorstellbar. Das Gute daran ist: Du kannst lernen, wie Du die Technologien bewusst einsetzt, um Dich nicht länger von ihnen besitzen zu lassen. Damit hast Du mehr Zeit für Dich, mehr Zeit für Deine Träume und mehr Zeit für Dein **dreamly living**. ☺

Digitaler Minimalismus

Digitaler Minimalismus ist eine Philosophie der Technologienutzung, bei der wir unsere Onlinezeit auf eine kleine Anzahl von sorgfältig ausgewählten und optimierten

Aktivitäten konzentrieren, die für uns wertvolle Angelegenheiten intensiv unterstützen, und auf alles Übrige freudig verzichten. (Newport, 2019, S. 42)

Wir leben als Zeugen einer Zeit, in der der größte Raub der Geschichte erfolgt. Der Raub unserer Aufmerksamkeit. Große Technologiekonzerne, wie Meta (Facebook, Instagram etc.) & Co. rauben unsere Aufmerksamkeit und Freiheit. Digitaler Minimalismus bedeutet nicht ein Leben ohne Technologien. Digitaler Minimalismus bedeutet ein Leben ohne Abhängigkeit, ein selbstbestimmtes Leben, wo wir entscheiden, wann wir zum Smartphone greifen und wann nicht. Ein lieber Freund von uns pflegt dazu zu sagen: *"Als wir noch Telefone mit Schnur hatten, war der Mensch wirklich frei."* Das trifft es ziemlich auf den Punkt.

"Philip Morris möchte unsere Lunge,
der App Store unsere Seele."

Cal Newport

Einhergehend mit dem Begriff Digitaler Minimalismus geht die Erschöpfung. Wir sind erschöpft, weil es so viele Apps und Spielereien gibt und wir nicht wissen, wem wir zuerst unsere Aufmerksamkeit schenken sollen. Wir entwickeln ein Suchtverhalten, um online sein zu müssen, um nichts zu verpassen. FOMO beschreibt "Fear Of Missing Out", sprich die Angst, etwas Wichtiges zu verpassen. Das Schlimmste daran ist, dass wir dieses Suchtverhalten oft nicht bewusst mitbekommen, es kommt schleichend und wir wissen kaum über die Auswirkung der modernen Technologie Bescheid. Die Veränderungen waren anfangs unerwartet und ungeplant. Facebook hat zB mit Thefacebook.com begonnen, mit dem Ziel, die Jahrbücher der College-Studenten digital abzubilden. Kaum jemand dachte damals, dass sie viel Zeit auf dieser Plattform verbringen würden. Oder als nächstes Beispiel, das erste iPhone. Es wurde zu Beginn als der beste iPod verkauft, da es nun Mobiltelefon mit den Medienfunktionen verknüpfte. Keiner hätte jemals gedacht, dass diese Veränderung so gravierend sein würde.

Warum müssen wir uns Sorgen machen? Einer Studie zufolge lösen Snapchat und Instagram Depressionen und Ängste aus. Sie beeinflussen unser Empfinden und unseren Körper, sodass wir in Folge unter Schlafmangel und Konzentrationsstörungen leiden. Es ist ganz klar: Die Nutzung von sozialen Netzwerken schadet uns.

Warum schenken wir diesen Apps trotzdem so viel unserer wertvollen Zeit? Zum einen ist das Suchtverhalten schon stark ausgeprägt, zum anderen haben diese Technologien auch durchaus ihren Mehrwert. Wer möchte schon darauf verzichten, mit Freunden und Familie aus der ganzen Welt kommunizieren und videotelefonieren zu können - zu jeder Zeit und ohne viel Verzögerung? Zugegebenermaßen, das hat schon seinen Reiz und Berechtigung.

Beim Digitalen Minimalismus geht es nicht um die Nützlichkeit, sondern um unsere Autonomie. Wir haben uns nicht angemeldet für diese Abhängigkeiten. Auch wenn zigtausend Millionen Dollar investiert wurden, um uns abhängig zu machen, so haben wir es jetzt in der Hand, bewusster mit der neuen Technologie umzugehen. Es wird Zeit, wieder Kontrolle über unser Leben zu haben - was meinst Du?

Der Digitale Minimalismus beruht auf **drei Prinzipien**:

1) **Gerümpel ist kostspielig**
   Das Zumüllen unserer wertvollen Zeit und Aufmerksamkeit mit vielen Geräten, Apps und Diensten ist gesamtheitlich betrachtet negativer als die einzelnen Punkte und Vorteile. Mit jeder Sekunde, die wir auf den sozialen Medien verbringen, machen wir die reichen Technologiekonzerne noch reicher.

2) **Optimierung ist wichtig**
   Wir müssen zuerst erkennen und entscheiden, welche Technologie uns unterstützt. Wenn wir Instagram beruflich verwenden, haben wir vielleicht schon viele Kunden dadurch gewonnen. Es ist somit der beste Kanal für Werbung und Marketing. Uns dessen bewusst zu werden und

nachzudenken, wie wir die Technologie optimal verwenden sollen, ist der erste wichtige Schritt.

3) **Absichtlichkeit ist befriedigend**
Befriedigung entsteht durch den absichtsvollen Umgang mit den neuen Technologien. Wir sind zufrieden mit dem, was wir bewusst tun. Wenn wir uns vornehmen, täglich nur 15 Minuten auf Instagram zu sein, dann werden wir diese Zeit auch genießen können und kein schlechtes Gewissen haben. Wir sind mit voller Absicht auf dieser Plattform und nehmen uns bewusst die Zeit dafür. Wir haben also die Kontrolle über unser Leben.

Digitale Entrümpelung

Lösche oder deaktiviere für die nächsten 21 Tage alle nicht notwendigen Apps und Technologien auf Deinem Smartphone. Warum 21 Tage? Das ist genau die Zeitspanne, die ein Mensch braucht, um eine neue Gewohnheit zu meistern.

Was ist wirklich (überlebens-) notwendig? Hier musst Du selbst entscheiden. Ein Tipp: Je strikter Du vorgehst, umso effektiver ist der Output. Was könnte wichtig sein? E-Mails zu lesen für die Arbeit ist notwendig, aber kannst Du das auch auf dem Laptop machen? Braucht es dafür wirklich die App am Handy? Social Media ist nur dann wichtig, wenn Du beruflich darauf angewiesen bist, wenn Du im Marketing-Bereich tätig bist und für die Instagram-Stories leider das Smartphone brauchst. Ansonsten gilt auch hier: löschen oder deaktivieren. Wenn Du Apps löschst und auf die Desktop-Anwendungen zurückgreifst, dann kannst Du Dich in Deiner Arbeitszeit oder für Dich definierten Social Media Zeit auf diese Plattformen konzentrieren und fokussieren. Du entscheidest aktiv und bewusst, wann und wie lange Du dort Zeit verbringen möchtest. Du läufst somit nicht Gefahr, dass Dein Smartphone auch nach Büroschluss Deine Aufmerksamkeit bekommt.

Hast Du alle Apps durchgesehen und mit einem strengen Blick analysiert? Welche benötigst Du wirklich? Banking-Apps kannst Du lassen, diese sind nur erforderlich, wenn Du aktiv etwas überweisen musst und ziehen normalerweise nicht unsere Aufmerksamkeit an. (Falls doch, dann deaktiviere einfach die Push-Nachrichten, so lässt Du Dich von ihnen nicht ablenken.) Und es ist super mühsam, diese Apps wieder neu zu installieren. Was kannst Du noch löschen oder deaktivieren? Welche Apps kosteten Dich in letzter Zeit viel Energie und Aufmerksamkeit?

Streng genommen zählen dazu auch Messenger-Apps wie WhatsApp, Telegram und Signal oder jegliche andere Apps zur Kommunikation, die uns durch Benachrichtigungen ständig ablenken. Wenn Du die Challenge wirklich durchziehen möchtest, dann deaktiviere auch diese. Aber bitte informiere vorher Deine Familie und Freunde, dass Du für die kommenden 21 Tage nur noch telefonisch oder im Notfall via SMS erreichbar bist. Du wirst sehen, es wird einen enormen Unterschied machen, wenn Du diese Apps nicht mehr bedienst. Du wirst auch merken, Dir wird es an nichts fehlen und Du wirst nichts verpassen. Im Gegenteil, Du gewinnst eine Menge Freizeit.

Die Frage aller Fragen ist nun: Was kannst Du stattdessen mit der neu gewonnenen Zeit machen? Was hast Du früher, als es noch keine Handys gab, gerne gemacht? Wie hast Du vor TikTok & Co. Deine Freizeit verbracht? Was fällt Dir spontan ein, was macht Dir Spaß? Du kannst die kommenden 21 Tage nutzen, um Dir bewusst Zeit dafür zu nehmen, herauszufinden, was Dir wirklich Spaß macht. Möchtest Du ein Instrument lernen oder wieder öfter Klavier spielen? Malst Du gerne oder lernst Du doch lieber eine neue Fremdsprache? Auch Spazierengehen in der Natur ist eine tolle Möglichkeit, um komplett abzuschalten und neue Energie zu tanken. Vielleicht findest Du jetzt die Zeit einfach für ein paar Stunden in einem Kaffeehaus zu sitzen und die vorbeigehenden, oft (noch) gestressten Menschen zu beobachten. Was es auch ist, Du hast die nächsten 21 Tage Zeit, um es herauszufinden und Dich neu zu entdecken.

So, aber jetzt ab in den "Nicht Stören Modus" und die Zeit für Dich und mit Deinen Liebsten genießen und Deinem **dreamly living** ein Stück näher kommen.

Die 7 dreamly living Säulen

Wir haben im Laufe der Zeit und im Rahmen der Coaching-Tätigkeiten herausgefunden, dass es sieben Bereiche gibt, die für Dein **dreamly living** essenziell sind - wir nennen sie "die 7 **dreamly living** Säulen": Gesundheit, Beziehung, Berufung, Wohlstand/Finanzen, Umfeld, Lifestyle und Selbstverwirklichung.

Auf allen diesen Säulen ruht schlussendlich das **dreamly living Dach**. Wir geben mit unseren Coachings und der Academy diesen Säulen, den Bereichen und vor allem dem Fundament ein Zuhause. Wir geben Dir einen Raum, Dich mit den Säulen weiterzuentwickeln. All jene Bereiche, die noch mehr Aufmerksamkeit brauchen, darfst Du stärken und kannst Dich dabei voll entfalten.

Nachfolgend wollen wir Dir die verschiedenen Bereiche im Überblick aufzählen. Jede Säule besteht aus verschiedenen Teilen. Wir können hier in diesem Rahmen nicht auf Details eingehen, es würde einige weitere Bücher füllen. In der **dreamly living academy** gehen wir umfassend auf die einzelnen Bereiche ein und haben dort auch die Möglichkeit des direkten Austausches in der Gruppe sowie die stetige Ergänzung und Adaptierung der Inhalte. Wir laden Dich herzlich ein, Dich dort einmal umzusehen und das eine oder andere für Dich auszuprobieren.

Säule 1: Gesundheit

Die erste Säule steht für **körperliche und geistige Gesundheit**. Es geht darum, unseren Körper und Geist gut zu ernähren, zu trainieren und fit zu halten. Körperliche Beweglichkeit ist ebenso wichtig wie geistige Fitness: Beide Bereiche können wir als Muskeln sehen, die gute und richtige Ernährung sowie ein entsprechendes Training brauchen und auch gerne haben. Wie bei den Muskeln gilt auch beim Geist: Use it or lose it, also verwende es oder Du wirst es verlieren. Diese Säule ist somit die wichtigste, sie beeinflusst alle anderen Bereiche am stärksten. Es gibt hier allerdings kein Standardrezept oder Patent - die Bedürfnisse sind individuell und teilweise auch gegensätzlich. Im Ayurveda beispielsweise finden wir unterschiedliche Typen, für die jeweils eine andere Ernährungsweise gut funktioniert. Generell und aus eigener Erfahrung können wir sagen, dass wir auch hier appellieren, auf das eigene Gefühl zu hören und nicht blind irgendeiner Empfehlung zu folgen.

Es gibt hier kein richtig oder falsch, es gibt Menschen, die Frühaufsteher sind und gleich mit Fitness und einem kräftigen Frühstück loslegen, andere kommen erst später aus den Federn und essen erst zu Mittag. Und hier sind wir wieder bei der Balance: Prinzipiell wissen wir, dass Mahlzeiten kurz vor dem Schlafengehen nicht unbedingt optimal sind. Aber in Italien oder Spanien beispielsweise essen die Menschen frühestens ab 19 Uhr zu Abend, meistens sogar noch später, tun dies aber mit Genuss und viel Zeit. Stress wird zum Dinner nicht eingeladen. Ganz egal, ob Du früher oder später isst: Wichtig ist ein gesundes, genussvolles Essen in passender Atmosphäre und die anschließende Zeit für die Verarbeitung. Wenn Du Dir beim und nach dem Essen ausreichend Zeit nimmst, wird auch automatisch die richtige Fettverbrennung aktiviert. Wenn Du direkt nach dem Essen gleich wieder aktiv bist, gibst Du dem Verdauungssystem keine Möglichkeit, die Nahrung zu verarbeiten und es wird Fett angelagert. Die Fettverbrennung funktioniert unkompliziert und von selbst in der Ruhephase. Du brauchst also nicht unbedingt einen Trainingsplan oder ein kompliziertes Work-out, um Fett zu verbrennen oder abzunehmen. Ein entsprechender Ausgleich zwischen Aktivität und Ruhe sorgt automatisch dafür. Wir merken das auch, wenn wir uns nicht genügend Zeit beim oder nach dem Essen nehmen: Sofort wird ein Bäuchlein sichtbar, Gase füllen den Bauch. (Du denkst jetzt sicher an die furzende Ameise. 🙂)

Eine passende und gesunde Nahrung ist essenziell. Du darfst Dich nicht wundern, wenn Du Dich müde und träge fühlst, wenn Du Essen zu Dir nimmst, das Dich belastet anstatt Energie liefert.

Körperlich

Eine gut aussehende, körperliche Erscheinung hat etwas, was uns von Anfang an beeindruckt. Wer möchte das nicht? Was macht eigentlich einen gesunden Körper aus? Wir haben im Wesentlichen das Skelett, die Muskeln, die Haut und die inneren Organe. Das Skelett sorgt für Stabilität, während die Muskeln den Körper gegen die Schwerkraft halten und bewegen. Die inneren Organe brauchen wir, um die Muskeln mit Energie zu versorgen und alles zu koordinieren. Die Haut hält alles zusammen. Das klingt ganz einfach, ist aber sehr komplex, wenn wir uns näher damit beschäftigen. Aber Du musst nicht alles bis ins Detail verstehen oder Medizin studieren. So wie Du nicht Elektrotechnik studieren musst, um ein Licht im Raum anzumachen. Es ist natürlich nicht verkehrt, zu wissen, wie das Ganze funktionieren sollte, wenn etwas einmal nicht klappt.

Wir können unsere Gesundheit mit ein paar einfachen **Tipps und Tricks** unterstützen:

- **Zitronenwasser gleich nach dem Aufstehen**
  Nimm dazu ein Glas lauwarmes Wasser und mische es mit dem Saft einer halben ausgepressten Zitrone und einem Teelöffel Honig. Trink das gleich auf den nüchternen Magen, so wirkt es am besten.

- **Bewegung**
  Unsere Körper sind nicht dafür gebaut, stundenlang nur zu sitzen - wir möchten uns bewegen. Wenn Du also einer sitzenden Tätigkeit nachgehst, ist es sehr wichtig, regelmäßig aufzustehen und für ausgleichende Bewegung zu sorgen.

- **Sport**
  Alles, was extrem ist oder Schmerzen verursacht: Lass es sein. Sport soll Spaß machen, sonst bringt es genau das Gegenteil. Yoga zB ist gleich für mehrere Bereiche förderlich: Es ist sowohl Muskeltraining als auch wunderbar zum Dehnen geeignet, sorgt für Beweglichkeit und schafft einen guten Ausgleich zwischen Sympathikus und Parasympathikus. Auch hier gilt Vorsicht: Wir kennen (leider) einige, die es mit Yoga übertrieben

und sich deswegen bleibende Verletzungen zugefügt haben.

- **Gesunde Ernährung**

Das ist an und für sich ein ganz eigenes Kapitel. Wir empfehlen ganz klar eine hauptsächlich vegetarische Ernährung. Wenn es Fleisch sein soll, dann am besten direkt von einem Jäger. Mit Fleisch aus dem Supermarkt isst Du immer gleich eine halbe Apotheke mit. Bio-Fleisch hat zwar weniger von der Apotheke in sich, aber Du bekommst genau die gleichen Stresshormone bei der Schlachtung mitgeliefert wie bei einem Nicht-Bio-Fleisch. Wir selbst ernähren uns zum Großteil sogar vegan, essen aber auch manchmal Lachs, wenn unser Körper Omega-3-Fettsäuren braucht. Wir essen auch manchmal Hühnereier, die direkt vom Bauernhof kommen. Auf Kuhmilch und Milchprodukte verzichten wir ganz. Zum Thema Salz vertreten wir die Meinung, dass es völliger Schwachsinn ist, ganz auf Salz zu verzichten. Unser Körper braucht einfach Salz, um zu funktionieren - vor allem reines Meersalz hat viele Spurenelemente, die wir gut brauchen können. Früher wurde Salz als weißes Gold bezeichnet. Also wusste man schon damals, was guttut und was nicht.

- **Schlafhygiene**

Wir haben für uns entdeckt, dass es guttut, nach 17 Uhr abends nichts mehr oder maximal nur eine Kleinigkeit zu essen. Fast immer kommen wir auf 6-8 Stunden, in denen wir essen und 16-18 Stunden, in denen wir kein Essen und auch keine Snacks zu uns nehmen. Wir fühlen uns damit sehr wohl. Des Weiteren sollten wir mindestens drei bis fünf Stunden vor dem Schlafengehen nichts mehr essen, vor allem keine schweren Mahlzeiten oder schnelle Kohlenhydrate.

Mental

Während der Körper die Hardware unseres Systems darstellt, entspricht der Geist dem Mentalen, sprich unserer Software. Genauso wichtig wie die Nahrung für den

Körper ist die Nahrung für den Geist: Wenn Du zum geistigen Frühstück Nachrichten über Katastrophen oder Krieg zu Dir nimmst, musst Du das ebenfalls verdauen und es wird Dich belasten, anstatt Energie zu geben. Vor dem Schlafengehen noch schnell Instagram, TikTok oder YouTube scrollen? Du darfst Dich nicht wundern, wenn Du schlecht träumst oder am nächsten Tag nicht ausgeschlafen bist.

Hier sind ein paar Tipps für Deine mentale Gesundheit:

- **Aufwachen und Schlafengehen in Dankbarkeit**
  Danke sagen für den neuen Tag, die neue Gelegenheit. Heute kommst Du dem eigenen Traum wieder einen Schritt näher. Ebenfalls dankbar sein für den vergangenen Tag. Wir sagen uns jeden Tag vor dem Schlafengehen gegenseitig DANKE für den Tag und füreinander - und meinen das auch so.

- **Tagesvorschau**
  Vorauserleben des Tages, eine Tagesplanung machen oder die vom Vortag durchgehen: "Was werde ich heute angehen, mit welcher Priorität und wie wird das Ergebnis sein? Wie werde ich mich abends fühlen?"

- **Ruhe**
  In Pausen und so oft wie möglich Ruhe gönnen, den Atem kontrollieren und ruhig werden, um wieder Energie und Kraft für die weiteren Aufgaben zu sammeln. Meditationen helfen auch super, um zu entspannen und die Gedanken einmal abzuschalten. (Das braucht natürlich etwas Übung, aber mit der Zeit schaffst Du es immer leichter - versprochen!)

- **Keine Nachrichten**
  hören oder sehen, vor allem kein "Fernsehschlafen", denn damit

programmierst Du die Inhalte des Filmes sehr effektiv ein. Möchtest Du das?

- **Mobiltelefone und Social Media**
  für mindestens eine Stunde vor dem Schlafengehen abdrehen.

- **Abendritual "Energetisches Abduschen"**
  Duschen vor dem Schlafengehen ist sehr hilfreich - sowohl körperlich als auch energetisch. Mit der Energiedusche waschen wir die angesammelte, feinstoffliche Energie am Energiekörper ab, die wir untertags auf uns genommen haben.

- **Mit schönen und positiven Gedanken** einschlafen.

Das Nervensystem

Anspannung und Entspannung haben auch mit dem **Sympathikus** und dem **Parasympathikus** zu tun - zwei wesentliche Komponenten unseres vegetativen Nervensystems. Sympathikus und Parasympathikus wirken als "Gegenspieler", ergänzen einander und ermöglichen je nach Situation die Steuerung der Organe. Der Sympathikus sorgt für eine Kampf- oder Fluchtbereitschaft, die berühmte Kampf-oder-Flucht-Situation und steuert unsere Organe in Hinblick auf Anspannung und Anstrengung. Atmung und Blutkreislauf werden optimiert, Adrenalin und Noradrenalin ausgeschüttet und er macht uns vor allem leistungsfähiger. Der Gegenspieler, der Parasympathikus, wird auch Ruhe- oder Erholungsnerv genannt und sorgt für die Regenerierung, den Stoffwechsel und den Aufbau von Reserven - hier gilt: Ruhen und Verdauen. Zusätzlich gibt es noch das enterische Nervensystem, das auch Darmnervensystem genannt wird. Es bildet mit dem Sympathikus und Parasympathikus das vegetative Nervensystem und ist ein selbstständiges Regelsystem. Es wird auch das Bauchhirn genannt und ist das Nervenzellengeflecht des Magen-Darm-Trakts. Hier finden sich Serotonin und Dopamin.

Krankheit, Schmerz und Allergien

Krankheiten, Schmerzen und Allergien werden in der westlichen Medizin als Symptom behandelt, bekämpft oder betäubt. In dieser Art von Medizin kümmert man sich nicht um die Ursache, sondern man ballert einfach darauf los - weg mit dem Symptom, Problem gelöst. Analog zum Auto würde man einfach die Warnleuchte, die zu wenig Öl anzeigt, zukleben oder betäuben. Bei den neueren Autos würde man per Software die Meldung "Ölverlust" löschen. Der Ölverlust ist immer noch da, man weiß es eben nur nicht mehr, weil die Lampe ausgeschaltet wird oder die Meldung nicht mehr auftritt. Viel intelligenter und ganzheitlicher ist es, sich die Ursachen für diese Symptome anzusehen. Diese wurzeln (fast) immer im geistigen oder seelischen Bereich. Wir laden Dich ein, all diese Symptome als Hinweise und Warnsignale der Seele zu sehen und der Ursache auf den Grund zu gehen. Es ist nicht immer einfach, aber es wirkt - und das meist ohne jegliche Chemiebomben.

(Zur Klarstellung: Wir möchten die westliche Medizin keinesfalls schlecht machen, auch sie hat positive Aspekte. Doch die reine Symptombekämpfung ohne Ursachenbehandlung passt für uns einfach nicht.)

Säule 2: Beziehung

Wir Menschen sind grundsätzlich nicht dafür gemacht, alleine durch das Leben zu gehen. Wir sind **Herden- und Familientiere** und keine einsamen Wölfe, auch wenn das cool und aufregend klingen mag. Bei dieser Säule geht es um nährende und aufbauende Beziehungen zu Deinem Partner, zur engeren Familie sowie zu Freunden und Geschäfts- bzw. Berufskollegen. Es geht darum, dass Du Dich so richtig wohl und geborgen fühlst und Nähe sowie Liebe zulassen kannst. **Liebe und Sex** gehören hier dazu, ebenso die **Vater- und Mutterthemen**, die unbewusst unsere Partnerschaften und auch unser berufliches Leben beeinflussen. Wir sind stark für einen "Beziehungsführerschein", denn wir werden ohne viel Information in die Themen Partnerschaft, Ehe und Freundschaft hineingeworfen, ohne zu wissen, was es wirklich bedeutet und wie wir bestmöglich damit umgehen. Meistens müssen wir uns dieses Wissen eher hart und schmerzhaft durch Erfahrungen erarbeiten. Natürlich ist diese Erfahrung wertvoll, jedoch könnte ein klein wenig Vorwissen sicher behilflich sein. Prinzipiell und wieder aus eigener Erfahrung gesprochen, können wir klar feststellen: Streit und Disharmonie ziehen Dich runter, Harmonie und gegenseitige Unterstützung tun gut und katapultieren Deine Energie zu Höchstwerten. Es ist auch erwiesen, dass Menschen mit guten und gesunden Beziehungen viel weniger krank werden als jene, die alleine und grimmig durchs Leben gehen.

Die innerste Kugel - Intimzone

Das ist der wichtigste Bereich. Hier ist der Partner, der Dich unterstützt und Dich genauso oder noch besser kennt als Du Dich selbst. Natürlich soll das beidseitig sein. Es kann überall stressig sein, doch das Zuhause und die innerste Höhle, die muss einfach passen. Hier gibt es keine Geheimnisse voreinander. Der Partner darf und soll Zugang zum Handy haben - größtes Vertrauen ist hier gefragt. Wir wissen, es gibt viele Empfehlungen, nicht alles dem Partner zu sagen, Geheimnisse zu haben usw. Wir empfehlen: ALL-IN! Vertrauen und Loyalität sind natürlich Grundvoraussetzung. Dein Partner ist die einzige Person, mit der Du alles, und zwar wirklich alles, besprechen kannst und sollst. Wenn das nicht funktioniert, wirst Du niemals optimal Deine Kraft leben können.

Enge Familie und Freunde

Die engste Familie und enge Freunde, das sind wunderbare Menschen, die Dich unterstützen und für Dich da sind und für die Du auch da bist. Mit ihnen verbringen wir meistens qualitativ hochwertige Zeit und können vieles besprechen. Klar sollte sein, dass hier aufgrund der Unterschiedlichkeit des Lebensweges wahrscheinlich gar nicht alles besprochen werden kann und auch nicht sollte. Wir kennen das, dass sogar engste Familienmitglieder die Seite wechseln und sich gegen

Dich stellen. Das ist nicht böse gemeint, wir haben es schon oft gesehen und erlebt. Wirklich gute Freunde sind Familienmitgliedern gleichzusetzen.

Freundschaften, Bekannte und der Rest

Freundschaften können schnell ins Gegenteil umschlagen, wenn eine Seite sich verändert oder einen Schritt weitergegangen ist. Leider spielt Neid oft eine große Rolle und dadurch können Freundschaften auseinander gehen. Es gibt natürlich auch langjährige und lebenslange tiefe Freundschaften - diese sind es wert, zu pflegen, denn sie sind eher selten. Wir wünschen uns, dass die Menschen sich wieder mehr auf ein Miteinander anstatt eines Gegeneinanders besinnen.

Beziehung zu Mutter und Vater der Kindheit

Ein geklärtes und friedliches Verhältnis zu den Eltern der Kindheit ist Voraussetzung für eine harmonische Beziehung in der Liebe und im Beruf. Solange Du noch in irgendeiner Weise Groll oder sogar Hass auf die Mutter der Kindheit hast, wird sich das in der Partnerschaft deutlich zeigen. Es tauchen Schwierigkeiten auf, Du kannst den Partner wechseln, aber dieselbe Schwierigkeit taucht wie von Zauberhand auch beim nächsten Partner wieder auf. Das gleiche Thema gibt es auch im Beruf: Hast Du Stress und Konflikte im beruflichen Umfeld oder bist noch nicht so erfolgreich, wie Du es gerne wärst, gibt es mit dem Vater der Kindheit noch etwas zu klären. Auch hier kannst Du natürlich den Job oder die Firma wechseln, aber Dein Unterbewusstsein wird Dich immer wieder in Situationen bringen, um die Beziehung der Kindheit zu klären. Es ist dann ungefähr so, als würdest Du schlecht Tennis spielen: Anstatt an Deiner Technik zu arbeiten, wechselst Du den Platz, weil Du meinst, dass Du auf einem anderen Platz besser spielst. Du hast es erkannt: Das funktioniert nicht.

Wir möchten Dir dazu drei Übungen ans Herz legen:

- **Strichmännchen-Technik von Jacques Martel**
  Hier kannst Du sehr einfach und effektiv energetische Verbindungen

kappen, die Dir nicht (mehr) guttun. Unglaublich einfach, aber sehr effektiv.

- **Dankbarkeitsübung I**
  Morgens und abends Dankbarkeit für Deinen Partner ausdrücken. Sag Deinem Partner, wofür Du dankbar bist. Morgens, was ihr gemeinsam erleben werdet und abends, was ihr geschafft oder erlebt habt.

- **Dankbarkeitsübung II**
  Am ersten Tag Dankbarkeit für eine Person ausdrücken, die Dir **geholfen** hat. Am zweiten Tag dankbar für eine Person sein, die Dir **Schmerz oder Leid** zugefügt hat. Wir geben zu, dankbar für eine Person zu sein, die einem weh getan hat, ist nicht leicht. Es tut aber sehr gut, denn auch von dieser Beziehung und Personen konntest Du etwas lernen.

Säule 3: Berufung

Dein Sinn des Lebens / Deine Lebens-Aufgabe

Wir brauchen unsere Aufgaben und das Warum in unserem Leben so wie Wasser und Nahrung. Warum sind wir überhaupt hier auf der Erde und was sind unsere Gaben? Um einen Sinn zu finden und gebraucht zu werden. Das gibt uns die Energie und Kraft, alle Auf-Gaben leicht bewältigen zu können. Ein Leben ohne Berufung und ohne das Wissen, warum wir hier sind, macht traurig und energielos. Leider stecken viele Menschen (noch) in dieser Berufungsfalle.

Wir sehen in großem Rahmen, dass alte Menschen, die alleine sind und keiner Tätigkeit mehr nachgehen, rasant an Lebensenergie verlieren. Menschen mit 80 oder älter, die immer noch ihre Aufgabe haben und die mit Freude ihren Tag verbringen, bleiben viel länger jung und gesund. Es gibt einige Versuche und Projekte, die zeigen, dass in Altersheimen, in denen die Bewohner Tiere oder kleine Kinder betreuen, deren Lebensfreude und Gesundheit massiv erhöht werden konnte.

Vielleicht kennst Du Menschen im "Ruhestand", die plötzlich viel weniger Zeit haben als zuvor. Warum ist das so? Sie gehen endlich ihren Tätigkeiten nach, die ihnen Freude machen, engagieren sich in Vereinen und wirken plötzlich viel jünger, frischer und dynamischer als in der Zeit davor. Zufall?

Talente

Jeder kommt mit anderen Anlagen und Talenten auf diese Welt. Jeder ist einzigartig. Wichtig ist dabei, das **eigene** Talent zu erkennen und auch einzusetzen. Was gibt es Schöneres, als im eigenen Talent aufzugehen und damit anderen zu helfen und einen Dienst zu erweisen? Deine Talente erkennst Du an allen Dingen, die Dir leicht fallen, die Dir Spaß machen, die Dich interessieren und Du gar nicht genug davon bekommen kannst. Sie geben Dir im Normalfall mehr Energie zurück, als Du in sie investierst.

Potenziale

Das sind unsere versteckten Talente, die Du Dir vorgenommen hast, zu entwickeln. Meistens hängen sie direkt oder indirekt mit den Talenten zusammen. Das heißt, Du kannst Deine Talente dazu nutzen, um Deine Potenziale zu entwickeln. Wunderbare Werkzeuge hierfür sind vor allem Human Design, Astrologie oder Numerologie. Jedes Werkzeug für sich gibt Dir Hinweise, um Deine Talente und Potenziale zu erkennen und auszubauen.

Säule 4: Wohlstand / Finanzen

Die meisten Menschen **möchten reich sein**. Das wird uns auch wunderbar vorgelebt: Man hat es "geschafft", wenn man hart arbeitet und allen möglichen Luxus wie den teuren Sportwagen, eine Yacht, das Penthouse am Meer oder ein eigenes Flugzeug, vielleicht sogar einen Privatjet angeschafft hat. So wirklich Zeit für alles findet sich nur selten, denn man ist ja zu sehr damit beschäftigt, den Reichtum zu erarbeiten. Dann muss auch noch Personal angestellt werden, das die Yacht pflegt und das Penthouse sauber hält. Meistens ist das ein Stopfen von Mängeln. Wir möchten hier die Themen finanzielle Freiheit und echten Wohlstand behandeln. Wohlstand heißt nicht automatisch, reich an Geld oder Luxusgütern zu sein.

Basisversorgung

Sehen wir uns unsere Bedürfnisse anhand der **Maslowschen Pyramide** an: Wir möchten gutes und nährendes Essen, ein Dach über dem Kopf und gesund sein. Ist diese Basis versorgt, streben wir nach einer harmonischen Partnerschaft. Um dies alles aufrechtzuerhalten, haben die meisten einen Job, um das notwendige Geld dafür zu erhalten. Richtiger Wohlstand ist ein schmaler Grat. Unsere Empfehlung ist hier, eine oder mehrere Versorgungsquellen einzurichten, die fast automatisch Einkünfte erzielen. Weiter ist es wichtig, dass der Job auch Spaß macht und Du dabei glücklich bist.

Sparen

Bei vielen Menschen, so auch bei uns, war das Sparen eine Zeit lang einfach nicht möglich. Gründe dafür sind ungeplante Anschaffungen, die plötzlich nötig sind, Kredite, deren Zinsen dramatisch angestiegen sind, usw. Meistens liegt es jedoch an der Einstellung zum Thema. Warren Buffett bringt es ganz treffend auf den Punkt:

"Spare nicht, was nach dem Ausgeben übrig bleibt,
sondern gib aus, was nach dem Sparen übrig bleibt."

Warren Buffett

Du meinst, das geht nicht? Lass Dir wieder einmal aus eigener Erfahrung sagen, dass es gut möglich ist, ohne zu hungern oder auf alles verzichten zu müssen. Fang einfach klein an, jeder Euro, den Du sparst, zählt.

Einkünfte maximieren, Ausgaben minimieren

Das Prinzip ist sehr einfach, die Gewohnheiten machen es jedoch oft schwierig. Wie schaffst Du es, Deine Einnahmen zu maximieren? Gehalt oder Dienstleistungen sind fast immer ein Tausch von Zeit zu Geld im Verhältnis 1:1. Du tauschst also Zeit gegen Geld. Natürlich kannst Du ein höheres Gehalt verlangen oder als Selbstständiger Deine Stunden- oder Tagessätze hochfahren. Ob das immer funktioniert und die Kunden bereit sind, plötzlich mehr zu bezahlen, musst Du selbst überprüfen. Hier gilt natürlich der Grundsatz: Wenn Du eine Lösung für jemanden anbietest, die ihm mehr bringt, als es kostet, bist Du im grünen Bereich. Denke nur an den Feuerwehrmann, der die brennenden Ölquellen löschen kann: Ein paar Millionen für ein paar Stunden Einsatz sind lächerlich im Vergleich zum Verlust, der pro Tag entsteht, wenn die Quelle weiter brennt.

Das Problem besteht darin, dass bei höheren Einnahmen meistens auch die Ausgaben proportional ansteigen. Da muss dann plötzlich ein schickeres Auto her, die Urlaube werden exklusiver und teurer, weil man mehr Einkünfte hat und man möchte sich etwas mehr "gönnen". Hier ist der Knackpunkt und auch die Kunst, nicht automatisch mehr auszugeben. Erinnerst Du Dich noch, wie Du als junger Mensch mit einer kleinen Wohnung, mit dem ersten alten Auto und vielen weiteren Dingen einfach zufrieden warst? Ein fabrikneues Auto verliert mit der Anmeldung und dem ersten gefahrenen Meter gleich einmal einige tausend Euro an Wert. Der Wertverlust ist vor allem im ersten Jahr am größten. Deswegen kannst Du sehr viel sparen, wenn Du ein gutes, gebrauchtes Auto kaufst. Braucht es immer die neuesten Möbel, die neueste Einrichtung, die modernste Kleidung oder die angesagten Schuhe? Schau doch mal auf Gebraucht-Plattformen, hier findest Du sehr oft Neuwertiges zu einem Spottpreis oder teilweise sogar gratis. Wenn Du es nicht glaubst, besuche zB einfach willhaben.at, shpock.com oder vinted.com. Du wirst staunen. Natürlich kannst Du sagen: *"Das hatte schon jemand vor mir getragen"* oder *"Auf diesem Tisch hat schon jemand vorher gegessen."* Im Hotel überlegst Du wahrscheinlich auch nicht, dass im gleichen Bett hunderte oder schon tausende Menschen vor Dir geschlafen haben. Außer, Du hast generell eine Phobie vor Hotels.

Wirtschaftsgüter oder Assets

Ein Wirtschaftsgut oder Asset bringt mehr Ertrag, als Du investierst. Das können zB Aktien, Wertpapierfonds, Immobilien, Geschäfte oder Lizenzen sein.

Bei Aktien gilt besondere Vorsicht, weil die Gefahr der Spekulation groß ist. Lass die Finger davon, wenn Du Dich damit nicht wirklich auskennst. Eine hervorragende Einnahmequelle ist eine Immobilie, die Du vermieten kannst. Natürlich brauchst Du dafür erst einmal ein wenig Kapital und von selbst läuft das Ganze auch nicht. Das Haus oder die Wohnung muss in gutem Zustand gehalten werden, sonst geht der Schuss nach hinten los und es kostet mehr, als es schlussendlich bringt. Dies ist kein "schnelles Geld", sondern auf Langfristigkeit angelegt.

Ein Geschäft, das Dir gehört und gut geführt wird, ist im Normalfall eine gute Einnahmequelle. Beispiele dafür sind eine Autowaschanlage in der Nähe eines Einkaufszentrums oder ein Eisgeschäft in einer beliebten Urlaubsregion. Das gern genannte "passive Einkommen" ist eher Illusion, denn Du musst Dich ständig darum kümmern, dass Du Dein Wirtschaftsgut aktuell hältst: Die Wohnung muss saniert werden, die Autowaschanlage gewartet werden, Du musst auch immer mit Veränderungen rechnen, gesetzliche Vorgaben können sich ändern, es können Krisen auftauchen, usw. Also nur "passiv", wie viele behaupten, wird es nicht oder nur schwer geben. Dafür ist in diesen Fällen die Rendite entsprechend besser, als nur Zeit gegen Geld zu tauschen.

Diversität

Im Bereich Finanzen ist es sehr wichtig, breit aufgestellt zu sein. Wenn Du nur auf einen Bereich fixiert bist, kannst Du leichter Schwierigkeiten bekommen. Wenn Du zB ein Restaurant hast, das ausgezeichnete Gewinne abwirft, und Du von heute auf morgen nicht mehr öffnen darfst, kommst Du in Schwierigkeiten. Falls Du ein Haus hast, kann es sein, dass ein Erdbeben das Haus zum Einsturz bringt. Wir möchten den Teufel auf keinen Fall an die Wand malen, aber es kann nun mal (fast) alles passieren. Am besten ist es, Deine Investitionen und Wirtschaftsgüter verteilt anzulegen, dann macht es mehr Spaß und bringt vor allem Sicherheit.

Wohlstand heißt für uns, finanziell frei zu sein. Das heißt, Deine Wirtschaftsgüter oder Anlagen bringen Dir mindestens so viel ein, wie Du zum Leben brauchst, im Idealfall sogar mehr. Dann hast Du den Schritt in die finanzielle Freiheit geschafft.

Säule 5: Umfeld

In diese Kategorie fallen Deine **Energie-Tankstellen**. Das Umfeld ist neben der Gesundheit sehr wichtig. Du kannst zwar kurze Zeit in einem Umfeld wohnen oder arbeiten, das Dir Energie raubt. Auf Dauer ist das natürlich nicht zu empfehlen und kostet Dich nur unnötige Nerven und Deine wertvolle Gesundheit.

Das Zuhause

Die riesige Villa mit Meerblick in erster Lage? Klingt natürlich wunderbar! Aber ist Dir bewusst, welcher Aufwand an Pflege da auf Dich zukommt? Wie bei den Finanzen stellt sich auch hier die Frage: Was kostet Dich Dein Zuhause? Oder bringt es Dir sogar Einnahmen? Wir beide haben während des Studiums auf kleinstem Raum gewohnt: Jürgens Wohnung in Wien war keine 30 m^2 groß, darin waren auf 10 m^2 die Küche inkl. Backofen, Geschirrspüler, Badezimmer mit Dusche und WC untergebracht, auf den weiteren knapp 20 m^2 gab es ein gemütliches Eck-Schlafsofa, einen 240 x 240 cm großen Eckschreibtisch mit zwei komplett ausgestatteten Arbeitsplätzen, Server, Drucker und großen Bildschirmen, einen Schrank für Kleidung, ein weiterer Schrank für Arbeitsunterlagen und Papierkram. Ja, heute scheint es unglaublich, dass das tatsächlich funktioniert hat, aber es war möglich. Jürgen hatte sich super wohl gefühlt, es gab immer wieder kleine Events und Partys in der Location. Die Wohnung war günstig, unkompliziert und auch schnell aufgeräumt. Es war nämlich gar kein Platz für zu viel Schnickschnack oder Dinge, die nicht unbedingt notwendig waren. "Minimized to the Max" ist wohl der passende Titel. Wir beide fühlen uns auch sehr wohl in unserem Wohnmobil. Wir haben die ersten drei Wochen unseres gemeinsamen Lebens auf weniger als 15 m^2 verbracht und es hat wunderbar geklappt. Der Vorteil an kleinen Wohnungen oder

Häusern ist, dass Du extrem schnell aufgeräumt hast. Ein großes Haus braucht mehr Pflege und Aufmerksamkeit als eine kleine Wohnung. Egal, ob Tiny House oder großes Schloss: Das Wichtigste daran ist, dass Du in Deinem Zuhause auftanken, entspannen und Kraft sammeln kannst und es Dir nicht zur Last fällt.

Lage und Einrichtung

Wenn Du Dein Zuhause so gewählt und eingerichtet hast, wie Du es möchtest, kann es sein, dass Du Dich trotzdem nicht wohlfühlst. Es ist kein Einzelfall, dass alles wunderbar aussieht, aber irgendwie "passt etwas nicht". Hier gibt es zwei unterschiedliche Ansätze: Feng-Shui und Vaastu. Wir sind große Vaastu-Fans und können es sehr empfehlen.

Umgebung

Du kannst das schönste Zuhause haben, wenn die "kleine" und "große" Umgebung nicht zu Dir passt, wird es auf Dauer ungemütlich. Was meinen wir damit? Zum Beispiel die Nachbarn im Wohnhaus oder in der Siedlung, also die Menschen in Deiner nächsten Umgebung. Du musst nicht mit allen jeden Tag Partys feiern, aber es ist doch fein, wenn Du schnell zu Deinen Nachbarn gehen und Mehl oder Werkzeug ausborgen kannst. Oder Du borgst es ihnen, eben noch ein paar Sätze auszutauschen, die Euch gegenseitig erfreuen. Wir sind einfach soziale Wesen. Wenn Deine ganze Umgebung spät aufstehende Fleischesser, Biertrinker und Fußballfans sind, Du aber frühaufstehender alkoholfreier Yoga-Vegetarier bist, trägt das nicht unbedingt zum Wohlfühlfaktor bei.

Das Wetter und das "soziale" Klima in Deiner Umgebung sind für Dein Wohlbefinden auch von enormer Bedeutung. Zum Glück sind wir Menschen alle unterschiedlich: Manche, so wie wir beide auch, mögen es gerne warm, sonnig und hell, manche brauchen den Schnee, das Eis und die Kälte. Das ist individuell. Auch hier gilt: Wenn Du gerne in der Kälte wohnst oder wenn es Dir guttut, wirst Du auch davon Energie und Wohlbefinden bekommen. Wenn Du ständig unter Deiner aktuellen Klimazone leidest, egal ob zu kalt oder zu warm, dann ist eine Änderung angesagt.

Menschen

Die fünf Menschen, mit denen Du am meisten Zeit verbringst, prägen Dich am stärksten. Wenn die Menschen, mit denen Du viel Zeit verbringst, auf einer anderen Welle surfen als Du, werden sie Dich über kurz oder lang von Deiner Welle zu ihrer Welle ziehen. Wenn Deine besten Freunde sich jeden Abend zum Bier trinken und Computerspielen verabreden und ihre Freude daran haben, Du aber kein Fan von beidem bist, wirst Du über kurz oder lang entweder beginnen, Bier zu trinken oder zu spielen oder aber den Freundeskreis wechseln. Wenn Du Dich einen Schritt weiter entwickelst und beschlossen hast, etwas in Deinem Leben zu ändern, kommen viele damit nicht klar, denn sie möchten ihre eigene Komfortzone nicht verlassen. Suche Dir also gleichgesinnte Menschen, die Dich unterstützen und die Du auch unterstützt.

Säule 6: Lifestyle

Was ist Dir wichtig im Leben? Wie sieht Dein aktueller Tagesplan aus? Was gehört für Dich **persönlich** zu einem **dreamly living** dazu? Wir haben Freunde, die gerne laufen gehen, wir sind selbst lieber auf dem Rad unterwegs, machen gerne Yoga oder springen gleich vor dem Frühstück in den See oder ins Meer. Es gibt hier kein Richtig oder Falsch. Das kann sich natürlich auch mit der Zeit ändern. Wir sind eher Off-Peak und außerhalb der Hochsaison unterwegs, manche brauchen genau die Spitzenzeiten, um sich wohl zu fühlen. Wir machen Urlaub in der Nebensaison und stehen mit dem Wohnmobil direkt am Meer, genießen es, auf nur mäßig gefüllten Straßen zu fahren und in Restaurants auch ohne Reservierung sofort einen Tisch zu bekommen. Termine mit persönlicher Anwesenheit wählen wir so aus, dass wir nicht zu den Spitzenzeiten im Auto sitzen. So sparen wir Zeit, kommen in Ruhe an und können viel besser unseren Spirit und unsere Energie einsetzen. Unsere Kunden profitieren davon und wir selbst natürlich auch.

365 Tage Urlaub im Jahr

Wir werden sehr oft gefragt, ob wir gerade im Urlaub sind oder waren. Meetings gibt es auf der Terrasse, im Wohnmobil oder auch am Strand. Wir haben das Mindset, dass wir **24/7 im Urlaub** sind. Wann immer wir Lust haben, gehen wir unseren Projekten nach und "unterbrechen" den Urlaub mal kurz dafür. Wir "arbeiten" auch gerne an Samstagen oder Sonntagen und sind dann wochentags am See oder am Meer, wenn es nicht überfüllt ist. Wir empfinden unsere Projekte allerdings nicht als "Arbeit", sondern eher als Hobby bzw. wundervolle Möglichkeit, Menschen einen Dienst zu erweisen. Das Wichtigste: Wir haben Spaß daran. Für uns sind Wohlfühlen und Freude entscheidende Indikatoren.

Plan und Struktur

Wie auch Pläne oder Strukturen aussehen mögen, es ist wichtig, dass Du Dir einen Plan und eine grobe Struktur für Dein Leben und für Deinen Tag überlegst. Ja, der Spruch: *"Willst Du Gott zum Lachen bringen, dann mach Pläne"*, durchkreuzt öfter unseren Tag. Wir nehmen dies aber als Anlass, das Beste daraus zu machen - und so gut wie immer war es in der Nachbetrachtung viel besser, als wären wir stur unserem Plan gefolgt. Prinzipiell brauchen wir Menschen natürlich schon Pläne, Ziele und eine gewisse Struktur. Wie auch immer diese für Dich aussehen mag: Es ist sinnvoll, diese zu haben.

Spaß und Belohnungen

Ganz wichtig: Was auch immer Du machst, habe Spaß daran oder lass es bleiben. Was bringt es Dir, auf den Berg zu klettern, wenn Dir das überhaupt keinen Spaß macht? Im Garten zu buddeln und Pflanzen zu pflegen, ist für uns beide mit Freude verbunden - für andere ist das ein Ding der Unmöglichkeit. Wir haben auch nicht immer Lust auf Garten, aber dann lassen wir es auch. Es ist eine Entscheidung, Dinge mit Spaß und Freude zu machen. Wenn Du schon mit der Einstellung beginnst, dass die Tätigkeit keinen Spaß macht, dann wird sich dies auch meistens erfüllen. Jürgen mag es so gar nicht, Buchhaltung zu machen. Aber mit Monique gemeinsam hat er Spaß daran, auch wenn es dazu ein wenig Zeit braucht. Wir setzen uns dann eine kleine Belohnung, wenn alles fertiggestellt ist, und können uns schließlich auf diese eher unangenehme Sache doch freuen. Ohne Spaß und Freude ist **jede** Handlung sinnlos! Du kannst jede Tätigkeit und jede Aufgabe mit Spaß beginnen, es liegt an Dir selbst.

Überraschung

Wir kennen Menschen, deren kompletter Tag auf die Minute genau verplant ist. Da funktioniert auch alles meistens "nach Plan". Pläne und Struktur sind wunderbar, aber ganz ohne Überraschung ist es doch vollkommen langweilig. Möchtest Du wirklich Deinen Terminkalender bis zu Deinem 85. Lebensjahr auf die Minute durchgeplant haben? Wir Menschen **brauchen** Spontanität und Überraschungen, wie die Luft zum Atmen. Das lässt Glückshormone in uns tanzen, hält uns jung und gesund. ACHTUNG: Diese Überraschungen sind möglicherweise nicht immer freudig, sie können zu einer großen Herausforderung werden. Aber es ist eben genau das Ungeplante, Unvorhergesehene, was die Würze im Leben ausmacht. Lass Dich also überraschen. Gehe oder fahre bewusst einmal einen anderen Weg, den Du noch nie gegangen oder gefahren bist und Du wirst sehen, wie viel Lebensenergie Du daraus ziehen wirst. Wenn Du Dich an die weit geöffneten Kinderaugen erinnerst, wenn sie überrascht werden, wird Dir schnell klar, was damit gemeint ist. Dieses Gefühl gilt es, regelmäßig in uns zu nähren und zu pflegen.

Soziales Engagement

Was ist Dir lieber? Der Bettler auf der Straße zu sein oder die Möglichkeit zu haben, dem Bettler Geld oder Essen zu geben? Kennst Du das Gefühl, im Mangel zu sein? Warst Du schon einmal in einer Situation, in der Du Hilfe gebraucht und Dich bedürftig gefühlt hast? Ist es nicht viel schöner, einfach geben zu können und jemandem zu helfen? Es muss nicht immer Geld sein. Wir wurden erst kürzlich bei einer Veranstaltung von einer 87-jährigen Frau angesprochen. Sie genoss es, dass wir ihr einfach zugehört haben und nicht sofort weiter gegangen sind. Wie es schien, durfte sie das schon lange nicht mehr erlebt haben. Sie begann zu erzählen und wollte gar nicht mehr aufhören. Klar dachten wir im ersten Moment, ob das jetzt wirklich nötig wäre - wir wollten ja noch die letzten Seiten des Buches überarbeiten. Sie wirkte allerdings so glücklich und dankbar, und wir entschieden uns, ihr einfach noch eine Weile zuzuhören. Beim Verabschieden hat uns die Frau noch eingeladen, spezielle Kirschen und später Bio-Weintrauben abzuholen, sobald sie reif wären. Das hat uns natürlich gefreut. Es geht uns überhaupt nicht um die Kirschen oder Weintrauben. Es ging uns vielmehr darum, dass wir ihr etwas geben konnten, was sie glücklich gemacht hat. Und das hat uns selbst ein Gefühl von Fülle und Überfluss gegeben. Wir beide haben Familien und Freunde, die uns zuhören. Sie hat das so nicht mehr. Ihr Mann, mit dem sie über 60 Jahre verheiratet war, ist erst kürzlich verstorben.

Wir Menschen sind von Grund auf **soziale Wesen**. Deswegen gibt es so viele freiwillige Helfer, die unbezahlt in verschiedenen Organisationen und Vereinen mithelfen. Es macht glücklich und erinnert uns daran, dass wir bereits in Fülle und Überfluss leben. Die Natur überlegt auch nicht, sie gibt uns einfach ihre Früchte im Überfluss. Viele empfehlen, 10 % des Einkommens an soziale Einrichtungen zu spenden oder mit persönlichem Einsatz mitzuhelfen.

Säule 7: Selbstverwirklichung

Die **eigene Entwicklung und das persönliche Wachstum** werden oft unterschätzt. Zu dieser Säule gehören Eigenschaften wie Selbstbewusstsein, Selbstsicherheit, sicheres und souveränes Auftreten, charismatische Ausstrahlung, Sympathie, Loyalität, Integrität, Respekt, Durchsetzungsvermögen, Empathie und viele weitere Charakterzüge. Es gibt für all das natürlich Trainings, sehr schnell merkt man aber, ob eine Selbstsicherheit nur theoretisch angelernt ist oder fest in der Persönlichkeit verwurzelt ist. Dieser Teil braucht meist die längste und intensivste Beschäftigung, weil es oft darum geht, angelernte und von Kindheit an einprogrammierte Verhaltensweisen und Dogmen erstens zu erkennen, zweitens abzulegen und drittens dann für sich das eigene "Lebens-Setup" zu finden und umzusetzen. Du kannst Dir sicher vorstellen, dass dies nicht immer einfach ist, gibt es doch das Umfeld, Prägungen, usw. Und schließlich ist eine Änderung immer mit dem Verlassen der bereits bekannten Komfortzone verbunden. Diese Säule ist ebenfalls eng mit allen anderen Säulen verbunden und steht mit allen in Wechselwirkung.

Selbstbewusstsein und Selbstsicherheit

Manche Menschen sind derart aufgeplustert und halten sich für Gott persönlich, während andere schüchtern und zurückhaltend sind, obwohl sie doch viel Talent haben. Authentisches Selbstbewusstsein wirkt auch in schwierigen Situationen stark und anziehend, während die antrainierte geschwellte Brust eher abstoßend wirkt. Prinzipiell gilt: Je mehr Du Deine Berufung und Dein Warum gefunden hast, desto natürlicher wirst Du selbstsicher und selbstbewusst wirken. Ebenso ist es umgekehrt: Je sicherer Du in Dir selbst bist, desto leichter wird es Dir fallen, den richtigen Partner anzuziehen, Deine Berufung zu leben oder auch einfach mal in Ruhe "NEIN" sagen zu können.

Durchsetzungsvermögen

Wir alle kennen es bestimmt: Wir sagen zu etwas "JA", spüren aber innerlich, dass es uns nicht guttut. Das erzeugt einen inneren Konflikt, den wir dann leider oft an einer Person abarbeiten, die so gar nichts damit zu tun hat. Dabei wäre es so einfach gewesen, einfach klar Stellung zu beziehen. Oft passiert es im Berufsleben, dass etwas verlangt wird, was einfach unzumutbar oder zeitlich nicht möglich ist. Aus Angst, den Job zu verlieren, sagt man zu und ist innerlich frustriert. Wie wäre es, wenn Du beim nächsten Mal ganz in Ruhe sagen könntest: *"Ich kann das gerne so machen, muss dafür aber eine andere Aufgabe weiter nach hinten schieben. Ist das okay?"* Hier geht es nicht um das Durchsetzen des eigenen Egos, sondern um eine klare Haltung, die für Qualität steht. Du wirst mit Sicherheit mehr geschätzt, wenn Du ehrlich sagst, was Sache ist. Und wenn nicht, ist es nicht das richtige Feld für Dich.

Charisma

Wann hat ein Mensch Charisma? Charismatische Menschen sind sich ihrer Stärken **und** Schwächen bewusst. Es gibt klare Werte, nach denen sie leben. Sie haben Mut und lieben, was sie tun. Sie haben im Allgemeinen eine grundsätzlich positive Einstellung zum Leben. Sie ziehen Menschen magisch an und man fühlt sich in ihrer Nähe wohl. Im Prinzip sind ihre Worte und Taten im Einklang, sie gestehen sich Fehler ein, ohne Ausreden zu suchen. Lügen und Spielchen mit Menschen sind ihnen fremd. Das macht diese Menschen innerlich wie auch äußerlich stark und sicher, wir sprechen daher auch von einer authentischen Persönlichkeit.

Balance

Wie Du bestimmt bemerkt hast, beeinflussen sich die Säulen gegenseitig und es ist wichtig, dass alle Säulen stabil und in Balance sind. Vergleichen wir es mit einem Haus: Um es gut und stabil zu bauen, braucht es ein gutes und starkes Fundament. Im Leben brauchen wir auch das Wechselspiel zwischen Aktivität und Passivität, genauso geht es darum, innerhalb aller Lebensbereiche Balance zu schaffen und auch zu halten. Du wirst sehen, es genügt nicht, **nur eine** stabile Säule zu bauen oder zu pflegen. Es braucht am besten alle sieben, um ein wirklich erfülltes **dreamly living** Leben zu leben. Gesundheit ist natürlich die wichtigste Säule, aber alle anderen sind ebenfalls wichtig und erstrebenswert, sie zu errichten und zu pflegen. Bist Du bereit?

Schlusswort

Wir sind während des Schreibens draufgekommen, dass wir ein Buch mit über 1.000 Seiten füllen könnten, aber das wäre für den Anfang vielleicht doch ein wenig zu viel. Daher gibt es bald **Teil 2!**

Da geht es vor allem darum, dass wir Dir Tipps und Tricks für Dein Leben geben wollen. Denn auch wenn wir unser Traumleben leben, gibt es noch Dinge, wie Ernährung, Sport, Auszeit und Ruhe und vieles mehr, was wir trotzdem weiterhin beachten dürfen. Es ist toll, seinen Traum zu leben, wir wollen ihn aber auch lang und gesund leben. Daher braucht es auch für das Leben selbst einen Ratgeber, um das Bestmögliche herauszuholen.

Was wird Dich noch im zweiten Teil erwarten? Wir werden zum Thema Abhängigkeiten, vor allem in Bezug auf Kaffee schreiben, da es uns selbst betrifft und wir für notwendig empfinden, vor allem in der Kaffeekultur Österreichs, wie wir lieben und schätzen und ja nicht infrage stellen. Es werden Themen zu Steuern kommen, wie Du Deinen Steuerausgleich selbst machen kannst sowie selbständig zu sein. Wir zeigen Dir unsere Tricks aus der Praxis und der jahrelangen Erfahrung. Wir möchten Dir auch Tipps zum Thema Investieren und Sparen geben, weil auch hier viel Potenzial ungenutzt bleibt. Wie können wir unser Geld so nutzen, um es für uns arbeiten zu lassen? Das und noch vieles mehr erwartet Dich im **"dreamly living - die Sehenswürdigkeiten des Lebens."**

Bist Du auch schon gespannt und kannst es kaum erwarten? So wie wir? Dann kannst Du Dich gerne in unserem Newsletter anmelden und wirst die erste Person sein, der wir von den tollen News erzählen, wenn das Buch bestellt und gelesen werden kann.

Danke

Wir möchten abschließend **DANKE** sagen an unsere allerbesten, tollsten und schönsten Korrekturleserinnen:

Danke an **Agnes Andersen.**
Danke an **Anneliese Saumwald.**
Danke an **Katharina Bauda**.

Danke für Eure kritischen Stimmen, Eure Kommentare und Ergänzungen, fürs Nachfragen und grundsätzlich alles infragestellen.

Ohne Eure Hilfe wäre das Buch nicht so leicht zu lesen gewesen, wie es jetzt ist. Wir sind Euch von Herzen dankbar!

Quellenangabe

AMBIEL, Nanette: *Sympathikus Und Parasympathikus Einfach Erklärt.* Online im Internet: URL: <https://beebalanced.ch/gesundheit/sympathikus-parasympathikus/>, Stand: 28.04.2024

d'ANSEMBOURG, Thomas: Endlich ICH sein: Wie man mit anderen zusammenleben und gleichzeitig man selbst bleiben kann: Freiburg im Breisgau: Herder GmbH, 2015.

CANFIELD, Jack: *How To Make A Vision Board & Reach Your Dreams.* Online im Internet: URL: https://jackcanfield.com/blog/vision-board/, Stand: 26.03.2024

CREMASCO, Julia: *Selbstvertrauen lernen: 6 Tipps, um wieder an dich selbst zu glauben.* Online im Internet: URL: <https://www.emotion.de/psychologie-partnerschaft/persoenlichkeit/selbstvertrauen-staerken-tipps>, Stand: 06.04.2024

DOBELLI, Rolf: *Die Kunst des guten Lebens*: München: Piper Verlag GmbH, 3. Auflage, 2017.

ERNST & YOUNG GmbH Wirtschaftsprüfungsgesellschaft: *EY Jobstudie 2023*. Online im Internet: URL: <https://assets.ey.com/content/dam/ey-sites/ey-com/de_de/news/2023/05/ey-jobstudie-motivation-2023.pdf>, Stand: 12.04.2024

HECHLER, Matthias: *Ziele erreichen: 7 effektive Techniken für deinen Erfolg.* Online im Internet: URL: <https://www.dranbleiben-erfolgsjournal.de/blogs/erfolgsjournal-blog/ziele-erreichen>, Stand: 05.03.2024

HEIMSOETH, Antje: *Motivationstipps: 21 hochwirksame Erfolgsrezepte um motiviert zu bleiben.* Online im Internet: URL: <https://antje-heimsoeth.com/motivationstipps-21-hochwirksame-erfolgsrezepte-um-motiviert-zu-bleiben/>, Stand: 28.03.2024

HOFERT, Svenja: *Psychologie der Veränderung: 5 Schritte, die jede Transformation braucht.* Online im Internet: URL: <https://www.svenja-hofert.de/psychologie-der-veraenderung-5-schritte-die-jede-echte-transformation-braucht/>, Stand: 03.04.2024

KEMPTON, Sally: *Achtsamer Wandel: So gelingt wahre Transformation.* Online im Internet: URL: <https://yogaworld.de/wahre-transformation-von-sally-kempton/>, Stand: 03.04.2024

KIRCHNER, Steffen: *Totmotiviert: Das Ende der Motivationslügen und was Menschen wirklich antreibt:* Offenbach: GABAL Verlag GmbH, 2015.

LEBENSKOMPASS: *Resilienz stärken: 5 Übungen, um emotionale Widerstandskraft zu erlangen.* Online im Internet. URL: < https://lebenskompass.eu/blogs/leben/resilienz-staerken>, Stand: 29.03.2024

MAI, Jochen: *Auf Autopilot: Wie Sie wieder bewusster leben.* Online im Internet. URL: <https://karrierebibel.de/autopilot/>, Stand. 14.03.2024

MAI, Jochen: *Disziplin lernen: 10 Schritte zu mehr Selbstdisziplin.* Online im Internet: URL: <https://karrierebibel.de/disziplin-selbstdisziplin/>, Stand: 04.04.2024

NEWPORT, Cal: *Digitaler Minimalismus: Besser leben mit weniger Technologie*: München: Redline Verlag, 2019.

NEWPORT, Cal: Konzentriert Arbeiten: Regeln für eine Welt voller Ablenkungen. Zusammenfassung von Blinkist, Stand: 23.04.2024

REISS, Steven: *Die 16 Lebensmotive nach Steven Reiss.* Online im Internet: URL: <https://www.reiss-profile-ausbildung.de/reiss-profile-was-ist-das/die-16-lebensmotive-nach-steven-reiss/>, Stand: 26.03.2024

RIETHMÜLLER, Susanna: *9 Anzeichen, dass du gerade im Autopilot lebst.* Online im Internet: URL: <https://www.brigitte.de/liebe/persoenlichkeit/psychologie--9-subtile-anzeichen--dass-du-dein-leben-im-autopilot-fuehrst-13147358.html>, Stand: 20.03.2024

SAUER, H. Frank: *Vision*. Online im Internet: URL: <https://www.values-academy.de/vision/>, Stand: 07.03.2024

SCHÖPE, Björn: *Boethius: Schlüssel zur griechischen Philosophie*. Online im Internet: URL: <https://www.bookophile.com/buecherwelten/artikel/boethius-schluessel-zur-griechischen-philosophie>, Stand: 07.04.2024

SPRENGER, Reinhard K.: *Mythos Motivation: Wege aus der Sackgasse*: Frankfurt/Main: Campus Verlag GmbH, 17. Auflage, 2002.

TEPPERWEIN, Kurt: *Die Kraft der positiven Psychologie*: München: Wilhelm Goldmann Verlag, Originalausgabe, 2007.

TRACY, Brian: Eat That Frog! 21 Great Ways to Stop Procrastinating and Get More Done in Less Time: California: Beret-Koehler Publishers, Inc.: 2. Auflage, 2007.

WENDT, Marcus: *Eisen und Geduld: Ein Mönch und die Kunst des Durchhaltens*. Online im Internet. URL: <https://www.tao-qi.life/post/eisen-und-geduld-ein-m%C3%B6nch-und-die-kunst-des-durchhaltens >, Stand: 04.04.2024

WELT IM WANDEL TV und BROERS, Dieter: Transformation der Menschheit: Wie Deine Gedanken Deine Realität erschaffen. Online im Internet als Video. URL: <https://www.youtube.com/watch?v=e_K7ACNaEpU>, Stand: 02.04.2024

WUNSCH, Albert: Mit mehr Selbst zum stabilen ICH. Resilienz als Basis der Persönlichkeitsbildung: Heidelberg: Springer Verlag Berlin, 2013.